edition suhrkamp

Redaktion: Günther Busch

Die Landwirtschaft Lateinamerikas ist, merkwürdigerweise, sowohl in der deutschen Entwicklungsländer-Forschung als auch in der Agrarökonomie ein wenig beachtetes Arbeitsfeld, obwohl gerade auf diesem Sektor die Probleme der Unterentwicklung ein katastrophales Ausmaß angenommen haben. Nie zuvor waren die wirtschaftlichen und gesellschaftlichen Überlebenschancen der lateinamerikanischen Campesinos (Kleinbauern) und Landarbeiter so gering wie heute. Anfang der sechziger Jahre billigten die USA für Lateinamerika ein bescheidenes Agrarreform-Programm im Rahmen der »Allianz für den Fortschritt«; aber bis heute sind solche Reformen nicht verwirklicht worden. Die Regierungen der lateinamerikanischen Staaten unterstützen heute zwar Programme zur Modernisierung der Landwirtschaft, um die Agrarproduktion und die Produktivität des Bodens (Erträge) zu steigern; aber sie sind außerstande, die sozialen Probleme zu lösen, die sich im Landwirtschaftssektor verdichtet haben, die Verelendung der Kleinbauern zu stoppen, geschweige denn, sie zu beheben. Eine überaus verhängnisvolle Rolle in diesem Verelendungsprozeß spielen transnationale Konzerne der Industriestaaten und ihre Agenturen, die im Bündnis mit den einheimischen Landmonopolisten die agrarische Produktion und Distribution kontrollieren. Ernest Feder, einer der international führenden Agrarwissenschaftler, analysiert in den hier veröffentlichten Studien die gegenwärtige Lage der Landwirtschaft Lateinamerikas.

Ernest Feder
Erdbeer-Imperialismus

Studien zur Agrarstruktur Lateinamerikas

Aus dem Englischen übersetzt von
Hedda Wagner und Erika Deiters.

Suhrkamp Verlag

edition suhrkamp 977
Erste Auflage 1980

Dem Andenken meines Freundes Erich H. Jacoby

Inhalt

Vorwort

Ein Rezensent des von mir herausgegebenen Readers *Gewalt und Ausbeutung*[1] merkte kritisch, aber nicht unfreundlich und nicht ohne Berechtigung an, daß der Sammelband nur sehr wenige Hinweise auf die deutsche Literatur zum Thema Lateinamerikas Landwirtschaft enthalte. Es erscheint mir notwendig, dies kurz zu erläutern.

Der einst berühmte deutsche Berufsstand des Agrarökonomen und Agrarpolitikers ist heute in zwei Gruppen gespalten. Da ist zunächst einmal die Gruppe derer, die ich als die neue Alte Garde bezeichnen möchte, welche an deutschen Universitäten und innerhalb der Regierung auf paternalistische Weise dominiert. Dieser neuen Alten Garde ist es nicht gelungen, dieselbe Bedeutung und denselben weltweiten Einfluß zu erlangen wie ihre Vorgänger. Womit läßt sich der schwindende intellektuelle Einfluß dieser neuen Alten Garde erklären? Meiner Meinung nach liegt es an ihrem überaus konservativen politischen Bezugsrahmen. Die Vertreter dieser Gruppe verschließen sich feindselig neuen Ideen, Interpretationen und Analysen – eine Haltung, welche in und an sich das Verständnis für und die Einsicht in das blockiert, was in der Welt und insbesondere in den unterentwickelten Landwirtschaften, wo Veränderungen heute mit erschreckender Geschwindigkeit auftreten, geschieht.

Ein typisches Argument dieser Alten Garde ist, daß jede Fragestellung, jede Interpretation und jede Forschung, die von ihrem Denkschema abweicht, »unwissenschaftlich« sei. Obwohl ihre Vertreter einen großen Teil der deutschen Lehre und Forschung über Ökonomie und Soziologie der ländlichen Entwicklung beherrschen, sind die Ergebnisse ihrer Arbeit offensichtlich dürftig. Und dies ist der Grund dafür, warum die deutsche Literatur, die in den vergangenen zwanzig Jahren zu diesem Themenkomplex publiziert worden ist, mit einigen Ausnahmen noch bis vor wenigen Jahren nicht zitiert wurde – was der oben erwähnte Rezensent beklagt.

Die Lage ist besonders ernst, wenn man die Forschung über unterentwickelte Länder, einschließlich der des lateinamerikanischen Kontinents, betrachtet, eine Forschung, die doch das Leitkonzept für die deutsche technische und finanzielle Hilfe, welche in diese Länder fließt, formulieren sollte. Ein großer Teil des Geldes, mit dem solche Forschung finanziert wird, ist aufgepfropften, »apolitischen« und ergo hochwissenschaftlichen Themen gewidmet. Nehmen wir der Anschaulichkeit halber das Beispiel eines gewissen Prof. Dr. I. van Blindendorff, Leiter eines Instituts zur Erforschung internationaler

Hunger- und Diätpolitik (Namen und Fakten sind natürlich frei erfunden). Dieser Herr stellt bei der Volkstraktoren (VT)-Stiftung mit Sitz in P. einen Antrag auf Förderung eines Forschungsprojekts, dessen Ziel es sein soll, fundierte Aussagen über die Struktur des Nahrungsmittelkonsums der städtischen Slum-Bewohner in (beispielsweise) Nicaragua zu machen, und das sich insbesondere der gründlichen Untersuchung der Frage widmen will: »Warum essen die Armen nicht besser?« Die VT-Stiftung bewilligt 5 Mio. DM für dieses Projekt. Nach sechs Monaten intensiver Interview-Tätigkeit, nachdem die Interviews auf 10 000 IBM-Lochkarten übertragen und verschiedene Durchläufe aus einer Reihe von abhängigen und unabhängigen Variablen aussortiert worden sind, legt die Forschungsgruppe des besagten Instituts die Antwort vor, die zusammengefaßt auf die Erkenntnis hinausläuft: »Die Armen essen deshalb nicht mehr und nicht besser, weil sie kein Geld haben.« Also haben Adam Smith, Malthus, Engels (nicht der mit Vornamen Friedrich, versteht sich!), Böhm-Bawerk und die anderen Vertreter der klassischen und neoklassischen Schule der Ökonomie am Ende doch recht . . .

Nun erfüllen derlei Fragen und Antworten selbstverständlich weder die Anforderungen noch befriedigen sie die intellektuelle Neugier vieler intelligenter Studenten und Hochschullehrer, der Behörden oder selbst der lesenden Öffentlichkeit – vorausgesetzt, diese Art von veröffentlichter Forschung wird überhaupt zitiert und gelesen. Damit kommen wir zu der zweiten Gruppe von Agrarpolitikern, die in Deutschland erst seit ziemlich kurzer Zeit, seit Ende der sechziger Jahre, in den Vordergrund getreten ist.[2] Nach Auffassung der Alten Garde sind die Vertreter dieser Gruppe keine Wissenschaftler – ja, es sind sogar Marxisten unter ihnen[3]; dennoch läßt sich nicht leugnen, daß sie, eben weil sie einschlägige Fragen stellen – etwa die: Was steckt dahinter, wenn ein Gesellschafts- und Wirtschaftssystem, in dessen Städten Millionen von Armen leben, den Armen verwehrt, sich ausreichend und gut genug zu ernähren? –, fähig sein werden, eine intelligente Diskussion in Gang zu setzen, quantitativ mehr und qualitativ bessere Forschung anzuregen, um solche grundlegenden Fragen zu beantworten und damit zugleich die lesende Öffentlichkeit über die Zusammenhänge aufzuklären – also genau das, was die neue Alte Garde zu verhindern sucht. So hat die deutsche Literatur über die ökonomischen und sozialen Entwicklungsprobleme der lateinamerikanischen Landwirtschaft in den letzten fünf bis sechs Jahren eine große Bereicherung erfahren; sie ist dabei, ihren intellektuellen Einfluß zu vergrößern, und zwar sowohl in Deutschland als auch international, und sie wird in Zukunft sehr viel zitiert werden.

Erdbeer-Imperialismus. Studien zur Agrarstruktur Lateinamerikas ist eine Sammlung älterer und neuerer, bereits in englischer oder spanischer Sprache erschienener Aufsätze, in denen der Versuch unternommen wird, die verschlungenen Pfade der auf Agrarstruktur und Landwirtschaft gemünzten Entwicklungspolitik und -strategie lateinamerikanischer Regierungen, der USA sowie anderer wichtiger Agenturen darzustellen und zu untersuchen, und zwar hauptsächlich aus der Sicht der Kleinbauern (sofern dies überhaupt möglich ist). Dabei bemühen wir uns zu erklären, in welchem Grade und aus welchem Grund die Kleinbauern ausgebeutet werden, und warum sie – so wie die Dinge heute liegen – auch künftig die unglücklichen, hoffnungslosen und unterdrückten Opfer eines sich ständig verschärfenden Prozesses der kapitalistischen Ausbeutung von Menschen und Ressourcen sein werden. Den lateinamerikanischen *campesinos* ist – außer in Kuba – nichts von den Vorteilen wachsender nationaler Produktion, zunehmender »Modernisierung« der Landwirtschaft oder fortschreitender Industrialisierung zugute gekommen. Ganz im Gegenteil, abgesehen von einigen wenigen Ausnahmen verschlechtern sich ihre Lebensbedingungen Jahr für Jahr mehr.

Die Industrieländer nehmen diese Trends wahr und versuchen vergeblich, eine Lösung zu finden – eine Lösung durch Ausweitung der kommerziellen Landwirtschaft nach kapitalistischer Manier, was nichts anders zur Folge hat als die Verschärfung der sozialen, ökonomischen und politischen Probleme in der lateinamerikanischen Landwirtschaft, vom Rio Grande bis zur Südspitze des Kontinents. Dabei greifen sie zu den absonderlichsten Mitteln. Ein Beispiel dafür ist der unselige McNamara-Plan, »der armen Landbevölkerung zu helfen«, den er 1973 in Nairobi feierlich verkündete. Ein weiteres Beispiel ist das unmenschliche Programm zur Bevölkerungskontrolle: Es besteht in der zwangsweisen Sterilisierung von Männern und Frauen oder in ähnlichen Maßnahmen, unternommen auf Initiative und mit den finanziellen Mitteln der Industrieländer, die dieses Programm wohlweislich nicht publik machen, aus Furcht, es könnte zu einem öffentlichen Skandal werden. Zeitungsmeldungen zufolge sind US-amerikanische Wissenschaftler inzwischen dabei zu erforschen, auf welche Weise aus tierischen Exkrementen Nahrungsmittel gewonnen werden können, »um die Versorgung mit knappen Nahrungsmitteln zu verbessern« – eine Überlegung, die offensichtlich dem Nahrungsmittelkonsum der Armen gilt, damit die höheren Einkommensgruppen weiter in Frieden ihre Steaks und Erdbeeren verspeisen können.

Anfang der sechziger Jahre billigten die USA für eine kurze Periode von etwa fünf Jahren ein bescheidenes Agrarreform-Programm im Rahmen der »Allianz für den Fortschritt«. Doch heute, im Jahre 1976, ist kein Land – ausgenommen Kuba, dessen Wirtschaft sich zu entfalten beginnt – an solchen Reformen interessiert, und es sind auch keine verwirklicht worden. Die Regierungen der lateinamerikanischen Länder unterstützen heute Programme zur Modernisierung der Landwirtschaft bzw. sind gezwungen, solche Modernisierungsprogramme zu unterstützen, die zwar Steigerungen der Agrarproduktion und der Produktivität des Bodens (Erträge) bewirken, aber keine Lösung für die sozialen und menschlichen Probleme anbieten. Seit dem Ende der sechziger Jahre, zunächst fast unbemerkt, haben die *campesinos* es mit einem neuen Gegner zu tun. Ihr alter Gegner waren die Großgrundbesitzer und die Regierung, die die Interessen dieser Landmonopolisten vertrat. Der neue Gegner ist das »big business« aus den Industriestaaten: die transnationalen Konzerne und die zahlreichen Agenturen, die für diese Konzerne tätig sind. Dieser neue Gegner ist im Begriffe, mehr und mehr Sektoren der lateinamerikanischen Landwirtschaft unter seine Kontrolle zu bringen, und geht mit außerordentlicher Geschwindigkeit dazu über, seine Herrschaft über Menschen und Produkte zu mehren. Unter den vereinten Angriffen der einheimischen und der ausländischen Landmonopolisten, der Monopolisten, die die Produktion und Distribution der agrarischen Inputs und Outputs kontrollieren, werden die Kleinbauern und Landarbeiter schon in naher Zukunft dem Untergang geweiht sein. Nie zuvor waren die Zukunftsaussichten für Lateinamerikas *campesinos* so düster wie heute.

Anmerkungen

1 Ernest Feder (Hg.), *Gewalt und Ausbeutung. Lateinamerikas Landwirtschaft*, Hamburg 1973.

2 Zu dieser Gruppe gehören Theodor Bergman, Jürgen Heinrichs, Peter Lock und viele andere, die wir an dieser Stelle nicht alle nennen können.

3 Ein eifriger Ökonom oder Soziologe sprach z. B. erregt von »dogmatisch-sozialistischen Vorurteilen«, »Feindpsychose« usw. Vgl. *Sociologia Ruralis*, Bd. XV, Nr. 3, 1975, S. 210.

Erdbeer-Imperialismus. Eine Untersuchung der Abhängigkeitsmechanismen in der mexikanischen Landwirtschaft*

Vorbemerkung

Erdbeer-Imperialismus ist meines Wissens die erste umfassendere Analyse der »Übersee-Geschäfte« von Kapitalisten aus Industrieländern (hier insbesondere US-amerikanischer Kapitalisten) in einer unterentwickelten Landwirtschaft sowie der sich aus diesen Geschäften ergebenden politischen, sozialen und ökonomischen Konsequenzen. Die Untersuchung stützt sich auf ein fünfmonatiges Feldstudium in Mexiko, zu dem zahlreiche Interviews mit lokalen und nationalen Persönlichkeiten gehörten, die mit der mexikanischen Landwirtschaft im allgemeinen und mit den Erdbeer-Plantagen im besonderen zu tun haben, sowie auf eine Analyse von Sekundärdaten.

Ich habe mich bemüht, die Geschichte der »mexikanischen« Erdbeerindustrie in einer einfachen Sprache darzustellen, um sie einer breiteren Öffentlichkeit verständlich zu machen. Hervorheben

* Das Studium, das die Voraussetzung für diesen wie auch die übrigen Aufsätze des vorliegenden Bandes bildete, wurde großzügig finanziert vom Institute of Social Studies in Den Haag, von der Berghof-Stiftung für Konfliktforschung (Berlin) und vom Instituto de Investigaciones Economicas der UNAM (Universität Mexiko). Besonderer Dank gebührt meinen Freunden und Kollegen in der Bundesrepublik Deutschland und in Holland für ihre Unterstützung: Ulrich Albrecht, Wirte Boelman, David Dunham, Dieter Ernst, Jürgen Heinrichs, Otto Kreye, Peter Lock, Vicky Meynen, Ken Post, Henk van Roosmalen und Dieter Senghaas; und in Mexiko: Alonso Aguilar, Cynthia und Sergio Alcantara, Arturo Bonilla, Fernando Carmona, Hugo Tulio Melendez, Rodolfo Stavenhagen und vor allem Anthony Tillet, dessen Hilfe und Rat von unschätzbarem Wert waren. Auch wäre das Studium nicht denkbar gewesen ohne die Hilfe der folgenden Forscher und Außenarbeiter: Cuauhtemoc Gonzalez P. und Helge Muhl, denen ich für ihre loyale und gewissenhafte Mitarbeit zu Dank verpflichtet bin, Mariza Gonzalez und Veronika Bennholdt-Thomsen; und Luisa Cabello, Luciano Concheiro B., Ernesto Correa, Hubert de Grammont, Jose Padilla, Elena Vigouroux und Miguel Zenker.

Dank und Anerkennung gebühren ferner zahlreichen Freunden in Industrie, Landwirtschaft, Regierung und Banken in Mexiko, die mir viele vertrauliche Informationen zukommen ließen und deren Namen ich hier nicht nennen will, um ihnen keine Unannehmlichkeiten zu bereiten.

Schließlich danke ich den Herausgebern von *El Heraldo de Zamora* und *La Voz de Zamora* dafür, daß sie mir die Benutzung ihres Zeitungsarchivs gestatteten, sowie Herrn M. E. McGaha von der US-Entwicklungsbehörde (USDA) in Washington, D. C., für die Übermittlung von statistischen Angaben.

möchte ich, daß die Geschäfte der US-amerikanischen Kapitalisten in der mexikanischen Erdbeer-Exportindustrie, so wie ich sie beurteile, ein typisches Beispiel für ähnliche internationale agrarunternehmerische Aktivitäten (agro-business) in der ganzen Welt sind – unabhängig davon, ob die Kapitalinvestitionen und Technologietransfers aus den USA, aus England, Frankreich, der Bundesrepublik Deutschland, aus Schweden oder aus der Schweiz kommen –, zumindest was die Unternehmungen angeht, die mit internationalen »Warensystemen« des »Agro-Business«-Typs verbunden sind.[1] Darunter verstehen wir die Geschäfte von Firmen in unterentwickelten Landwirtschaften, die mit ausländischem Kapital finanziert und von ausländischem Kapital kontrolliert werden, bei denen ausländische Technologie eingesetzt wird und die entweder die Produktion oder die Verarbeitung oder die Vermarktung und den Export einer spezifischen Ware bzw. einer Warengruppe oder alle drei Phasen zusammen umfassen.

Der Fall der mexikanischen Erdbeerindustrie zeichnet sich durch eine Besonderheit aus, die ihn möglicherweise als einen ungewöhnlichen Fall erscheinen läßt, nämlich durch die Tatsache, daß Mexiko geographisch näher an den USA liegt als irgendein anderes unterentwickeltes Land und daß sehr viel mehr US-amerikanisches Kapital in die mexikanische Landwirtschaft geflossen ist als in irgendein anderes unterentwickeltes Land, ausgenommen vielleicht Brasilien. Ich meine jedoch, daß dieser Unterschied den allgemeinen Erkenntnissen und Schlußfolgerungen der vorliegenden Untersuchung keinen Abbruch tut. Mehr noch: Selbst wenn man der Meinung wäre, daß diesem Unterschied größere Bedeutung beigemessen werden sollte, als ich ihm beizumessen bereit bin, kann (ja, muß wohl) argumentiert werden, daß Mexiko gerade das »Modell« ist, das die überseeischen Investoren aus den Industrieländern in den übrigen unterentwickelten Landwirtschaften nachzuahmen bestrebt sind; belegt wird dies durch die gewaltig expandierenden überseeischen Agrarinvestitionen und Technologietransfers, die gegenwärtig im Rahmen dessen getätigt werden, was ganz offensichtlich eine systematische Strategie ist, eine Strategie, die auf die Errichtung einer vollständigen Kontrolle über die Landwirtschaften der Dritten Welt, über die Produktion und Distribution von Nahrungsmitteln und Rohfasern und natürlich über die ländliche Bevölkerung zielt.

Schließlich ist zu beachten, daß Mexikos Bodenbesitzstruktur einige besondere Merkmale aufweist, die einer kurzen Erläuterung bedürfen. Nach der Mexikanischen Revolution und insbesondere in den dreißiger Jahren wurde in Mexikos Landwirtschaft eine Spaltung in zwei große Subsektoren vollzogen: den Landreform-Sektor und den Sektor des privaten Grundbesitzes. Der Landreform-Sektor besteht heute hauptsächlich aus *ejidos,* das sind Landflächen, die Gruppen von Bauern *(ejidatarios)* als gemeinschaftlicher Besitz übergeben worden sind, wobei der Staat Eigentümer des Landes bleibt. In den meisten *ejidos* bearbeiten die Bauern den Boden auf kleinen Parzellen, beinahe so, als ob sie Privateigentümer wären; in einigen wenigen Ausnahmefällen wird der Boden kollektiv bearbeitet; und in anderen Fällen wird ein Teil des Bodens von der Gemeinde bearbeitet. Seit den dreißiger Jahren ist der Landreform-Sektor durch konzertiertes Vorgehen des Staates und der privaten Grundbesitzer systematisch geschwächt und erodiert worden, obwohl den Bauern bis in die frühen siebziger Jahre hinein immer noch viel Land zugeteilt wurde. Die landesweite Erosion der *ejidos* ist dadurch gekennzeichnet, daß ein hoher Prozentsatz – häufig bis zu 60, 70 oder 80% – der *ejido*-Parzellen entweder auf einem äußerst niedrigen Niveau von Management und Technologie bebaut wird, was auf die Rationierung der Agrarkredite und auf anderweitig fehlende Unterstützung für die Bauern zurückzuführen ist, oder an Großgrundbesitzer und solche »bodengierige« *ejidatarios* »verkauft« oder verpachtet worden ist, die sich auf Kosten ihrer Mit-*ejidatarios* bereichert haben. Dies ging und geht auch heute noch mit einer Vielzahl von Bestechungsaffären einher. Heute gleicht Mexikos Agrarstruktur derjenigen anderer unterentwickelter Landwirtschaften insofern, als sie durch eine überaus ungleiche Verteilung von Land, Wasser, anderen Inputs und Einkommen gekennzeichnet ist. Dieser Prozeß ist – wie ich erläutern werde – durch die Expansion des internationalen »Agro-Business«, wie etwa unserer Erdbeerindustrie, unermeßlich beschleunigt worden. Aber wenngleich Mexikos Agrarstruktur die erwähnten Besonderheiten aufweist, so sollte doch stets bedacht werden, daß der Einfluß des internationalen »Agro-Business« auf andere Agrarstrukturen in anderen Ländern für die Bauern in aller Welt gleichermaßen nachteilig ist. Das internationale »Agro-Business« ist heute bei weitem der größte Gegner der Bauern in der Dritten Welt. Seine Operationen laufen unweigerlich auf die endgültige Vertreibung der letzten Bauern vom Lande hinaus – was überzeugend nachzuweisen mir hoffentlich gelingt.

Die folgenden drei Bücher sind für ein besseres Verständnis von Struktur und Prozessen der mexikanischen Landwirtschaft der letzten fünfzig Jahre hilfreich:

S. Reyes Osorio, R. Stavenhagen et al., *Estructura Agraria y Desarrollo Agricola en Mexico,* Fondo de Cultura Economica, Mexiko 1974 (dies ist die umfassendste der vorhandenen Analysen der mexikanischen Landwirtschaft); Edmundo Flores, *Desarrollo Agricola,* Fondo de Cultura, Mexiko 1972; Michel Gutelman, *Capitalismo y Reforma Agraria en Mexico,* ERA, Mexiko 1971.

Siehe auch die im *Erdbeer-Imperialismus* zitierte Literatur.

I. Warnung an den Leser

Was ich hier erzählen werde, ist eine facettenreiche Geschichte, die Geschichte eines Sektors der mexikanischen Landwirtschaft; der Erdbeerindustrie, und ich werde die Mechanismen beschreiben, welche die mexikanische Landwirtschaft abhängig machen von Auslandsinvestitionen, ausländischer Technologie und im Ausland getroffenen Entscheidungen. Mit anderen Worten, dies ist die Geschichte der Expansion des Kapitalismus in die Landwirtschaft eines unterentwickelten Landes. Ein Teil der Geschichte (das muß ich zugeben) mag vielleicht nicht hundertprozentig stimmen. Ich spreche von den Aktivitäten gerissener, aggressiver Geschäftsleute. Ihre Aktivitäten sind vielfältig und in Dunkel gehüllt, voller Duplizitäten, undurchsichtig. Kein Außenstehender kann all ihre Spuren verfolgen und sie vollkommen begreifen. Selbst Eingeweihte kennen sie nicht in sämtlichen Einzelheiten. Einer von ihnen, der seine Tätigkeit bei der Industrie vor einiger Zeit aufgab, meinte zu mir: »Es ist das reine Chaos.« Diese Geschäftsleute sind darauf aus, Geld zu machen, das große Geld. Um hochzukommen und oben zu bleiben, bedienen sie sich manchmal sauberer, oft aber unsauberer Methoden. Es ist ein Geschäft, bei dem »jeder jeden reinlegt«, und das ist nicht für die Augen und Ohren der Öffentlichkeit bestimmt. Wenn ich im folgenden die verschlungenen Wege des größten Obstexportgeschäfts in Mexiko beschreibe, dann kann es durchaus sein, daß ich mich gegen die Wahrheit versündige. Es kann sein, daß ich Tatsachen falsch darstelle, Absichten falsch auslege oder zu fragwürdigen Schlüssen komme. Trotzdem glaube ich, daß die Geschichte im großen und ganzen stimmt.

Eines möchte ich an dieser Stelle ausdrücklich klarstellen: Mich interessiert *nicht* die Erdbeerindustrie an sich. Sie dient mir lediglich als Beispiel für einen von ausländischem Kapital und ausländischer Technologie beherrschten Agrarsektor innerhalb einer traditionellen, relativ primitiven Landwirtschaft, die durch niedrige Produktivität, niedrige Einkommen, überschüssige Arbeitskräfte (Arbeitslosigkeit und Unterbeschäftigung) und große Armut gekennzeichnet ist, und innerhalb einer abhängig-kapitalistischen Volkswirtschaft; ich will untersuchen, welchen Einfluß dieser Sektor auf die agrarische oder nichtagrarische Ressourcennutzung hat, auf die Menschen in und außerhalb der Landwirtschaft sowie auf die Politik der lokalen Behörden und der mexikanischen Regierung.

II. Ein Treffen in Guanajuato – ein Markstein in der Geschichte der Abhängigkeit

Im Juni 1975 fand in Guanajuato ein Treffen statt, an dem u. a. auch der mexikanische Landwirtschaftsminister, Dr. O. Brauer H., teilnahm.[2] Gegenstand dieses Treffens war die mexikanische Erdbeerindustrie, genauer: *die US-amerikanische Erdbeerindustrie in Mexiko.*

Wie jedermann in Mexiko weiß, wird die mexikanische Erdbeerproduktion nicht in Mexiko, sondern in den USA konsumiert. Zwischen 98 und 99 Prozent aller Exporte gehen von jeher in die Vereinigten Staaten (ein kleiner Teil davon nach Kanada). Was nicht exportiert wird, wird angeblich in Mexiko verbraucht.[3] Andererseits wissen nur sehr wenige, unter welch chaotischen Bedingungen diese »kostbare Exportfrucht«, die für die Erzeuger in Mexiko zwischen 15 und 30 Mio. Dollar wert ist[4], produziert, verschifft und verkauft wird.

Auf dem Guanajuato-Treffen unterzeichneten die Vertreter von acht US-amerikanischen Maklerfirmen (brokers) 13 Empfehlungen (»Entschließungen«), die sie der Versammlung in englischer Sprache vorlegten. Der Gebrauch des Englischen bei einem Treffen mit mexikanischen Regierungsvertretern ist ein Witz, der nur zu verstehen ist, wenn man bedenkt, daß diese acht US-Makler – oder genauer: ein kleiner Teil von ihnen – die »mexikanische« Erdbeerindustrie praktisch vollständig kontrollieren. Ihre Empfehlungen haben ein ziemliches Gewicht, selbst dann bzw. besonders dann, wenn sie in Englisch vorgetragen werden – und sie wurden allesamt angenommen. Die Empfehlungen befaßten sich mit einer Vielzahl von Produktions- und Absatzproblemen, und die US-Makler hatten offensichtlich entschieden, daß die mexikanische Regierung sie formell unterstützen sollte. In Wirklichkeit bedeuteten die Empfehlungen, wie ich später darlegen werde, die Anerkennung der seit geraumer Zeit geübten Praktiken der US-Investoren/Makler, die in Mexiko stets zu Konflikten und Unzufriedenheit Anlaß gaben. Nun tragen sie also den Stempel der offiziellen Billigung der mexikanischen Regierung. Deshalb vermute ich, daß sie weder geeignet sein werden, eine Korrektur der chaotischen Bedingungen der Erdbeerindustrie in Mexiko herbeizuführen, noch zur Lösung der Konflikte beizutragen; sie werden die Konflikte lediglich auf einer höheren Ebene wiederholen.

Der wahre Zweck des Treffens von Guanajuato war mehrdeutiger als der behauptete Zweck, »Ordnung in den Produktions- und Vermarktungsprozeß zu bringen«.[5] Es ging um eine Demonstration der Macht, die die Merkmale eines Ultimatums trug, eine Machtdemonstration der in Mexiko operierenden US-Kapitalisten und -Kaufleute, die der mexikanischen Regierung eine Lektion in ökonomischer Abhängigkeit erteilen und unmißverständlich klarmachen sollte, daß »Mexikanisierungsprogramme« in einem von US-Kapital und US-Technologie kontrollierten Agrarsektor wenig Erfolgschancen haben. Die mexikanische Regierung hatte keine andere Wahl, als sich den Wünschen der ausländischen Investoren zu beugen und solche Programme aufzugeben oder sich auf zahllose, vielleicht unüberwindliche Schwierigkeiten im eigenen Land gefaßt zu machen.[6]

Um die Bedeutung des Guanajuato-Treffens im einzelnen erörtern zu können, muß ich zunächst den Hintergrund beschreiben, vor dem die mexikanische Landwirtschaft funktioniert.

III. Der Vormarsch des Kapitalismus und das Wachstum der Abhängigkeit in der mexikanischen Landwirtschaft seit 1960

In der jüngsten Vergangenheit hat Mexiko zähe Anstrengungen unternommen, mit Hilfe einer ganzen Reihe von Kontrollmaßnahmen ein gewisses Maß an wirtschaftlicher Unabhängigkeit von den Industrienationen, insbesondere von den USA, zu erlangen. Die bekanntesten und vielleicht einzig bedeutsamen Maßnahmen sind die Gesetze über Technologietransfer und ausländische Kapitalinvestitionen.[7] Doch die in Mexiko vorherrschende sozioökonomische, finanzielle und politische Struktur und die bereits bestehende Herrschaft von US-Kapital und US-Technologie über die wichtigsten – die modernisierten, stark kapitalisierten – Sektoren der mexikanischen Landwirtschaft machen es praktisch unmöglich, in dieser Weise das Problem der Abhängigkeit zu lösen. Die Macht der US-amerikanischen Kapitalisten in der mexikanischen Landwirtschaft wächst tagtäglich, ja, sie wächst nachgerade automatisch, denn die Mechanismen, welche die Bedingungen der Abhängigkeit geschaffen haben, wirken nahezu ungestört fort, und es kommen ständig neue, die Abhängigkeit verstärkende Mechanismen hinzu. Jeder »Fehler«, den die mexikanischen Behörden oder einzelne Mexikaner machen – Fehlurteile, Konzessionen, erfolglose Bemühungen um die »Mexikanisierung«, Fälle von Korruption –, verschlechtert die Lage auf kurze und, was noch schlimmer ist, auf längere Sicht.

Abhängigkeit heißt, daß die Entscheidungsgewalt über die Leistungsfähigkeit der mexikanischen Landwirtschaft bei US-amerikanischen Kapitalisten liegt. Heute werden schon die wichtigsten Entscheidungen in den modernisierten Landwirtschaftssektoren Mexikos, in die riesige Summen von US-Kapital investiert werden, gewaltige Mengen von US-Technologie transferiert wurden und werden und die der Kontrolle von US-Handelsfirmen unterliegen, nicht in Mexiko getroffen, sondern in den Vereinigten Staaten oder von Kapitalisten, deren Stammsitz zwar in den USA liegt, die jedoch in Mexiko residieren. Diese Entscheidungen beziehen sich auf die folgenden (sorgfältig festgelegten) Kategorien:

a) *Quantität, Qualität und Art der Inputs:* Boden, Arbeit, Kredit, Düngemittel, Insektenvernichtungs- und Schädlingsbekämpfungsmittel, Maschinen und Ausrüstungsgegenstände, sogenannte technische Hilfe, Forschung und viele, wenn nicht die meisten, landwirtschaftlichen Betriebsführungspraktiken;

b) *Die Preise dieser Inputs,* darunter sogar die Löhne der Landarbeiter, die in verarbeitenden Betrieben und landwirtschaftsbezogenen Dienstleistungsbetrieben beschäftigt sind[8];

c) *die Produktionsprozesse in der Landwirtschaft,* einschließlich der Entscheidung darüber, wieviel, wann und wie angebaut wird und wie die Anbauflächen zu pflegen sind; Erntezeit und -methode; Anzahl und Typen der Produzenten;

d) *Die Vermarktungsprozesse,* insbesondere, aber nicht ausschließlich, beim Export von landwirtschaftlichen Erzeugnissen: die Preise, die den Erzeugern gezahlt werden, die Preise für Vertriebsdienste, die Art des Transports, der Behandlung, Verpackung und Lagerung; die Verteilung an Großhändler, Einzelhändler und Endverbraucher und die Bestimmungsorte der Exporte;

e) *die Gewinne aus Kapitalinvestitionen* (aus der Anlage von fixem Kapital und Betriebskapital, das aus fremden Quellen stammt) *und die Gewinne aus* einem Teil der in der Landwirtschaft eingesetzten *Technologien*[9] sowie deren Verteilung an Nutznießer.

Aus alledem folgt, daß die Möglickeiten der mexikanischen Regierung, ihre Agrarpläne, -maßnahmen und -programme selbst zu gestalten, im Hinblick auf die modernen, von den USA beherrschten Landwirtschaftssektoren streng beschränkt sind auf zumeist unbedeutende Belange; denn die ausschlaggebenden Aktvitäten werden andernorts geplant und entschieden. Die Folge davon ist, daß ein großer Teil der übrigen Sektoren der mexikanischen Landwirtschaft ebenfalls beeinträchtigt wird. Je vollständiger die Herrschaft von US-Kapital und US-Technologie über Mexikos »dynamischste« Agrarsektoren ist, desto enger wird der gesamte Handlungsspielraum der mexikanischen Regierung. Dies gilt sogar dann, wenn mexikanisches Kapital über mexikanische Erzeuger, Investoren oder Kaufleute an diesen Sektoren beteiligt ist, ja, selbst dann, wenn diese Kapitalbeteiligung sich als bedeutend erweist. In den wichtigsten Fragen wird das letzte Wort stets von den ausländischen Investoren gesprochen.

Nur wenige Mexikaner scheinen zu erkennen, wie weit die »Einkreisung«, die Kolonisierung der mexikanischen Landwirtschaft durch US-Kapital und US-Technologie bereits fortgeschritten ist. Welche Entwicklungen haben zu dieser Situation geführt? Ernst wurde es in den sechziger Jahren, als ausländisches (hauptsächlich US-amerikanisches) Kapital nach neuen Anlagemöglichkeiten suchte, die nicht in den üblichen, auf tropisches oder subtropisches Klima angewiesenen Agrarbereichen wie Zucker, Baumwolle oder Kaffee lagen, sondern in Landwirtschaftszweigen, die Hauptnahrungsmittel (Getreide), Viehfutter und Spezialerzeugnisse, einschließlich Luxusnahrungsmittel wie Obst und Gemüse lieferten, sowie in der Forstwirtschaft und (in steigendem Maße) in der Viehzucht – sämtlich Bereiche, in denen in oder von den USA selbst produziert und vermarktet wurde.[10] Diese großen Bewegungen des US-Kapitals, denen massive Technologietransfers vorausgingen, die mit Technologietransfers gekoppelt waren oder diesen folgten, markieren eine Verlagerung, Verlegung oder Auslagerung der US-amerikanischen Landwirtschaft nach Mexiko. Man kann sagen, daß ein Teil der US-amerikanischen Landwirtschaft und der landwirtschaftsbezogenen Industriezweige heute auf mexikanischem Boden angesiedelt ist. Dies ist die Folge sehr gewinnträchtiger Investitionsmöglichkeiten in diesen Agrarbereichen aufgrund niedriger Löhne, niedriger Kosten für andere wichtige agrarische Inputs, niedriger Baukosten, billiger Dienstleistungen und anderer Vorteile. Hinzu kommt, daß die modernen, von US-Kapital beherrschten Sektoren der mexikanischen Landwirtschaft die besten Böden in bewässerten Gebieten besetzt halten, wo die Erträge hoch und die Produktionskosten niedrig sind. Die Kombination all dieser Vorteile garantiert attraktive, praktisch risikolose Geschäfte.

Die jüngste Welle US-amerikanischer Kapitalinvestitionen und Technologietransfers fiel zusammen mit und wurde stark beschleunigt durch die Ankündigung des sogenannten »Wundersamens«, eines Agrarprogramms, das von den beiden philanthropischen amerikanischen Stiftungen Ford und Rockefeller gefördert wird und allgemein unter dem schönen Namen »Grüne Revolution« bekannt ist. Die Förderer behaupten, daß es ihr Ziel sei, »die Hungernden zu ernähren«. Das wahre Ziel ist jedoch die Ausweitung der kapitalistischen Landwirtschaft in Mexiko (und andernorts).[11] Der Grund dafür ist ebenso einfach wie offenkundig. Selbst weniger scharfsinnige Beobachter entdeckten bald, daß die neuen Hochleistungssorten von Saatgut (eben jener »Wundersamen«) nur dann optimale Erträge erbringen konnten, wenn sie unter Bedingungen angebaut wurden, die Technokraten gern als »Idealbedingungen« bezeichnen. Zu diesen Bedingungen gehören: Anbau auf bewässertem Boden mit hochentwickelten Maschinen und moderner Ausrüstung, ein hoher Stand der landwirtschaftlichen Betriebsführungspraktiken und vor allem eine wirtschaftspolitische Struktur, die – angesichts der Tatsache, daß die ersten beiden Bedingungen nur von den reichen Großgrundbesitzern erfüllt werden können – die Ausweitung der kapitalistischen Landwirtschaft in großem Maßstab vorantreibt, und zwar nicht nur zu Wohltätigkeitszwecken. Die Grüne Revolution war ein Programm zur Entwicklung einer kapitalistischen Landwirtschaft, wobei die großen, für den Markt produzierenden Erzeuger von öffentlichen und privaten Institutionen freizügig subventioniert und unterstützt wurden, um eine kapitalistische Volkswirtschaft aufzubauen.

Die Modernisierung der Produktionsprozesse auf der Erzeugerebene zog prompt den Transfer von Kapital und Technologie in den landwirtschaftsbezogenen Verarbeitungs- und Dienstleistungsbetrieben nach sich.[12] Diese Transfers übersteigen ähnliche Transfers auf der Erzeugerebene um ein Vielfaches. Der Sinn dieser Transfers ist eine massive Kontrolle der mexikanischen Landwirtschaft durch die ausländischen Investoren; denn solche Transfers kämen nicht zustande, ließen derlei Investitionen nicht beträchtliche Gewinne erwarten, und die beste Möglichkeit für die ausländischen Investoren, sich diese Gewinne zu sichern, ist die Ausübung einer vollständigen Kontrolle über die Produktionsprozesse in der Landwirtschaft und in den landwirtschaftsbezogenen Industrie- und Dienstleistungsbetrieben.

IV. Die Struktur der Erdbeerindustrie. Der Imperialismus des ausländischen Kapitals

Schauen wir uns nun einmal an, wie weit sich die vorangegangenen Argumente durch das Beispiel der in Mexiko angesiedelten US-amerikanischen Erdbeerindustrie[13] belegen lassen.

Einer der ersten Gründe, warum US-Investoren sich für den Anbau von Erdbeeren in Mexiko interessierten, war der, daß in Mexiko die Voraussetzungen für die Produktion *frischer* Erdbeeren zu einer Zeit gegeben sind, in der die US-amerikanische Erdbeerproduktion ein saisonbedingtes Tief hat. Es ergab sich jedoch schnell die praktische Notwendigkeit, die Produktion und den Absatz frischer Erdbeeren auszuweiten und *tiefgefrorene* Erdbeeren miteinzubeziehen, da die gesamte Erdbeerernte in Mexiko um mehrere Monate den Zeitraum überschreitet, in welchem die US-Produktion zu gering ist, um die Nachfrage der Amerikaner nach frischen Erdbeeren zu befriedigen.[14] Gegenwärtig kommt der größte Teil der Gesamtproduktion in Form von tiefgefrorenen Erdbeeren auf den Markt.[15]

Die Erdbeerproduktion in Mexiko wurde zunächst in großem Maßstab im Gebiet von Irapuato (Guanajuato) begonnen. Mitte der sechziger Jahre verlagerte sie sich nach Zamora (Provinz Michoacan), wo gegenwärtig rd. 60% aller Erdbeeren produziert werden.

1. Gefrierfabriken, andere Verarbeitungsbetriebe und Firmen, die mit frischen Erdbeeren handeln

Wenden wir uns zunächst den industriellen Aspekten zu. Wie ich bereits erwähnte, sind viele Merkmale der erdbeerverarbeitenden Industrie in Dunkel gehüllt. Obwohl die Errichtung der Fabriken den mexikanischen Gesetzen nicht zuwiderläuft und obwohl die Struktur dieses Industriezweiges allgemein bekannt sein sollte, ist es schwierig, genaue Informationen über sie zu bekommen. Die Informationen, die wir im folgenden bieten, sind Annäherungen, die jedoch nicht allzu unrealistisch sein dürften. Dabei ist stets zu bedenken, daß die Gefrierfabriken (*congeladoras* oder *empacadoras*) das Rückgrat der Erdbeerindustrie in Mexiko bilden; sie sind das Zentrum aller Handels- und Finanzaktivitäten.

Im älteren Erdbeer-Anbaugebiet, dem Gebiet von *Irapuato,* gibt es heute 14 Fabriken. Drei davon sind außer Betrieb (zwei bereits seit mehreren Jahren, eine seit 1975), und eine arbeitet unregelmäßig. Eine weitere Fabrik stellt nur Konserven her. Daneben gibt es vier Firmen, die nur mit frischen Erdbeeren handeln. Diese Firmen sind formell oder informell mit der einen oder anderen der Gefrierfabriken verbunden.

Die Erdbeerindustrie von *Zamora* entwickelte sich in einer Art und Weise, die man mit einem »Goldrausch« vergleichen könnte. Bis 1967 gab es hier acht regelmäßig arbeitende Gefrierfabriken; heute sind es 17 im unmittelbaren Stadtgebiet von Zamora, einschließlich einer im Bundesstaat Jalisco, plus zwei in Morelia. Eine Zamora-Fabrik ist seit mehreren Jahren außer Betrieb. Eine neue Fabrik kam kürzlich hinzu, doch steht noch nicht fest, auf welche Form der Erdbeerverarbeitung man sich hier spezialisieren wird; vermutlich werden es Konserven sein. Es gibt auch eine kleine Konservenfabrik, die bereits seit einiger Zeit besteht. Hinzu kommen sechs Firmen, die nur mit frischen Erdbeeren handeln. Mindestens zwei von ihnen sind eng assoziiert mit zwei Gefrierfabriken, zwei sind praktisch ein und dasselbe Unternehmen, und eine Firma zog sich 1975 aus dem Geschäft zurück.

Die Struktur der Erdbeerindustrie (I)
1974-1975
Zahl und Art der Firmen

Gebiet	Gefrierfabriken		Andere Fabriken	Firmen, die mit frischen Erdbeeren handeln
	in Betrieb	außer Betrieb		
Zamora	19[1]	1	2[3]	6(3)[2]
Irapuato	10[4]	3	1	4

1 Einschließlich zwei in Morelia und eine im Bundesstaat Jalisco.
2 Siehe Text.
3 Eine ist eine neue Fabrik, die wahrscheinlich Marmelade herstellen wird, die andere ist eine alte Marmeladenfabrik.
4 Eine davon liegt in der Nähe von Salamaura.

2. Die Beteiligung von US-Kapital

US-amerikanisches Kapital ist an der Erdbeerindustrie in Mexiko auf zweierlei Weise beteiligt: in Form von direkten Investitionen (z. B. durch Erwerb von Anteilen bei Aktiengesellschaften oder durch Übernahme von Hypotheken) oder in Form von Betriebskapital. Die Eigentumsfrage ist eine Sache, bei der man hauptsächlich auf Spekulationen angewiesen ist. Wer Eigentümer welcher Firma ist und wieviel ihm davon gehört, ist ein Geschäftsgeheimnis, das strenger gehütet wird als die meisten militärischen Geheimnisse.[16] Überdies wechseln die Eigentümer relativ häufig. So gingen beispielsweise nach den Erdbeerkrisen von 1971 und 1974/75 mehrere Firmen infolge finanzieller Schwierigkeiten in andere Hände über, und manche von ihnen wurde von US-Kapitalisten gerettet. Diese veränderten Eigentumsverhältnisse sind gleichermaßen schwer aufzuweisen.

Das US-Kapital übernahm die Rolle eines Pioniers in Mexikos Erdbeerindustrie. In den Anfangsphasen ihres Wachstums zeigten die mexikanischen Banken und Investoren verhältnismäßig wenig Begeisterung für eine Frucht, deren Produktion mit relativ hohen Risiken verbunden zu sein versprach.[17] Erst während und nach dem Boom, der der Krise von 1971 vorausging, stieg mexikanisches Kapital in größerem Umfang in das Geschäft ein, was die Vorherrschaft der US-Kapitalisten in diesem Industriezweig jedoch keineswegs schwächte.

Zum gegenwärtigen Zeitpunkt sind 10 von den 20 Firmen, die in der Region Zamora mit dem Einfrieren von Erdbeeren zu tun haben, mit nahezu absoluter Sicherheit ganz oder teilweise Eigentum von

US-Investoren mit oder ohne »Strohmänner« (»prestanombres«). Hinter einer elften Gefrierfabrik, die neu ist, steht ebenfalls mit großer Wahrscheinlichkeit US-Kapital. Daneben gibt es drei Fabriken, die ganz oder zum Teil einem mexikanischen Staatsbürger gehören (bei einer dieser Fabriken ist er, wie mir berichtet wurde, zusammen mit über 30 mexikanischen Partnern Teileigner und zugleich Verwaltungsdirektor), der auch eine Maklerfirma in den USA (Rio Sales) betreibt. Man darf davon ausgehen, daß zumindest ein Teil, wahrscheinlich ein bedeutender Teil seiner Kapitalmittel aus den USA stammt. Mit anderen Worten, seiner Nationalität nach ist er Mexikaner, aber gemessen an seinen Geschäftsverbindungen und -neigungen ist er Ausländer.[18]

Von vier Fabriken kann man sagen, daß sie sich ganz in mexikanischer Hand befinden. Zwei davon gehören Privatpersonen. Eine davon, die größte private Gefrierfabrik in Zamora (Frutas Refrigeradas), soll von einer großen mexikanischen Investmentgruppe (Inversiones Tecnicas) finanziert worden sein, wurde jedoch kürzlich an Guillermo Martinez Dominguez verkauft, der mittlerweile mit den Geschäftsinteressen von Monterrey verbunden ist, und es ist nicht nur möglich, sondern wahrscheinlich, daß hinter dieser Übertragung einiges US-Kapital steht.[19] Das andere mexikanische Privatunternehmen gehört ca. 16 Erdbeerproduzenten als Anteilseignern; seine vier größten Aktionäre sind Brüder, und mehrere Anteilseigner sollen Millionäre sein. Zwei weitere Unternehmen wurden von der mexikanischen Regierung finanziert (Banco Ejidal) und können als staatseigene Betriebe gelten, obgleich sie theoretisch den Bauern (ejidatarios) gehören. Eine dieser beiden Fabriken ist neu; bei der anderen handelt es sich um die größte Gefrierfabrik im gesamten Gebiet von Zamora (V. Carranza).

Von den Firmen, die mit frischen Erdbeeren handeln, werden zwei höchstwahrscheinlich mit US-Kapital finanziert und stehen in enger Verbindung zu zwei Gefrierfabriken.[20]

Von Irapuato wird berichtet, daß die Eigentumsstruktur sehr ähnlich aussieht wie in Zamora.

Unter den US-Kapitalisten, die – weitverbreiteten Berichten zufolge – fixes Kapital in die Fabriken investiert haben, sind mehrere Maklerfirmen und mehrere kleine und große US-Nahrungsmittelunternehmen wie Ocean Garden, Pet. Co. (Pet Milk) und Imperial Frozen Foods, Del Mar und Ramsay Laboratories und seit neuestem Bimbo. Um ein paar Beispiele zu geben: Griffin and Brand werden als Investoren in Zamora- und Irapuato-Fabriken, z. B. Estrella, Azteca, Haciendita und Marbrand, genannt; Betters Food Sales soll bei Alimentos Mundiales und Intermex fixes Kapital angelegt haben; Griffin and Holder bei Zamora; Imperial Frozen Foods bei Intermex

Die Struktur der Erdbeerindustrie (II)

Firmen mit oder ohne US-Kapitalbeteiligung in Zamora (um 1974/75). Eine Annäherung

Nahezu absolut sicher mit US-Kapitel (11)	Höchstwahr- scheinlich mit US-Kapital (4)	In mexikani- schem Besitz (4)	Eigentümer nicht aufgeschlüsselt (1)
		Gefrierfabriken	
Estrella	Haciendita[3]	Frutas Refri-	Morelia
Azteca	El Duero	geradas[5]	
Morales	Rio	Anahuac	
Zamora	J.A. Valdés SA[4]	V. Carranza (Ej.)	
Intermex		Estancia (Ej.)	
Alimentos Mun-			
diales			
America			
Chapala			
Alva			
Congel. y Empac.			
Nacional[1]			
Frexport[2]			
(Frutas Refrige-			
radas?)[5]			

	Firmen, die nur mit frischen Erdbeeren handeln		
(0)	(2)	(1)	(4)
	Los Reyes (Moreno)	Desarroladora de Export. Agricolas	(Moreno Gon- zalez[6])
	Export. de Frutas y Vegetables		Empac. y Export. SA[7]
			Export. Agri SA[8]
			Exagro[8]

1 In Morelia.
2 Neue Fabrik; vermutlich, aber nicht sicher, zur Marmeladenherstellung.
3 Heute unter dem Namen Productora Importadora y Exportadora SA bekannt, kürzlich aber verpachtet an Impulsora Agropecuaria de Zamora.
4 Mit Sitz in der Provinz Jalisco.
5 Inzwischen wahrscheinlich mit US-Kapital (siehe Text).
6 Nach Angaben von 1975 heute außer Betrieb.
7 Heute unter dem Namen Impulsora Agropecuaria de Zamora bekannt.
8 Nach allen verfügbaren Informationen eine Einzelfirma.

Anmerkung: In der Tabelle ist jeweils der Name aufgeführt, mit dem diese Firmen üblicherweise bezeichnet werden, nicht der volle Firmenname. Nicht enthalten in der Liste sind eine kleine Marmeladenfabrik, die J. García Leon gehört bzw. von ihm betrieben wird, und die Fabrik Olimpia, die schon mehrere Jahre nicht mehr in Betrieb ist.

(zusammen mit Betters Food Sales und Scolick); Ramsay Laboratories bei Morales; Pet Co. (Pet Milk) bei Congeladora y Empacadora Nacional. Aber diese Informationen sind, das soll hier noch einmal gesagt werden, weder ganz zuverlässig noch vollständig.

Diese Daten allein sind ein Beweis für die Vorherrschaft von US-amerikanischem Kapital, ja sogar von US-Großkapital in Mexikos Erdbeerindustrie. Ebenso wichtig, wenn nicht noch wichtiger, ist die Vorherrschaft des US-Kapitals, das alljährlich als Betriebs- oder Umlaufkapital aus den Vereinigten Staaten nach Mexiko fließt und dazu dient, die Produktion von Erdbeeren in Gang zu halten[21], sowie den Handel mit und den Absatz von frischen Erdbeeren und den Betrieb der Gefrierfabriken zu finanzieren. Dieses Betätigungsfeld für Handel und Finanz ist ebenfalls in Dunkel gehüllt; Angaben über die Kreditvergabe privater mexikanischer Geldinstitute sind nicht verfügbar. (Angaben über »Erdbeerkredite« liegen nur von den staatlichen Kreditanstalten vor.) Einige Daten erscheinen dennoch ausreichend fundiert. US-Kapital für Produktion, Verarbeitung und Vermarktung fließt nicht nur solchen Fabriken zu, in denen fixes US-Kapital investiert worden ist, sondern auch anderen Unternehmen. Der Grund dafür liegt auf der Hand: Sämtliche Unternehmen haben mit US-Maklern zu tun, und diese Verbindung erstreckt sich praktisch auf ihren gesamten Export, der bei den meisten Firmen ihrem gesamten Output oder doch zumindest dem Löwenanteil der Produktion entspricht, und deshalb sind sie in bezug auf Kredite oder Darlehen gänzlich oder teilweise von diesen Maklern abhängig. *US-Kapital steckt in sämtlichen Unternehmen und ist allgegenwärtig, unabhängig davon, wer die Eigentümer sind – möglicherweise sogar in den staatseigenen Ejido-Fabriken, obwohl diese das bestreiten.* Eine weitere Tatsache ist, daß US-amerikanisches Umlaufkapital direkt oder indirekt von den Maklerfirmen nach Mexiko kommt.[22] Ich schätze, daß die Summe solcher US-Gelder jährlich mindestens so hoch ist wie die Summe der fixen US-Kapitalinvestitionen (für Anlagen und Ausrüstung) in diesem Industriezweig, wahrscheinlich noch viel höher.[23]

3. Die US-Makler · Multinationale Geschäfte

Die Verarbeitung und vor allem die Vermarktung frischer und tiefgefrorener mexikanischer Erdbeeren wird von einer Handvoll Händler (handlers) oder Makler (brokers) beherrscht. Die größten US-amerikanischen Firmen in der Erdbeerbranche (die hier nicht unbedingt in der ihrer Bedeutung entsprechenden Reihenfolge stehen) sind[24]:

Griffin and Brand*	Lee Warner
Griffin and Holder*	US Strawberry Imports
American Foods Co.*	Mid-Valley Frozen Foods*

Betters Food Sales*   Rio Sales
San Antonio Foreign   Texas Fruit and Berry Co.*
Trading Co.   Frozen Food*
Simpson Sales Agency*
Lamantia

Daneben gibt es einen großen Händler (Scolick), dessen Name selten erwähnt wird, der jedoch mit großen Mengen Erdbeeren handeln soll, vorzüglich in Zeiten, in denen die Preise in Mexiko niedrig sind.[25]

Manche Makler haben sich auf frische Erdbeeren spezialisiert (z. B. American Foods Co.), andere auf tiefgefrorene (z. B. San Antonio Foreign Trading Co.), wieder andere auf frische und tiefgefrorene Erdbeeren (z. B. Griffin and Brand). Die relative Bedeutung der Makler ist nicht leicht nachzuweisen und kann von Jahr zu Jahr auch schwanken, was zum Teil daran liegt, daß die Erdbeere nur eins von vielen Produkten ist, das von diesen Maklern gehandelt wird. Die acht Handelsfirmen, die jene 13 Empfehlungen unterschrieben, die auf dem Guanajuato-Treffen vom Juni 1975 vorgelegt wurden, sollen Berichten zufolge 90% aller Ausfuhren frischer Erdbeeren aus Mexiko abwickeln.

Die beherrschende Firma der mexikanischen Erdbeerindustrie ist – nach allen verfügbaren Belegen – die Firma Griffin and Brand von McAllen, Texas.[26] Sie handelt mit großen Mengen von Erdbeeren, frischen und tiefgefrorenen, und stärkt ihren Anteil an der Kontrolle über den Markt durch erhebliche Kapitalinvestitionen in den Fabriken und andernorts in Mexiko. Allen Berichten zufolge ist Othal Brand der Mann, der die »Erdbeer-Szene« in Zamora und Irapuato offensichtlich mit Worten und Taten, durch seine gerissenen und gefürchteten Geschäftspraktiken beherrscht.[27] In den USA sagt man – zu Recht oder zu Unrecht – von ihm, er habe 60% des Erdbeerhandels in der Hand, eine These, die durchaus realistisch wirkt, wenn man zugleich hört, daß er ein Geschäftspartner von Nelson Rockefeller, dem amerikanischen Vizepräsidenten, ist, dessen kommerzielle Interessen am Nahrungsmittelhandel weithin bekannt sind. Othal Brand hat auch noch andere Geschäftsinteressen, die teilweise eng mit der Erdbeerindustrie verbunden sind, wie etwa die Golf Brand Chemical Corporation. Dieses Chemie-Unternehmen hat in Mexiko das Monopol über den Verkauf eines Produkts, das zur Säuberung frischer Erdbeeren vor dem Export benutzt wird, und es ist nur logisch, anzunehmen, daß das Monopol über einen für die Vermarktung so wichtigen Input Griffin and Brand eine starke Herrschaftsposition gegenüber ihren Konkurrenten verschafft. Über Brand ist auch zu hören, daß er finanzielle Interessen an der Firma Refrigeración Industrial (in Mazatlán) hat. Daneben hat er eine starke, wenn nicht gar die mehrheitliche, Beteiligung am mexikanischen Melonen-Geschäft – oder besser: an der US-amerikanischen Melonenindustrie in Mexiko – sowie am Zwiebelgeschäft in Texas. Mit anderen Worten, seine Geschäftsinteressen sind breit gefächert und weitverzweigt. Es ist auch nahezu sicher, daß er gute Beziehungen sowohl zum US-Landwirtschaftsministerium als auch zur amerikanischen Nahrungs- und Arzneimittelbehörde (US Food and Drug Administration) unter- hält, deren große Labors ganz in der Nähe der Büros von Griffin and Brand (McAllen, Texas) liegen. Und es ist ferner ziemlich logisch anzunehmen, daß dieses Unternehmen, wie andere auch, enge Ge- schäftsverbindungen zu und wahrscheinlich finanzielle Interessen an anderen mit der Erdbeerindustrie verbundenen Einrichtungen hat, etwa an Pflanzenzuchtanstalten in den USA und in Mexiko, die Erdbeer-Setzlinge produzieren, sowie an Fabriken oder Kühlhäusern in den Vereinigten Staaten. Schließlich hat diese Firma, wie andere auch, innige Kontakte mit großen Lebensmittelkonzernen in den USA und Zugang zu Handelskanälen in Europa, wohin sie »mexika- nische« Erdbeeren exportiert.[28] So wird etwa berichtet, daß Griffin and Brand mit Carnation, einem großen Abnehmer für tiefgefrorene Erdbeeren, kooperiert, und daß Betters Food Sales mit der ebenso potenten Kraft-Gesellschaft in Geschäftsverbindung steht.

Zusammenfassend läßt sich sagen, daß Griffin and Brand (und andere Maklerfirmen vermutlich nicht weniger) ihre Aktivitäten nicht auf die von Zwischenhändlern beschränken. *Sie sind multinationale Firmen, uneingeschränkte kapitalistische Investoren mit sehr ver- zweigten Geschäftsinteressen in den USA, in Mexiko, Europa und andernorts, für die der Erdbeerhandel nur eins von vielen Feldern ist, auf denen sie operieren.*

Die wirtschaftliche und politische Macht einer Maklerfirma in Mexiko drückt sich nicht notwendigerweise in dem Volumen an frischen oder tiefgefrorenen Erdbeeren aus, mit dem sie handelt, sondern ist das Ergebnis eines ganzen Komplexes von Sachverhalten. Eine Firma mag 20, 30 oder 40% des Erdbeergeschäfts abwickeln; was wirklich zählt, ist jedoch nicht so sehr das Handelsvolumen (wenngleich dies ein wichtiger Faktor ist), sondern a) ob die Firma fixes Kapital in der Verarbeitungsindustrie und in anderen Einrich- tungen investiert hat (was ihre Machtposition gegenüber den Kon- kurrenten stärkt) und b) welche Beziehungen die Firma zu anderen Unternehmen und zur Regierung in den USA unterhält. Mit anderen Worten, die beherrschende Firma oder die beherrschenden Firmen werden sowohl wirtschaftlich als auch politisch zu »großen Agentu- ren«, die in der Lage sind, sämtliche Phasen der Produktionsprozesse in Mexiko auf dem Feld wie in den Fabriken zu beeinflussen oder zu kontrollieren, die Einflußsphären nach dem Motto »leben und leben lassen« in Absprache mit den Konkurrenten untereinander aufzuteilen, die Preise zu bestimmen, die an Erzeuger und Fabriken gezahlt werden, die Provisionen festzulegen und schließlich, aber nicht zuletzt, die Agrarprogramme und -pläne in Mexiko zu gestalten, *und zwar praktisch unabhängig davon, was die mexikanischen Erzeuger, Kapitalisten und Regierungsvertreter dazu meinen* – obwohl man nicht übersehen sollte, daß sie sich in manchen Fällen mit den mexikanischen Interessen arrangieren müssen, indem sie tatsächliche oder scheinbare Zugeständnisse machen, und daß es auch zweckdienlich ist, Mexikaner – Erzeuger, Kapitalisten oder Regierungsvertreter – als Verbündete zu gewinnen.

4. Die Geschäfte der Makler

Begeben wir uns nun auf ein delikateres Feld unserer Untersuchung. Wenn wir uns auf der Grundlage dessen, was man als offizielle Statistik bezeichnen könnte, und unter Berücksichtigung der Frage, ob – wie berichtet – in den »mexikanischen« Firmen fixes US-Kapital investiert ist oder nicht, das Exportvolumen von frischen und tiefgefrorenen Erdbeeren im Zeitraum 1973/74 ansehen (siehe Tabelle III, S. 30), so stellen wir fest, daß die Firmen, die in die Rubrik »fast sicher mit US-Kapital« einzuordnen sind, im genannten Zeitraum ca. 55% sämtlicher Exporte von frischen und 52% aller Exporte von tiefgefrorenen Erdbeeren abwickelten, d. h. rund 53% des gesamten Erdbeerexports; für die Firmen in der Rubrik »höchstwahrscheinlich mit US-Kapital« lauten die entsprechenden Exportanteile 6%, 11% und 9%, und auf die Firmen »in mexikanischem Besitz« entfallen 23%, 34% und 30%. Das bedeutet also, daß zwischen 52 und 62% der gesamten Erdbeerexporte von Firmen besorgt werden, in denen mit hoher Wahrscheinlichkeit US-Kapital angelegt ist – mit oder ohne »Strohmänner« (»prestanombres«). Anzumerken ist, daß ein beträchtlicher Teil der Exporte von Fabriken, die sich »in mexikanischem Besitz« befinden, den (staatseigenen) Ejido-Unternehmen zugeschrieben werden muß, deren Anteil am Gesamtexport allein 14% betrug (siehe auch Tabelle IV).
Schwieriger ist es, die relative Stärke der Maklerfirmen einzuschätzen. Einer der Gründe dafür ist, daß die Daten – wie die meisten statistischen Angaben über die Erdbeerindustrie – nicht zuverlässig sind. Ein anderer Grund ist, daß vermutlich erhebliche Doppelgeschäfte (trade-offs) zwischen Maklerfirmen in Mexiko und in den USA getätigt werden.[29] Um ein Beispiel zu nennen: Wer weiß schon genau, ob Griffin and Brand nicht am Ende das Geschäft mit denjenigen Erdbeeren macht, die zuvor von (beispielsweise) J. A. Valdés gehandelt wurden, einer Firma, die in der Erdbeerproduktion und -verarbeitung engagiert ist und die Geschäftsverbindungen in den USA

Struktur der Erdbeerindustrie (III)

Ungefähres Volumen der Exporte von frischen und tiefgefrorenen Erdbeeren, die von Zamora-Firmen abgewickelt wurden; Einteilung der Firmen nach Kapitalstruktur; Zeitraum: 1973/74; Angaben in Mio. Pfund*

Firma	Fast sicher mit US-Kapital			Höchstwahrscheinlich mit US-Kapital				in mexikanischem Besitz				Eigentümer unbekannt				alle Firmen		
	F+	T+	Z+	Firma	F	T	Z	Firma	F	T	Z	Firma	F	T	Z	F	T	Z
Estrella	4,4	6,0	10,4	Hacienda	0,1	1,5	1,6	Frut. Refr.	3,1	7,5	10,6	Morelia	-	2,6	2,6			
Los Reyes	7,5	-	7,5	El Duero	2,6	6,4	9,0	Anahuac	3,1	5,0	8,1	M. Gonzales	2,6[3]	-	2,6			
Azteca	-	4,3	4,3					V. Carranza	3,7	12,2	15,8	Agri SA	1,9	-	1,9			
Morales	0,9	1,8	2,7					Estancia[2]				Exagro	1,1	-	1,1			
Zamora	-	9,0	9,0									Emp. y Exp. SA	1,2	-	1,2			
Exp. Fr. y Veg.	3,0	-	3,0															
Intermex	2,8	4,3	7,1															
Al. Mund.	1,9	2,7	4,6															
America	1,4	2,6	4,1															
Chapala[1]	1,8	-	1,8															
Alva	-	2,1	2,1															
Cong. y Emp.																		
Nacional	-	5,5	5,5															
zusammen	23,8	38,3	62,1	zusammen	2,7	7,9	10,6	zusammen	9,8	24,7	34,5	zusammen	6,7	2,6	9,3	42,9	73,5	116,4

Struktur der Erdbeerindustrie (IV)
Erdbeerexporte 1973/74
Zusammenfassung der Tabelle III

Firmentyp		% der Exporte	
	Frisch	Tiefgefroren	Zusammen
Fast sicher mit US-Kapital	55	52	53
Höchstwahrscheinlich mit US-Kapital	6	11	9
In mexikanischem Besitz	23	34	30
Eigentümer unbekannt	16	3	8
Alle Firmen	100	100	100

besitzt? Dies könnte sehr wohl der Fall sein, wenn man bedenkt, daß ein mexikanischer Kapitalist in den Vereinigten Staaten von der Gnade der mächtigen US-Makler abhängig ist. Und schließlich ist zu sagen, daß die relative Machtposition der verschiedenen Firmen sich von Jahr zu Jahr ändern kann, je nachdem, was die Konkurrenz tut.

In den Jahren 1973/74 verteilten sich die Exporte von frischen und tiefgefrorenen Erdbeeren, die in Zamora abgewickelt wurden, offenbar so, wie es aus Tabelle V hervorgeht. In dieser Tabelle haben wir die verschiedenen Gefrierfabriken jeweils zu den Maklern in Beziehung gesetzt, mit denen sie nach allen verfügbaren Informationen geschäftlich verbunden waren. Die Tabelle VI bietet einen zusammenfassenden Überblick über die Exportanteile der Maklerfirmen.[30] Aus dieser Tabelle ist zu entnehmen, wer im Zeitraum 1973/74 die mächtigsten Maklerfirmen in Zamora waren, nämlich Griffin and Brand, Betters Food Sales, Griffin and Holder und J. A. Valdés, die letztere dicht gefolgt von der San Antonio Foreign Trading Company.

Anmerkungen zu Tabelle III
* Im Anglo-Amerikanischen ist 1 Pfund = rd. 454 g
+ F = frische, T = tiefgefrorene Erdbeeren; Z = zusammen

[1] Keine Geschäfte mit tiefgefrorenen Erdbeeren im Zeitraum 1973/74.
[2] Handelte in diesem Zeitraum Frischerdbeeren in Kooperation mit V. Carranza.
[3] Keine verläßliche Angabe.
Anmerkung: Grundlage dieser Tabelle ist die Tabelle II zur Struktur der Erdbeerindustrie mit leichten Änderungen wegen der Geschäftsverbindungen. Firmen ohne Ausfuhrkontingente wurden nicht aufgenommen. Neue Firmen, die im Zeitraum 1974/75 entstanden, fehlen ebenfalls. Kleine Unstimmigkeiten sind auf Ab- bzw. Aufrundung zurückzuführen.

Struktur der Erdbeerindustrie (V)

Exporte von frischen und tiefgefrorenen Erdbeeren, aufgeschlüsselt nach Produktionsbetrieben und deren jeweiligen Maklern in Zamora; Zeitraum: 1973/74; Angaben in Mio. Pfund (1 Pfund = 454 g) – Eine Annäherung

Produktionsbetrieb	Exporte			Maklerfirma (-Firmen)	
	F	T	Z	Frisch	Tiefgefroren
Estrella	4,4	6,0	10,4	Griffin and Brand	Griffin and Brand
Azteca	–	4,3	4,3	–	Griffin and Brand
Los Reyes	7,5	–	7,5	Griffin and Brand	Unabhängige Verkäufe über lokale Makler
Frutas Regrigeradas	3,1	7,5	10,6	Griffin and Brand	
Haciendita	0,1	1,5	1,6	Griffin and Brand	Griffin and Brand
America	1,4	2,6	4,1	Griffin and Holder	Griffin and Holder
Chapala	1,8	–	1,8	Griffin and Holder	–
Zamora	–	9,0	9,0	Griffin and Holder	Frozen Foods (Colo.) Ramsay Lab. Inc.
Exp. Frut. y Veget.	3,0	–	3,0	Griffin and Holder	–
Agri SA	1,9	–	1,9	Griffin and Holder	–
Villamil Exagro	1,1	–	1,1	Griffin and Holder	–
V. Carranza	3,7	12,2	15,8	American Food	San Antonio For. Trad. Betters Food

F = Frisch; T = Tiefgefroren; Z = Zusammen.

Produktionsbetrieb	Exporte			Maklerfirma (-Firmen)	
	F	T	Z	F	T
Alim. Mundiales	1,9	2,7	4,6	K.A.	Betters Food
Intermex	2,8	4,3	7,1	K.A.	Betters Food (50%) Imperial Frozen Foods (50%)
Alva	–	2,1	2,1	–	Concept Mark.[1]
Morelia	–	2,6	2,6	–	Valdés – Goldfarb
El Duero	2,6	6,4	9,0	Valdés	Valdés
Anahuac	3,1	5,0	8,1	Simpson Sales	San Antonio For. Trad. Betters Food
Morales	0,9	1,8	2,7	K.A.	K.A.
Cong. y Empac. Nacional	–	5,5	5,5	–	K.A.
M. Gonzalez	2,6	–	2,6	K.A.	–
Empac. y Export. SA	1,2	–	1,2	K.A.	–

* K.A. = Keine Angaben verfügbar.
1 Berichten zufolge heute bankrott.

Anmerkung: Die in dieser Tabelle enthaltenen Angaben über die Maklerfirmen stützen sich auf die Informationen, die wir nach bestem Bemühen bekommen konnten; wegen der Geheimhaltung der Geschäftsvorgänge und der Veränderungen in den Beziehungen zwischen Maklern und Industrie kann es sein, daß sie nicht immer ganz zutreffend sind.

Struktur der Erdbeerindustrie (VI)
Relative Machtposition der Makler in Zamora, 1973/74 –
Eine Annäherung (Zusammenfassung der Tabelle V)

Maklerfirma	% des gesamten Exportvolumens
US-Makler, die mit frischen und tiefgefrorenen Erdbeeren handeln	*41,9*
Griffin and Brand	23,0
Griffin and Holder	10,1
Valdés	8,8
US-Makler, die nur mit tiefgefrorenen Erdbeeren handeln	*31,5*
Betters Food Sales	11,6
San Antonio Foreign Trading Co.	7,4
Frozen Foods	3,9
Ramsay Laboratories	3,9
Sonstige (3)	4,7
US-Makler, die nur mit frischen Erdbeeren handeln	*5,9*
American Foods	3,2
Simpson Sales	2,7
Erdbeeren (frische und/oder tief-gefrorene), *die von nicht identifizierten Maklern gehandelt werden*	*14,3*
Volumen des Handels, der unabhängig über lokale Makler abgewickelt wird	6,4
Gesamtvolumen in Mio. Pfund	116,6

Im Zeitraum 1974/75 stellte sich das Geschäft zwischen den Gefrier-fabriken bzw. den Firmen, die mit frischen Erdbeeren handelten, und den US-Maklern in Zamora vermutlich so dar, wie wir es in der Tabelle VII aufgeschlüsselt haben. Die Zusammenfassung der Daten über die relative Stärke der verschiedenen US-Makler findet sich in Tabelle VIII. In dieser Tabelle kommen einige Veränderungen der relativen Machtposition der verschiedenen Makler zum Ausdruck, insbesondere eine Zunahme des Marktanteils der American Foods bei frischen Erdbeeren und ein offensichtlicher Rückgang der Bedeutung von Griffin and Brand. (American Foods beherrschte fast den gesam-ten Verkauf von frischen Erdbeeren für den Ejido-Betrieb V. Carran-za, die größte Gefrierfabrik der Region.)
Allerdings muß man die Zahlen der Tabellen VII und VIII mit Vorsicht aufnehmen; denn die Jahre 1974/75 waren Krisenjahre, und

Struktur der Erdbeerindustrie (VII)

Exporte von frischen und tiefgefrorenen Erdbeeren, aufgeschlüsselt nach Betrieben und deren jeweiligen Maklern in Zamora; Zeitraum: 1974/75; Angaben in Mio. Pfund – Eine Annäherung

Betrieb	Exporte			Maklerfirma (-Firmen)	
	F	T	Z	Frisch	Tiefgefroren
Estrella	3,6	6,1	9,7	Griffin and Brand (58%) / Sonstige (42%)	Betters Food Sales (100%)
Azteca Frutas Refrigeradas	– / 1,7	2,8 / 2,2	2,8 / 3,9	– / Griffin and Brand (90%) / Sonstige (10%)	Griffin and Brand (100%) / Intern. Freezers (34%) / Sonstige (66%)
Hacienda (Prod. y Exp. S.A.)	–	0,6	0,6	–	Imperial Frozen Foods (56%) / Sonstige (44%)
America	1,4	1,5	2,9	Simpson Sales (98%) / Sonstige (2%)	Verschiedene (100%)
Chapala	1,8	4,4	6,2	Griffin and Holder (93%) / Sonstige (7%)	Northwest Cold Pack (8%) / Sonstige (9,2%) / Frozen Foods (94%) / Griffin and Holder (6%)
Zamora	–	6,2	6,2	–	–
Exp. Frutas y Veget. Villamil	3,2 / 0,8	– / –	3,2 / 0,8	Griffin and Holder (100%) / Griffin and Holder (88%) / Sonstige (12%)	– / –
Carranza (1.) and	4,3	12,8	17,1	American Foods (99%)	1. San Antonio For. Trad. (82%) / Sonstige (18%) / 2. Betters Food (29%)
Estancia (2.)				Griffin and Holder (1%)	San Antonio For. Trad. (3%) / Sonstige (68%)

Betrieb	Exporte			Maklerfirma (-Firmen)	
	F	T	Z	Frisch	Tiefgefroren
Alimentos Mundiales	1,1	2,1	3,2	Simpson Sales (99%) Sonstige (4%)	Betters Food (100%)
Intermex	2,6	4,1	6,7	Simpson Sales (99%) Sonstige (1%)	Griffin and Brand (53%) Betters Food (47%)
Morelia	–	0,4	0,4		Sonstige (100%)
El Duero	1,8	4,0	5,8	American Foods (99%) Sonstige (1%)	Sonstige (100%)
Anahuac	3,3	4,6	7,9	Simpson Sales (83%) Sonstige (17%)	San Antonio For. Trad. (87%) Intern. Freezers (10%) Sonstige (3%)
Morales (Valdes)	0,9	2,1	3,0	American Foods (100%)	Sonstige (100%)
Cong. y Empac. Nacional	–	2,1	2,1	–	Sonstige (100%)
M. Gonzalez	1,2	–	1,2	Griffin and Brand (100%)	–
Desarrolladora de Exp. Agric.	1,3	–	1,3	American Foods (100%)	–
Impulaora Agrop. de Zamora	1,2	–	1,2	American Foods (1%) La Mantia (97%) Sonstige (2%)	–

Anmerkung: Siehe Anmerkung zu Tabelle V. Mit »sonstigen Firmen« ist gemeint, daß die Maklerfirma, die die Produktion übernahm, nicht speziell aufgeschlüsselt wurde.

Struktur der Erdbeerindustrie (VIII)
Relative Machtposition der Makler in Zamora, 1974/75 – Eine Annäherung
(Zusammenfassung der Tabelle VII)

Maklerfirma	% des Exportvolumens		
	F	T	Z
US-Makler, die mit frischen und			
tiefgefrorenen Erdbeeren handeln			
Griffin and Brand	16	9	11
Griffin and Holder	19	x	7
US-Makler, die nur mit			
tiefgefrorenen Erdbeeren handeln			
Betters Food Sales	–	27[b]	17
San Antonio Foreign Trading Co.	–	16	10
Frozen Foods	–	10	7
International Freezers	–	1	x
Northwest Cold Pack	–	x	x
Imperial Frozen Foods	–	x	x
US-Makler, die nur mit frischen			
Erdbeeren handeln			
American Foods	27	–	10
Simpson Sales	25	–	9
La Mantia	4	–	1
Erdbeeren (frische und/oder			
tiefgefrorene), *die von nichtidenti-*			
fizierten US-Maklern gehandelt werden			
Über Ejido-Bank[a]	–	4	3
Sonstige nicht-identifizierte Makler	9	31	23
Gesamtvolumen in Mio. Pfund	30,2	56,1	86,3

Anmerkungen zur Tabelle VIII:
a Siehe Text.
b Darin enthalten sind 6,1 Mio. Pfund, die von Estrella (Brand) an Betters
Food Sales verkauft wurden; das entspricht 40% der von Betters Food Sales
abgewickelten Exporte. Siehe Text.
x Weniger als 1%.

es liegt nahe anzunehmen, daß einige Makler sich wegen der schlechten Absatzlage in den USA zurückhielten. Daher kann es sein, daß die
für diese Periode hier vorgelegten Zahlen und die auf der Basis dieser
Zahlen erstellten Schaubilder nicht die tatsächliche Bedeutung der
verschiedenen Händler/Kapitalisten widerspiegeln. Nehmen wir,
zum Beispiel, die folgende Transaktion: Estrella, ein Betrieb, der
Brand von Griffin and Brand gehört, verkaufte seine Produktion von
tiefgefrorenen Erdbeeren an Betters Food Sales, die als Maklerfirma

den Export übernahm. Würden wir nun den von Betters Food Sales gehandelten Teil zu dem Volumen hinzuzählen, das zunächst von Griffin and Brand gehandelt (wenn auch nicht direkt exportiert) wurde, so ergäbe sich die folgende ungefähre Verteilung (in Prozent):

Prozent des von Brand und Betters Food Sales in Zamora gehandelten Volumens vor und nach Verkauf von 6,1 Mio. Pfund tiefgefrorener Erdbeeren von Estrella and Betters Food Sales

Maklerfirma	Nach Verkauf*			Vor Verkauf		
	F	T	Z	F	T	Z
Griffin and Brand	16	9	11	16	20	18
Betters Food Sales	–	27	17	–	16	10

* Wie in den Tabellen VII und VIII sowie in den Schaubildern ausgewiesen.

Mit anderen Worten, Brands Anteil am gesamten in Zamora gehandelten Volumen stiege von 11 auf 18%, und der Anteil von Betters Food Sales ginge von 17 auf 10% zurück. Entsprechend würde auch der Anteil von Brand am gesamten in Mexiko gehandelten Volumen (wenn auch nicht der Anteil an den direkten Exporten), so wie er in den Schaubildern I und V dargestellt ist, auf rund 20% ansteigen. Andererseits entfiel 1974/75 ein sehr großer Teil des in Zamora gehandelten Volumens auf »nicht identifizierte« Makler (26%). Es ist nicht nur wahrscheinlich, sondern ziemlich sicher, daß dieser Teil in Wirklichkeit von einigen der führenden Makler gehandelt wurde, womit deren tatsächlicher Marktanteil um einiges größer wird, als die in unseren Tabellen und Schaubildern angegebenen Daten ausweisen.[31]

In dem Volumen, das von »nicht identifizierten« Maklern gehandelt wurde, ist ein Teil der Produktion der Ejido-Fabriken – V. Carranza und Estancia – enthalten, der offensichtlich über die Ejido-Bank (Banco Agrario de Michoacan S.A.) verkauft wurde, die ihre eigenen Absprachen mit US-amerikanischen Maklern direkt in den Vereinigten Staaten trifft.

Wie sich die Exporte in Irapuato im Zeitraum 1974/75 verteilten, geht aus den Tabellen IX und X hervor. Die mächtigsten Makler in Irapuato waren demnach Griffin and Brand, Bentley and Bentley, American Food, Texas Fruit and Berry, Mid-Valley und Betters Food, dicht gefolgt von der San Antonio Foreign Trading Company.

Strukter der Erdbeerindustrie (IX)

Exporte von frischen und tiefgefrorenen Erdbeeren, aufgeschlüsselt nach Betrieben und deren jeweiligen Maklern in Irapuato; Zeitraum: 1974/75; Angaben in Mio. Pfund. Eine Annäherung

Betrieb	Exporte			Maklerfirma	
	F	T¹	Z	Frisch	Tiefgefroren
Purissima del Jardin	6,8	7,0	13,8	American Foods	Texas Fruit and Berry
Desarrollo de Exp. Agric.	1,4	–	1,4	American Foods	–
Marbrand	2,0	7,8	9,8	Griffin and Brand	Griffin and Brand
Niño	–	8,3	8,3	–	Bentley and Bentley[2]
Santa Clara	–	5,9	5,9	–	Mid-Valley
San Francisquito	–	4,7	4,7	–	Betters Food Sales
Cristalita	–	4,4	4,4	–	Harmes and Graw (L.A.)[2] (oder Griffin Mfg.)
Del Valle	–	4,3	4,3	–	San Antonio For. Trad. Co.
Del Centro Empac. y Exp. SA	1,3	1,7	3,0	La Mantia	Ray Marc
Ramirez Romero	0,3	–	0,3	Frotteto Pepino	–
OMNI	0,3	–	0,3	Thompson	–

1 Gestützt auf Exportkontingente (die tatsächlichen Exporte mögen etwas abweichend gewesen sein).

2 1973/74, über Brand (?).

Anmerkung: Die in dieser Tabelle enthaltenen Angaben stützen sich auf die Informationen, die wir bekommen konnten; wegen der Geheimhaltung der Geschäftsvorgänge und der Veränderungen in den Beziehungen zwischen Maklern und Industrie kann es sein, daß sie nicht immer ganz zutreffend sind.

Struktur der Erdbeerindustrie (X)
Relative Machtposition der Makler in Irapuato, 1974/75. Eine Annäherung
(Zusammenfassung der Tabelle IX)

Maklerfirma	% des gesamten Exportvolumens
US-Makler, die mit frischen und tiefgefrorenen Erdbeeren handeln	*17,4*
Griffin and Brand	17,4
US-Makler, die nur mit tiefgefrorenen Erdbeeren handeln	*64,0*
Bentley	14,8
Texas Fruit and Berry	12,5
Mid-Valley	10,5
Betters Food	8,4
Harmes and Graw (od. Griffin Manufacturing)	7,8
San Antonio Foreign Trading Co.	7,7
La Mantia	2,3
US-Makler, die nur mit frischen Erdbeeren handeln	*14,6*
American Food	14,6
Sonstige US-Makler	*4,0*
Gesamtvolumen in Mio. Pfund	56,2

Die Schaubilder beweisen besser als alle Worte, wie die US-amerikanischen Makler den mexikanischen Erdbeerkuchen unter sich aufgeteilt haben. Dabei muß noch einmal betont werden, daß die Schaubilder sich auf die Krisenjahre 1974/75 beziehen; doch zeigt dies zugleich, daß die mexikanische Erdbeerindustrie in guten wie in schlechten Jahren der beständigen Kontrolle einer Handvoll großer Kapitalisten/Makler aus den USA unterliegt. Sollte – was ziemlich sicher ist[32] – Griffin and Brand die größte private Gefrierfabrik, Frutas Refrigeradas, unter ihre Kontrolle gebracht haben, und sollte die Wettbewerbsposition von American Foods in der Krise gelitten haben (infolge einer Reihe von Manövern, die ich später beschreiben werde), dann wird der Marktanteil von Griffin and Brand in der Zukunft noch erheblich wachsen.

Die Aufteilung des mexikanischen Erdbeerkuchens 1974/75 (Eine Annäherung)

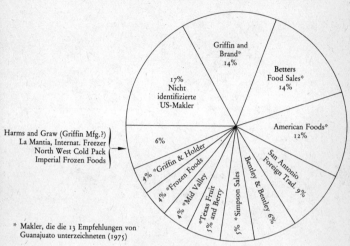

I. Anteile der Makler in Mexiko – Gesamtüberblick

Griffin and Brand*
14%

Betters Food Sales*
14%

17%
Nicht identifizierte US-Makler

American Foods*
12%

Harms and Graw (Griffin Mfg.?)
La Mantia, Internat. Freezer
North West Cold Pack
Imperial Frozen Foods

6%

San Antonio Foreign Trad. 9%

4% *Griffin & Holder

Bentley & Bentley 6%

4% *Frozen Foods

5% *Simpson Sales

4% *Mid Valley

*Texas Fruit and Berry 5%

* Makler, die die 13 Empfehlungen von Guanajuato unterzeichneten (1975)

II. Anteile der Makler in Zamora

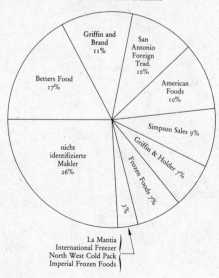

Griffin and Brand
11%

San Antonio Foreign Trad.
10%

Betters Food
17%

American Foods
10%

Simpson Sales 9%

nicht identifizierte Makler
26%

Griffin & Holder 7%

Frozen Foods 7%

3%

La Mantia
International Freezer
North West Cold Pack
Imperial Frozen Foods

41

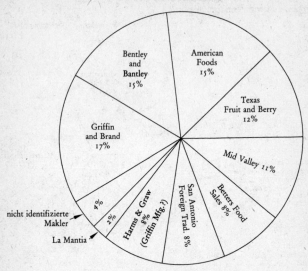

III. Anteile der Makler in Irapuato

- American Foods 15%
- Texas Fruit and Berry 12%
- Mid Valley 11%
- Betters Food Sales 8%
- San Antonio Foreign Trad. 8%
- Harms & Graw 8% (Griffin Mfg. ?)
- La Mantia 2%
- nicht identifizierte Makler 4%
- Griffin and Brand 17%
- Bentley and Bantley 15%

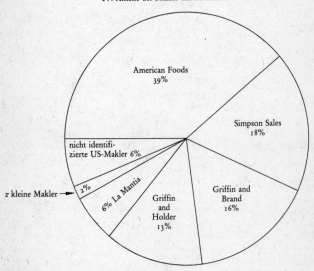

IV. Anteile der Makler am frischen Erdbeerkuchen

- American Foods 39%
- Simpson Sales 18%
- Griffin and Brand 16%
- Griffin and Holder 13%
- 6% La Mantia
- 2 kleine Makler 2%
- nicht identifizierte US-Makler 6%

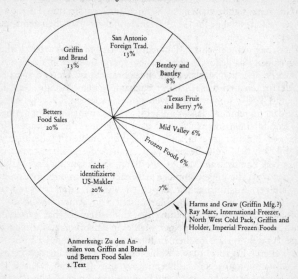

Anmerkung: Zu den An-
teilen von Griffin and Brand
und Betters Food Sales
s. Text

5. Makler unter sich, mexikanisches Kapital und mexikanische Banken

Kommen wir nun auf einige andere Phänomene zu sprechen, die bisher unerwähnt blieben.

Die Struktur der Erdbeerindustrie ist wandelbar. Wiederholte Krisen erzeugen Veränderungen in der Eigentumsstruktur der Industrie und in der Wettbewerbsposition der verschiedenen Makler. Veränderungen der Eigentumsstruktur treten in der Regel bei den Firmen auf, die gemessen am gesamten Industriezweig die Rolle von Randfiguren spielen: kleinere, schwächere Firmen und Firmen mit schlechterem Management. Aber Ausnahmen bestätigen die Regel. So gibt es etwa den Fall der Frutas Refrigeradas, der größten privaten Gefrierfabrik in Zamora, die wegen ihres offensichtlichen Kapazitätsüberhangs von Anfang an als »weißer Elefant«, d. h. als zu teuer und unrentabel arbeitendes Unternehmen bezeichnet wurde. Diese Firma litt jahrelang unter einem schlechten Management und wurde, wie erwähnt, 1975 an einen Mann verkauft, der vom Erdbeergeschäft keine Ahnung hat. Die stärksten Unternehmen mit hoher US-Kapitalbeteiligung oder guten Verbindungen zu US-amerikanischen Maklern haben die Krisen bisher im großen und ganzen gut überstanden und der Konkurrenz standgehalten; tatsächlich festigen sie ihre Position in Krisenzeiten, solange ihr Geschäft in den Jahren zwischen den Krisen floriert.

Zwischen den einzelnen Maklerfirmen werden Konkurrenzkämpfe ausgetragen, da jeder Makler seinen Marktanteil und damit seine Kontrolle über den Markt zu erweitern bestrebt ist. Unter den großen Maklerfirmen sind diese Konkurrenzkämpfe keine Kämpfe »auf Leben und Tod«, sondern Manöver, um einander im Zaum zu halten. Man darf annehmen, daß es unlängst im Zusammenhang mit American Foods einen solchen Kampf gab, nach dem diese Firma an die führende Position rückte, indem sie die gesamte Frischerdbeeren-Produktion des Ejido-Betriebs V. Carranza, des größten Unternehmens von Zamora, als Makler übernahm. So kann die Erdbeerkrise von 1974/75, die ungewöhnliche Ausmaße annahm und über die wir mit einiger Ausführlichkeit berichten wollen, unter anderem ein Versuch gewesen sein, den Marktanteil von American Foods zu schmälern. Die Geschäftsleitung des Ejido-Betriebs hat bereits beschlossen, künftig mehr als einen Makler in Anspruch zu nehmen, um seine Produktion an frischen Erdbeeren in den Handel zu bringen. Ein weiteres Ergebnis dieses Kampfes ist die Gründung des Verbandes US-amerikanischer Erdbeer-Importeure (s. Anm. 2), die sehr nach einer Absprache unter den US-amerikanischen Maklern/Importeuren/Kapitalisten aussieht, nach einem Kompromiß in dem Sinne, daß man sich auf Einflußsphären und Absatzkontingente einigte.

Der Transfer von US-Kapital veranlaßte »rein mexikanisches« Kapital dazu, in die Erdbeerindustrie einzusteigen. Große Erdbeerproduzenten/-kapitalisten oder andere Investoren haben neue Gefrierfabriken errichtet oder alte aufgekauft; mexikanische Banken verleihen heute Geld zum Bau, Kauf oder Betreiben der Fabriken sowie zur Erdbeerproduktion. Es ist eine allenthalben bekannte Tatsache, daß das in Ländern der Dritten Welt investierte US-Kapital die einheimischen Kapitalmittel zu lenken imstande ist. Tatsächlich gibt es sogar die Tendenz, daß das US-Kapital sich partiell aus der Erdbeerindustrie zurückzieht. Dies bedeutet dann für das mexikanische Kapital eine Aufforderung, sich mehr und mehr in diesem Sektor zu engagieren[33], während das freigewordene US-Kapital in andere Sektoren investiert werden kann – wodurch freilich die Abhängigkeit der »mexikanischen« Industrie von den USA keineswegs verringert wird. In Wirklichkeit kann die Abhängigkeit sogar stärker werden, weil sie eben nicht nur eine Funktion von Kapitalinvestitionen ist. Vielmehr ist sie das Ergebnis von vier Faktoren:

1. des Transfers von US-Kapital;
2. des Transfers von US-Technologie;

3. der Tatsache, daß US-amerikanische Zwischenhändler und Kapitalisten die Absatzkanäle und Vermarktungsinstitutionen kontrollieren und die Marktbedingungen genau kennen;

4. der geschäftlichen und persönlichen Beziehungen, die US-amerikanische Zwischenhändler und Kapitalisten über viele Jahre im Handel entwickelt haben und die so etwas wie ein Monopol darstellen.

Jeder dieser Faktoren reicht aus, um zu gewährleisten, daß mexikanische Firmen und Kaufleute nicht eigenständig handeln können und vollkommen an die Entscheidungen und Aktivitäten der US-Makler/Kapitalisten gebunden sind, selbst wenn der Anteil des US-Kapitals an der Erdbeerindustrie zurückgeht. So sind beispielsweise die Geschäftsbeziehungen, die die US-Makler innerhalb der Vereinigten Staaten aufgebaut haben, dermaßen fest geknüpft, daß sie ein unüberwindliches Hindernis für mexikanische Geschäftsleute bilden. Ein Kenner der Lage sagte einmal, *es sei für Mexikaner unmöglich, bedeutende Mengen Erdbeeren in den USA zu verkaufen, und zwar allein schon wegen der »Sprachbarriere« und des »mangelnden Vertrauens«. Dasselbe gilt für die Geschäftsbeziehungen zwischen den USA und Europa,* die es den Mexikanern erschweren, direkt nach Europa zu exportieren.

Nicht minder interessant ist die Stellung der mexikanischen Banken im Hinblick auf die Finanzierung der Geschäfte der Erdbeerindustrie. Leider sind keine Daten über Mexikos Privatbankkredite für Erzeuger oder Fabriken verfügbar. Privatbanken räumen beiden in gewissem Umfang Kredit ein, und bei Darlehen für die Erzeuger verlangen sie oft eine formale Garantie von seiten der Fabriken. Offensichtlich verhalten sich die mexikanischen Banken bei der Kreditvergabe äußerst vorsichtig, und die Schätzungen besagen, daß die Masse der Gelder für Anbau- und Erntebedarf der Erzeuger aus den USA stammt. Demgegenüber werden staatseigene (Ejido-)Fabriken und staatliche Erzeuger weitgehend von Mexikos staatlichen Banken finanziert, aus unschwer erkennbaren Gründen.[34]

In diesem Zusammenhang muß daran erinnert werden, daß Kredite, die Erdbeerproduzenten gewährt werden, ein wirksames Mittel sind, um die Produzenten und ihre Produkte an die Fabriken zu binden. Gerade daraus entsteht für die US-Makler ein beträchtlicher Anreiz, die Vergabe von Krediten für die verschiedenen mit dem Erdbeerhandel verbundenen Aktivitäten zu kontrollieren. Dies ist ein fester Bestandteil des »Agro-Business«. Dennoch nehmen die US-Makler/Kapitalisten für einen Teil ihrer laufenden Geschäfte private mexikanische Kreditinstitute in Anspruch. Diese Praxis hat freilich in der Regel zur Folge, daß die Rolle der Banken weitgehend auf die von Zuschauern reduziert wird. So fungieren die mexikanischen Banken denn eher als Bahnhöfe, durch die US-Gelder hindurch transportiert werden, ohne tiefe Spuren zu hinterlassen. Manche Makler hatten oder haben ein Konto bei mexikanischen Banken, auf dem zwar nur sehr kleine Summen stehenbleiben, über die jedoch große Einzahlungs- und Abhebungsschecks laufen. Die Abwicklung dieser Transaktionen ist sehr kostspielig und für die Banken riskant und potentiell unprofitabel zugleich.[35] Es muß also davon ausgegangen werden, daß die Gewinne, die mexikanische Banken aus Erdbeer-Transaktionen ziehen, im Vergleich zu den Gewinnen, die US-Banken und -Makler aus ihren Geldverleihgeschäften einnehmen, relativ unbedeutend sind.

6. Kapazitätsüberhang und Verschwendung

Es gibt nichts, was die chaotischen Zustände in der Erdbeerindustrie besser kennzeichnet und festschreibt, als der gewaltige Kapazitätsüberhang der Verarbeitungsbetriebe. In einem Bericht, der 1969 von der Banco Nacional Agropecuario veröffentlicht wurde, ist der Kapazitätsüberhang der damals bestehenden acht Fabriken in Zamora vermerkt.[36] Dieser Bericht wurde zu einer Zeit publiziert, als die Industrie in Zamora nach Goldrausch-Manier zu expandieren begann, was u. a. darauf zurückzuführen war, daß man eine Steigerung der Exporte in die USA erwartete. Bis 1974 hatte sich die Zahl der Fabriken in Zamora mehr als verdoppelt.[37] Eine genauere Vorstellung von dem irrationalen Wachstum der Zamora-Industrie bekommt man, wenn man die Zahl der verarbeitenden Betriebe mit der Anbaufläche und dem Volumen der Erdbeerproduktion vergleicht. Geht man davon aus, daß die Zahl der Fabriken sich mehr als verdoppelte und daß die Kapazität sämtlicher Verarbeitungsbetriebe, von denen mehrere erweitert wurden, noch mehr wuchs, so kommt man zu dem Schluß, *daß das Produktionsvolumen pro Fabrik tatsächlich schrumpfte,* und die Zahlen stützen die Hypothese *eines stufenweise wachsenden Kapazitätsüberhangs.*[38] (S. Tabelle)

Diese Schlußfolgerung beruht auf der Annahme, daß die Anbaufläche nicht größer ist als die unter dem System der Produktionskontrolle (Kontingentierung) – einem System, das nach der ersten Erdbeerkrise von 1971 eingeführt wurde – geplante Fläche. Wäre die durchschnittliche Erdbeerproduktion pro Fabrik *nicht* gesunken, dann hätte es beispielsweise im Jahre 1974 einer Erdbeer-Anbaufläche von 3855 ha mit Durchschnittserträgen von 20 t pro ha bedurft, um – wie 1970 – auf die durchschnittliche Fabrikproduktion von 4058 t zu kommen. Mit anderen Worten, die Produzenten hätten 555 ha mehr mit Erdbeeren bepflanzen müssen als das vorgeschriebene Kontingent von 3300 ha. Wären die Erträge unter 20 t pro ha geblieben, z. B. bei 15 t wie im Jahre 1970, so hätten die Erzeuger 5140 ha in Zamora bepflanzen müssen, damit die 19 Fabriken im Gebiet von Zamora einen durchschnittlichen Produktionsausstoß hätten erzielen können, der genauso hoch gewesen wäre wie 1970 (nämlich 4058 t), d. h. sie hätten das Kontingent um 1840 ha überschreiten müssen.[39] *Aus diesen Überlegungen folgt, daß die große Kapazität der Fabriken eine vorprogrammierte* (built-in) *Bedrohung für jedes wirksame Kontingentierungssystem ist. Das erklärt in hohem Maße, warum* – wie ich unten zeigen werde – *die Fabrikeigentümer (und unter ihrer Schirmherrschaft viele Produzenten, vor allem die großen) jeder effektiven Durchsetzung eines Systems der Produktionskontrolle mit Ablehnung begegnen, wiewohl sie zugleich behaupten, daß ein solches System zur Schaffung »geordneter Absatzbedingungen« unerläßlich sei.* Dasselbe gilt für den Rückgang der Erträge, der im gesamten Gebiet von Zamora zu beobachten ist. Das chaotische, pilzartige Wachstum der Industrie, für das hauptsächlich die US-Kapitalisten/Makler die Verantwortung tragen, schließt praktisch die Möglichkeit einer »geordneten« Abwicklung der Erdbeerexporte aus.

Dennoch ist der Trend zu einem wachsenden Kapazitätsüberhang der Fabriken einleuchtend – die Anlagen der verarbeitenden Betriebe wurden in der Erwartung aufgebaut, daß die US-amerikanische Nachfrage nach in Mexiko produzierten Erdbeeren (nicht die Nachfrage in Mexiko, wo die Kaufkraft nicht steigt) stetig steigen würde. Diese Erwartung erscheint angesichts der verstärkten Neigung zum Export von tiefgefrorenen Erdbeeren im Zeitraum 1966-1974, wie sie

Zahl der verarbeitenden Betriebe, Größe der Anbaufläche und Produktionsvolumen in Zamora

Jahr	Zahl der Betriebe	Hektar	Produktion in Tonnen	Erträge pro ha in Tonnen	Durchschnittsproduktion pro Fabrik in t
1968	8	K. A.	K. A.	K. A.	K. A.
1970	12[x]	3 256	48 700	15	4 058
1973	17	3 500	66 500	19	3 912
1974	19	3 300	65 910	20	3 469
1975	19	2 700	54 000*	20*	2 842*

K. A. = Keine Angaben verfügbar.
× = geschätzt.
* = Schätzung auf der Basis der Erträge von 1974 (20 t pro ha).
Quelle: Die Daten wurden auf der Grundlage von Angaben des mexikanischen Landwirtschaftsministerium (SAG) und der Nationalen Erdbeer-Kommission (CONAFRE) vom nationalen Verband der Obst- und Gemüseproduzenten (UNPH) zusammengestellt.

aus der (auf US-Quellen beruhenden) Statistik über US-amerikanische Importe hervorgeht, durchaus gerechtfertigt, wenngleich man die großen Schwankungen zwischen 1970 und 1974 kaum übersehen kann; diese Schwankungen – das muß man im nachhinein sagen – hätten die mexikanischen Industriellen zu wesentlich mehr Vorsicht veranlassen müssen. Nicht gerechtfertigt erscheint die Erwartung, wenn man die Exporte von frischen Erdbeeren betrachtet, die der ursprüngliche Anreiz für den Anbau in Mexiko waren: Tatsächlich gingen die US-Importe von frischen Erdbeeren seit 1969 zurück.[40] (Die Verschiebung der US-Importe zugunsten tiefgefrorener Erdbeeren ist offenkundig.)

US-Erdbeerimporte aus Mexiko
(in Mio. Pfund)

Jahr	frische Erdbeeren	tiefgefrorene Erdbeeren	Zusammen
1966	11,7	82,8	94,5
1967	20,5	72,9	93,4
1968	26,3	68,2	94,5
1969	44,2	88,0	132,2
1970	49,0	101,5	150,5
1971	49,2	83,2	132,4
1972	37,6	81,2	123,3
1973	43,1	106,7	144,3
1974	32,0	109,4	152,5
1975*		90,0	122,0

* geschätzt; siehe auch Tabelle I im Anhang.
Quelle: USDA, Foreign Agricultural Service (US-Landwirtschaftsministerium, Auslandsdienst).
Anmerkung: Die Tabelle enthält lediglich die zum Verbrauch freigegebenen US-Importe; sie beruht auf der Statistik der amerikanischen Zollbehörde. Nicht enthalten sind Einfuhren, die unter Zollverschluß gelagert werden, und Lieferungen, die später nach Kanada weitergeleitet werden.

Indessen sind die Erwartungen steigender Exporte in die USA nicht der einzige, wahrscheinlich auch nicht der entscheidende Grund für den Kapazitätsüberhang der Fabriken in Mexiko. Ein besseres Motiv ist die Erwartung hoher Gewinne sogar für den Fall, daß die Exporte nicht zunehmen sollten. Selbst mit dem vorhandenen Kapazitätsüberhang stehen die Gefrierfabriken finanziell gut da: Aus zuverlässigen Quellen ist zu erfahren, *daß einige Firmen ihre Kapitalinvestitionen in einem einzigen Jahr getilgt haben.* In den Fällen, wo die Investoren zugleich Makler sind, die sich selbst Provisionen für den Handel mit Erdbeeren berechnen[41], wie es bei den US-Maklern/Kapitalisten der Fall ist, werden die Gewinne beachtlich. Das heißt nicht, daß die hohen Gewinnerwartungen immer erfüllt werden. Sowohl die verarbeitenden Betriebe als auch die Makler können Verlustgeschäfte machen und haben in Erdbeerkrisen auch finanzielle Einbußen hinnehmen müssen, obwohl sie – wie ich noch erläutern werde – in der Lage sind, ihre eigenen Verluste zu minimieren und ihre Gewinne zu maximieren, indem sie die Hauptlast der Krise auf die mexikanischen Erzeuger abwälzen. In diesem Zusammenhang ist es amüsant zu sehen, daß die Spekulation auf das »große Geld« alle möglichen Abenteurer und Manipulatoren angelockt hat, die sich rasch wieder aus dem Staube machen, wenn ihnen der Boden zu heiß wird. Erst vor ein paar Jahren verschwand ein unternehmungslustiger junger Mann aus dem Gebiet von Zamora und hinterließ seinen Erdbeerlieferanten einen Schuldenberg von rd. 1 Mio. Pesos; angeblich ging er in die USA, »um Geld aufzutreiben«, ward jedoch nie wieder gesehen.

Abschließend kann festgestellt werden: Der Kapazitätsüberhang der Fabriken kümmert die mexikanischen Industriellen wenig und die US-amerikanischen Industriellen/Makler noch weniger, wenngleich er eine partielle Erklärung für ihre ständigen Versuche ist, die Konkurrenz auszuschalten. Tatsächlich hat der Kapazitätsüberhang für die Industriellen eine nützliche Funktion: Er läßt ihnen die Möglichkeit offen, sich über die Produktionskontingente hinwegzusetzen und größere als die geplanten Mengen zu exportieren, wenn sich die Absatzbedingungen in den USA bessern. (Die Industrie verstößt immer wieder gegen die Kontingente und mag es nicht, wenn die mexikanische Regierung sich in das Erdbeergeschäft »einmischt«.) Der Kapazitätsüberhang ist ein Mittel, sich konkurrenzfähig zu halten, erstens gegenüber den US-amerikanischen, insbesondere den kalifornischen Erdbeerpflanzern und Konservenfabrikanten, zweitens in Mexiko, denn auf diese Weise können die Betriebe mit dem größeren Kapazitätsüberhang größere Erdbeerlieferungen an sich ziehen und in den Handel bringen, was natürlich auf die Kosten der kleineren Fabriken geht.

Worin besteht nun der Kapazitätsüberhang?[42] Die Fabriken sind ausschließlich zur Verarbeitung einer Frucht ausgerüstet, eben der Erdbeere, deren Ernte rund sechs Monate dauert. Das bedeutet, daß die Fabriken etwa ein halbes Jahr lang nicht in Betrieb sind. Tatsächlich arbeiten sie nicht auf Hochtouren, auch nicht nahe der Höchstleistungsgrenze – außer während eines Teils der Erntezeit, also drei bis vier Monate im Jahr. Infolgedessen sind die Investitionen jedes Jahr für mindestens ein halbes Jahr tote Investitionen.[43] Daß man es sich leisten kann, Kapital in ein Unternehmen zu stecken, das nur einen Teil des Jahres arbeitet, und daß man dieses Kapital trotzdem in sehr kurzer Zeit amortisieren kann, das spricht für die hohen Gewinne, die aus solchen Investitionen zu ziehen sind. *In Mexiko, wo Kapital knapp ist und es Arbeitslose im Überfluß gibt, erscheint jede Investition in Fabriken, deren einzige Aufgabe darin besteht, Erdbeeren einzufrieren, gelinde gesagt als außerordentlich extravagant und verschwenderisch.* Aus Gründen, die von der Natur bestimmt sind, ist es unmöglich, das Pflanz- und Erntesystem für Erdbeeren zu ändern (allenfalls in geringem Maße dadurch, daß man verschiedene Sorten anpflanzt), um eine scharfe Saisonspitze zu vermeiden – eine Spitze, die bis zu einem gewissen Grade den Umfang und die Kapazität der Fabrikanlagen bedingt. An diesem Teil des Investitionsprozesses konnte niemand etwas auszusetzen haben. Aber aus der Sicht der Allgemeinheit wäre es wünschenswert, ja notwendig gewesen, das verfügbare Kapital – sei es ausländisches oder inländisches – so einzusetzen, daß es das ganze oder zumindest fast das ganze Jahr hindurch hätte Nutzen bringen können, und die Voraussetzung dafür wäre die Diversifikation der Bodennutzung und der industriellen Verarbeitung gewesen. Die Diversifikation der Verarbeitung erforderte zwar einige zusätzliche Investitionen, aber gemessen an den erzielbaren Resultaten wären diese ziemlich unbedeutend.

Es ist typisch für den Prozeß der kapitalistischen Expansion, daß in Zamora, wo die Erdbeerindustrie immerhin schon über zehn Jahre besteht, nur eine einzige Firma – der »weiße Elefant« Frutas Refrigeradas – damit begonnen hat, in der »toten Erdbeerzeit« Gemüse einzufrieren, wenn auch in sehr bescheidenem Rahmen.[44] Sämtliche Industrielle und alle Leute, die in irgendeiner Weise mit der Erdbeerindustrie verbunden sind, sind sich darüber im klaren, daß Investitionen in diese Industrie zur Hälfte ineffektiv sind, und sie erwähnen dies in Gesprächen ständig – aber ihr Gerede bleibt pure Rhetorik: Nicht einmal in den erst kürzlich aufgebauten Fabriken gibt es Pläne zur Diversifikation.

Die Diversifikation der Industrie, welche die verarbeitenden Betriebe befähigen würde, das ganze oder doch fast das ganze Jahr über zu arbeiten, gebäte erhebliche Veränderungen im System der Bodennutzung, und diese müßten im Einklang mit regionalen Plänen geschehen, die von oder in Kooperation mit der Landes- oder Bundesregierung ausgearbeitet werden. Solche Pläne hätten schon vor oder in Verbindung mit dem Bau fester Anlagen vorgelegt werden sollen. In Wirklichkeit geschah nichts dergleichen. Die Anpflanzung von Erdbeeren und der Bau der notwendigen Werksanlagen wurden von privaten Investoren begonnen, die keine Rücksicht auf die Interessen der Allgemeinheit nahmen und einzig ihrem privaten Profitinteresse folgten. Um die Verschwendung öffentlicher und privater Ressourcen zu vermeiden, hätte man logischerweise so vorgehen müssen, feste Anlagen für eine Vielfalt von Obst- und Gemüsearten zu planen, die an Ort und Stelle anzupflanzen und das ganze Jahr hindurch zu verarbeiten gewesen wären. Doch eine kapitalistische ländliche Ökonomie kennt solche Logik nicht. Solange ihnen hohe Profite winken, gibt es für Privatkapitalisten keinerlei ökonomischen Anreiz, ihr Kapital zum Nutzen der Allgemeinheit einzusetzen. Das Erdbeer-Kapital ist nicht daran interessiert, die Landwirtschaft zu diversifizieren.

So komme ich zu dem Schluß, daß die Erdbeerindustrie unter dem Gesichtspunkt einer sinnvollen Nutzung der landwirtschaftlichen und sonstigen Ressourcen Mexikos alles andere als eine ideale Lösung darstellt. Nun pflegen die US-Kapitalisten zu argumentieren: »Aber wenn wir nicht gekommen wären und unser Kapital, unser überlegenes technisches Wissen und unsere Erfahrung nicht in den Dienst der Mexikaner gestellt hätten, dann wäre ihre Landwirtschaft in Zamora und Irapuato heute noch vollkommen rückständig.« Das ist Unsinn. *Die beste Alternative zu einer Ressourcennutzung auf relativ niedrigem technologischen Niveau und mit geringer Kapitalintensität ist nicht eine unkontrollierte, massiv an privatem Profit orientierte, verschwenderische und sozial unwirksame Ressourcennutzung, die von dem Verlangen nach Gewinnrückführungen in die USA bestimmt ist. Allein aus der Sicht der Nutzung mexikanischer Ressourcen beurteilt, erteilen die US-Kapitalisten den Mexikanern lediglich eine erstklassige Lektion darin, wie sie ihre Ressourcen zum Nutzen der US-Investoren vergeuden können. Es könnte Mexiko durchaus sehr viel besser gehen, wenn es überhaupt keine Erdbeeren hätte, in deren Genuß einzig und allein amerikanische Verbraucher kommen.*[45]

V. Der Imperialismus der ausländischen Technologie. Ein paar Tage im Leben des Erdbeerproduzenten Fulanito in Mexiko

Es ist fast grotesk anzusehen, in welchem Maße amerikanische und in kleinerem Umfang auch deutsche, englische, japanische oder holländische Technologie die in Mexiko angesiedelte US-Erdbeerindustrie beherrscht. Nur wenige Mexikaner sind sich der Tatsache bewußt, daß Mexiko für den erdbeerproduzierenden Agrarsektor kaum mehr zur Verfügung stellt als Boden, Wasser und Arbeitskräfte. Der Leser stelle sich nun einmal vor, daß er Fulanito, einen Erdbeerproduzenten im Gebiet von Zamora, auf seinen Wegen und bei seinen Gedanken zur Pflanz- und Erntezeit begleitet.

An einem Morgen um 7 Uhr steigt Fulanito in seinen *Ford*-Liefer-wagen (oder auf seinen *Massey-Ferguson*-Traktor), um seine Erdbeer-felder zu besichtigen. Er inspiziert die Erdbeerpflanzen. Er ist nicht glücklich. In der ihm eigenen direkten Art erzählt er seine Ge-schichte.

Alle Erdbeerpflanzen (Setzlinge) kommen ursprünglich aus den USA. Das ist eine merkwürdige Sache. Nachdem Mexiko praktisch schon 15 Jahre oder noch länger Erdbeeren für den Handel anpflanzt, hat es immer noch nicht seine eigene Quelle für hochwertige, in mexikanischen Zuchtanstalten gezogene Setzlinge; und es verfügt auch heute noch nicht über solche Sorten, für die mexikanische Forschung und Praxis den Nachweis geliefert hätten, daß sie am besten auf die Bedingungen in Mexiko abgestimmt sind. Und so, wie es heute aussieht – sagt Fulanito –, wird es die wohl nie haben. In Mexiko werden nur solche Sorten angepflanzt, die von den US-ame-rikanischen Händlern bevorzugt werden, nämlich die Sorten Fresno und Tioga. *Die USA bestimmen, welche Erdbeeren in Mexiko ange-pflanzt werden.* Fulanito sagt, seine Nachforschungen hätten erge-ben, daß diese beiden Sorten, die aus den USA kommen, nicht unbedingt auch diejenigen sind, die für das Gebiet von Zamora am besten taugen.[46] Die Mutterpflanzen kommen aus US-amerikani-schen Zuchtanstalten, d. h. sie werden *unter nordamerikanischen Bedingungen* gezogen.[47] Um seinen Standpunkt zu erläutern, nimmt Fulanito einen Stock und malt das Bild von S. 53 in den Sand.

Was Fulanito damit sagen will, ist dies: Mit Ausnahme einiger weniger reicher Produzenten, die direkte Verbindungen in den USA haben und die, weil sie es sich leisten können, einmal oder mehrmals in die Vereinigten Staaten reisen, um sich gute Pflanzen zu sichern, sind die mexikanischen Erdbeerproduzenten vollkommen abhängig von amerikanischen Setzlingen »aus zweiter Hand«. Verglichen mit amerikanischen Erdbeerpflanzern sind sie aus zwei Gründen schlech-ter dran: a) Beim Verkauf von amtlich geprüften Pflanzen räumen die amerikanischen Zuchtanstalten den Amerikanern den Vorrang ein, d. h. sie benachteiligen die Mexikaner. Es gibt weitverbreitete und wahrscheinlich durchaus berechtigte Klagen darüber, daß Mexiko nur die Setzlinge bekommt, die übrigbleiben, wenn der Bedarf der ameri-kanischen Pflanzer gedeckt ist[48]; b) die Pflanzen, die die meisten mexikanischen Erdbeerproduzenten bekommen, sind mindestens eine Generation älter, tragen deshalb weniger und sind sehr anfällig für Krankheiten.

Fulanito ist ein wißbegieriger Mensch. Er wollte umfassender über die Lage informiert sein und stellte genauere Untersuchungen an. So fand er beispielsweise heraus, daß die großen Erdbeerpflanzer und die

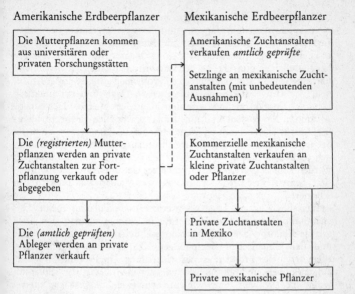

Amerikanische Erdbeerpflanzer	Mexikanische Erdbeerpflanzer
Die Mutterpflanzen kommen aus universitären oder privaten Forschungsstätten	Amerikanische Zuchtanstalten verkaufen *amtlich geprüfte* Setzlinge an mexikanische Zuchtanstalten (mit unbedeutenden Ausnahmen)
Die *(registrierten)* Mutterpflanzen werden an private Zuchtanstalten zur Fortpflanzung verkauft oder abgegeben	Kommerzielle mexikanische Zuchtanstalten verkaufen an kleine private Zuchtanstalten oder Pflanzer
Die *(amtlich geprüften)* Ableger werden an private Pflanzer verkauft	Private Zuchtanstalten in Mexiko
	Private mexikanische Pflanzer

Industriellen in Mexiko die mexikanische Forschung nicht nur nicht unterstützen, sondern überhaupt kein Interesse an lokaler Forschung haben, daß sie sich den US-amerikanischen Maklern und Pflanzenzuchtanstalten allesamt unterwerfen und lediglich darauf aus sind, mit importierten Setzlingen Geld zu machen, und daß sich als Folge davon in Mexiko keine eigene Forschung entwickeln *kann*. Es sei durchaus keine Seltenheit, daß der eigenständigen lokalen Forschung Hindernisse in den Weg gestellt würden, ganz abgesehen davon, daß die mexikanische Regierung bislang außerstande gewesen sei, ausreichende finanzielle Mittel und Personal dafür bereitzustellen. Zufall oder Absicht? Fulanito meint: Wegen der Haltung der verantwortlichen Behörde in Mexiko, der Sanidad Vegetal, hat es sich als schwierig oder unmöglich erwiesen, aus dem Ausland verschiedene Erdbeersorten zu Forschungszwecken zu importieren. (Dagegen sind ähnliche Schwierigkeiten bei der Einfuhr von US-amerikanischen Setzlingen zu Produktionszwecken in Mexiko nicht bekannt.) Zwar werde ständig von der Notwendigkeit eigener Forschung geredet, doch seien dies reine Lippenbekenntnisse, und er habe den Verdacht, sagt Fulanito, *daß die amerikanischen Erdbeerinteressen direkt und indirekt die Entwicklung eigener, den mexikanischen Bedingungen angepaßter Pflanzensorten verhindern.*[49]

Allenfalls steht die Forschung erst am Anfang und kommt vielleicht niemals aus diesem Anfangsstadium heraus. Angesichts der hohen Bedeutung des Erdbeerexports für Mexiko muß es als lächerlich erscheinen, sagt Fulanito, daß es in Mexiko nur einen einzigen Wissenschaftler gibt, der an der landwirtschaftlichen Hochschule in Chapingo langfristig an genetischen Problemen arbeitet. Er ist Absolvent der Universität von Kalifornien in Davis und hat praktisch keinerlei Kontakt zu Industrie und Handel in Mexiko. Der einzige Agronom, der forscht und mit der kommerziellen Erdbeerproduktion direkt in Verbindung steht, arbeitet in Zamora, wo er – mit Sachmitteln und Personal unzureichend ausgestattet – Untersuchungen darüber anstellt, wie die Produktion von Setzlingen verbessert werden kann. Er ist kein Absolvent einer US-amerikanischen Universität. Seine Arbeit wird von Produzenten, Maklern und Industriellen ignoriert.

Tatsächlich ist die Lage noch ernster, wie Fulanito meint. Das chaotische Wachstum der Industrie in Zamora vollzog sich ohne genaue Kenntnis der Bodenverhältnisse, der richtigen Wasserzufuhr und der klimatischen Bedingungen. Bei einer so empfindlichen Pflanze wie der Erdbeere ist das widersinnig. Die Produktion wurde aufgenommen und ging ihren ungezügelten Gang. Er, Fulanito, wollte nicht so weit gehen wie ein gewisser amerikanischer Experte, der nach Zamora kam und fragte: »Wie kann man hier bloß Erdbeeren anpflanzen?« Schließlich taten sie es ja, nicht wahr! Aber für all die wichtigen Phasen der Pflanzenpflege gibt es bislang keinerlei Forschung.

»Sehen Sie sich z. B. mal an«, sagt er, »wie hier die Felder unter Wasser gesetzt werden, bevor man sie bepflanzt – wahrscheinlich hat man das von den Indianern übernommen, die hier vor meiner Zeit gelebt haben. Bevor man die Setzlinge in den Boden bringt, werden die Felder mit kleinen Mauern umgeben und mehrere Zentimeter hoch mit Wasser aus Bewässerungsanlagen überflutet. Das Wasser wird wochenlang stehengelassen. Alle machen das hier so, nur die nicht, die überhaupt kein Wasser kriegen können oder die mit der Verarbeitung des Bodens zu spät dran sind. Jeder denkt, daß das gut ist gegen die Pflanzenkrankheiten und das Unkraut. Aber keiner weiß mit Sicherheit, ob es gut für die Erdbeeren ist. Ich habe mit ein paar Spezialisten gesprochen, und die glauben anscheinend alle, daß man damit zwar das Unkraut vernichten kann, gleichzeitig aber auch die Verseuchung des Bodens fördert. Wissen Sie, der Boden ist hier schon ziemlich verseucht. Wenn das Wasser von einem verseuchten Feld auf das andere fließt, dann verseucht es das andere eben auch. Keiner ›entseucht‹ hier die Felder mit Insektiziden und Pestiziden, so wie sie es in Amerika machen; das ist nämlich sehr teuer.«[50]

Fulanito war noch nicht am Ende mit seiner Geschichte. Er erzählte von den kommerziellen Pflanzenzuchtanstalten, die zum Teil US-Investoren (höchstwahrscheinlich einigen Maklern) gehören[51], davon, daß sie sich wenig darum scheren, saubere Pflanzen zu liefern, womit sie zur weiteren Verseuchung des Bodens beitragen, und schließlich von der fehlenden Aufsicht und Kontrolle durch die mexikanischen Behörden, die unerfahren, personell unterbesetzt, gleichgültig und gegenüber den mächtigen Produzenten, Maklern und Industriellen devot sind. Was er damit meinte, war dies: daß die Herrschaft der US-amerikanischen Technologie nicht nur die Entwicklung einer eigenständigen Forschung, sondern auch die technische Hilfe erschwert, wenn nicht gar verhindert, und daß die Produzenten völlig in der Hand der Fabrikeigentümer und Makler sind, die an derlei Dingen herzlich wenig Interesse haben. Der größte Teil der »technischen Hilfe« kommt von den Handelsvertretern der multinationalen Chemiekonzerne, die wesentlich mehr Wert darauf legen, ihre Erzeugnisse (Insektizide und Pestizide) zu verkaufen, als den Erdbeerproduzenten zu helfen. Hier ist also ein Beispiel dafür, sagt Fulanito, wie ausländische Technologie direkt verhindert, daß die Mexikaner eigene Entwicklungsfortschritte erzielen.

Fulanito nahm seinen Stock wieder auf, ging zu seinem *Ford* (oder *Massey-Ferguson*) zurück und murmelte, daß er nun in die Stadt müsse, um Insektenvernichtungs- und Schädlingsbekämpfungsmittel zu besorgen.

»Davon gibt es hier draußen eine ganz hübsche Sammlung. Wir verwenden Mittel von sämtlichen großen multinationalen Konzernen[12]: *Shell, Ciba-Geigy, Roman & Haas, Bayer, Diamond Chemicals, Brand Chemicals* (von Othal Brand). Es gibt nicht eine große ausländische Firma, die Chemikalien für die Landwirtschaft herstellt und keine Verkaufsstelle hier in Zamora hat. Oder nehmen Sie zum Beispiel die Sprühmaschinen. Davon kommen ziemlich viele aus *Deutschland, Holland* oder *Japan* und natürlich aus den *USA*.«

»Ach, übrigens«, fragt er, »wollen Sie sich mal ein paar von den Fabriken ansehen?«

Natürlich wollte ich, und so gingen wir hin. Beim Betreten der Fabriken gab Fulanito seinen Kommentar dazu: Praktisch der gesamte Maschinenpark ist entweder aus dem Ausland importiert oder wird in Mexiko in Lizenz gebaut. Folgende Firmennamen finden sich bei den verschiedenen Arten von Ausrüstung – Fulanito zählte einen Teil davon auf:

Motoren
General Electric
Cutler and Hammer
Bissec Superclean Varidrive of Wisconsin
Tateisi
Deko
Duty Master

Kompressoren
MYCOM (Mayekawa Mfg. Co. Osaka)
Jacuzzi Universal SA
Frick

Pumpen
Jacuzzi

Elektrische Ausrüstung einschließlich Generatoren
General Electric
Cutler and Hammer
Westinghouse
Caterpillar
Cherry Burrel
Weksler
Recold
Siemens
Mercoid
Duty Master
Reliance Electric
Pacific Pumping

Kühlanlagen
Instant Quick Freere (IQF)
Frick
General Electric
Carrier Transicold
Perkins

Dampfreiniger
Clayton

Sonstige Ausrüstung
Lee Metal Products
Toledo (Waagen)

Das einzig Mexikanische an der Fabrikausrüstung sind wohl die Tische, auf denen die Frauen die Erdbeeren zur Verarbeitung vorbehandeln, und selbst die sind nach US-amerikanischem Design gebaut. Auch die Container sind häufig im Ausland oder nach ausländischen technischen Daten *(Pure-Pak, Sefton, Ex-Cell-O)* in Lizenz hergestellt. Mit einem Wort, sagt Fulanito, die Fabriken sind praktisch durchweg mit US-Geräten ausgestattet.

Ein paar Monate später, nachdem die Erdbeerfelder reichlich mit ausländischen Insektiziden und Pestiziden behandelt worden sind, treffen wir Fulanito wieder. Es ist Erntezeit. Fulanito ist mit dem *amerikanischen Vertreter einer Maklerfirma* unterwegs; dieser kontrolliert die Menge und die Qualität, die Säuberung und die Verpakkung, die Kühlung und den Transport der Erdbeeren. Der US-Makler entscheidet, wann und wieviel Frischerdbeeren verschifft werden, und bestimmt folglich auch, wann mit dem Einfrieren begonnen wird. Die Vorentscheidung darüber fällt in den USA und richtet sich nach den Absatzbedingungen dort. Werden die Erdbeeren eingefroren, *dann gibt der Makler »technische Hilfe« in den Fabriken,* und zwar in bezug auf Qualitätskontrolle, Verpackung und andere Vorgänge. Die Vermarktung wird von US-Maklern geregelt, noch bevor die Erdbeeren die Grenze zwischen Mexiko und den Vereinigten Staaten erreichen.

An dieser Stelle verabschieden wir uns von Fulanito. Was er uns im Grunde vorgeführt hat, ist dies: daß die Erdbeerindustrie in Mexiko in allen ihren Stadien abhängig ist von US-amerikanischer Technologie im weitesten Sinne des Begriffes: a) im Stadium der Produktion; b) im Stadium der Verarbeitung; c) im Stadium der Verpackung, des Transports und der Lagerung; d) im Stadium der Verteilung an Kühlhäuser, Großhändler und Einzelhändler. Von den Menschen in Mexiko, die nicht direkt mit der Erdbeerbranche zu tun haben, sind sich nur ganz wenige der nahezu vollkommenen Herrschaft bewußt, die ausländisches Know-how über mexikanische Ressourcen und deren Nutzung ausübt.

VI. Das organisierte und das ungeplante Chaos und seine Opfer

1. Mexiko und die US-amerikanische »Konkurrenz«

Mexikos Erdbeerindustrie wird fortwährend von regelmäßig wiederkehrenden ökonomischen und institutionellen Erdbeben geschüttelt, deren Opfer insbesondere die mexikanischen Bauern und Arbeiter sind. Die schwersten Erschütterungen wurden 1970/71 und 1974/75 registriert – sie erreichten, um eine Analogie zu gebrauchen, 6 bzw. 9 Grad auf der Richter-Skala. Auch in den dazwischen liegenden Jahren hört die Erdbeerindustrie nicht auf zu »beben«. Ökonomisch gesprochen bestehen die Beben in krassen Preisstürzen, in der Verringerung der Anbauflächen und der Exporte sowie in der teilweisen Vernichtung der Ernte, um »die Preise zu halten«. Institutionell ist die Erdbeerindustrie von realen und potentiellen Konflikten auf allen Ebenen heimgesucht.

Das ökonomische Panorama des Erdbeergeschäfts in Mexiko ist es wert, eingehend und ernsthaft analysiert zu werden. Wir präsentieren hier nur eine Skizze. In dem folgenden Schaubild[53] haben wir eine Reihe von Linien eingezeichnet, die den Trend der mexikanischen Exporte in die USA, die Produktion und Verarbeitung von frischen und tiefgefrorenen Erdbeeren in den USA und in Kalifornien (»Mexikos furchteinflößender Konkurrent«) sowie die amerikanischen Lagerbestände an tiefgefrorenen Erdbeeren am 1. Januar eines jeden Jahres anzeigen. Ein paar Trends fallen besonders auf:

Mexikanische Erdbeerexporte in die USA und US-amerikanische bzw. kalifornische Produktion, Verarbeitung und Lagerbestände (in Mio. Pfund bzw. in Prozent)

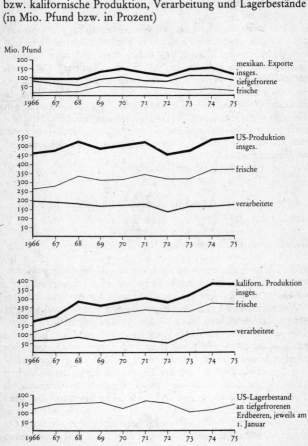

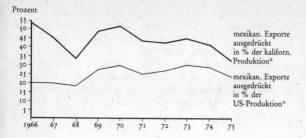

Prozent

mexikan. Exporte ausgedrückt in % der kaliforn. Produktion*

mexikan. Exporte ausgedrückt in % der US-Produktion*

1966 67 68 69 70 71 72 73 74 75

* Siehe die Anmerkung zur Tabelle I im Anhang

a) Mexiko exportierte über einen Zeitraum von acht bis neun Jahren (1966–1974) fast zweieinhalbmal mehr tiefgefrorene als frische Erdbeeren, während Kalifornien fast dreimal und die USA annähernd zweimal so viel frische wie verarbeitete Erdbeeren produzierten. Mit anderen Worten, während Mexikos Exporte von frischen Erdbeeren alljährlich eine vorübergehende (saisonbedingte) *Lücke* im US-amerikanischen Frischobst-Angebot füllen, entsprechen seine Ausfuhren von tiefgefrorenen Erdbeeren eher der dauernden Nachfrage der Amerikaner. Offenbar ist es also so, daß nicht der Hund (sprich: die frischen Erdbeeren) mit dem Schwanz (sprich: den tiefgefrorenen Erdbeeren) wedelt, sondern daß der Schwanz mit dem Hund wedelt.

b) Mexikos Exporte steigen im großen und ganzen in Einklang mit der Produktion der USA und insbesondere Kaliforniens, jedoch nicht mit derselben Geschwindigkeit. Das hat zur Folge, daß der prozentuale Anteil der US-Einfuhren aus Mexiko an der gesamten amerikanischen oder kalifornischen Produktion immer dann sinkt, wenn die US- oder kalifornische Produktion steigt. Im Vergleich zur kalifornischen Produktion zeigen die mexikanischen Exporte in die USA seit 1970 eine insgesamt fallende Tendenz; sie ist der Ausdruck der zunehmend härteren Konkurrenz, der Mexiko sich auf US-amerikanischen Märkten stellen muß.

c) Aus der steigenden Produktion in den USA *und* in Mexiko ergibt sich sporadisch ein Anwachsen der Vorratsbestände an tiefgefrorenen Erdbeeren. Dies hat – wie ich noch darlegen werde – preisdrückende Auswirkungen, vor allem in Mexiko und nicht nur bei tiefgefrorenen, sondern auch bei frischen Erdbeeren, und zwar so lange, bis die Lager wieder auf ihren Normalumfang reduziert sind.

d) Die größten mexikanischen Erdbeerkrisen von 1970/71 und 1974/75, die sich in einem krassen Rückgang der US-Einfuhren äußerten, traten gerade deshalb auf, weil Mexikos gestiegene Erdbeerproduktion und -exporte zeitlich zusammenfielen mit einer Steigerung der US-amerikanischen und kalifornischen Produktion sowie wachsenden Lagerbeständen. Offensichtlich stieg in jenen Krisenjahren das Angebot stärker als die Nachfrage. In diesem Zusammenhang erscheint es bemerkenswert, daß die mexikanischen Exporte offenbar bereits zurückgehen, bevor die Produktion in den USA oder Kalifornien sinkt. Wenn der Markt gesättigt ist, ist es also die mexikanische Industrie, die zuerst und am längsten die Hauptlast der Absatzschwierigkeiten zu tragen hat.

e) Die langfristige Fähigkeit der kalifornischen Erdbeerindustrie, ihre Produktion zu steigern und immer erfolgreicher mit Mexiko zu konkurrieren, ist bemerkenswert. Man vergleiche z. B. die Jahre 1970 und 1974. Kalifornien steigerte seine Gesamtproduktion um 32%, Mexiko dagegen um praktisch 0%.[54] Die kalifornische Leistung ist in erster Linie auf eine rapide Steigerung der Erträge zurückzuführen (also weniger auf die Vergrößerung der Anbaufläche).[55] Die folgende Tabelle enthält Vergleichszahlen für die mexikanischen und die kalifornischen Erträge der Jahre 1966–1975. Aus ihr geht hervor, daß der

Vergleich der Erträge in Mexiko und Kalifornien
(in 1000 Pfund pro Hektar)

Jahr	Mexiko	Michoacan	Zamora	Guana-juato	Kali-fornien*
1966	32,5		17,3 (?)		51,3
1967	30,8		20,8		58,7
1968	32,5		13,5		75,8
1969	31,7		28,0		72,0
1970	32,2	30,0	28,0	34,8	76,5
1971	31,8	29,0	37,6	34,8	82,1
1972	40,2	46,0		38,0	82,1
1973	36,6	38,0		38,0	88,9
1974**	32,0	23,0		32,0	96,7
1975					85,5

* Pfund/Morgen multipliziert mit 2,5 minus 10%
** geschätzt

Quellen: Für Mexiko: Mexikanisches Landwirtschaftsministerium (SAG); *für Michoacan und Guanajuato:* SAG und CONAFRE vom Nationalen Verband der Obst- und Gemüseproduzenten (UNPH); *für Zamora:* ATEC S.A., Consultores, Estudio Socio-Economico del Proyecto de Rehabilitación del Distrito de Regio No. 61 de Zamora, Januar 1974, Bd. I. Diese Zahlen sind nicht zuverlässig.

höchste mexikanische Ertrag (Michoacan im Jahre 1972) noch beträchtlich unter den Erträgen liegt, die bereits 1966 in Kalifornien erzielt wurden. Seither sind *die kalifornischen Erträge* stetig gestiegen und *waren 1974 88% höher als 1966.* Wenn es in dieser Steigerungsrate weitergeht, dann wird es nur noch wenige Jahre dauern, bis Kalifornien seinen Ertrag verdoppelt haben wird. In Mexiko (als ganzes gesehen) sind die Zuwachsraten statistisch erheblich bescheidener gewesen (1966–1972 z. B. = +25%), und die Schwankungen zwischen den einzelnen Jahren sind beträchtlich.[56] Ein Experte wagte die Prognose, daß die niedrigen Produktionskosten in Mexiko sehr bald durch die hohe Leistungsfähigkeit der kalifornischen Industrie ausgeglichen sein werden, es sei denn, die kommerziellen mexikanischen Produktionsgebiete, Zamora und Irapuato, brächten eine gewaltige Steigerung ihrer Erträge zuwege. Die Effizienz der kalifornischen Erdbeerindustrie ist offensichtlich für die gesamte Erdbeerindustrie Mexikos eine reale Bedrohung.[57] Jene Statistiken, die für Mexiko eine bescheidene Ertragssteigerung ausweisen, sind nicht gerade sehr zuverlässig. Man sollte stets bedenken, daß die Erträge in bestimmten älteren Gebieten der kommerziellen Erdbeerproduktion in Mexiko in Wirklichkeit vermutlich überhaupt nicht gesteigert werden können. Im Zamora-Tal haben die Erträge wegen der schwerwiegenden Verseuchung des Bodens heute schon eine fallende Tendenz, der nur dadurch entgegengewirkt werden kann, daß man mit der Erdbeerpflanzung auf Bodenflächen in der näheren Umgebung ausweicht, die nicht von Schwamm und anderen Krankheiten befallen sind.[58] Zieht man die Bilanz, so bedeutet dies, daß die Erträge stagnieren oder nur langsam steigen.[59]

2. Die Plünderung der mexikanischen Ressourcen

Die Leistungsfähigkeit der mexikanischen Erdbeerindustrie wirft interessante Fragen nach der Art der ländlichen kapitalistischen Unternehmen und deren Operationen in den Landwirtschaften der Dritten Welt auf, insbesondere wenn es sich wie in unserem Falle um Unternehmen handelt, die von ausländischem Kapital und ausländischer Technologie beherrscht sind. Zunächst einmal kann der Satz, Kalifornien sei für Mexiko ein harter Konkurrent auf den amerikanischen Märkten – oder umgekehrt –, offensichtlich weder wörtlich noch ernst genommen werden. *Was wir hier erleben, ist nicht ein Konkurrenzkampf zwischen zwei Ländern, sondern der Konkurrenzkampf zwischen rivalisierenden Gruppen amerikanischer Kapitalisten um den US-Markt, der auf unterschiedlichem Terrain ausgetragen wird.*[60] *Das Schicksal der mexikanischen Erdbeerindustrie hängt gänzlich davon ab, wie dieser Konkurrenzkampf in den USA ausgeht.*

Bislang sind die amerikanischen Kapitalisten und ihre mexikanischen Verbündeten, die die US-Erdbeerindustrie in Mexiko betreiben, verhältnismäßig gut gefahren. Aber wird das auch in Zukunft so sein? Eine Agrarindustrie, die von US-Kapital und -Technologie beherrscht wird, ist aus mexikanischer Sicht zweifellos durch Ungewißheit und aktuelle oder potentielle Instabilität gekennzeichnet, die Mexiko wenn überhaupt, dann nur in sehr geringem Maße kontrollieren kann.

Als zweites ist zu sagen, daß die in Mexiko operierenden amerikanischen Kapitalisten nur so lange auf den US-Märkten konkurrieren können, wie es ihnen gelingt, die Produktions-, Verarbeitungs- und Transportkosten niedrig zu halten. Wie ist das zu bewerkstelligen? Damit kommen wir auf die allgemeine Frage nach der Bodennutzung und den landwirtschaftlichen Betriebsführungspraktiken zurück. Wir haben bereits folgende Sachverhalte erwähnt: a) chaotische und irrationale Anbaupraktiken, die von wissenschaftlicher Forschung weder gestützt noch begleitet werden; b) unkontrollierte Zunahme der Bodenverseuchung und der daraus erwachsenden Gefahr für die Erträge; c) Verlagerung des Anbaus und Abwanderung einer ganzen Industrie von einer Kommune in eine andere sowie die Gefahr weiterer Verlagerungen; d) unausgelastete Kapazität der Verarbeitungsbetriebe. Die Produktions-, Verarbeitungs- und Vermarktungskosten in Mexiko sind deshalb niedrig, weil die Pachtgelder, die Löhne sowie die Bau- und Betriebskosten für feste Anlagen und Dienstleistungen niedrig sind. Damit sie niedrig bleiben, ist es notwendig – und unter mexikanischen Bedingungen auch durchsetzbar –, die Ressourcen radikal auszubeuten bzw. zu plündern, d. h. das Maximum aus ihnen herauszuholen, ohne mehr als unbedingt nötig zu investieren, *und gerade nur so viel Technologie einzusetzen, wie gebraucht wird, um die Produktion in Gang zu halten, ohne die Kosten übermäßig zu steigern.* So ist es beispielsweise nicht notwendig, die Erträge zu steigern oder gar erheblich zu steigern, indem man die modernsten Technologien und Betriebsführungsmethoden anwendet. Wenn die Böden zu sehr verseucht[61] oder erschöpft sind, sucht und findet man neues billiges Land und neue billige Arbeitskräfte an einem anderen Ort, wo der Prozeß wieder von vorne begonnen werden kann.[62] Anpassungen (nach oben oder nach unten) in bezug auf die Menge der Erdbeeren, die in den USA abgesetzt werden kann, finden in der Weise statt, daß man die Anbaufläche je nach Bedarf – und das heißt: je nach der Nachfrage auf dem amerikanischen Markt – vergrößert oder verkleinert.[63] Aus der Sicht der US-Investoren ist dies ökonomisch durchaus sinnvoll, selbst wenn es sich als katastrophale Vergeudung mexikanischer Ressourcen erweist und der mexikanischen Wirtschaft einen außergewöhnlich hohen

Grad von Unsicherheit und Instabilität beschert. Wenn (wie oben zitiert) ein Experte sagte, daß Mexikos Erdbeerkultur dem Untergang geweiht sei, sofern sie ihre Effizienz nicht erheblich zu steigern vermöge, dann erscheinen damit die Alternativen in falscher Perspektive; denn gesteigerte Effizienz in Mexiko (z. B. höhere Erträge) wäre nur dann eine Alternative, wenn die traditionellen Methoden (z. B. Ausweichen auf neues, billiges Land) nicht mehr angewandt werden könnten – und in diesem Fall wären Mexikos Aussichten, auf dem US-Markt konkurrenzfähig zu werden, gleich Null. Die Effizienz, die US-amerikanische Erdbeerpflanzer und Fabrikanten innerhalb der Vereinigten Staaten anstreben, hat mit dem Spiel in Mexiko nichts zu tun. Anders ausgedrückt: Eine abhängige kapitalistische Landwirtschaft funktioniert nicht nach denselben Normen wie eine entwickelte industriekapitalistische Landwirtschaft.

Daraus folgt, daß die Verantwortung für die Zustände, die ich am Anfang des letzten Absatzes skizziert habe, nicht die Mexikaner tragen. *Die Verantwortung liegt allein bei den US-Investoren.* Sie sind die Hauptverantwortlichen für den Prozeß des Transfers von Kapital und Technologie in die mexikanische Landwirtschaft, genauer: sie sind die Hauptakteure in einem Prozeß der Übertragung der US-amerikanischen Agrarindustrie auf ein fremdes Land, und tatsächlich ist eben dies der Grund, warum es zu den geschilderten Zuständen gekommen ist. Das chaotische Wachstum der Erdbeerindustrie, die schlechte Nutzung von Boden, Wasser und anderen Ressourcen, das Fehlen wissenschaftlicher Betriebsführung, die Gefahr sinkender Erträge, die Anwendung völlig beliebiger Methoden und der Mangel an lokaler Forschung – dies alles interessiert die US-amerikanischen Investoren und Händler im Grunde nicht.[64] Auch den mexikanischen Kapitalisten, die mit der US-amerikanischen Erdbeerindustrie verbündet sind, geht es lediglich darum, sich ihren kleinen Anteil an den Profiten zu sichern. Die mexikanische Regierung macht sich selbst und anderen etwas vor, wenn sie glaubt oder glauben macht, daß eine Industrie wie unsere Erdbeerindustrie für Mexiko von Vorteil sei, »weil sie dringend benötigte, wertvolle Devisen ins Land bringt«.

Eine auf mexikanischem Boden angesiedelte US-amerikanische Agrarindustrie vergeudet aber nicht nur natürliche Reichtümer. Sie befehligt und verschleißt auch unverhältnismäßig viel Personal und viele Agenturen, um die Geschäfte der US-Investoren und Händler zu schützen. Die Erdbeere ist zwar die Frucht, die die zentrale Rolle im mexikanischen Obstexport spielt, doch nimmt sie nicht den ersten Rang unter den gesamten Exportgütern Mexikos ein. *Dennoch erreicht die Zahl der privaten, staatlichen und halbstaatlichen Agenten, die nolens volens im Dienst der Erdbeerindustrie stehen, absurde Größenordnungen.* Würden allein die staatlichen Vertreter und Ämter ihre Zeit und Energie zum Beispiel darauf verwenden, den mexikanischen Bauern dabei behilflich zu sein, mehr und besseren Mais in nicht bewässerten Gebieten anzupflanzen, anstatt den US-Kapitalisten und Händlern dabei zu assistieren, ihre Gewinne aus dem Erdbeerhandel sicher in die Vereinigten Staaten zurückzuführen, dann wären die Vorteile für Mexikos Wirtschaft gewiß unvergleichlich größer.

Die Erdbeerindustrie findet administrative und anderweitige Unterstützung in einer Vielzahl von Einrichtungen, die sich mit jeder Krise vermehren. Auf lokaler Ebene, beispielsweise in Zamora, wo die Industrie sich selbst zum absoluten Mittelpunkt aller Aktivitäten gemacht hat, sind zahlreiche Agenturen und Organisationen wie besessen damit beschäftigt, sie zu verwalten. Wir wollen hier nur die wichtigsten nennen: Es gibt sieben örtliche Pflanzervereinigungen, die zwar in einem Verband zusammengefaßt sind, aber alle ihre eigenen Büros mit eigenem Personal haben. Sie widmen einen großen Teil ihrer Zeit ausschließlich der Verteilung von Produktionskontingenten unter die Pflanzer – eine Tätigkeit, die täglich endlose Streitigkeiten verursacht –, der Veranstaltung von Geschäftsreisen nach Kalifornien und der Einberufung von Versammlungen, auf denen es lange Diskussionen über die Probleme gibt, die die Industrie selbst hervorgerufen hat. Daneben gibt es eine mächtige Organisation der Industriellen mit einem ausgesprochen luxuriösen Büro. Diese Organisation vertritt nur die älteren etablierten Fabriken (staatseigene [ejido-] Fabriken und »Newcomers« sind also nicht in ihr vertreten). Weiter sind zu nenen: ein Büro der CONAFRE (Comision Nacional de la Fresa) bzw. seit 1974 CONAFRUT (Comision Nacional de Fruticultura), mit einem winzigen, personell unterbesetzten Labor, das so gut wie keine Dienste leistet, sowie das Amt des Ministeriums für Bewässerung (RH), das vornehmlich darauf achtet, daß die Pflanzer ihre Felder während einer Wachstumsperiode genau 58mal bewässern. Die drei bis vier lokalen Tages- oder Wochenzeitungen berichten fast in jeder Ausgabe über »Erdbeerprobleme«. Bei all diesen vielfältigen Bemühungen ist es bemerkenswert, daß es keine offizielle Stelle gibt, die die Pflanzer zuverlässig über die Marktlage in den USA oder in Mexiko unterrichtet. Sie beziehen ihre Informationen aus den Fabriken oder aus den Zeitungen. Die Pflanzer haben keine Vertreter in den Fabriken, die Preise, Gewicht, Qualität oder Rabatt überwachen oder kontrollieren könnten; dies alles wird einseitig von den Fabriken festgelegt. – Die Lage, wie wir sie hier für Zamora geschildert haben, ist in Irapuato die gleiche.

Auf Initiative der Erdbeerindustrie investierte die mexikanische Regierung 7 bis 9 Millionen Pesos (das sind 6 bis 700 000 US-Dollar) in eine Kühlhausanlage (Almenaces Nacionales SA) in Zamora. Zusätzliche Ausgaben werden zur Verbesserung ihrer bestehenden Anlagen und für ein Elektrizitätswerk[65] erforderlich sein. Die gesamten staatlichen Investitionen Mexikos werden sich mithin auf annähernd eine Million US-Dollar belaufen. Über die Hälfte der Anlage ist dazu da, die Industrie über Wasser zu halten, wenn die Erdbeerernte nicht umgehend in die USA verschifft werden kann.[66] So war die Kühlhausanlage beispielsweise 1974 gänzlich mit tiefgefrorenen Erdbeeren gefüllt weil es eine willkürliche, heimliche Überproduktion an Erdbeeren (overplanting = Überschreiten der vorgeschriebenen Hektarfläche) gegeben hatte. Diese Art der Lagerhaltung genügt keineswegs ihrem eigentlichen Zweck, nämlich das Produkt so lange zurückhalten, bis die Marktlage sich gebessert hat, damit die Pflanzer von den gestiegenen Preisen Nutzen haben; ihr Zweck ist vielmehr der, den Industriellen bei ihren Gewinntransfers in die USA zu assistieren. So ist es wohl auch kein Zufall, daß das Lager nahe der Fabrik Estrella liegt, deren Eigentümer Othal Brand, der führende US-Kapitalist/Makler in Mexikos Erdbeerindustrie, ist.

Das Phänomen der Vielzahl verschiedener Einrichtungen setzt sich auf der Ebene der Provinzen und auf gesamtstaatlicher Ebene fort. Krisen und andere Probleme werden systematisch dem Provinz-Gouverneur und den staatlichen Behörden zur Kenntnis gebracht. In Mexico City befassen sich mindestens sechs staatliche Ämter mit den Erdbeeren, und nur ganz wenige von ihnen koordinieren ihre Aktivitäten untereinander; 1975 mußte sich sogar der mexikanische Präsident, Echeverria, selbst um die Branche kümmern, weil sie wegen des amerikanischen Embargos in die Krise geraten war. Um ein vollständiges Bild von dem aufgeblähten Apparat zu bekommen, der zur Aufrechterhaltung der Erdbeerindustrie erforderlich ist, muß man überdies bedenken, daß es eine Menge nötiger und unnötiger kostspieliger Service-Einrichtungen gibt: unzählige Vertreter für Inputs und Outputs, Vertriebsbüros, Werbe- und Consulting-Firmen, Anwaltskanzleien, Maklerfirmen und deren Vertreter, ein Dutzend oder mehr private oder staatliche Banken, die Kredite vergeben oder verweigern.

3. Geplantes Chaos

Die sogenannte Planung der Erdbeerproduktion und -verarbeitung in Mexiko ist ein anschauliches Beispiel dafür, wie die US-amerikanischen Kapitalisten und Händler mexikanische Behörden und mexikanisches Personal zu ihrem eigenen Schutz und im Sinne ihrer Finanzinteressen benutzen. Nach dem katastrophalen Preissturz der Jahre 1970/71, der die Folge von Überproduktion und Exportüberschüssen war, setzten US-Investoren und Makler die mexikanische Regierung unter Druck, sie solle die Anbaufläche in den kommerziellen Erdbeergebieten verringern, indem sie den Pflanzern Produktionskontingente und den Fabriken Verarbeitungskontingente zuweise. Die mexikanische Regierung entsprach dieser Forderung in der Form, daß sie eine Kontrollinstanz, die Nationale Erdbeerkommission, schuf; die Kommission (CONAFRE = Comision Nacional de la Fresa) unterstand dem mexikanischen Landwirtschaftsministerium (SAG) und arbeitete mit diesem zusammen.[67] Das Kontrollsystem funktioniert von oben nach unten. Zunächst wird das gesamte Produktionsvolumen auf Zamora und Irapuato aufgeteilt (wobei auf Zamora rd. 60% entfallen), sodann wird das gesamte Exportvolumen an tiefgefrorenen Erdbeeren, das 110 Millionen Pfund nicht übersteigen darf, auf die verschiedenen Fabriken verteilt. So ist also die Zahl der Pflanzer, welche die Fabriken mit der Ernte beliefern können, die diese verarbeiten dürfen, für jede Fabrik festgelegt. Erdbeeren, die ohne Genehmigung exportiert werden, unterliegen der Exportsteuer. Zwar gilt die Kontingentierung nur für tiefgefrorene Erdbeeren, aber die Verringerung der Anbaufläche wirkt sich logischerweise auch auf das Exportvolumen frischer Erdbeeren aus. Ferner ist zu beachten, daß das ganze Kontrollsystem nur für Exporte in die USA (und nach Kanada) gilt. Es verbietet Mexiko also nicht, in andere Länder der Welt zu exportieren, wenngleich dies – wie wir später zeigen werden – eine gänzlich abstrakte Möglichkeit ist. Die Pflanzer wurden verpflichtet, nicht weniger als zwei und nicht mehr als neun Hektar Land mit Erdbeeren zu bepflanzen (später wurden diese Quoten auf vier und 12 Hektar heraufgesetzt), und Genehmigungen werden ausschließlich für die vorab festgelegte Anbaufläche erteilt.

Auf Drängen US-amerikanischer Investoren/Makler und mexikanischer Produzenten entschied die CONAFRE, daß die Anbaufläche in Irapuato und Zamora für den Zyklus 1971/72 auf ca. 4000 ha verringert werden sollte. Als sich die Absatzlage in der Folgezeit besserte, wurden die Kontingente wieder angehoben und erreichten unlängst rd. 5500 ha, so daß erneut eine prekäre Situation entstand. Die folgende Tabelle enthält die offiziellen statistischen Angaben für die Jahre 1970–1975.[68] Es ist ein offenes Geheimnis, daß die tatsächlich bebauten Flächen und die Erträge – mit Ausnahme des ersten Jahres, als die Pflanzer und Industriellen noch unter dem Schock des Preissturzes standen – größer sind als die genehmigten Hektar und die Kontingente. Dieses Mehr zu schätzen, ist freilich schwierig. Die offizielle Schätzung für 1974/75, eine Periode, die eine weitere, noch tiefergreifende Krise erlebte, besagt, daß in Zamora von 1107 Erdbeerproduzenten 60 (also rd. 5%) ohne Genehmigung pflanzten und eine Überproduktion von 6% erzielten. Diese Schätzung setzt die Kontrollkommission (CONAFRUT) in ein gutes Licht. Ein intelligenter Experte schätzte die tatsächliche zusätzlich bebaute Hektarfläche in Zamora jedoch auf 37% (3700 ha statt 2700), was die CONAFRUT in ein schlechtes Licht setzt. Im Zeitraum 1973/74 soll die heimliche Überschreitung der festgelegten Anbaufläche (overplanting) sogar noch größere Ausmaße angenommen haben. Die höheren Zahlen klingen plausibel, und zweifellos trug die Überproduktion dazu bei, daß die neue Krise so hart ausfiel.[69]

Offizielle Anbaufläche für Erdbeeren 1970-1975 (in Hektar)

Provinz	1970	1971	1972	1973	1974	1975
Guanajuato (Irapuato)	3989	4063	2025	1500	2200	1800
Michoacan (Zamora)	3256	3114	2475	3500	3300	2700
Übrige	628	669	715	687	163	Keine Angaben
Insgesamt	7873	7846	5215	5687	5663	Keine Angaben

Es gibt zwei Verfahren, die Produktions- und Exportkontingente zu überschreiten. Offizielle Kreise verweisen auf die Zahl derer, die ohne Genehmigung produzieren. Dies ist das besonders augenfällige Verfahren, allerdings mit der Einschränkung, daß in diesem Falle die Fabriken wissentlich die Ernte von Erzeugern kaufen, die keine Produktionsgenehmigung besitzen. Das minder augenfällige Verfahren, das große Produzenten, die im lokalen Rahmen ziemlich viel politische Macht haben, anwenden, ist: Sie lassen sich ihre Genehmigung für eine bestimmte, der zuständigen Stelle gemeldete Hektarfläche geben, unterliegen jedoch danach keinerlei Kontrolle, d. h., sie melden z. B. 9 ha, bepflanzen aber die doppelte, dreifache oder eine noch größere Fläche. Dies geschieht mit stillschweigender Duldung der zuständigen Bürokratie, einschließlich der Regierungsbehörden (die machtlos sind), und offensichtlich in Absprache mit den Industriellen, welche die großen Produzenten, ihre bevorzugten Kunden und Lieferanten, begünstigen.[70]

Letzten Endes sieht es so aus, daß die Industriellen die Produktions- und Exportkontrollen lediglich als Notplan für Krisenzeiten und die Zeiten danach betrachten und daß sie im übrigen, wenn die Verteilung des verfügbaren Angebots keine Schwierigkeiten bereitet, den Verstoß gegen diese Kontrollen geradezu ermutigen. Sie sind zufrieden, wenn die CONAFRUT außerstande ist, die Situation zu beherrschen, solange es den Anschein hat, als würden Anstrengungen zur Kontrolle unternommen. Im Zweifelsfall kann die Schuld immer den undisziplinierten Pflanzern zugeschoben werden. Die US-Investoren und Makler haben im Grunde zwei Ansichten von der »Planung«. Auf der einen Seite birgt eine Erdbeerkrise das Risiko in sich, daß die Mexikaner zornig werden und sich entschließen könnten, die einseitig gegen sie gefällten Entscheidungen und ihre Abhängigkeit nicht länger hinzunehmen. Daraus erwachsen politische Probleme und eine Publizität, welche die US-Investoren und Makler vermeiden möchten. Sie ziehen es vor, im Halbdunkel zu operieren. Insofern sind sie für die Planung. Auf der anderen Seite möchten sie sich alle Optionen offenhalten, um so viel wie irgend möglich zu exportieren und damit große Gewinne zu machen, und sind eifrig darauf bedacht, ihre Fabriken auf dem Niveau in Gang zu halten, an das sie sich in guten Jahren gewöhnt haben. Insofern sind sie gegen die Planung, insbesondere gegen deren strikte Anwendung. Insgesamt, so vermute ich, überwiegt die zweite Auffassung, weil die US-Investoren und Makler selbst in Krisenzeiten immer noch Gewinn machen. Es ist symptomatisch, daß die Überproduktion der Krisenjahre 1974/75 zu einem Zeitpunkt eintrat, da bereits (zu Beginn des Sommers 1974) bekannt war, daß die unverkauften Lagerbestände an tiefgefrorenen Erdbeeren in den USA eine neue Rekordhöhe erreichten.[71] Es wäre vernünftig erschienen, für die folgende Periode strenge Kontrollen durchzusetzen.[72] Aber um zu begreifen, warum dies nicht passierte, muß man sich die Krise von 1974/75 gründlich ansehen. Dies soll in Kapitel IX geschehen.

4. Erdbeerkriege gegen die Bauern

Wie funktioniert nun die Planung in Wirklichkeit? Dies ist eine Geschichte für sich. Die Funktion der Kontrollinstanz, zunächst der CONAFRE und später der CONAFRUT, war es, die Interessen der Pflanzer auf der einen und die Interessen der Industriellen und Händler auf der anderen Seite sorgfältig gegeneinander abzuwägen. Bei der in Irapuato und Zamora gegebenen Bodenbesitzstruktur ergab sich daraus die Aufgabe, sowohl die großen als auch die kleinen Produzenten, insbesondere die vielen *ejidatarios,* zu schützen. Die folgende Tabelle zeigt die offiziellen – im Gegensatz zu den tatsächlichen – Angaben über die Verteilung des Bodenbesitzes im Bewässerungsbezirk Nr. 61 von Zamora. Die Überzahl der *ejidatarios* ist offensichtlich. Bereits aus diesen offiziellen Daten geht klar hervor, daß der Bodenbesitz ungleich verteilt ist, denn der durchschnittliche Privateigentümer hat rd. 3½ mal so viel Land wie der durchschnittliche *ejidatario.* In Wirklichkeit ist jedoch der Großgrundbesitz vorherrschend, da einige wenige private Eigentümer über sehr ausgedehnte Landflächen verfügen.

CONAFRE und CONAFRUT waren unfähig, eine faire Verteilung der Produktionsgenehmigungen durchzusetzen. Die Erdbeerproduktion konzentrierte sich nach und nach auf immer weniger und immer mächtigere Produzenten. *Die Konzentration der Produktion ist ein Ziel der US-Investoren/Makler, deren Vorstellungen und vorgefaßte Meinung durch die in den USA herrschenden Bedingungen geprägt sind. In ihren Augen sind die kleinen Pflanzer und die »ejidatarios« ein Hindernis für eine leistungsstarke Produktion und Vermarktung im amerikanischen Stil.* Aus ihrer Sicht mag dieses Konzept berechtigt sein. Durchaus nicht berechtigt ist es jedoch aus der Sicht der kleinen Produzenten im Gastgeberland Mexiko, die, so darf man annehmen, ein Recht darauf haben, an einem derart gewinnträchtigen Unternehmen wie dem Erdbeergeschäft beteiligt zu sein.

Deshalb sind die *ejidatarios* für die US-Kapitalisten/Händler und deren mexikanische Verbündete die Gegner. Tatsächlich führen Industrielle, Händler, Großproduzenten und einige Regierungsvertreter in und außerhalb der Erdbeerindustrie einen systematischen Feldzug, um die *ejidatarios* als faule, inkompetente, ineffiziente, schlechte Unternehmer und als nicht vertrauens- (und damit nicht kredit-)würdig in Verruf zu bringen. Dies hat nichts mit der Wirklichkeit zu tun. Es gibt eine ganze Reihe von Methoden, die *ejidatarios* absichtlich als das auszugeben, für das man sie kritisiert. Eine von ausländischem Kapital und ausländischer Technologie beherrschte Industrie ist ein vorzügliches Vehikel, um gegen die *ejidatarios* zum Angriff zu blasen. Hinzu kommt, daß der *ejido*-Sektor aufgrund der diskriminierenden Maßnahmen der mexikanischen Regierungen seit den vierziger Jahren, bei denen die USA ihre Hand stets kräftig im Spiel hatten, von Anbeginn an ökonomisch schwach war.[73]

Eine Methode ist die, die *ejidos* von innen her auszuhöhlen. Was den Anbau von Erdbeeren angeht, so ist bekannt, daß den *ejidatarios*

Offizielle Angaben über die Bodenbesitzstruktur im Bewässerungsbezirk Nr. 61 von Zamora

Zahl der *ejidos*	49
Zahl der *ejidatarios*	3287
Zahl der privaten Grundbesitzer	481
Privateigentümer und *ejidatarios* zusammen	3768
ha in *ejidos*	11751
ha in Privatbesitz	6067
Gesamte Hektarfläche	17818
durchschnittl. Hektarfläche pro *ejidatario*	3,6
durchschnittl. Hektarfläche pro Privateigentümer	12,6

nur ganz wenige Produktionsgenehmigungen erteilt werden, für die die *ejido*-Bank die Finanzierung übernimmt. So wird etwa berichtet, daß die Banco Ejidal im Zeitraum 1973/74, als in Zamora rd. 3300 ha bepflanzt wurden, lediglich 360 ha in den *ejidos* finanzierte – das sind nur wenig mehr als 10%, obwohl beispielsweise im Bewässerungsbezirk Nr. 61 von Zamora 87% der Grundbesitzer *ejidatarios* sind und 66% des Bodens offiziell den *ejidos* gehört. Eine unbekannte, aber sicherlich sehr kleine Zahl von echten *ejidatarios* bekommt Kredit von Privatbanken oder von den Industriellen. Offiziell heißt es, Erdbeeren würden »meistenteils von *ejidatarios* gepflanzt«. Das ist nicht wahr. In Wirklichkeit überwiegt die Produktion der großen Pflanzer.

Einige große Pflanzer sind nur dem Namen nach *ejidatarios*. Hätte der mexikanische Staat nicht die größte Gefrierfabrik der Region, Venustiano Carranza, gebaut, um mit dem privaten Sektor konkurrieren zu können, dann läge die Zahl der echten *ejidatarios* wahrscheinlich näher bei Null.

Wer sind die *ejidatarios*, die Genehmigungen und Kredite für den Anbau von Erdbeeren erhalten? Eine Überprüfung mehrerer *ejidos* ergibt, daß *Pflanzgenehmigungen an drei Gruppen von »ejidatarios« vergeben werden, die sich nicht gegenseitig ausschließen:*
a) an diejenigen, die wichtige Funktionen in der sozio-politischen ejido-Organisation wahrnehmen oder wahrgenommen haben;
b) an ejidatarios, die ihren Rechtstitel durch irgendein illegales Geschäft in Absprache mit ejido-Funktionären und der für den ejido-Sektor zuständigen staatlichen Stelle veräußert haben[74];
c) an landgierige Individuen (acapadores), die ihren Grundbesitz illegal ausdehnen, indem sie andere ejido-Parzellen aufkaufen oder pachten.

Bei all diesen »*ejidatarios*« handelt es sich um Personen, die innerhalb und außerhalb des *ejido*-Sektors zu ökonomischem und politischem Einfluß gekommen sind und die mit der bestehenden lokalen Machtstruktur kooperieren oder in sie kooptiert werden. Nehmen wir einmal das konkrete Beispiel eines *ejido*, der der leistungsfähigste im Raum Zamora sein soll, das Beispiel des *ejido* Jacona nahe der Stadt Zamora. Im Zeitraum 1973/74 erhielt dieser *ejido* 19 Genehmigungen zur Bewirtschaftung von insgesamt 48 ha Land; die Zahl der *ejidatarios* betrug jedoch 220 mit insgesamt annähernd 900 ha Land. *Unter jenen, die eine Produktionsgenehmigung erhielten, waren vier aus der Familie Rodiles, die in verschiedenen örtlichen Organisationen und in den lokalen Fabriken eine wichtige Rolle spielt; fünf waren offensichtlich ebenfalls miteinander verwandt (die Familie Zamudio; ein Zamudio war Bürgermeister von Jacona, ein anderer Präsident des Verbandes der Erdbeerpflanzer vom Zamora-Tal); vier Genehmi-*

gungen gingen an verwandte Mitglieder von zwei weiteren Familien
(mit Namen Dueñas (2) und Vega (2)). Alle diese Personen sind der
einen oder anderen der obengenannten drei Kategorien zuzurechnen,
also kaum als echte *ejidatarios* zu bezeichnen. Sie kontrollieren auch
die neue *ejido*-Fabrik Estancia.[75]

Dieses Beispiel zeugt dafür, daß innerhalb des *ejido*-Sektors ein
Korruptionsprozeß von erheblichem Ausmaß im Gange ist, der
durch die Erdbeerplantagen deutlich beschleunigt wird.

Andere Methoden der Kriegführung sind die, die von außen gegen
den *ejido*-Sektor angewandt werden. Die Verteilung der Kreditmittel
ist eine der zwei wirksamen Methoden, die *ejidatarios* gegeneinander
auszuspielen und auszuschalten. Dabei darf man nicht vergessen, daß
die Vergabe der Produktionsgenehmigungen eng mit der Gewährung
von Krediten verknüpft ist. So wird in bestimmten Fällen zwar eine
Genehmigung erteilt, aber kein Kredit gewährt. Dadurch wird der
Inhaber der Genehmigung gezwungen, seine Genehmigung zu verkaufen, so daß er schlicht als »Strohmann« *(»prestanombre«)* dient.[76]
Diese Methode wird insbesondere von den Fabriken gefördert, weil
sie es den von ihnen bevorzugten Pflanzern und Lieferanten erlaubt,
ihre Anbaufläche auszudehnen; hier ist freilich anzumerken, daß die
Fabriken auch direkt (stets mit Einsatz von *»prestanombres«*) intervenieren, um ihre Operationsfläche, einschließlich der Felder, die sie
selbst bewirtschaften, auszudehnen.

Die zweite wirksame Methode hängt mit der Wasserversorgung
zusammen. Das staatliche Amt für Bewässerung – Recursos Hidraulicos – spielt kräftig mit bei einem Spiel, bei dem das verfügbare Wasser
nach dem Kriterium des sozio-politischen und ökonomischen Status
auf die Grundbesitzer verteilt wird. *Dem für die Verteilung des
Wassers zuständigen Regierungsvertreter (dem »canalero«), einem
relativ unbedeutenden Bürokraten, ist damit unverhofft eine entscheidende Rolle in der Erdbeerproduktion zugefallen. Er hat den Schlüssel
zu den Schleusentoren und damit die Kontrolle darüber, wer Wasser
bekommt und wieviel Wasser jemand bekommt. Und das ist noch
nicht alles. Die reichen Produzenten in einem Bewässerungsbezirk
besitzen ihren eigenen Schlüssel zu ihren »watergates« und öffnen und
schließen sie ganz nach ihrem Belieben.*

Wie weit die illegale und korrupte Konzentration der Produktion
gegangen ist, ist, da *»prestanombres«* am Werk sind, unmöglich zu
sagen. Zweifellos ist sie in Irapuato wesentlich weiter fortgeschritten,
weil die Erdbeerindustrie dort schon mehrere Jahre bestand, bevor sie
in Zamora Fuß faßte, und daher mehr Zeit hatte, die Bodenbesitzstruktur an ihre behaupteten Bedürfnisse anzupassen.[77] Ein Erdbeerpflanzer, den ich kennenlernte, bewirtschaftet z. B eine Fläche von
160 ha und gibt zu, daß das »illegal« ist. Aber er hat Erfolg, er ist

Staatsbeamter und Erdbeermillionär, und wer könnte dagegen etwas sagen? In Zamora gibt es viele ähnliche Gerüchte, die sich nicht nachprüfen lassen. Ein Umstand scheint die Existenz von Erdbeerplantagen großen Ausmaßes zu bestätigen: Mehrere Pflanzer haben Kapital in Gefrierfabriken investiert. 1975 versuchten die Industriellen, die Zahl der Produzenten auf ein Minimum zu beschränken, wofür sie die neuerliche Krise als Rechtfertigung anführten. In Zamora machten sie den Vorschlag, nur 300 Pflanzer zu finanzieren, und legten der CONAFRUT eine Liste vor, auf der sie – so wird erzählt – alle ihre Freunde und »prestanombres« verzeichnet hatten. Der Erzeugerverband erhob Einspruch, jedoch nicht eben nachdrücklich. Das Ergebnis wird sein, daß die Gesamtzahl der Pflanzer in der Periode 1975/76 drastisch reduziert wird, und zwar um mindestens 300 auf nicht mehr als 900.[78] *Da die Verteilung der Produktionskontingente zum Teil auf dem Prinzip beruht, daß jeweils der Vorrang erhält, der den höheren Status hat (seniority), muß die Reduzierung der Zahl der Pflanzer zwangsläufig fortschreiten, gleichgültig, ob die Anbaufläche größer wird oder nicht.*

Soviel zur Planung in diesem Punkt. Die Produktionsbeschränkungen sind dazu pervertiert worden, gegen die Kleinbauern Krieg zu führen, immer mehr Verwirrung im Bodenreform-((ejido-)Sektor zu stiften und die großen Pflanzer, insbesondere jene, die bereits mehrere Jahre Erfahrung im Erdbeeranbau hatten, dreist zu stärken – sämtlich Entwicklungen, die den US-Investoren und Maklern in die Hände spielen und von diesen begünstigt werden. Vom Standpunkt der Industriellen spricht offensichtlich vieles für erfahrene Pflanzer. Unter der Bedingung, daß jeder landwirtschaftliche Erzeuger die gleiche Chance hat, ein tüchtiger Pflanzer zu werden und seine Fähigkeiten unter Beweis zu stellen, fördert dies auch eine gewisse natürliche Auslese von tüchtigen Landwirten. Diese Bedingung ist in Irapuato oder Zamora jedoch nicht erfüllt. Dort ist die »Auslese« ein künstlicher Prozeß, in dessen Verlauf die kleinen, wirtschaftlich schwachen Bauern ausgeschaltet werden; ihnen, die das Rückgrat der mexikanischen Landwirtschaft bilden, wird verwehrt, am »Goldrausch« teilzuhaben. Es wird ihnen verwehrt, ihre Tüchtigkeit zu beweisen. Die Industriellen glauben fest daran, daß große Unternehmen leistungsfähiger sind als kleine. Dies ist ein Mythos, den die herrschenden Klassen ständig und lautstark in der Öffentlichkeit verbreiten, und die Bedingungen, um zu beweisen, daß der Mythos Realität ist, werden künstlich hergestellt.[79]

5. Industrielle und Makler gegen die mexikanische Regierung

Kommen wir nun zur Planung im Bereich der industriellen Verarbeitung. In der CONAFRE gab es einen Vertreter des mexikanischen Landwirtschaftsministeriums, vier Vertreter der Industriellen und insgesamt vier Vertreter der großen und kleinen Produzenten. Die Kommission entwickelte sich jedoch zum Sprachrohr der US-Investoren und Makler. Die Folge davon waren zunehmende Gegensätze zwischen den Produzenten auf der einen und der CONAFRE auf der anderen Seite, die sich insbesondere dadurch verschärften, daß einige CONAFRE-Funktionäre Anteile an der Erdbeer-Industrie erworben hatten[80], was mit der Verpflichtung der CONAFRE, Erzeuger und Industrielle gleich stark zu schützen, unvereinbar war. 1974 war die mexikanische Regierung dann gezwungen, die CONAFRE aufzulösen und ihre Funktion der CONAFRUT zu übertragen. Der an den Industriellen orientierten Mentalität der CONAFRE ist es weitgehend zuzuschreiben, *daß die US-Investoren und Makler praktisch freie Hand hatten, die Verarbeitungskontingente innerhalb des privaten Industriesektors zu verteilen.* Und dies konnte nur eins bedeuten: In der Praxis entschieden die größten und mächtigsten US-Industriellen und Makler über die Aufteilung des Kuchens. Dazu bedienten sie sich der beiden Regionalverbände der Konservenfabrikanten und Exporteure (Asociación Regional de Empacadores e Exportadores de Fresas) von Michoacan und Guanajuato und rechtfertigten ihre jährliche Entscheidung (die im großen und ganzen immer dieselbe war) mit dem Hinweis auf Verarbeitungskapazitäten, auf das Prinzip des Vorrechts des Ranghöheren (seniority) und auf die Fähigkeit, die Produktionsprozesse zu finanzieren, d. h. Erzeuger unter Vertrag zu nehmen und mit Krediten zu versorgen. *Mit anderen Worten, die Kontrollfunktion wurde von den Industriellen dazu pervertiert, den Status quo in der Industrie so weit wie möglich zu bewahren.* Was da gespielt wurde, war nachgerade eine Farce: Die Aufteilung wurde von den Industriellen vorgenommen und bekam danach den Stempel der Billigung der CONAFRE – wo es doch umgekehrt hätte sein müssen. Die Industriellen schlossen in diesem Prozeß die staatseigenen Verarbeitungsbetriebe, die nicht als Mitglieder der oben erwähnten Regionalverbände akzeptiert wurden, systematisch aus. Deren Exportkontingente wurden direkt von der mexikanischen Regierung (SAG) festgelegt. Daß die staatseigenen Fabriken von den privaten Industriellen als Eindringlinge und als Gefahr für den Status quo angesehen werden, steht außer Frage[81], wenngleich die Gegnerschaft dadurch, daß andere Makler so versessen darauf sind, die Produkte der Staatsbetriebe als Zwischenhändler zu übernehmen, erheblich gemildert wird. Die Existenz der *ejido*-Fabriken machte es der CONAFRE jedoch unmöglich, ihrer natürlichen Neigung zu folgen, sich ganz auf die Seite der Industriellen zu stellen.

Und dann, 1974, betritt die CONAFRUT die Bühne. Dies ist zugleich der Anfang der Geschichte des Guanajuato-Treffens, das zu einem Meilenstein in der Geschichte der mexikanischen Landwirtschaft wurde. Als die CONAFRUT ihre Aufgabe der Kontrolle von Produktions- und Verarbeitungsaktivitäten auf dem Erdbeersektor übernahm, verfügte sie praktisch über keinerlei Erfahrung, hatte aber allem Anschein nach beschlossen, die Entscheidungsgewalt der US-Investoren und Makler auf ein Minimum zu beschränken, und zwar mit dem Versuch einer wenigstens teilweisen »Mexikanisierung« der Industrie. Die ersten Monate brachten stürmische, von Feindseligkeit erfüllte Auseinandersetzungen zwischen CONAFRUT auf der einen und den Regionalverbänden der Konservenfabrikanten und Exporteure auf der anderen Seite. Eine Zeitlang sah es so aus, als sei die CONAFRUT fest entschlossen, sich hinter die Pflanzer zu stellen und den Industriellen die Bedingungen zu diktieren. Aber diese Periode war nicht von langer Dauer. Die Männer, die sich nachdrücklich für das »Mexikanisierungsprogramm« eingesetzt hatten, »schieden aus« – eine höfliche Art zu sagen, daß die US-Investoren und Makler die CONAFRUT gezwungen hatten, sie zu entlassen –, und die CONAFRUT bekehrte sich bald zu den Parteigängern, die die Praktiken der CONAFRE wiederbelebt hatten. Der Mann, der gegenwärtig das »Erdbeerprogramm« der CONAFRUT leitet, soll Berichten zufolge selbst in einer Industrie engagiert sein, die eng mit dem Erdbeerhandel verbunden ist[82] – eine Tatsache, die den Schluß nahelegt, daß ihm die Interessen der Konservenfabrikanten und Exporteure mehr am Herzen liegen als die Interessen der Erzeuger. Wie einst die CONAFRE, so ist heute die CONAFRUT das Sprachrohr der US-Kapitalisten und Händler.

VII. Die Ausbeutung der menschlichen Ressourcen Mexikos vor Ort

Beschäftigen wir uns nun mit dem Einfluß der Erdbeerindustrie auf die Gemeinden Irapuato und Zamora – einem weiteren spannenden Kapitel aus der Geschichte einer auf mexikanischem Boden angesiedelten US-amerikanischen Agrarindustrie –, und durchleuchten wir einmal jenes Argument, das US-Investoren, multinationale Konzerne und internationale Organisationen wie die IDA (Sonderorganisation der UNO für Entwicklungshilfe), die IBRD (Internationale Bank für Wiederaufbau und Entwicklung/Weltbank) und die IDB (Inter-amerikanische Bank für Entwicklung) oder die Ford und die Rockefeller

Foundation und einige Professoren an den Universitäten so gern gebrauchen, daß nämlich US-amerikanische Auslandsinvestitionen und Technologietransfers den Menschen in der Dritten Welt Nutzen brächten, z. B. im Hinblick auf Arbeitsplätze und Einkommen.

1. Wie man Zwietracht unter den Erzeugern sät

Wer die chaotischen Geschäfte der Fabriken und Händler vor Ort beobachtet, dem fällt auf, wie hilflos die Erzeuger – besonders die kleinen – sind. Diese Hilflosigkeit ist die Folge vorsätzlich geschürter Uneinigkeit. Zamora, zum Beispiel, hat sieben Erzeugerverbände, zwei davon ausschließlich für Erdbeerpflanzer. Die internen Gegensätze in den Verbänden sind so kraß, daß sie jegliches gemeinsame Handeln ausschließen. Die Ursachen der Spaltung der Pflanzer liegen
a) in den ungleichen Möglichkeiten, Kredite zu bekommen;
b) in der unterschiedlichen Größe der Anbauflächen;
c) in dem Gegensatz zwischen privaten Pflanzern und *ejidatarios;*
d) in der Tatsache, daß es unter den Erzeugern einige gibt, die Anteilseigner einer Fabrik sind.[83]
Nur die letztgenannte Gruppe ist in einer günstigen Position und spaltet sich von den anderen Pflanzern ab.

Die fehlende Einigkeit und die Struktur der Erzeugerverbände, deren Vorsitzende zu allen Zeiten große Produzenten sind[84], die enge Verbindungen zur Industrie haben, verhindern, daß wenigstens sechs erhebliche Probleme bearbeitet werden:
1) Kredite und andere Inputs;
2) technische Hilfe und Forschung;
3) Preise;
4) Gewichte;
5) Güteklassen;
6) Zahlungsabzüge.
Die Erzeuger könnten manche der von US-Investoren, Händlern oder Input-Lieferanten hervorgerufenen Schwierigkeiten dadurch überwinden, daß sie sich zur Erschließung von Kreditquellen zusammentun, daß sie neue Bezugsquellen für Setzlinge hoher Qualität oder für Düngemittel und Insektizide ausfindig machen sowie technische Hilfe und Forschung gemeinsam organisieren. Bislang können nur die großen Erzeuger – sei es als Individuen, sei es als Gruppe – Vorteile einheimsen.

2. Der Preisdschungel und andere Dschungel

Das Problem der Preise ist vielschichtig. Die Erzeuger sind heute gänzlich abhängig von den Fabriken und Händlern, die die Erdbeerpreise einseitig festlegen. (Die Firma Griffin and Brand ist für Irapuato und Zamora der beherrschende Preismacher.) Prüfen wir einmal, wie sich »die Preise« in den letzten Jahren verhielten. Da die mexikanischen Daten unvollständig sind, ziehen wir die US-amerikanische Importstatistik heran, um etwas über das allgemeine Preisverhalten seit 1967 zu erfahren. Folgende Fakten sind deutlich erkennbar: 1. Der Jahresdurchschnittspreis pro Tonne importierter mexikanischer Frischerdbeeren ist nicht notwendigerweise höher als der Preis für tiefgefrorene Erdbeeren. Über einen Zeitraum von sieben Jahren lag der Jahresdurchschnittspreis für Importe von frischen Erdbeeren (ungewogen) bei 336 US-Dollar gegenüber 309 US-Dollar für Importe von tiefgefrorenen Erdbeeren, aber in zwei Jahren, in denen die Preise insgesamt relativ hoch waren, lag der Durchschnittspreis für tiefgefrorene Erdbeeren höher als der für frische. 2. Die Preise für Frischerdbeerimporte wiesen geringere Schwankungen auf als die Preise für importierte tiefgefrorene Erdbeeren; das bedeutet, daß sich ein Rückgang der Nachfrage vor allem auf die letzteren negativ auswirkt.

Wie sieht es nun demgegenüber mit den Preisen aus, die die kalifornischen Erdbeerpflanzer erzielen? Folgende Tatsachen sind unverkennbar: 1. Die kalifornischen Erzeugerpreise für Frischerdbeeren sind im genannten 7-Jahreszeitraum schneller gestiegen als die Preise für mexikanische Frischerdbeeren. 2. Die Preise für verarbeitete Erdbeeren weisen erheblich weniger heftige Schwankungen auf als die Preise für tiefgefrorene Erdbeeren aus Mexiko. Dies bedeutet wiederum, daß die Hauptlast eines Nachfragerückgangs auf den mexikanischen Exporten von tiefgefrorenen Erdbeeren ruht, obwohl die Preise für verarbeitete Erdbeeren in Kalifornien langsamer stiegen als die Preise für Importe aus Mexiko.[85] (Siehe dazu das Schaubild.) Es wäre gewagt, wollte man aus den jährlichen Werten pro Tonne US-amerikanischer Erdbeerimporte aus Mexiko mehr als oberflächliche Schlußfolgerungen hinsichtlich der tatsächlich erzielten mexikanischen Erzeugerpreise ziehen, denn sie spiegeln lediglich große Konjunkturumschwünge wider. Soweit ich weiß, liegen keine offiziell veröffentlichten Zahlenreihen über die täglich, wöchentlich oder monatlich in Michoacan, Guanajuato oder ganz Mexiko erzielten Erzeugerpreise vor; vielmehr kann man sagen, daß diese Preise einigermaßen geheimnisumwittert sind. Hier sind fünf Hypothesen zu den mexikanischen Erzeugerpreisen:

Preise für Erdbeerimporte aus Mexiko, Erzeugerpreise in Kalifornien und in den USA

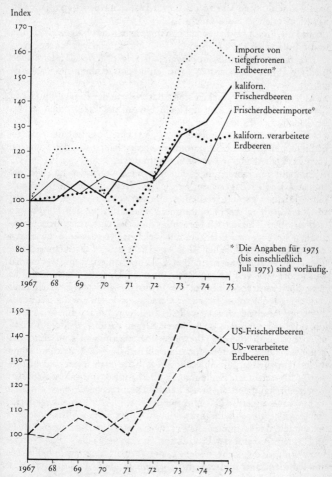

Index

Importe von tiefgefrorenen Erdbeeren*

kaliforn. Frischerdbeeren

Frischerdbeerimporte*

kaliforn. verarbeitete Erdbeeren

1967 68 69 70 71 72 73 74 75

* Die Angaben für 1975 (bis einschließlich Juli 1975) sind vorläufig.

US-Frischerdbeeren

US-verarbeitete Erdbeeren

1967 68 69 70 71 72 73 '74 75

Anmerkung: Kalifornische und US-Preise: Cents pro Zentner; Mexikanische Importe: Dollars pro Tonne.

1) Es gibt *jedes* Jahr große Schwankungen, besonders groß sind sie in Zeiten von Erdbeerkrisen. Beispielsweise können die Preise pro Kiste in einem schlechten Jahr von 24 auf 12 Pesos, in einem guten Jahr von 24 auf 18 oder 16 Pesos fallen.

2) Sind die Preise einmal gefallen, dann bleiben sie tendenziell niedrig und erholen sich nur zögernd.

3) Aus niedrigen Preisen in einem Jahr folgen in der Tendenz auch niedrige Preise im nächsten Jahr, zumindest Anfang des nächsten Jahres.

4) Auf längere Sicht gesehen steigt das Niveau der Erzeugerpreise in Mexiko nicht in Einklang mit dem Niveau der Preise, die die US-amerikanischen Erzeuger erzielen.

5) Die Preise sind nicht notwendigerweise eine Funktion der Absatzbedingungen (in den USA), sondern werden häufig von den Fabriken nach Maßgabe anderer Faktoren manipuliert.

Seit mehreren Jahren gibt es eine informelle Vereinbarung zwischen Industrie und Erzeugern, der zufolge die Preise, die an die mexikanischen Pflanzer gezahlt werden, nach einer vorab festgelegten Preisliste *(tabulator)* in einem bestimmten Verhältnis zu den US-Preisen stehen sollen. Theoretisch berechtigt diese Vereinbarung die mexikanischen Erzeuger zu erfahren, auf welchen Preis sie zum jeweiligen Zeitpunkt Anspruch haben. Das Ärgerliche ist, daß die Pflanzer nicht über Preisveränderungen in den USA informiert werden – einmal wurde die CONAFRE zu Recht oder zu Unrecht beschuldigt, sie gebe die Preisinformationen, die in ihrem Büro per Fernschreiber eingingen, nicht an die Erzeuger weiter –, oder daß nur die Großproduzenten Bescheid wissen, weil sie direkten Kontakt mit den Fabriken oder sogar mit den USA haben. Klagen darüber, daß die Abnehmerpreise nicht mit der Preisliste übereinstimmen, sind durchaus keine Seltenheit[86], doch kommen sie allemal zu spät. Nun könnte man folgendermaßen argumentieren: »Was hätte man unter den gegenwärtig herrschenden Bedingungen überhaupt davon, wenn man den jeweiligen Stand der US-Preise kennt? Die Erzeuger können ohnehin nichts daran ändern.« Das klingt einleuchtend. Der Fehler liegt darin, daß es keine gemeinsame Front der Erzeuger gibt. Schlössen sie sich zusammen, dann könnten die Erzeuger a) etwas dazu tun, den Anbau und andere Aspekte der Produktion zu planen; b) die strikte Durchsetzung der Pläne sicherstellen; c) die Vermarktung regeln helfen; d) mit Fabriken und Käufern ein Abkommen über Mindestpreise aushandeln und dadurch e) zur Anhebung des allgemeinen Preisniveaus und zum Ausgleich großer Preisschwankungen beitragen, anstatt der Gnade der Abnehmer ausgeliefert zu sein.[87] Freilich bleibt der Einfluß der mexikanischen Erzeuger auch nach ihrem Zusammenschluß zwangsläufig relativ gering, solange 98 oder 99 Prozent der Exporte und der größte Teil der gesamten Produktion in die USA gehen. Doch die schlimmsten Mißstände könnten eingedämmt werden.

Das Preissystem ist nur einer der Mechanismen, mit denen die Erzeuger gestraft werden. Andere sind: der Gebrauch falscher Gewichte, die unkontrollierte Einteilung in Güteklassen, Zahlungsabzüge und die Weigerung, die Ernte zu gewissen Zeiten überhaupt anzunehmen. Diese Mechanismen funktionieren zu allen Zeiten, am grausamsten wirken sie jedoch in Perioden der Produktionsspitzen, wenn die Fabriken nicht die gesamten eingehenden Früchte verarbeiten können (oder behaupten, dies nicht zu können), oder wenn sie ihre Exporte verringern wollen. Ein Kenner der Lokalszene sagte mir, daß die Fabriken wegen ihres großen Kapazitätsüberhangs durchaus in der Lage wären, die Ernte auch in solchen Perioden anzunehmen, aber sie nutzten die Gelegenheit, »um die Erzeuger reinzulegen«. Was er damit meint, ist dies: Preisstürze sind nicht marktbedingt, sondern bestimmt von dem Wunsch der Fabriken, die Ernte zu möglichst niedrigem Preis einzukaufen und nicht, wie man so schön sagt, zum »vereinbarten« Preis. Um dies zu erreichen, finden sie alle erdenklichen Ausreden.[88]

Um zu begreifen, was da vor sich geht, muß man das Verhältnis der Erzeuger zu den Fabriken kennen. Wenn ein Erzeuger von einer Fabrik Kredit bekommt, dann verpflichtet er sich, dieser Fabrik seine Ernte abzuliefern. Natürlich bedeutet dies, daß die Fabrik ihrerseits verpflichtet ist, die Ernte anzunehmen. *Aber die Fabriken fühlen sich nur so lange verpflichtet, dem Erzeuger seine Ware abzunehmen, wie dieser seinen Kredit nicht zurückgezahlt hat.* Sobald die Schulden überwiegend oder ganz getilgt sind, halten die Fabriken sich für berechtigt, die verschiedenen oben genannten Methoden anzuwenden, um die Ware zu einem möglichst niedrigen Preis zu bekommen oder abzulehnen.[89] Häufig wird ein Teil der Ernte nicht angenommen, mit der Bemerkung: »Mach' damit, was du willst.« In diesem Fall ist der Erzeuger gezwungen, die Früchte entweder wegzuwerfen oder sie irgendeinem anderen Käufer zu dem Preis zu verkaufen, den er kriegen kann. Die auswärtigen Käufer kennen das und wissen genau, daß es jedes Jahr passiert. Sie sind die »Piraten«, die just aus diesem Grund scharenweise ins Land kommen. Für die Fabriken sind sie ein ständiger Anlaß zur Klage. Aus Notwehr und durch Erfahrung vorgewarnt, warten manche Erzeuger erst gar nicht so lange, bis die Vertragsfabrik ihre Ernte ablehnt oder ihre Preise maßlos drückt, sondern verkaufen direkt an andere Fabriken, die vielleicht ein besseres Preisangebot machen[90], oder an die *»piratas«* – und zwar schon bevor sie ihren Kredit zurückgezahlt haben. Damit handeln sie in ihrem eigenen Interesse. Die Fabriken können so in die unangenehme Lage geraten, daß es für sie schwierig wird, die Schulden von ihren

Vertragserzeugern einzutreiben. Aber diese Lage haben sie sich selbst zuzuschreiben, ihren scharfen Geschäftspraktiken. Obwohl die Fabriken die »Piraten« verurteilen, ist es durchaus nicht sicher, daß sie ihnen nicht verzeihen, denn schließlich können sie ihnen die Erdbeeren zuweilen billiger abkaufen als den Erzeugern.

In Spitzenzeiten greifen die Fabriken zu dem Mittel der Zahlungsabzüge, die sie mit Mängeln – Farbe, Sauberkeit, Qualität oder Größe der Früchte – begründen. Nach offiziellen Angaben überschreiten diese Abzüge nicht die tolerierbaren Grenzen. Folgende durchschnittliche monatliche Abzüge für tiefgefrorene Erdbeeren wurden für die Monate Dezember 1974 bis Juli 1975 offiziell gemeldet (Angaben in Prozent):

Dezember 1974	– 5,2	April 1975	– 10,6
Januar 1975	– 7,9	Mai 1975	– 4,3
Februar 1975	– 11,5	Juni 1975	– 5,5
März 1975	– 11,1	Juli 1975	– 3,5

Es ist ein Rätsel, warum die Abzüge während der Saisonspitze (hier Februar bis April) am höchsten sein sollen. Damit wird unterstellt, daß die Qualität der Früchte in dieser Zeit schlecht ist oder daß die Pflücker schlechte Arbeit leisten. Dies erscheint nicht einleuchtend. In Wirklichkeit weist die offizielle Statistik die Abzüge als geringer aus, als sie tatsächlich sind – wenn es den Fabriken paßt, können sie bis zu 30 oder 40 Prozent des Wertes ausmachen. Derlei Praktiken könnten abgeschafft oder zumindest stark eingeschränkt werden, wenn es den Erzeugerverbänden gelänge, in jede Fabrik qualifizierte Beobachter zu entsenden.

Die Empfehlungen, die wir in den vorangegangenen Abschnitten im Hinblick auf ein mögliches gemeinsames Vorgehen der Erzeuger formuliert haben, sind natürlich rein theoretisch. Sie können nicht durchgesetzt werden, solange die Bedingungen so sind, daß jede gemeinsame Aktion der Erzeuger scheitern muß. Die Ursachen für dieses Scheitern sind: die Vielfalt der Erzeugerinteressen, die Gier der Erzeuger, an dem »gewinnträchtigen« Erdbeergeschäft teilzuhaben (die selbst dann noch durchschlägt, wenn sie sicher sind, daß sie infolge der Praktiken der Fabriken oder der Absatzbedingungen, ganz zu schweigen von klimatischen Umschwüngen oder den Verwüstungen, die Schädlinge und Pflanzenkrankheiten anrichten, alljährlich große Einkommenseinbußen hinnehmen müssen)[91], und die Angst davor, was die US-Investoren und Händler tun könnten, wenn eine gemeinsame Aktion der Erzeuger wirklich zustande käme. Die Tatsache, daß die Strafen, die die Fabriken den Erzeugern auferlegen, einige härter trifft als andere, fördert die Uneinigkeit der Erzeuger. Das erkennen die Fabriken sehr wohl.

Aus all diesen Beobachtungen schließen wir, daß die mexikanischen Erzeugereinkommen aus Erdbeerplantagen beträchtlich höher sein könnten, wenn es gelänge, die schlimmsten Geschäftspraktiken der Fabriken und anderer Käufer auszuschalten. Andererseits werden die Gewinne der letzteren durch eben diese Praktiken erheblich gesteigert. *Die Erdbeerindustrie ist ein Beispiel für US-beherrschte agrarunternehmerische Aktivitäten (agro-business) in Mexiko, mit all ihren Wechselfällen und Absurditäten.* An dieser Stelle kommen wir einmal mehr zu dem Schluß, daß es aus der Sicht der Mehrheit der mexikanischen Erzeuger wünschenswert wäre, wenn die Erdbeerindustrie in die USA zurückverlagert werden könnte.

3. Kapitaltransfer, Technologietransfer und Beschäftigungslage

Ausländische Investoren behaupten gern, daß niedrige Faktorkosten kein Anreiz dafür seien, Kapital und Technologie in unterentwickelte Länder zu transferieren. Das mag in manchen Fällen zutreffen.[92] Nicht zutreffend ist es allerdings für die in Mexiko angesiedelte US-amerikanische Erdbeerindustrie. Geringe Bodenpachten und niedrige Lohnkosten sind für den Aufbau der Erdbeerindustrie durch US-Kapitalisten und Makler in Mexiko entschieden der wichtigste Faktor gewesen. Betrachten wir kurz, wie es mit der Beschäftigung und den Löhnen auf dem Lande und in den Städten Mexikos aussieht.

Eine Publikation neueren Datums über Mexikos Erdbeerindustrie behauptet, sie beschäftige 160 000 Personen.[93] Dies ist genau das Argument, das die Geschäftsmänner der Erdbeerbranche immer wieder vorbringen.[94] Und es stimmt nicht. Selbst wenn die Zahl richtig wäre – daß 160 000 Menschen in der Erdbeerindustrie arbeiten –, erwiese sich schon bei oberflächlicher Prüfung, daß dies nicht gleichbedeutend damit sein kann, daß 160 000 Personen einen Arbeitsplatz als Vollzeitbeschäftigte haben. Bemühen wir uns also um eine bessere Schätzung.

Nach Aussage eines Agronomen, der eine langjährige Erfahrung mit den Erdbeerplantagen besitzt, beschäftigen 2500 ha ungefähr 7760 Personen als Vollzeitarbeiter auf dem Feld (während der Erntezeit) *und* in den Fabriken, und zwar jeweils für ein Arbeitsjahr von zehn Monaten und einen Arbeitstag von acht Stunden.[95] Aufgrund meiner eigenen Beobachtungen neige ich dazu, diese Schätzung als realistisch anzusehen. Bei 5000-6000 ha Anbaufläche böte die Erdbeerindustrie somit zwischen 16 178 und 19 412 Arbeitern eine Vollzeitbeschäftigung (auf dem Feld *und* in den Fabriken). Natürlich sind die Arbeitsplätze in der überwiegenden Zahl der Fälle keine »full-time jobs«, so daß die tatsächliche Zahl der Beschäftigten größer ist. Gehen wir davon aus, daß die durchschnittliche Beschäftigungsdauer etwa vier Monate auf dem Feld und etwa drei Monate in der Fabrik beträgt, so kommen wir (auf der Grundlage des von dem Agronomen angegebenen Zahlenverhältnisses) zu folgenden Schätzungen:

Geschätzte Beschäftigungsmöglichkeiten in der mexikanischen Erdbeerindustrie

	2 500 ha	5 000 ha	6 000 ha
Vollzeitbeschäftigte			
Auf dem Feld	5 558	11 110	13 340
In den Fabriken*	2 530	5 068	6 072
Insgesamt	8 088	16 178	19 412
Nicht-Vollzeitbeschäftigte			
Auf dem Feld (im Schnitt 4 Monate)	13 895	27 775	33 350
In Fabriken (im Schnitt 3 Monate)*	8 425	16 876	20 582
Insgesamt	22 320	44 651	53 932

* Siehe Anm. 95. Die Schätzungen stützen sich auf Angaben von Horacio Dominguez A., a.a.O., mit einer Korrektur von plus 15% bei den Fabrikarbeitern.

Das heißt also, die Gesamtzahl der Beschäftigten, und zwar der Nicht-Vollzeitbeschäftigten, erreicht bei einer Anbaufläche von 6000 ha rd. 54 000 Personen, vorausgesetzt, die Zahl der Feld- und Fabrikarbeiter steigt in gleichem Maße wie die Anzahl der bewirtschafteten Hektar. *160 000 Personen könnten also nur dann beschäftigt werden, wenn die Arbeiter bei einer Erdbeer-Anbaufläche von ca. 5000 ha im Jahresdurchschnitt nur einen einzigen Monat lang arbeiten würden.* Je größer die Zahl der Beschäftigten, desto geringer wird die durchschnittliche Anzahl der Monate, die sie im Jahr arbeiten können.

Diese Zahlen beweisen auch, *daß der Grad der Beschäftigung vollkommen abhängt von der jeweiligen Größe der Erdbeerplantagen.* Würde die Anbaufläche von 5000 auf 4000 ha schrumpfen, dann ginge die Zahl der Vollzeitbeschäftigten (unter den in der obigen Tabelle genannten Bedingungen) von 44 651 auf 35 721 zurück.[96] Daraus folgt, daß eine Agrarindustrie, die aufgrund stark wechselnder Exporte beträchtlichen Schwankungen unterliegt, *überaus destabilisierende Folgen für den Arbeitsmarkt hat.* Die Instabilität ist um so gravierender, als es keine andere ländliche oder städtische Industrie gibt, welche die Arbeiter, die in Krisenzeiten entlassen und damit arbeitslos werden, aufnehmen könnte – wie es beispielsweise in Zamora der Fall ist. Mit anderen Worten, eine Exportkrise hat nicht nur, wie wir oben dargelegt haben, negative Folgen für die Erzeuger, sondern auch – und in weitaus größerem Maße – für die mexikanische Arbeiterschaft.

Wir stellen also zusammenfassend fest: Der Transfer von ausländischem Kapital und ausländischer Technologie in eine unterentwickelte Landwirtschaft – oder die Verlagerung der Landwirtschaft einer Industrienation in ein unterentwickeltes Land – erweitert das Arbeitsplatzangebot nur dann, wenn ein Teil der Tätigkeiten in der Landwirtschaft oder in der landwirtschaftsbezogenen Industrie arbeitsintensiv ist. Wenn ausländische Kapitalisten oder einheimische Industrielle Statistiken zur Beschäftigungslage vorlegen, dann übertreiben sie in aller Regel den Effekt auf dem Arbeitsmarkt. In einer unkontrollierten exportorientierten Industrie, die durch ausgeprägte Saisonunterschiede, vernunftwidrige und verschwenderische Nutzung der Ressourcen und instabile Exportmärkte gekennzeichnet ist, ist der Effekt der, daß hauptsächlich Arbeitsplätze für Teilzeitbeschäftigte und instabile Arbeitsmärkte geschaffen werden. Als allgemeine Hypothese kann gelten, daß die gesamten in- und ausländischen Kapitalinvestitionen und andere in der Erdbeerindustrie gebundene Ressourcen zwar relativ bedeutend sind, jedoch unter den gegebenen Bedingungen keine quantitativ und qualitativ angemessenen Beschäftigungsmöglichkeiten eröffnen. Was die mangelnde Stabilität – unabhängig davon, welche Arbeitsplätze auch immer geschaffen werden – ausmacht, ist nicht zuletzt die stets gegenwärtige Drohung, daß die Erdbeerindustrie jederzeit gänzlich »das Land verlassen« könnte. Dies hätte kurzfristig unweigerlich ökonomische Schwierigkeiten zur Folge, vor allem in jenen mexikanischen Gemeinden, in denen die Industrie angesiedelt war. Langfristig könnte es sich jedoch als außerordentlich vorteilhaft erweisen, sofern es gelänge, anstelle dieser Industrie planvolle Aktivitäten zu entfalten, deren Hauptziel eine wahrhaft autochthone Entwicklung der lokalen Landwirtschaft wäre.

4. Himmelschreiende Arbeitsbedingungen. Die Feldarbeiter

Die Bedingungen, unter denen die mexikanischen Männer und Frauen auf dem Feld und in den Fabriken arbeiten müssen, schreien zum Himmel. Die Erdbeerindustrie hat Tausende von Arbeitslosen

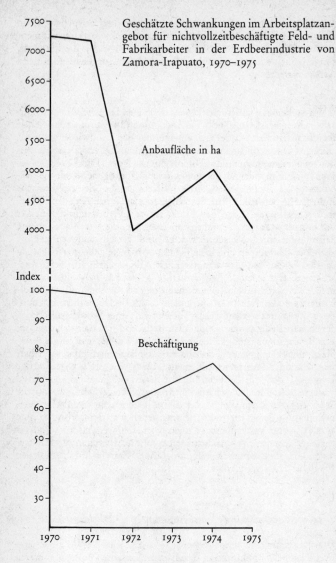

Geschätzte Schwankungen im Arbeitsplatzangebot für nichtvollzeitbeschäftigte Feld- und Fabrikarbeiter in der Erdbeerindustrie von Zamora-Irapuato, 1970–1975

Anbaufläche in ha

Index

Beschäftigung

Quellen: Vgl. die vorhergehende Tabelle und Horacio Dominguez, a.a.O.

und Unterbeschäftigten, einschließlich unterbeschäftigte Bauern oder ihre arbeitslosen Kinder, aus einem riesigen Gebiet angelockt und damit einen »unkontrollierten Zustrom von Menschen« ausgelöst. So entwickelte sich beispielsweise Zamora von einem kleinen Ort zu einer Stadt mit 95 000 Einwohnern; die Einwohnerzahl des benachbarten Jacona wuchs auf 30 000 an. Nicht enthalten in diesen Zahlen sind die Tausende von Menschen, die auf der Suche nach Arbeit in die Täler kommen und sich nur vorübergehend dort aufhalten. Manche bleiben in der Stadt und schlafen auf der Straße oder in öffentlichen Häusern, andere kehren bei Nacht in ihr Dorf zurück.[97] Ein großer Teil der Wanderarbeiter bleibt in den Städten und »läßt sich nieder« in den kilometerlangen Elendsvierteln oder unter noch schlimmeren Bedingungen außerhalb der Cities. So leben beispielsweise in Zamora rund 75% der Bevölkerung in Slums. Mit anderen Worten, die Zuwanderer tragen die Armut aus den entlegenen Gegenden in die Erdbeergebiete hinein, oder – wie ein einheimischer Beobachter es ausdrückte –: »Die Erdbeere zieht die Armut an wie ein Magnet.« Man kann also sagen, daß die Ursache für das große Heer der Arbeitswilligen, das den Erdbeerpflanzern und Fabriken heute zur Verfügung steht, die Errichtung der Erdbeerindustrie ist. Verschwände diese Industrie, dann zögen auch die Menschen fort.[98]

Der unkontrollierte Zustrom der Armen ist zurückzuführen auf die Hoffnung der Arbeitslosen und Unterbeschäftigten, eine Stellung oder Stellen zu finden, wo sie etwas mehr verdienen können als in ihrer Heimatgemeinde, sofern es Arbeit gibt.[99] »Unkontrolliert« ist der Zustrom deshalb, weil die Zuwanderer die Zahl der möglichen Arbeitsplätze in keiner Weise richtig schätzen können. Die Arbeitgeber, die den Arbeitsmarkt »kontrollieren«, provozieren bewußt den Zustrom ganzer Arbeiterlawinen, denn wenn das Angebot an Arbeitskräften permanent die Nachfrage übersteigt, dann wird dies zu einer unerschütterlichen Garantie dafür, daß die Löhne auf einem Minimum gehalten werden können. Es ist bezeichnend für die Situation, daß Unternehmer alljährlich Anwerber und Lastwagen ausschicken, die aus entfernten, zuweilen sogar völlig entlegenen Gemeinden Arbeiter mitbringen, obwohl das Angebot an zumeist unterbeschäftigten Arbeitskräften in der Stadt bereits überreichlich ist. Der Grund dafür ist, daß die Arbeiter von außerhalb bereit sind, für weniger Lohn zu arbeiten. Ein sogenannter *ejidatario*, Roberto Reyes Martinez, der dafür bekannt ist, einer der großen »Landräuber« *(acaparadores)* der Gegend und ein mächtiger Arbeitgeber zu sein (er beschäftigt in der Hochsaison rund 800 Arbeiter gleichzeitig), fährt, so wird erzählt, bis in das ferne Morelos, um Arbeiter zu holen, weil er ihnen niedrigere Löhne zahlen kann.[100] »Wer die niedrigeren Löhne akzeptiert, das sind die Auswärtigen.«[101]

Den Beweis für das Überangebot an Arbeitskräften kann man täglich sehen, vor allem in der Erntezeit, wenn die Arbeitssuchenden sich versammeln, um auf Arbeitgeber zu warten, die mit Lastwagen kommen und so viele Leute mitnehmen, wie sie für den Tag gerade brauchen. Ein Sammelpunkt liegt gleich neben der Bahnlinie von Zamora. Er wird ständig von Soldaten mit Maschinenpistolen bewacht. Es gibt Monate, in denen sich hier um 5.30 Uhr am Morgen rund 5000 Arbeiter versammeln. Viele finden keine Arbeit; sie müssen wieder nach Hause gehen und darauf hoffen, daß sie am nächsten Tag mehr Glück haben werden.[102]

Wie sind die stetig wachsenden Kilometer der Elendszonen möglich, wenn die Industrie doch für Arbeitsplätze auf dem Feld und in den Fabriken sorgt? Die Antwort liegt nicht nur in den chaotischen Bedingungen eines Arbeitsmarktes, auf dem das Überangebot an Arbeitskräften chronisch ist, sondern auch in der Beschäftigungsdauer und vor allem in den Auswirkungen einer stark konsumorientierten Wirtschaft, die die Arbeiter mit Verkaufstricks wie Teilzahlungskrediten und »Anschaffungen nach Ratenplan« unter Druck setzt, mehr von ihrem geringen Verdienst auszugeben, als zur Befriedigung ihrer unmittelbaren Bedürfnisse notwendig ist.

Die Einkommen der Feldarbeiter sind niedrig, weil die meisten von ihnen nur wenige Monate im Jahr Arbeit haben, weil sie nicht angemessen entlohnt werden, weil sie keine der Vergünstigungen bekommen, die das System der sozialen Sicherheit bereithält. Die weitverbreitete Behauptung, die Feldarbeiter bekämen den gesetzlichen Mindestlohn oder gar mehr, entspricht nicht den Tatsachen. Es gibt wohl ein paar »spezialisierte« Arbeiter, die den gesetzlichen Mindestlohn oder mehr bekommen. Aber das sind Ausnahmefälle.[103] *Gegen das Mindestlohngesetz wird systematisch und fortwährend verstoßen.* Dies trifft besonders die vielen Frauen und Kinder, die nur etwa zwei Drittel des Männerlohns bekommen. Wenn ein Mann 1974, zum Beispiel, 35 Pesos (2,93 US-Dollar) am Tag verdiente, dann bekamen seine Frau und seine großen Kinder nur 25 Pesos (2 US-Dollar), obwohl das Gesetz ausdrücklich gleiche Bezahlung für gleiche Arbeit ohne Ansehen des Geschlechts vorsieht. Zur Erdbeerernte, zum Pflücken, werden Frauen und Kinder als Arbeitskräfte »bevorzugt«, weil – so sagen die Arbeitgeber – »sie sich nicht so tief zu bücken brauchen«. Der wahre Grund für ihre »Bevorzugung« ist, daß sie bereit sind, für weniger Geld zu arbeiten. Für bestimmte Tätigkeiten auf dem Feld gibt es nicht Tageslohn, sondern Akkordlohn. Dabei wird der Akkordsatz stets so kalkuliert, daß ein durchschnittlicher Arbeiter den Mindesttageslohn oder weniger verdient. Zwar könnte ein schneller Arbeiter, der im Akkord entlohnt wird, mehr als den gesetzlichen Mindestlohn verdienen, doch machen die

Arbeitgeber ihm diese Chance nach Belieben zunichte, indem sie mehr Arbeiter anstellen, so daß die Arbeit in kürzerer Zeit getan ist. Die Arbeiter durch falsches Wiegen bzw. falsche Gewichte oder auf andere Weise zu betrügen, ist gang und gäbe. In der Hochsaison, d. h. zur Erntezeit, steigt das Familieneinkommen, wenn mehrere Familienmitglieder Arbeit haben. Diese Zeit ist die einzige Periode im Jahr, in der eine Feldarbeiter-Familie es sich leisten kann, andere wichtige Güter außer Lebensmitteln zu kaufen. In diesem Zusammenhang muß freilich gesagt werden, daß der tägliche Mindestlohn auf der Basis eines Monatseinkommens berechnet wird, das erforderlich ist, um ein »Familienoberhaupt«, das heißt: eine Familie, mit dem absolut Lebensnotwendigen (basic subsistence) zu versorgen. Da die Arbeitstätigkeit auf dem Felde sehr unregelmäßig ist, wäre das Monatseinkommen selbst dann unzureichend, wenn der gesetzliche Mindestlohn gezahlt würde.[104]

Die Bedingungen, unter denen die Arbeiter angeheuert werden, unter denen sie arbeiten oder unter denen sie entlassen werden, sind demütigend und entwürdigend. Kein Arbeiter, der seine fünf Sinne beisammen hat, würde den Arbeitgeber jemals fragen, welchen Lohn er zahlt. Wollte einer unter den Wartenden an den Sammelstellen, wo die Arbeitgeber oder Gutsverwalter sich ihre Arbeiter aussuchen, es wagen zu fragen, dann bekäme er zur Antwort: »Für dich gibt es keine Arbeit.« Die Arbeiter steigen auf die Lastwagen, ohne zu wissen, wohin sie gefahren werden, was man ihnen zahlen wird oder ob sie am nächsten Tag am selben Ort werden arbeiten können. »Wir stellen keine Fragen, also verhungern wir nicht.« »Sie behandeln uns wie Indianer.« Alle Feldarbeiter – gleichgültig, für welche Arbeit oder unter welchen Bedingungen sie angeheuert werden – sind in derselben Lage. Die Sicherheit ihres Arbeitsplatzes ist gleich Null. Der Lohn bezieht sich auf einen 8-Stunden-Tag, aber die Arbeitgeber oder Gutsverwalter gebrauchen »Tricks«, um die Arbeitszeit zu verlängern. Auf dem Höhepunkt der Erntezeit ist die 7-Tage-Woche üblich – ohne zusätzliche Bezahlung, wie das Gesetz es vorsieht. Es gibt keine Feldarbeitergewerkschaften. Alle Anstrengungen der Landarbeiterschaft, sich gewerkschaftlich zu organisieren, werden mit äußerster Härte unterdrückt. So sind die Feldarbeiter gegenüber der Ausbeutung hilflos. Auf jeden, der Arbeit hat, kommen 10 bis 20 andere, die zu jedweden Bedingungen arbeiten würden, um zu überleben.

Soziale Sicherheit ist für den Landarbeiter unerreichbar. Die Unregelmäßigkeit seiner Beschäftigung macht dies unmöglich und garantiert den Arbeitgebern damit niedrige Lohnkosten. Im Krankheitsfalle werden die Arbeiter oder ihre Familienmitglieder nicht – und das ist allgemein geübte Praxis – in die örtlichen Krankenhäuser aufgenommen. Ihre Hilflosigkeit wird nur dann von der Öffentlichkeit zur Kenntnis genommen, wenn die Arbeiter aufgrund fehlender Schutzmaßnahmen folgenschwere gesundheitliche Schäden davontragen. Doch selbst dies verursacht höchstens ein leichtes Kräuseln im Meer der Gleichgültigkeit gegenüber dem Wohlergehen jener, deren Arbeit die Erdbeerproduzenten zu Millionären macht. Ein Beispiel: Im April 1973 veröffentlichte eine Lokalzeitung, die sich normalerweise mehr um die Erdbeerpreise als um die Erdbeerarbeiter bekümmert, mehrere Artikel über die Gesundheitsschäden, die den Arbeitern aus dem gefährlichen Gebrauch von Chemikalien zum Schutz vor Pflanzenkrankheiten entstehen:

»Ein hoher Prozentsatz der Arbeiter, die auf dem Feld arbeiten, leidet unter Vergiftungserscheinungen als Folge des Umgangs und des direkten Kontaktes mit chemischen Substanzen, die zur Bekämpfung von Pflanzenkrankheiten eingesetzt werden. [. . .] All diese Feldarbeiter leiden nach der Anwendung der Insektizide unter Ohnmachtsanfällen, Erbrechen, Kopfschmerzen und noch ernsteren Krankheiten, weil die Schutzmaßnahmen unzureichend sind. [. . .] Viele Fälle von Vergiftung sind nach der Benutzung von Flaschen, die chemische Mittel enthielten, registriert worden; in mehreren Fällen waren die Folgen verheerend.«[105]

Die Unternehmer geben der Unwissenheit der Arbeiter die Schuld. Die Wahrheit ist, daß die Unternehmer sich mehr um die Gesundheit ihrer Erdbeerpflanzen sorgen als um die Gesundheit der Arbeiter. Sie sind in der Lage, die Pflanzenkrankheiten unter Kontrolle zu bringen. Wenn sie es wirklich wollten, dann könnten sie auch den Einsatz von Chemikalien kontrollieren, nämlich durch richtige Anweisungen und entsprechende Überwachung. Aber das könnte ja ihre Lohnkosten steigern. Die Regierung ist personell unzureichend ausgestattet und mehr am Wohl der Erzeuger/Arbeitgeber interessiert als am Wohlergehen der Arbeiter.[106] Einen Monat nach Erscheinen des zitierten Artikels war in derselben Lokalzeitung folgende Schlagzeile zu lesen: »Noch keine geeigneten Maßnahmen gegen unmäßigen Einsatz und mangelnde Überwachung der Insektizide ergriffen. Ernste Folgen für die Menschen.«[107]

Dies Beispiel zeigt, wie sehr die Arbeiter sich selbst und ihren eigenen Hilfsmitteln überlassen sind, wenn es um ihre Gesundheit geht. Dasselbe gilt für sanitäre Anlagen, Wohnverhältnisse, Bildungsmöglichkeiten.

5. Fabrikarbeit in Zamora. Die systematische Ausbeutung der Frauen

Ausländische Kapitalisten bringen gern das Argument vor, daß der Transfer von Kapital und Technologie die Arbeitsbedingungen in den unterentwickelten Ländern verbessere und zur Entfaltung neuer Qualifikationen verhelfe. Die erdbeerverarbeitende Industrie ist ein Beispiel dafür, daß dieses Argument falsch ist. Die Arbeitsbedingungen sind in allen Industriebetrieben erschreckend. Nach Aussage mehrerer Informanten sind die Zustände am schlimmsten in den zwei größten privaten Gefrierfabriken, der von US-Kapital beherrschten Estrella von Othal Brand und der mexikanischen Frutas Refrigeradas. In dem staatseigenen *(ejido-)*Betrieb V. Carranza sind die Arbeitsbedingungen anscheinend besser als im Durchschnitt. Die Fabriken profitieren *allesamt* von dem Überangebot an Arbeitskräften und der von der Industrie hervorgerufenen Arbeitslosigkeit in Zamora, ganz gleich, woher ihr Kapital stammt, und die Ausbeutung der Arbeiter unterscheidet sich von Betrieb zu Betrieb nur in Nuancen. Die besseren Bedingungen bei V. Carranza lassen sich dadurch erklären, daß diese Fabrik nicht in der Stadt, sondern in einer ländlichen Gegend liegt und als Arbeitskräfte die Frauen und Töchter von *ejidatarios* aus den umliegenden Gebieten heranzieht.[108]

In der Hochsaison arbeiten in Zamora etwa 10 000 bis 12 000 Frauen in der Fabrik; zu Beginn und gegen Ende der Erntezeit ist diese Zahl wesentlich geringer. Zu Beginn (oder gegen Ende) der Saison stellt eine Fabrik etwa 100 bis 200 weibliche Arbeitskräfte ein, in der Spitzenzeit sind es 1000 bis 1400. Die durchschnittliche Dauer der Beschäftigung ist folglich für die meisten Frauen relativ kurz.

Frauen bilden das Gros der Fabrikarbeiterschaft. Gewöhnlich machen die Fabriken ihre offenen Stellen durch Werbung im Rundfunk oder in den Kinos bekannt. Sie stellen vorzugsweise Mädchen ein, die von Kontrolleuren oder jemandem, der bereits in der Fabrik arbeitet, empfohlen wurden. Die Kontrolleure ziehen Erkundigungen über die Familienverhältnisse der Einzustellenden ein. Wer schon einmal in der Fabrik gearbeitet hat, hat bessere Chancen, wiederbeschäftigt zu werden. Mädchen arbeiten oft mehrere Jahre lang für denselben Betrieb; am liebsten nehmen die Fabriken solche, die jung und unverheiratet sind. Sie sind meist zwischen 14 und 25 Jahre alt, doch findet man auch ältere Frauen und (in manchen Fabriken) Kinder im Alter von 7 bis 12. Kinder werden gewöhnlich in der Hochsaison »beschäftigt« und benutzen die Arbeitslochkarte ihrer Mutter oder ihrer Schwester. In einem Betrieb mit US-Kapitalbeteiligung, dessen Namen ich hier nicht nennen will, arbeiten in den arbeitsreichen Monaten des Jahres bis zu 60 Kinder mit ihrer Mutter oder Schwester. Sie tun ihre Arbeit praktisch gratis. Eine andere große Fabrik mit US-Kapitalbeteiligung beschäftigt Kinder im Alter von 10 bis 12, und in einer dritten Fabrik arbeiten Kinder von sechs Jahren an. Da Kinderarbeit gesetzwidrig ist, versucht man, sie zu verbergen. Im Falle des nicht genannten Betriebes zum Beispiel *werden die Kinder auf der Damentoilette versteckt, wenn Amerikaner zur Besichtigung kommen,* was viermal im Jahr oder öfter geschieht.

Es gibt zwei Arten von Frauenarbeit in der Fabrik und damit zwei Gruppen von Arbeiterinnen: Die einen entfernen die grünen Blätter und Stengel von den Beeren *(despatadoras)*, die anderen, die eine bessere Stellung haben, sortieren die Früchte aus *(en banda)*. Die ersteren arbeiten an langen Tischen – manchmal 80 Frauen an einem Tisch – und werden von Aufseherinnen kontrolliert.[109] Außerdem beschäftigen alle Fabriken eine relativ geringe Zahl von Männern, die die schwere oder die qualifizierte Arbeit verrichten.

Die Fabriken haben im Leben dieser Frauen und Mädchen eine nahezu revolutionäre Veränderung bewirkt. In vielen Haushalten leisten sie einen gewichtigen Beitrag zum Familieneinkommen, was angesichts der schweren Arbeitslosigkeit und Unterbeschäftigung, die in den Slums von Zamora herrscht, begreiflich ist. In etlichen Fällen sind sie die einzigen, die überhaupt etwas verdienen. Dadurch hat sich ihre Stellung innerhalb der Familie gewandelt und haben sie sich in nicht unerheblichem Maße emanzipiert, obschon die arbeitslosen Männer häufig ihre Einnahmen und Ausgaben »verwalten«. Oft haben die Mädchen lange gebraucht, ihre Familie von den Vorteilen der Fabrikarbeit zu überzeugen, bis es ihnen erlaubt wurde, tatsächlich eine Stelle anzunehmen. Offensichtlich arbeiten sie gern und sind glücklich, daß es Arbeitsplätze für sie gibt. Das ist verständlich. *Sie beklagen sich nicht über die Arbeit an sich, sondern über die Bedingungen ihrer Arbeit.* In der Mehrzahl der Fälle sind sie sich bewußt, daß sie im höchsten Grade ausgebeutet und daß die Arbeitsgesetze ständig gebrochen werden. Welches Gefühl die Oberhand gewinnt – die Zufriedenheit, einen Arbeitsplatz gefunden zu haben, oder die Unzufriedenheit mit den Arbeitsbedingungen –, hängt davon ab, wie ihre Situation zu Hause ist, welche Erfahrungen sie in der Fabrik machen und ob sie politisch denken.

Die Frauen sind – nahezu ausnahmslos – *extrem ängstlich, über die Arbeitsbedingungen in ihrer Fabrik zu sprechen,* und werden gequält von dem Gedanken, daß eine »Enthüllung« zu ihrer Entlassung führen könnte. Es drängt sich einem der Verdacht auf, daß sie von ihren despotischen Aufseherinnen angewiesen werden, gegenüber Außenstehenden Stillschweigen zu bewahren. Aus Furcht, gefeuert zu werden, was gelegentlich geschieht, beschweren sich die Arbeiterinnen kaum jemals in der Fabrik. Im allgemeinen sind die Beschwerden diese: daß sie den ganzen Tag über, abgesehen von der Mittagspause, stehen müssen, gleichgültig, wie lang der Arbeitstag ist; daß die Fabriken kalt sind; daß sie Sprechverbot haben; daß die Aufseherinnen despotisch sind[110] – alles Bedingungen, die der Gesundheit abträglich bzw. eine große Nervenbelastung sind, und das alles für eine *im Grunde überaus monotone und ungelernte Tätigkeit.* Die Frauen und Mädchen sind offenbar sozialversichert, aber die ärztliche Versorgung in den Betrieben und in der Stadt ist unzureichend. Im Falle von kleineren oder größeren Unfällen werden die Unfallopfer nicht richtig und zu bestimmten Zeiten (z. B. sonntags) überhaupt nicht behandelt. Vor Arbeitsantritt müssen die Frauen sich einer Blutuntersuchung unterziehen und dafür 15 Pesos bezahlen. Später gibt es keinerlei ärztliche Untersuchung mehr.

Schichtarbeit ist hier unbekannt. Abgesehen von den arbeitsarmen (slow) Zeiten ist ein normaler Arbeitstag in der Regel länger als acht Stunden – z. B. von 7.00 Uhr früh bis 18.00, 20.00 oder 21.00 Uhr, je nachdem, welche Arbeit getan wird. *In der Hochsaison arbeiten die Frauen und Mädchen manchmal 18 bis 19 Stunden täglich, mit kurzen Unterbrechungen.* In manchen Betrieben ist es üblich, eher die Arbeitszeit zu kürzen als Arbeiter zu entlassen – dies freilich nur während eines Teils der Saison. Wird die tägliche Arbeitszeit erheblich gekürzt, dann verlassen die Frauen häufig den Betrieb (ohne formell entlassen zu werden), weil es sie mehr Geld kostet, zur Arbeit zu kommen, als sie am Tag verdienen können. Es ist nicht ganz klar, ob die Tatsache, daß es keine Schichten gibt, allein Ausdruck davon ist, daß die Fabriken ihre Lohnkosten so niedrig wie möglich halten wollen, *da Überstunden nie bezahlt werden.* (Zwar steigt der Tagesverdienst der Frauen, wenn sie länger als acht Stunden arbeiten, aber nicht in dem Grade, wie im Lohngesetz vorgesehen; noch schlechter sieht es dann aus, wenn sie nach Akkord arbeiten, da die Produktivität nach acht Stunden deutlich sinkt.) Oder ob die Frauen gegen die Schichtarbeit sind, weil sie mehr Geld verdienen wollen. Ich sehe es so, daß der 8-Stunden-Tag den Frauen gerade eben den gesetzlichen Mindestlohn einbrächte. Sie sind also gezwungen, Überstunden zu machen, um den Existenzlohn herauszuholen, und dies um so mehr, als die Ganztagsarbeit bestenfalls wenige Monate im Jahr dauert – Überstunden nicht gerechnet.

Das Einkommen der Fabrikarbeiterinnen schwankt hauptsächlich wegen der unterschiedlichen Länge der Arbeitstage. Zu Beginn oder gegen Ende der Saison liegt der wöchentliche Verdienst vielleicht bei 50, höchstens bei 100 Pesos, da sie nicht mehr als 2 bis 4 Stunden arbeiten können. In der Hochsaison können die Frauen, die Stundenlohn bekommen, 400 bis 700 Pesos, die Akkordarbeiterinnen 500 bis 800 Pesos in der Woche verdienen. Im letzteren Falle beeinflußt auch die Leistungsfähigkeit der einzelnen Arbeiterin die Höhe ihres Einkommens. Die »despatadoras« werden nach Kisten bezahlt, wobei der Tarif pro Kiste bei etwa 2,50 Pesos liegt, und die »en banda«-Frauen bekommen 6,00 Pesos pro Stunde. Aber die Lohntarife sind von Betrieb zu Betrieb sehr unterschiedlich. Die Löhne bzw. Tarife für Sonntagsarbeit mögen etwas höher sein, doch offensichtlich zahlen nicht alle Fabriken Sonntagstarife.[111] Wegen der Abzüge bzw. Kürzungen entsprechen die Tarife nicht notwendigerweise dem, was die Arbeiterinnen tatsächlich »nach Hause bringen«.[112]

Nehmen wir einmal eine der größeren Fabriken mit US-Kapitalbeteiligung (in der die Arbeiterschaft nicht gewerkschaftlich organisiert ist) und listen wir einige der Bedingungen auf, die kritisiert werden:

– Die medizinische Versorgung ist unzureichend. Für den Zeitausfall wegen eines Unfalls im Betrieb gibt es keine Entschädigung.

– Die Aufseherinnen verkaufen Arbeitskleidung und andere Artikel zu Preisen, die um einiges über dem üblichen Ladenpreis liegen. Die Arbeiterinnen sind verpflichtet, sie im Betrieb zu kaufen. Die Ausgaben dafür können den Lohn von 4 bis 5 Arbeitstagen verschlingen. Die Aufseherinnen schlagen aus diesen Verkäufen Profit.

– In der Hochsaison wird häufig von 6.00 Uhr früh bis 1.00 Uhr nachts des nächsten Tages (also 19 Stunden) durchgearbeitet.

– Der Lohn wird bar ausgezahlt; es gibt keinen Beleg über die geleistete Arbeit.

– Abzüge werden ohne besondere Erklärung vorgenommen.[113]

– In manchen Fällen wird ein Teil des Lohns (20%) ohne Beleg einbehalten und auf ein »Sparkonto« gelegt. Zinsen bekommen die Lohnempfänger nie. Es wird vermutet, daß diejenigen, die für die Lohnauszahlung zuständig sind, oder vielleicht die Fabrikeigentümer selbst die akkumulierten Sparzinsen einbehalten.

– Außer in vereinzelten Fällen ist es unmöglich, in eine höhere Stellung aufzusteigen.

– Die Arbeiterinnen, die nicht am Ort wohnen, geben für öffentliche Verkehrsmittel und Essen mehr Geld aus, als sie in der arbeitsarmen Zeit verdienen können. Die Fahrtkosten müssen von den Arbeiterinnen selbst getragen werden.

– Verdient eine Arbeiterin einen Betrag, bei dem hinter dem Komma noch etwas steht (z. B. 35,50), dann wird bei der Auszahlung immer auf die vollen Pesos (hier also auf 35,00) abgerundet. Wer 12 Stunden und 30 Minuten gearbeitet hat, bekommt nur 12 Stunden bezahlt. Kommt man um 6.15 Uhr in die Fabrik, dann rechnet der Lohn erst ab 7.00 Uhr. Mit anderen Worten, die Fabrik erwirbt systematisch einen Teil der Arbeit der Frauen unentgeltlich.

– Ob die Erdbeeren groß oder klein sind – der Akkordsatz ist derselbe. Sind sie klein, ist der Verdienst wesentlich geringer, da es zwei- bis dreimal so lange dauert, mit einer Kiste fertigzuwerden.

– Frauen, die nach Stunden bezahlt werden, bekommen Frühstücks- und Mittagspause abgezogen (z. B. 2 Stunden). In der Hochsaison darf man nicht so lange Pause machen, die Fabrik zieht aber weiterhin die 2 Stunden ab. Auf diese Weise kann ein ganzer Stundenlohn verlorengehen.

– Der Lohn für Sonntagsarbeit ist derselbe wie an Werktagen.

– Das Essen, das in der Fabrik ausgegeben wird, ist teuer.

Aus anderen Betrieben sind folgende Kritikpunkte zu ergänzen:

– Die Arbeiterinnen werden mit dem Gewicht der Kisten betrogen. (Es werden mehr Erdbeeren hineingetan, so daß die Frauen länger brauchen, mit einer Kiste fertigzuwerden.)

– Die Personalleiterin *(secretaria de trabajo)* wird mit Schmiergeld zwischen 50 und 200 Pesos bestochen, damit sie einem Arbeit gibt.

– Bei der Arbeitsverteilung herrscht Günstlingswirtschaft.

– Der Preis für die Arbeitskleidung wird sofort vom Lohn abgezogen; man kann sie nicht in Raten abzahlen.

– Die Arbeiterinnen werden aufgefordert, zur Fabrik zu kommen, wenn gar keine Arbeit da ist; man läßt sie warten, manchmal einen ganzen Tag, ohne daß es eine Entschädigung dafür gibt.

Diese Beobachtungen wurden von Mädchen und Frauen gemacht, die in verschiedenen Fabriken in Zamora arbeiten. Offenbar wenden die Fabriken nicht alle und jede dieser kritikwürdigen Methoden an, doch zeigen die zitierten Beispiele zur Genüge, wie roh und ausbeuterisch die Arbeitskräfte behandelt werden und daß die Fabriken – seien es mexikanische oder solche mit US-Kapitalbeteiligung – systematisch gegen die Arbeitsgesetze, insbesondere das Verbot der Kinderarbeit, verstoßen. Die Aufseher/-innen und Personalleiter/-innen (ganz zu schweigen von den Fabrikherren) haben selbstverständlich eine völlig andere Meinung von den Arbeitsbedingungen – sie halten sie für durchaus befriedigend. Sie stehen auf der Seite der Unternehmer. Deshalb sagen sie beispielsweise, daß die Aufseherinnen keineswegs am Verkauf der Arbeitskleidung verdienen; daß Frauen denselben Lohn bekommen wie Männer; daß es keine Lohnabzüge gibt, usw. Die Last der Beweise spricht gegen sie.

Es gibt nur ganz wenige und zudem unwesentliche entlastende Tatsachen: In manchen Betrieben kommt es vor, daß den Arbeitern am Ende der Saison eine Gratifikation gewährt wird. In einer Fabrik erhielten die Frauen, die seit Beginn der Ernte dort gearbeitet hatten, 50 Pesos (4 Dollar). In einem anderen Unternehmen bekommen sie 200, wenn sie später eingestellt wurden, 50 Pesos. Eine große Fabrik veranstaltet zum Ausklang der Saison eine Fiesta oder zahlt jedem Arbeiter 225 Pesos aus.

In fünf oder sechs Erdbeerfabriken von Zamora ist die Arbeiterschaft in einer Gewerkschaft (syndicate) organisiert. Wir haben die Funktion und die Arbeit dieser Gewerkschaften nicht in allen Einzelheiten untersucht, können jedoch ein paar vorläufige Schlußfolgerungen ziehen. Die Gewerkschaften sind überwiegend Teilverbände einer nationalen Organisation (der Central Revolucionaria de Obreros y Campesinos, CROC, oder der CTM). Allgemein herrscht der Eindruck vor, daß die Verhandlungsmacht der Gewerkschaften infolge der saisonalen Beschäftigung sehr begrenzt ist, da die Mehrheit der Mitglieder nur kurze Zeit in ihnen mitwirkt. Deshalb ist es nicht weit hergeholt, diese Verbände als mehr oder minder »gelbe Gewerkschaften« zu kennzeichnen, in denen die Fabrikeigentümer und die Firmenleitung mehr zu sagen haben als die Gewerkschaftsmitglieder.

Ein Ergebnis der Politik der Gewerkschaften besteht allem Anschein nach in der Förderung der Disziplin der Arbeiter und in einer geordneteren Einstellungs- und Entlassungspraxis. Aus wirtschaftlicher Sicht ist ihr Beitrag offenbar minimal. Zwar können sie durch ihre Tätigkeit mit dafür sorgen, daß die Löhne in der gesamten verarbeitenden Industrie entsprechend den Mindestlohngesetzen steigen, doch steht mittlerweile fest, daß der Mindestlohn praktisch das Maximum ist, das allenfalls gezahlt wird. Es ist bekannt, daß die Arbeitsgesetzgebung selbst in Betrieben, deren Arbeiterschaft gewerkschaftlich organisiert ist, nicht respektiert wird. Tarifverhandlungen und deren Ergebnisse werden den Arbeitern – die, wenn überhaupt, nur in ganz geringem Maße daran beteiligt sind – nicht richtig zur Kenntnis gebracht. Mit anderen Worten, der Kollektivvertrag wird im Prinzip zwischen Gewerkschaftsführern und Betriebsleitung ausgehandelt. Ein Vergleich der Lohntarife, die 1974 in vier Fabriken mit und vier Fabriken ohne Gewerkschaften gezahlt wur-

Lohntarife für weibliche Arbeitskräfte in ausgewählten Erdbeerfabriken von Zamora (1974)

Fabrik	Lohntarife*	Stundenlöhne*
mit Gewerkschaft		
I	2,65	6,30; 7,10 (S)
II	2,20; 2,25; 2,60;	6,20; 6,45; 6,50;
	2,65; 3,30 (S)	7,50 (S); 7,70 (S)
III	2,80	5,80
IV	2,65	6,25
ohne Gewerkschaft		
I	2,50; 2,60	5,50
II	2,40; 3,00 (S?)	5,25; 6,80 (S?)
III**	2,50; 2,73; 2,75	6,10
IV	2,20	5,00

* Die Angaben beruhen auf Aussagen von Arbeiterinnen, die wir befragten. Es ist nicht klar, ob die Abweichungen in den Tarifen darauf zurückzuführen sind, daß die Befragten sich in manchen Fällen nicht genau erinnern konnten, oder ob die Arbeiterinnen je nach Erfahrung, Alter usw. unterschiedlich entlohnt wurden.

** In diesem Betrieb ist ein Teil der Arbeiterinnen Gewerkschaftsmitglied, doch gibt es anscheinend keinen kollektiven Arbeitsvertrag.

Anmerkung: Bei den in dieser Tabelle enthaltenen Daten handelt es sich um tentative Angaben. S = Sonntagstarif.

den, zeigt, daß die Tarife in den ersteren anscheinend ein wenig, aber gewiß nicht wesentlich höher waren, wobei die Angaben freilich in einer detaillierteren Untersuchung genauer geprüft werden müßten. Viele Arbeiterinnen sind offenbar pro-gewerkschaftlich eingestellt (»eine Gewerkschaft könnte eine nützliche Sache sein«). Aber es gibt eine Reihe von Vorbehalten gegen bestimmte Folgen, die mit der Mitgliedschaft verbunden sind. Die schärfste Kritik richtet sich gegen die obligatorische Teilnahme an Paraden an nationalen Gedenktagen oder anderen arbeitsfreien Tagen. Derlei Veranstaltungen bedeuten für die Arbeiterinnen nämlich beträchtliche unfreiwillige Ausgaben: Sie müssen bei dem Personalleiter / der Personalleiterin ihres Betriebs eine Uniform kaufen[114] – nach Aussage mehrerer Informantinnen jedes Jahr eine neue. Die Ausgaben dafür belaufen sich auf mehre 100 Pesos oder, anders ausgedrückt, sie verschlingen den Lohn von ungefähr 10 Arbeitstagen. Es ist festgestellt worden, daß sowohl die Mitgliedsbeiträge als auch die Uniformverkäufe eine zusätzliche Einnahmequelle für Gewerkschaftsführer sind. Mit anderen Worten, die Gewerkschaften haben zur Arbeiterschaft ein Verhältnis, das durchaus nicht frei von Ausbeutung und Korruption ist, und ihre Tätigkeit wird nicht selten von der Unternehmensleitung stillschweigend gebilligt und unterstützt. Aus diesen Gründen ist manche Arbeiterin froh, eine Anstellung in einer Fabrik zu finden, in der es keine Gewerkschaft gibt.

6. Die Löhne der mexikanischen Arbeitskräfte als Quelle für Profite

Die Gewinne, die der Export von Erdbeeren aus Mexiko in die Vereinigten Staaten – oder durch Vermittlung US-amerikanischer Makler in andere Teile der Welt – abwirft, sind nicht nur eine Funktion der Tatsache, daß Boden und Wasser in Mexiko billig sind; sie sind auch eine Folge von billiger mexikanischer Arbeit auf dem Feld, in den Fabriken und in den mit der Erdbeerindustrie verbundenen Dienstleistungsbetrieben.[115] Daß billige Löhne eine Quelle für Profite sind, ist nicht zu bestreiten[116], doch ihre relative Bedeutung für die in Mexiko angesiedelte US-Erdbeerindustrie ist nicht bekannt. Um sie abschätzen zu können, müßte man nicht nur die allgemein üblichen (prevailing) Lohntarife in den USA und in Mexiko kennen, sondern auch die Unterschiede in der Arbeitsproduktivität von Feld- und Fabrikarbeitern in beiden Ländern sowie die Kosten, die in den USA entstehen, damit die zweifelsfrei wesentlich höhere Produktivität von Boden und Arbeit dort erreicht werden kann, also etwa die Kosten der Mechanisierung und arbeitsparender und produktivitätssteigernder Geräte. Eine solche Schätzung wollen wir hier nicht vornehmen. Wir wollen uns darauf beschränken, die bestehende Lohnkluft zwischen Feldarbeitern und Fabrikarbeitern kurz zu beschreiben und einige Überlegungen über die mutmaßlichen Profite anzustellen, die sich aus dieser Lohnkluft ergeben.

Im Jahre 1973 wurde der gesetzliche Mindestlohn für einen Feldarbeiter pro 8-Stunden-Arbeitstag in Zamora auf 28,50 Pesos (2,28 US-Dollar), in Irapuato auf 22,15 Pesos (1,77 US-Dollar) festgesetzt. Im selben Jahr verdiente ein Feldarbeiter in Kalifornien[117], wenn er acht Stunden täglich zum allgemein üblichen Stundenlohntarif arbeitete, 17,20 US-Dollar. Mit anderen Worten, die Lohneinkünfte eines Feldarbeiters in Kalifornien waren ungefähr achtmal so hoch wie die eines mexikanischen Feldarbeiters, legt man die offiziell gemeldeten Tarife zugrunde; berücksichtigt man die Unterschiede in den Lebenshaltungskosten beider Länder, so verdiente ein kalifornischer Feldarbeiter immer noch rund siebenmal so viel wie sein mexikanischer Kollege. Bei einer Erdbeeranbaufläche von 5000 ha und einem angenommenen Durchschnittsertrag von 35 000 Pfund pro Hektar wären in Mexiko rund 11 110 Vollzeitarbeiter (300 Tage, 8 Stunden am Tag) zum Pflanzen, Pflegen und Ernten erforderlich.[118] Unter Zugrundelegung der mexikanischen Mindestlöhne betrüge die Summe der Feldarbeiterlöhne für 5000 ha und 175 Mio. Pfund Ertragsleistung also rund 7,1 Mio. US-Dollar, nach »allgemein üblichen« kalifornischen Tarifen dagegen rund 57,3 Mio. US-Dollar.

Löhne der Feldarbeiter auf Erdbeerplantagen in Mexiko und Kalifornien im Jahre 1973 (in US-Dollar)

Gebiet	Stundenlohn	Tageslohn
Zamora	0,285	2,280
Irapuato	0,222	1,772
Kalifornien	2,15*	17,20

* Die in der Tabelle enthaltenen Zahlen für Kalifornien entsprachen den »allgemein üblichen Lohntarifen«. Die Studenlöhne lagen zwischen US-$ 1,65 und 2,40, die Tagessätze zwischen US-$ 13,20 und 19,20.

Eine ähnlich grobe Schätzung läßt sich für die Löhne der Fabrikarbeiterschaft machen. In Zamora und Irapuato lag der offizielle tägliche Mindestlohn 1973 bei 30,50 bzw. 31,10 Pesos (2,44 und 2,49 US-Dollar). In Kalifornien betrug der durchschnittliche Tageslohn eines Arbeiters in der Obst- und Gemüse konservierenden und verarbeitenden Industrie im selben Jahr 32,00 US-Dollar.[119] Mit anderen

Worten, ein Fabrikarbeiter in den USA verdiente pro Tag ungefähr dreizehnmal so viel wie ein mexikanischer Fabrikarbeiter (nach offiziellen Tarifen) oder elf- bis zwölfmal so viel (berücksichtigt man die unterschiedlichen Lebenshaltungskosten). Geht man von 5068 vollbeschäftigten Arbeitskräften (300 Tage, 8 Stunden pro Tag) in den Fabriken von Zamora und Irapuato (und von den oben erwähnten 175 Mio. Pfund Erdbeerproduktion) aus, so betrüge die Summe der Fabrikarbeiterlöhne nach mexikanischen Tarifen 3,7 Mio., nach kalifornischen Tarifen 48,7 Mio. US-Dollar.

Löhne der Fabrikarbeiter in erdbeerverarbeitenden Betrieben bzw. Gefrierfabriken in Mexiko und Kalifornien im Jahre 1973 (in US-Dollar)

Gebiet	Tageslohn (8-Stunden-Tag)
Zamora	2,44
Irapuato	2,49
Kalifornien	32,00*

* Berechnet auf der Grundlage eines durchschnittlichen Stundenverdienstes von US-$ 4,00.

Tatsächliche und mutmaßliche Lohnkosten für 11 110 mexikanische Feldarbeiter und 5068 Fabrikarbeiter zu 1973 in Mexiko bzw. Kalifornien allgemein üblichen Lohntarifen für eine Erdbeeranbaufläche von 5000 ha (in Mio. US-Dollar)

Zu Tageslohn-tarifen in:	Feldarbeiter			Fabrikarbeiter		
	Zamora (7.777)	Irapuato (3.333)	Zusammen (11.110)	Zamora (3.548)	Irapuato (1.520)	Zusammen (5.068)
Zamora	5,3	–	5,3	2,6	–	2,6
Irapuato	–	1,8	1,8	–	1,1	1,1
Mexiko insges.	–	–	7,1	–	–	3,7
Kalifornien	40,1	17,2	57,3	34,1	14,6	48,7

Anmerkung: Verteilung der Anbaufläche: Zamora = 3500 ha, Irapuato = 1500 ha. Ertragsleistung: 35 000 Pfund Erdbeeren pro Hektar.

Die Differenz von annähernd 95 Mio. US-Dollar, d. h. die Differenz zwischen den Lohnkosten zu kalifornischen Lohntarifen ($ 57,3 Mio. + $ 48,7 Mio. = $ 106,0 Mio.) und den Lohnkosten zu mexikani-

schen Tarifen (\$ 7,1 Mio + \$ 3,7 Mio. = \$ 10,8 Mio.), ist – das
brauchen wir kaum zu betonen – natürlich nicht gleichbedeutend mit
dem Gewinn, obschon ein Teil davon Profit ist. Immerhin läßt sich
daraus eine Reihe interessanter Schlüsse ziehen. Vor allem erfahren
wir auf diese Weise, daß bei einer Ertragsleistung von 35 00 Pfund
Erdbeeren pro Hektar, d. h. insgesamt 175 Mio. Pfund Erdbeeren,
die 1973 einen Preis von etwa 28,82 US-Dollar pro hundert Pfund
(Ztr.) erzielten[120], der Lohnkostenanteil bezogen auf 100 Pfund Erdbeeren zu mexikanischen Lohntarifen 21,4% ausmachte[121], während
er, legt man kalifornische Tarife zugrunde, den Preis der Ware um
ungefähr das 2,1fache überstieg.[122] Es liegt auf der Hand, warum es
unter den auf dem Feld und in den Fabriken in Mexiko herrschenden
Bedingungen unmöglich wäre, kalifornische Löhne zu zahlen. Wäre
der Ertrag pro Hektar höher – beispielsweise infolge guten Wetters
oder weil die Erdbeeren auf neuen, nicht verseuchten Böden gepflanzt wurden –, dann wäre die Lohnkomponente zu mexikanischen
Tarifen niedriger, denn der Arbeitskräftebedarf (insbesondere der
Bedarf an Feldarbeitern) und damit die Summe der zu zahlenden
Löhne wachsen nicht im gleichen Maße wie das Produktionsvolumen.[123]

Ungefährer Lohnkostenanteil bezogen auf 100 Pfund Erdbeeren zum
Preis von 26,20 US-Dollar* im Jahre 1973 (in US-Dollar)

Arbeiter	Zu mexikan. Tarifen	Zu kaliforn. Tarifen
Feldarbeiter	4,05	32,76
Fabrikarbeiter	2,13	27,80
Zusammen	6,18	60,56

* 28,82 US-Dollar (plus 10%) nach Korrektur wegen unterschiedlicher
Gewichtseinheiten.

Obwohl wir hier nicht alle Lohnkosten eingeschlossen haben, ist es
offenkundig, daß für eine Feldfrucht, die unter derart arbeitsintensiven Bedingungen produziert wird wie die mexikanische Erdbeere, die
Summe der Löhne in Mexiko verglichen mit dem Wert des Produkts
relativ niedrig ist. Dies erlaubt es den Käufern (Maklern), das Produkt
zu einem relativ niedrigen Preis von den Erzeugern und den Gefrierfabriken zu erwerben.[124] Unter diesen Bedingungen müssen niedrige
Löhne – in Verbindung mit der Verfügbarkeit von billigem Boden
und Wasser – unweigerlich die Wirkung haben, daß keine neuen
Kapital- und Technologietransfers in die Landwirtschaft und in
Gefrierfabriken zum Zwecke der Erhöhung der Arbeitsproduktivität,

gar der Produktivität des Bodens getätigt werden. Eine Steigerung des Hektarertrags, die mit geringen oder gar keinen zusätzlichen Kosten herbeigeführt werden kann (z. B. durch den Wechsel von verseuchten auf saubere Böden), hat tendenziell eine Steigerung der Profite zur Folge. Es kann daher als Faktum betrachtet werden, daß eine Anhebung der mexikanischen Löhne (z. B. durch strikte Einhaltung der bestehenden Mindestlohngesetze oder durch Lohnsteigerungen als Ergebnis von Tarifverhandlungen mit wirksamen Land- oder Fabrikarbeitergewerkschaften etc.) die in Mexiko angesiedelte US-amerikanische Erdbeerindustrie dazu veranlassen würde, zurück in die Vereinigten Staaten oder in ein anderes lateinamerikanisches Land mit Niedriglöhnen zu gehen. Die Boden- und Arbeitsproduktivität in Mexiko durch kostspielige neue Kapital- und Technologietransfers zu erhöhen, ist, wie bereits gesagt, unter den gegenwärtigen Bedingungen keine realistische Alternative. Aus diesem Grund werden die US-Makler/Kapitalisten auch weiterhin starken Druck ausüben, um die Kosten sämtlicher Inputs in die mexikanische Erdbeerindustrie so niedrig wie möglich zu halten; das heißt zugleich, daß bedeutende Verbesserungen der Boden- und Arbeitsproduktivität nicht zu erwarten sind.

Ein anderer Punkt ist, daß die hohen Lohntarife, die in Kalifornien gezahlt werden können, Ausdruck einer beträchtlichen Differenz in der Arbeitsproduktivität zugunsten Kaliforniens sind. Um sich eine Vorstellung davon zu bilden, wie groß der Anteil der Profite ist, die aus den niedrigen mexikanischen Lohntarifen stammen, müßte man wissen, wie groß die Lohnkomponente von 100 Pfund in Kalifornien produzierter Erdbeeren ist. Hier können wir allerdings nur spekulieren. Im Jahre 1973 lagen die kalifornischen Erdbeererträge bei 88 900 Pfund pro Hektar bzw. durchschnittlich 2,54 mal höher als in Zamora und Irapuato. Die Löhne waren für Feldarbeiter achtmal und für Fabrikarbeiter dreizehnmal höher (bei der bestehenden Arbeitsteilung in Mexiko im Durchschnitt 9,6 mal höher) – freilich niedriger, wenn man die höheren Lebenshaltungskosten berücksichtigt. Wenn wir davon ausgehen, daß der höhere Hektarertrag in Kalifornien von der gleichen Anzahl Arbeiter wie in Mexiko bewältigt werden konnte – was bedeuten würde, daß die Arbeitsproduktivität ebenfalls 2,54 mal höher war als in Mexiko –, dann hätte die Lohnkomponente von 100 Pfund Erdbeeren in Kalifornien schätzungsweise 23, 36 US-Dollar oder rd. 89% des Preises betragen.[125] Da dies recht unwahrscheinlich ist, muß die Lohnkomponente kleiner sein. Es muß vermutet werden, daß die Produktivität der kalifornischen Arbeiter erheblich mehr als 2,54 mal höher als die der mexikanischen ist, beispielsweise deshalb, weil mehr Tätigkeiten von Landmaschinen ausgeführt werden, weil die Pflanz- und Erntemethoden rationeller sind, weil auf dem Feld weniger Arbeitskräfte pro Hektar nach einer anderen Arbeitsorganisation und in den Fabriken mehr Maschinen eingesetzt werden. In den Fabriken werden weniger Arbeitskräfte gebraucht, weil der Anteil der zur Verarbeitung verkauften Erdbeeren klein ist, und das senkt die gesamten Lohnkosten.

In der folgenden Tabelle habe ich verschiedene Möglichkeiten zur Einsparung von Lohnkosten unter verschiedenen Annahmen von Arbeitsproduktivität in Kalifornien aufgeführt. Je höher die Produktivität der kalifornischen Arbeiter, desto niedriger ist der Anteil der Löhne am Preis von 100 Pfund Erdbeeren, desto niedriger sind auch die Lohnkosten und folglich die Lohnkosten-Einsparungen im Vergleich zu den mexikanischen Lohnkosten (dies natürlich ohne Berücksichtigung aller sonstigen Kosten, die zur Entwicklung der höheren Arbeitsproduktivität in Kalifornien nötig sind). Läge die Lohnkomponente zum Beispiel zwischen 20 und 30%, dann würden sich die Lohnkosten-Einsparungen etwa zwischen 5,9 und 14,4 Mio. US-Dollar bewegen; betrüge der Anteil der Löhne am Preis für 100 Pfund Erdbeeren so viel wie in Mexiko, also 21,4%, dann würden sich die Einsparungen auf rd. 7 Mio. US-Dollar belaufen. Beträchtlich höher wären die Lohnkosten-Einsparungen bei einer einheitlichen Anbaufläche (z. B. 5000 ha in Kalifornien und Mexiko).

Wenn diese Überlegungen, die eine genauere Prüfung verdienen, realistisch sind, dann bedeutet dies, daß der Anteil an den Profiten aus dem Erdbeerhandel, der sich aus niedrigen mexikanischen Löhnen ergibt, beachtlich ist.

VIII. Die Erdbeere als Quelle von Konflikten

Ein Prozeß der »dynamischen« kapitalistischen Expansion in der mexikanischen Landwirtschaft unter der aggressiven Führung US-amerikanischer Investoren und Händler, für den die in Mexiko angesiedelte US-Erdbeerindustrie ein schlagendes Beispiel ist, dient weder der wirtschaftlichen Stabilität und der allgemeinen Steigerung des Wohlstands noch politischer und sozialer Gerechtigkeit. Im Gegenteil, er ist eine Quelle unvermeidbarer, nie endender, stetig wachsender aktueller und potentieller Konflikte auf allen Ebenen – Konflikte, die untrennbarer Bestandteil dieses Expansionsprozesses sind. Diese Tatsache allein sollte alle Mexikaner dazu veranlassen, den vergangenen, gegenwärtigen und zukünftigen Zustrom von Kapital und Technologie aus den Vereinigten Staaten und anderen Ländern in die mexikanische Landwirtschaft unter den derzeit herrschenden Bedingungen mit erhöhter Skepsis zu betrachten.

Bei der bestehenden gesellschaftspolitischen und wirtschaftlichen

Ungefähre Lohnkosten-Einsparungen unter verschiedenen Annahmen von Arbeitsproduktivität in Kalifornien

| Lohnkomponente in Kalifornien bezogen auf 100 Pfund Erdbeeren zum Preis von $ 26,20 | | Lohnkosten in Kalifornien | | Lohnkosten in Mexiko | Lohnkosten-Einsparungen (in Mio. US-Dollar) | |
| | | (1) Tatsächliche Anbaufläche (3240 ha, 88 900 Pfund Erdbeeren pro Hektar, insges. 288 Mio. Pfund, Wert: 83,3 Mio. US-Dollar) (in Mio. US-Dollar) | (2) Angenommene Anbaufläche (5000 h, 88 900 Pfund Erdbeeren pro Hektar, insges. 444,5 Mio. Pfund, Wert: 129,4 Mio. US-Dollar) (in Mio. US-Dollar) | Anbaufläche: 5000 ha, Ertrag: 35 000 Pfund Erdbeeren pro Hektar, insgesamt 175 Mio. Pfund, Wert: 50,4 Mio. US-Dollar (in Mio. US-Dollar) | (1) | (2) |
in %	in $					
50	13,10	41,9	64,7	10,8	31,1	53,9
40	10,48	33,5	51,8	10,8	22,7	41,0
30	7,86	25,2	38,8	10,8	14,4	28,0
20	5,24	16,7	25,9	10,8	5,9	15,1
(21,4)	(5,61)	(17,9)	(27,7)	(10,8)	(7,1)	(16,9)

Struktur in Mexiko sind die Karten bereits seit mehreren Jahrzehnten und heute mehr denn je gründlich und eindeutig zugunsten der privilegierten Wenigen gemischt. So ergibt es sich nachgerade zwangsläufig, daß die Hauptnutznießer der Konflikte an erster Stelle die US-amerikanischen und andere ausländische Kapitalisten, Händler und Zwischenhändler sind und erst an zweiter Stelle eine Handvoll mexikanischer Erzeuger, Industrieller oder Händler, Geschäfts->>partner<< der ersteren, die von deren Gnade abhängen. Beide sind die Sieger in diesen Konflikten. Aber wo es Sieger gibt, da muß es auch Verlierer geben. Und die Verlierer sind die große Masse der arbeitenden Männer, Frauen und Kinder Mexikos.

Wir haben wiederholt auf eine Reihe von Konflikten hingewiesen. Es ist wichtig zu erkennen, daß die Konflikte sich auf vielen Ebenen abspielen, zwischen sämtlichen Gruppen, die in der einen oder anderen Form mit der Erdbeerindustrie zu tun haben. Sie entspringen geradezu automatisch den gänzlich auf Spaltung angelegten Prozessen, die sich im Gefolge der ausländischen Kapital- und Technologietransfers nach Mexiko vollziehen. Nicht selten werden sie vorsätzlich geschürt von denjenigen, welche die kapitalistische Expansion als Mittel der Eroberung in einem Kampf vorantreiben, der in Wirklichkeit ein Krieg um die ökonomische und politische Vorherrschaft über Mexikos Landwirtschaft ist. Die Konflikte liegen nicht immer offen zutage, aber sie schwelen und sind gewöhnlich sichtbar für jeden, der wirklich interessiert ist zu sehen, daß sie stattfinden oder daß sie jeden Augenblick in offene Kämpfe umschlagen könnten. Zuweilen sind die Konflikte offensichtlich eher scheinbar als real, nämlich immer dann, wenn die zu verteidigenden Interessen einander überlagern. Doch selbst in solchen Fällen kann der Kampf um ökonomische und politische Macht dahinterstehen.

Es ist faszinierend, die Kämpfe und Streitigkeiten, die Intrigen, die Konkurrenz, die Rivalitäten und das Gerangel um die Positionen in Mexikos Erdbeerindustrie zu beobachten – alles Manöver, bei denen es nur um zwei Dinge geht: darum, einen besseren und größeren Gewinnanteil am >>Erdbeerkuchen<< zu ergattern, und darum, die Gewinne in die USA zu repatriieren. Die Menschen, die in die Erdbeerindustrie eingespannt sind, erleben dies tagein, tagaus, und die Auswirkungen dieser Machtkämpfe sind in Mexico City, Texas und Kalifornien und auf den europäischen oder anderen Märkten zu verspüren.

Es ist kaum möglich, eine vollständige Darstellung des unaufhörlichen Kampfes zu geben. Um >>unten<< anzufangen: Der erbitterte Kampf um das tägliche Brot, der unter den Männern, Frauen und Kindern, die auf dem Feld arbeiten, dem ländlichen Proletariat, das für Lohn arbeitet, tobt, ist zwar keine Erfindung des Erdbeerhandels, wurde durch diesen aber fraglos verschärft. Der Mechanismus, der die Lohnabhängigen spaltet, ist der Arbeitsmarkt: Hier wird das Heer der verfügbaren Arbeitswilligen systematisch erheblich über dem Arbeitskräftebedarf gehalten, hier wird systematisch gegen die Lohngesetze, die gesetzlichen Vorschriften für die Arbeitsbedingungen und die Vereinigungsrechte verstoßen, und hier wird jeglicher Widerstand der Arbeiter gegen ihre Arbeits- und Lebensbedingungen (der sich selten genug erhebt) erbarmungslos gebrochen: wenn möglich, unauffällig – wenn nötig, mit offener Gewalt. Die Arbeit wird ungleichmäßig auf die Arbeitenden verteilt – einige bekommen eine volle Stelle, die Mehrheit muß sich mit einer Teilzeitbeschäftigung begnügen –, und die Löhne werden sorgsam gestaffelt, freilich nicht nach Leistung, sondern um die Arbeiter gegeneinander auszuspielen, die ortsansässigen gegen die auswärtigen, die gelernten gegen die ungelernten, die Männer gegen die Frauen und Kinder, die Jungen gegen die Alten, die Beschäftigten gegen die Arbeitslosen – und dies alles in der eindeutigen Absicht, die Lohnabhängigen in Uneinigkeit zu halten, konzentriert auf das jeweils eigene »Privileg«, zu überleben. Das einzige, was sie miteinander verbindet, ist die Unfähigkeit, ihren Blick auf eine bessere Zukunft für sich oder ihre Kinder zu richten. Den größten Teil ihrer Zeit verdienen sie kaum genug, um sich vor dem Verhungern zu retten, und immer, wenn ihr Verdienst gerade einmal über dem Durchschnitt liegt – d. h. in der Erntezeit –, kommen Vertreter und (wie es ein scharfsinniger Beobachter der Szene von Zamora ausdrückte)

»verkaufen ihnen all die unnötigen Sachen, die man sich nur denken kann: Kosmetika, elegante Kleider, elektrische Geräte, Fernsehapparate usw. – und damit betäuben sie sich für den Rest des Jahres oder länger. Anscheinend gibt es ein paar Familien, die nur die lebensnotwendigen Dinge kaufen, aber ich glaube, die Arbeit, die sie jeden Tag tun müssen, verzehrt so qualvoll ihre Kräfte, daß sie starke Gefühle brauchen, die sie ein wenig von dieser Entfremdung befreien«.

Unterdrückung und Verlockung – das sind die Mittel, mit denen die Ärmsten des ländlichen Proletariats politisch und ökonomisch in Schach gehalten werden. Man muß sich vergegenwärtigen, daß ein Verhalten, wie es der Beobachter in dem Zitat beschreibt, in dem Schmutz und Elend der Slums von Zamora und Irapuato anzutreffen ist, in den Vierteln, die dauernd verschlammt sind[126], in denen es so gut wie keine öffentlichen Einrichtungen und Erholungsanlagen gibt. Und nur ein paar hundert Meter weiter stehen die Luxusgeschäfte und extravaganten Lokale, beispielsweise die Lobo Bar (wegen ihrer überhöhten Preise auch Robo Bar genannt), die ganz auf den Geldbeutel der 3000 Erdbeer- und Kartoffelmillionäre zugeschnitten sind.

»Die Ausgebeuteten bemühen sich, den Lebensstandard ihrer Herren, der Ausbeuter, zu erreichen – das Proletariat versucht, über sich selbst hinauszutreten, indem es bürgerliche Gepflogenheiten imitiert.«

Verlockung erzeugt also ebenfalls Konflikte zwischen den Lohnabhängigen, da die steigenden Ansprüche nur partiell befriedigt werden können. Wenigstens zeitweilig wird die Enttäuschung der Arbeiter umgelenkt in Aggression gegeneinander. Doch selbst die weniger Scharfsinnigen erkennen die ökonomische und politische Polarisierung, die sich in den Erdbeeranbaugebieten zwischen den Arbeitern und ihren Arbeitgebern zuspitzt.

Ein anderer unaufhörlicher Kampf, der durch das pilzartige Wachstum der Erdbeerindustrie verschärft wurde, wird um Boden und Wasser ausgetragen. Hier führen die privaten Grundbesitzer Krieg gegen die *ejidatarios*, die großen Landherren (private oder *ejidatarios*) gegen die kleinen (private oder *ejidatarios*), die Eigentümer gegen die Pächter, die einheimischen Erzeuger gegen die auswärtigen. Die Konzentration von Eigentum und Produktion hat mit dem Aufschwung der kommerziellen Erdbeerplantagen erheblich zugenommen, und die echten *ejidatarios*, die die Mehrheit bilden, werden unerbittlich und erbarmungslos vom Land vertrieben. So sind beispielsweise in dem »reichen« *ejido* Jacona nahe Zamora heute nur noch 24% aller *ejidatarios* als echte *ejidatarios* in dem Sinne zu bezeichnen, daß sie ihr Land selbst bearbeiten.[127] Der *ejido* wird von einer Handvoll politisch und ökonomisch starker Männer beherrscht, die die Angelegenheiten der Gemeinde, darunter auch den neuen *ejido*-Betrieb Estancia, mit eiserner Hand regeln. In einem anderen, »armen« *ejido* (Ario Santa Monica, 180 Mitglieder, 396 ha) haben aus einer Stichprobe von 35 *ejidatarios* 31 (das sind 88%) ihre Parzelle verpachtet, hauptsächlich deshalb, weil sie keinen Kredit bekamen; 1973/74 erhielten sieben Mitglieder Kredit und eine Pflanzgenehmigung für Erdbeeren; 1974/75 waren es nur noch zwei – und zwar in beiden Fällen die finanziell stärksten. Mit anderen Worten, die Erdbeerindustrie treibt einen Keil tief in das *ejido*-System, und die *ejido*-Bank ist mit ihrer diskriminierenden Kreditpolitik – die darin besteht, nur einer privilegierten Minderheit von finanziell und politisch potenten *ejidatarios* Gelder zu gewähren – einer der Haupturheber der fortschreitenden Konzentration des Eigentums an (oder der Kontrolle über) Grund und Boden und der Konzentration der Produktion. Die authentischen *ejidatarios* müssen sich (erfolglos) sowohl gegen die großen privaten Grundbesitzer als auch gegen die großen *ejidatarios* wehren, wobei letztere noch durch die Kreditpolitik der Bank begünstigt werden.[128]

Es gibt kein deutlicheres Zeichen für das rapide Fortschreiten der Konzentration der Produktion in der Hand einiger weniger kommerzieller Landwirte (einschließlich Erdbeerproduzenten, privater ebenso wie sogenannter *ejidatarios*) und für die daraus folgende Vertreibung oder Ausschaltung der Kleinerzeuger in Zamora als die folgende Tatsache: Vor rund 10 Jahren war von dem Bewässerungsbezirk Nr. 61 noch zu berichten, daß dort über ein Dutzend verschiedener Feldfrüchte angebaut wurden, was beweist, daß der Bezirk zu einer Diversifikation seiner Erntemethoden imstande war. Heute wird der größte Teil des Bodens nur noch mit 3 bis 4 Handelsgewächsen bepflanzt. Das Ergebnis sind immer wieder Landbesetzungen (invasions) durch *campesinos,* die auf der Suche nach Land und Lebensunterhalt auf immer kleinerem Raum zusammengedrängt werden – Besetzungen, die von der Lokalpresse stets mit Schlagzeilen bedacht und heftig kritisiert werden. Die Grundeigentümer (oder Erzeuger), die direkt oder mit Hilfe von »*prestanombres*« weit über das gesetzlich zulässige Maß hinaus über Land verfügen, die alle wohlbekannt sind und offene Anerkennung genießen, bebauen Flächen von 30 bis zu mehreren hundert Hektar – aber darüber gibt es natürlich keine offiziellen Berichte.

Die Kämpfe um Wasser und die Erhaltung der Bewässerungsanlagen haben sich in der vergangenen Erdbeerdekade in Zamora ebenfalls verschärft. Dies liegt nicht etwa daran, daß Wasser knapp wäre (es ist nicht knapp); auch nicht nur daran, daß die Erdbeerplantagen – wie oben dargestellt[129] – einen außerordentlich hohen Wasserverbrauch haben und von der Verwaltung der zuständigen Behörde (Secretaria de Recursos Hidraulicos) zu viel verlangen; oder daran, daß aufgrund unzureichender Bewässerungsmethoden Wasser vergeudet wird; oder daran, daß die Behörde die Bewässerungsanlagen nicht ausreichend instandhält. Nein, es hat seinen Grund auch und nicht zuletzt darin, daß Großgrundbesitzer unrechtmäßigen Gebrauch von dem Wasser ihres Bewässerungsbezirks machen, daß sie mehr Land bewässern, als gesetzlich erlaubt ist, oder solches Land, das außerhalb des eigentlichen Bewässerungsbezirks liegt und für das sie keinen Anspruch auf Wasser haben. Mit anderen Worten, der Löwenanteil des verfügbaren Wassers wird von den Großgrundbesitzern, einschließlich der großen Erdbeerproduzenten verbraucht, und so bleibt den kleinen Erzeugern nichts anderes übrig, als den Kampf um den Rest unter sich auszutragen. Dieser Zustand wäre nicht aufrechtzuerhalten, wenn die staatliche Wasserbehörde und ihre Vertreter das Gesetz wirksam durchsetzten und damit den kleineren Grundbesitzern zu mehr Gerechtigkeit verhülfen – wenn z. B. diejenigen, die von Amts wegen die Wasserverteilung zu überwachen haben (die *canaleros*), jedem Wasser verweigern würden, der mehr Land als das gesetzlich festgelegte Minimum (20 ha) bestellt. Es kann den *canaleros* nicht entgehen, wer die Wasserempfänger sind. Wenn

– wie bekannt ist – ein Carlos García, ein Ramón García oder ein Victoriano Ortíz Wasser für über 100 ha bekommen, dann verstoßen sie gegen das Gesetz auf Kosten der kleinen Grundeigentümer. Wir haben sogar gehört – ob es stimmt, konnten wir nicht überprüfen –, daß die Wasserbehörde Victoriano Ortíz, der zwischen 300 und 400 Hektar Land besitzt, einen eigenen *canalero* zur Verfügung gestellt hat und daß andere Großgrundbesitzer ihren eigenen Schlüssel zu den Schleusentoren haben – ein Privileg, das keinem echten *ejidatario* eingeräumt wird. Die Secretaria de Recursos Hidraulicos ist in einer strategischen Position nicht nur in bezug auf die Durchsetzung der mexikanischen Bodenreform und der gesetzlichen Bestimmungen über die Größe des Grundeigentums in den Bewässerungsbezirken, sondern auch in dem Sinne, daß sie Erdbeererzeuger wie Erdbeerindustrie zur strikten Einhaltung der Produktionskontingente zwingen könnte.[130] Die Wasserbehörde hat also in zweierlei Hinsicht versagt und damit dazu beigetragen, daß das Boden-/Wasserproblem im Erdbeeranbaugebiet derart explosiv geworden ist. Zwar haben wir gehört, daß die Behörde gegenüber kleinen Erzeugern durchaus von ihrer Autorität Gebrauch macht, wenn sie z. B. angeblich ihr Pflanzkontingent überschreiten oder ohne Genehmigung Erdbeeren anpflanzen; doch ist von einem solchen Vorgehen gegen große Erzeuger nichts bekannt. Boden und Wasser sind eine ständige Quelle für Konflikte zwischen landwirtschaftlichen Erzeugern und Erdbeerpflanzern, und es gibt keine staatliche Stelle, an die sich ein benachteiligter kleiner Erzeuger wenden könnte, um für eine ungerechtfertigte Maßnahme, deren Opfer er geworden ist, entschädigt zu werden.[131]

Begeben wir uns auf »höhere Ebenen«, so finden wir dort gleichermaßen konfliktträchtige Konstellationen vor: zwischen den verschiedenen Erzeugerverbänden, den Industriellen und ihren festgefügten Organisationen, den privaten und staatlichen Kreditinstituten, den verschiedenen kommunalen, Landes- oder Bundesbehörden, die direkt oder indirekt mit der Kontrolle oder Unterstützung der verschiedenen Formen des Erdbeerhandels befaßt sind. Ohne uns in Einzelheiten zu verlieren, wollen wir lediglich daran erinnern, daß die jüngste Geschichte (sagen wir, die Entwicklung der letzten fünf Jahre) einen erstaunlichen Mangel an Einigkeit in und zwischen den einzelnen Gruppen aufweist. Das einzige, was sie verbindet, scheint ihr Wunsch zu sein, die Landarbeiter und die kleinen Erzeuger »reinzulegen«. Davon lassen sie sich leiten.[132]

Im industriellen Sektor, dessen Aktionen auf den gesamten Erdbeerhandel ausstrahlen, tragen die US-amerikanischen Makler und Investoren einen heftigen und aggressiven Konkurrenzkampf untereinander und gegen ihre mexikanischen Konkurrenten um die Monopolisierung der Erdbeerexporte aus. Ihre Tätigkeit zeigt sich am deutlichsten an zwei Fronten: im Produktionsbereich (farm production) und auf der Ebene der industriellen Verarbeitung (factory level). Die Konkourrenz um das Erdbeerangebot der verschiedenen Erzeuger äußert sich nicht in Preiskonkurrenz – die Preise werden vom marktbeherrschenden Unternehmen, Othal Brand, festgesetzt –, obschon es eine *gewisse* Konkurrenz um die niedrigsten Preise gibt.[133] Die zuverlässigsten Methoden, sich eine starke Position auf dem Exportmarkt zu sichern, sind: a) Vergabe von Erzeugerkrediten, gekoppelt mit vertraglichen Vereinbarungen zwischen Fabrik und Erdbeerpflanzern[134], aufgrund derer die Pflanzer verpflichtet sind, der Fabrik ihre Ernte abzuliefern, oder b) eigener Anbau von Erdbeeren auf gepachtetem Land unter Einschaltung von Strohmännern. Wie bereits erwähnt, sind die Kreditverträge mit den Erzeugern so einseitig abgefaßt – sie werden als *»contratos leoninos«* bezeichnet –, daß alle Pflichten bei den Produzenten und alle Rechte beim Käufer liegen.[135] Der springende Punkt ist der: Je mehr finanzielle Mittel der Fabrik für diese alternativen Methoden, sich eine bestimmte Menge Erdbeeren zu sichern, zur Verfügung stehen, genauer: je umfangreicher die Mittel sind, die die Fabrikleitung (d. h. der US-Makler) fähig und willens ist, in einer bestimmten Zeitspanne in Erdbeerplantagen zu investieren, desto größer ist die Fähigkeit der Fabrik, sich von Anfang an einen beträchtlichen Anteil an den am Markt verfügbaren Erdbeeren zu sichern. (Zusätzliche Lieferungen bekommen die Fabriken natürlich dadurch, daß sie von anderen Käufern kaufen oder Strohmänner vorschieben, die zwar in eigenem Namen, aber als Käufer für die Fabrik handeln.) In dieser Hinsicht sind diejenigen US-amerikanischen Makler/Kapitalisten, die fixe Kapitalanlagen in einer Fabrik haben (z. B. Othal Brand bei Estrella), gegenüber anderen Maklern, die nur als Zwischenhändler auftreten und Kommissionsgeschäfte machen, ein gutes Stück voraus, nicht nur deshalb, weil sie ihre Vertragserzeuger qua Fabrikleitung wirksamer kontrollieren können, sondern auch, weil ihr politischer Einfluß im lokalem Sektor in aller Regel wesentlich gewichtiger ist; weil der Kapazitätsüberhang ihrer Betriebe ihnen mehr Spielraum bei der Annahme zusätzlicher Erdbeerlieferungen gibt[136]; und weil ihre Gewinne deutlich höher sind.

Die Schlacht der Fabriken um den Exportmarkt ist eine Schlacht ohne Ende, und sie hat direkte Rückwirkungen auf aktuelle und potentielle Erdbeererzeuger: Sie wetteifern miteinander um die Gunst der Käufer sowie der privaten und staatlichen Organisationen, die Produktionsgenehmigungen erteilen. Das ist verständlich; denn Erdbeeren anzubauen bedeutet Zugang zu Boden, Kredit, Wasser, Maschinen, Düngemitteln, Insektiziden, Pestiziden, Arbeitskräften und schließlich Profiten, die in guten Jahren beträchtlich sein können, besonders für die großen Erzeuger. Was eine relativ einfache Sache sein sollte – und sie könnte es sein, wenn die Produzenten demokratisch organisiert wären und die Produktionskontingente unter Leitung der staatlichen Stellen so unter sich verteilen könnten, daß jeder potentielle Produzent die gleiche Startchance hätte –, ist in Wirklichkeit mit jedem Jahr mehr zu dem geworden, was man als »wahnwitzige Jagd« nach Produktionsgenehmigungen bezeichnet hat, ein völlig zügelloser Prozeß, in dem Erzeuger gegen Erzeuger, Erzeuger gegen Industrielle[137], Industrielle gegen Industrielle, Erzeuger und Industrielle gegen die Regierung, die Regierung gegen die Erzeuger und (bei seltenen Gelegenheiten) gegen die Industriellen, die eine Behörde gegen die andere stehen – eine wahnwitzige Jagd mit wechselnden Bündnissen, bei der die Gesetzgebung und alle ungeschriebenen Gesetze der Moral ignoriert werden, die Korruption dominiert und nur die Stärksten überleben können. Und so überleben denn, als sei es ein Zufall, jedes Jahr wieder die Stärksten, d. h. im Grunde immer dieselben. Die Karten sind zu ihren Gunsten gemischt, sie gehen ein geringes Risiko ein und können daher erhebliche Reichtümer anhäufen; sie sind das lebendige Beispiel für die offenkundige Polarisierung, die sich in den Erdbeeranbaugebieten vollzieht.

Ein Element der Instabilität und Disharmonie gründet auch in den fortwährenden Anstrengungen der Industriellen, ihre Exportkapazität durch Aufkauf von oder Kontrolle über andere verarbeitende Betriebe zu erweitern[138], was sich in den alljährlichen Streitigkeiten innerhalb der mächtigen Verbände der Eigentümer von privaten Gefrierfabriken um die Exportkontingente der Fabriken ausdrückt – Streitigkeiten, die zwischen den einzelnen Betrieben am Ort, zwischen den Betrieben von Zamora und Irapuato und zwischen Privatbetrieben und staatseigenen (ejido-)Fabriken geregelt werden. Dem Anschein nach ist dies ein scheinheiliges Manöver, das die angebliche Einheit der Industriellen demonstrieren soll; in Wirklichkeit handelt es sich jedoch um einen Machtkampf, der hinter den Kulissen zwischen großen und kleinen US-amerikanischen Maklern stattfindet. Mit anderen Worten: Das kapitalträchtige Erdbeergeschäft der Amerikaner in Mexiko (»Agro-Business«) hat die mexikanischen Gemeinden, in denen der Erdbeeranbau kommerziell betrieben wird, in Schlachtfelder verwandelt, auf denen eine unerbittliche Auseinandersetzung um Geld und Macht tobt. Wenn das der Typ von »ländlicher Entwicklung« ist, auf den sich die mexikanische Ökonomie festlegen will, dann muß sie in naher Zukunft mit sozialen, ökonomischen und politischen Unruhen und mit Widerstand (upheavals) rechnen.

In der Tat hat es bereits Unruhen und Widerstand gegeben. Es nimmt kaum Wunder, daß in Zamora (das ich hier als repräsentatives Beispiel für eine Gemeinde mit kommerzieller Landwirtschaft unter ausländischer Herrschaft zitiere), wo die Ausbeutung der arbeitenden Männer, Frauen und Kinder durch US-amerikanische und mexikanische Millionäre und deren Verbündete ständig zunimmt, zweimal – zuerst 1971/72 und dann 1973 – eine bedeutende Bauernbewegung aktiv geworden ist, die die besitzenden Klassen in Schrecken versetzte. Nein, verwunderlich ist im Gegenteil eher, daß es nicht häufiger zu offenen Protesten und sogar zu Aufständen kommt. Um zu begreifen, warum dies so ist, wollen wir die Ereignisse näher betrachten, die wir aus Gesprächen und nach sorgfältiger Durchsicht der Lokalpresse rekonstruieren und *ex post* interpretieren.

Offenbar nahmen die Bauernproteste erstmals um 1970 konkrete Gestalt an, als die Secretaría de Recursos Hidraulicos (SRH) – anscheinend ohne vorherige Absprache mit den Wasserabnehmern und ohne vernünftige Pläne oder Zusagen für eine bessere Instandhaltung der schlecht gewarteten Bewässerungsanlagen – eine Erhöhung der Wassergebühren vorschlug, die nur als maßlos aufgefaßt werden konnte. Für Erdbeerplantagen beispielsweise war eine Anhebung der Wassergebühren von 10 auf 400 Pesos pro Hektar geplant. (Sie wurden später auf den immer noch hohen Betrag von 250 Pesos pro Hektar festgelegt.) Eine solche Gebührenerhöhung mußte sich vor allem für die kleinen Erzeuger als nachteilig erweisen.[139] Rückblickend ist nicht mit Sicherheit zu sagen, daß die in der Folge wirkende Bauern-Aktionsgruppe, das *Comité de Defensa* – vereinigt mit und aufgebaut von der Central Campesina Independiente (CCI), die von dem ehemaligen Präsidenten Cardenas gegründet und unterstützt worden war[140] –sich ausschließlich gegen die SRH richtete. Eine Tatsache ist, daß das Comité de Defensa in den zwei darauf folgenden Jahren einen ganzen Katalog von Forderungen vorlegte, Forderungen nach rigoroser Anwendung der Bodenreform-Gesetze und Verteilung des Landes der Neo»latifundistas«, höheren Löhnen für Feld- und Fabrikarbeiter, höheren Preisen für Erdbeererzeuger, mehr Kredit, mehr Schulen und Erholungseinrichtungen für das Volk – Forderungen, die im Lichte der im Tal von Zamora herrschenden Zustände allesamt als berechtigt erscheinen.[141] Doch die Erhöhung des Wasserpreises durch die SRH war für die *campesinos* schließlich der entscheidende Reizpunkt. Von den Organisatoren der Protestbewegung bewies besonders Samuel Sanchez großes Organisationstalent[142], und es erscheint einleuchtend, daß die Führung des Aktionskomitees 2000 *campesinos* oder noch mehr zu mobilisieren vermochte.[143] So initiierte das Comité de Defensa beispielsweise die Einziehung der gewohnten 10-Pesos-Wassergebühr und erwarb sich damit beträchtliches Ansehen in zahlreichen *ejidos* der Region Zamora. Den Höhepunkt der *campesino*-Aktionen bildeten die vorübergehenden Besetzungen der SRH-Büros durch eine Gruppe von Protestlern und die Meldung, daß ein oder vielleicht mehrere Schleusentore gewaltsam aufgebrochen worden waren, um einige der Erdbeerparzellen zu bewässern, von denen die Zeitungen berichteten, daß dort ohne Genehmigung gepflanzt werde. Die Besetzung der SRH-Büros geschah mit allem Nachdruck, aber immer noch friedlich.[144] Die gewaltsame Öffnung der Schleusentore dagegen wurde ziemlich kontrovers beurteilt. Die Regierung und die Presse behaupteten, daß Mitglieder des Comité de Defensa den »Gewaltakt« begangen hätten, der gegen Bundesrecht verstoße, woraufhin zwei *campesinos* unter der Beschuldigung, das »Verbrechen« verübt zu haben, verhaftet wurden[145]; nach einer öffentlichen Protestveranstaltung auf dem Platz vor dem Gefängnis von Zamora wurden sie jedoch wieder freigelassen. Die Darstellung der *campesinos* ist eine ganz andere. Sie behaupten, die Schleusentore seien nicht von den *campesinos* beschädigt worden, sondern von unbekannten Mietlingen, die so einen Vorwand für die Zerschlagung der Bauernbewegung liefern sollten.[146]

Zur zweiten Erhebung kam es im Jahre 1973. Diesmal ging sie offenbar gegen die Großgrundbesitzer, wobei die niedrigen Erdbeerpreise vorgeschoben wurden. Das Comité de Defensa verlangte eine drastische Erhöhung der Erzeugerpreise[147] sowie bessere Löhne für Feld- und Fabrikarbeiter. Diesmal fand die Bewegung ihren Höhepunkt in den Anfängen eines Boykotts – der von der Lokalpresse als »Streik« *(huelga)* bezeichnet wurde[148] – gegen mehrere Gefrierfabriken, der verhindern sollte, daß die Erdbeeren in die Fabriken gelangten.[149] Als Folge dieses Boykotts mußten einige Fabriken für kurze Zeit schließen, die City von Zamora wurde für mehrere Tage zum Schauplatz erheblicher Tumulte. Gleichzeitig berichteten die Zeitungen jedoch, daß es im Verlauf mehrerer Monate eine Reihe von Landbesetzungen gegeben habe, die von der CCI angestiftet sein mochten oder auch nicht und die dann offensichtlich als formaler Vorwand benutzt wurden, um Samuel Sanchez ohne jegliches Gerichtsverfahren für ein Jahr ins Gefängnis zu werfen.[150]

Im Zusammenhang mit diesen Ereignissen stellt sich eine Reihe interessanter Fragen.

Wen vertrat das Comité de Defensa? Die Lokalpresse versuchte von Anfang an, die *campesino*-Aktionen in Mißkredit zu bringen.[151] An einem Tag spielte sie ihre Bedeutung herunter, am nächsten Tag übertrieb sie sie maßlos, um der Öffentlichkeit die Bedrohung für die lokale Wirtschaft auszumalen, die von ein paar Tausend *campesinos* ausgehe, bzw. um den Gefühlen der lokalen Elite Ausdruck zu geben. Sie unterstellte, daß es sich bei den Protestierenden um »Elemente« handele, die in der Landwirtschaft von Zamora nichts verloren hätten, und sie gab zu verstehen, daß das Comité de Defensa nur für eine winzige Gruppe chronisch unzufriedener *campesinos* spreche, die darauf aus seien, die lokale Wirtschaft zu ruinieren. (Das sind die altbekannten, abgedroschenen Argumente gegen alle Volksbewegungen.) Wahrscheinlicher erscheint uns eine andere Deutung. Die CCI konnte mit der wachsenden Unterstützung nicht nur der echten *ejidatarios*, sondern auch der lohnabhängigen Landarbeiter rechnen, derer, die ihre Forderungen nach besseren Arbeits- und Lebensbedingungen *niemals* formulieren können: denn jeder ihrer Versuche, eigene Gewerkschaften aufzubauen, wird unbarmherzig erstickt, da ihre Ausbeutung die *raison d'être* der US-amerikanischen Erdbeerindustrie in Mexiko ist; und die CCI rechnete mit der Fabrikarbeiterschaft, mit den Frauen, die in den Fabriken fortwährend von ihren Aufseherinnen drangsaliert werden, damit sie die unerträglichen Arbeitsbedingungen klaglos hinnehmen. Aus dem verfügbaren Beweismaterial geht hervor, daß Samuel Sanchez' Comité de Defensa auch in den Fabriken eine beachtliche Anhängerschaft hatte, wenngleich daraus kein Streik erwuchs.[152] Aus alledem ist folgender Schluß zu ziehen: Das Comité de Defensa und die CCI wurden praktisch innerhalb von drei Jahren unverkennbar zum Sprecher der Unterprivilegierten in Stadt und Land.

Die zweite Frage gilt der Reaktion der gesellschaftlichen Gruppen oder Organisationen in Zamora, einschließlich der von den mächtigen Erdbeerproduzenten beherrschten Erzeugerverbände, die, wenn es um grundlegende gesellschaftspolitische Streitpunkte wie die fortgesetzte Ausbeutung der Arbeiter geht, gemeinsame Sache mit den Industriellen machen. Ungewöhnlich war die Kritik an der Untätigkeit oder Unfähigkeit des nationalen Bauernverbandes, der Confederación Nacional Campesina (CNC). Der *Heraldo de Zamora* bestätigte öffentlich die Anziehungskraft der CCI auf die Massen und beklagte, daß die CNC angesichts der erfolgreichen Kampagne des Samuel Sanchez zu wenig Phantasie gezeigt habe – ein indirektes Eingeständnis, daß die CNC die berechtigten Klagen der *campesinos*, der Land- und der Fabrikarbeiter nicht ernst nahm. Das Blatt schrieb:

»Führer der CNC verantwortlich dafür, daß *campesinos* ausziehen, die Reihen der CCI zu füllen.«[153]

»Die Führer der CNC geben selbst zu, daß die *campesinos,* die ihre Illusionen über diese Organisation verloren haben, sich der CCI anschließen, einem Verband, der die Interessen der in der Landwirtschaft Tätigen offenbar besser vertritt. In der letzten Zeit gewinnt die CCI mit jedem Tag mehr Macht in diesem ländlichen Gebiet.«[154]

»Die [. . .] CNC in Zamora ist in einem Dilemma: Sie hatte angekündigt, auf dem Hauptplatz eine Großveranstaltung durchführen zu wollen, um der . . CCI gewissermaßen zu beweisen, daß die Mehrheit der wahren Produzenten hinter ihr stehe. [. . .] Bis heute ist es bei der Ankündigung geblieben, und es scheint, daß es der CNC an dem nötigen Organisationstalent fehlt (von dem das Comité de Defensa sehr viel besitzt), um diese Veranstaltung tatsächlich stattfinden zu lassen. Könnte es sein, daß sie sie inzwischen für unnötig hält? Oder hat sie wirklich kein Organisationstalent? Oder gab es Befehl von oben, die Veranstaltung zu verschieben? [...] Die CNC [...] macht in den Augen der Öffentlichkeit einen schwachen Eindruck, wenn sie selbst ihre Unfähigkeit offenbart, einen massiven Auftritt ihrer Mitglieder zu organisieren. Andererseits hat es den Anschein, *als habe der Gedanke einer Massenveranstaltung nicht die Zustimmung all jener Erdbeererzeuger gefunden, gegen die, konkret, das Comité de Defensa kürzlich seinen ›Streik‹ durchführen wollte.*«[155] (Hervorhebung im Original)

Aller Wahrscheinlichkeit nach hatte die Passivität der CNC jedoch ganz andere Gründe. Die lokale Bourgeoisie war entschlossen, Samuel Sanchez um jeden Preis loszuwerden, und dies konnte nicht durch eine öffentliche Debatte bewirkt werden – da jedermann klar war, daß das Comité de Defensa die entwürdigenden Lebensbedingungen der *campesinos* und Arbeiter im Tal von Zamora zu Recht kritisierte und deren Verbesserung forderte –, sondern es halfen nur Taktieren hinter den Kulissen und der Versuch, die Lösung der lokalen Probleme »höheren Stellen« aufzubürden. In diesem Zusammenhang ist aufschlußreich, daß der örtliche Verband der Erdbeererzeuger (Associacion Agricola Local de Productores de Fresa de Zamora) am 18. Januar 1973 im Namen seiner Mitglieder und ganz gewiß im Sinne der Industriellen drei gleichlautende Telegramme an den Innenminister (Mario Moya Palencia), den Gouverneur von Michoacan (José Servanda Chavez Hernandez) und den Landwirtschaftsminister (Manuel Bernardo Aguirre) sandte, die vom Präsidenten und vom Sekretär des Verbandes unterzeichnet waren:

> »Wenn Sie nicht eingreifen, machen wir Sie für jedes eventuelle Blutvergießen verantwortlich, das sich aus der Konfrontation zwischen CCI-Elementen und unseren Mitgliedern ergeben könnte, da erstere die Lieferung von Erdbeeren an Gefrierfabriken verhindern.«

Der Hinweis auf »eventuelles Blutvergießen« ist schwer zu verstehen, denn es gab keinen vernünftigen Grund, warum ein Boykott der Gefrierfabriken Gewalttätigkeiten zur Folge haben sollte. In Industrieländern sind derlei Boykotte an der Tagesordnung. Tatsächlich berichtete die Presse von einer versöhnlichen Haltung der CCI, obwohl sie weitere Aktionen androhte. Die einleuchtende Interpretation ist die, daß die großen Erzeuger und Industriellen wahrscheinlich einen bewaffneten Gegenschlag, gewissermaßen als illegale Selbsthilfeaktion, planten.

Am 25. Januar 1973 gingen drei weitere Telegramme an dieselben Adressaten, in denen von Anstrengungen die Rede war, »*das Problem an seinen Wurzeln aus der Welt zu schaffen*«.

Das Bemerkenswerte an diesen Vorstößen ist die Unfähigkeit bzw. die fehlende Bereitschaft der Mächtigen von Zamora, auch nur geringfügige Zugeständnisse zu machen oder die konkreten sozialen, ökonomischen und politischen Bestrebungen der Massen offen und demokratisch zu diskutieren. Das erklärt, warum die lokale Bourgeoisie sich entschlossen hat, die Dienste der staatlichen Landes- oder Bundesorgane Mexikos, einschließlich der Streitkräfte, anzufordern, um die Interessen der ausländischen Investoren zu verteidigen, anstatt ihre drängenden lokalen Probleme lokal zu lösen. Eine Durchsicht der Lokalpresse fördert eindrucksvolle Belege für diese Praxis zutage.[156]

Es dauerte nur wenige Monate, das Problem Samuel Sanchez »an seinen Wurzeln aus der Welt zu schaffen«. Am 21. Juni 1973 berichtete die Lokalpresse, daß Terroristen von denen es hieß, sie hätten Landbesetzungen in Zamora geplant, in Mexico City verhaftet worden waren, und deutete an, daß das Folgen für die lokale CCI habe. Samuel Sanchez wurde ins Gefängnis gesteckt, die CCI-Bewegung löste sich auf.[157]

Wie ich es sehe, sind dies die Gründe dafür, warum es nicht mehr öffentliche Proteste gegen die unmenschlichen Arbeits- und Lebensbedingungen im Tal von Zamora gibt. Hinzuzufügen wäre, daß das repressive Eingreifen von Polizei bzw. Armee während der Ereignisse in den Jahren 1970–1973 nach zahlreichen Aussagen und Belegen erheblich gewalttätiger war als die Aktionen der Protestierenden.

Ich möchte dieses Kapitel mit Beobachtungen eines meiner Mitarbeiter beschließen, der den Charakter der lokalen Konflikte als systembedingte Grundkonflikte folgendermaßen erläuterte:

»Die unrechtmäßige private Aneignung von Land [landgrabbing] und die Beherrschung anderer Bereiche des Wirtschaftslebens (durch die Bourgeoisie) ist eines der charakteristischen Merkmale von Zamora. Aber die Bürger von Zamora betonen immer wieder: ›Zamora ist eine Stadt des Reichtums‹, und damit wollen sie sagen, daß es in Zamora viele Privilegierte gibt. Wenn wir jedoch berücksichtigen, daß das Kapital seine Herrschaft gerade durch die Akkumulation und Konzentration von Reichtum vermehrt, was zur Folge hat, daß die Zahl der einflußreichen Leute immer kleiner und die Zahl der Unterprivilegierten immer größer wird, dann erweist sich eine solche Aussage als falsch und naiv – eine simple Aneinanderreihung von Worten, bar jeden Realitätsgehalts. Was für das Kapital kennzeichnend ist, sind die Bildung festgefügter, exklusiver Gruppen und die ständige Suche nach Mitteln und Wegen, andere Interessen auszuschalten. Dadurch wird es im Innern einheitlich und von außen undurchdringlich, und dies vermittels eines Selektionsprozesses, der insofern auf der Vertiefung der sozialen Unterschiede beruht, als die Vorteile des Kapitals mit dem Ausmaß dieser Unterschiede wachsen. Es ist leicht zu erkennen, daß Geld nicht allzu viele Teilhaber zuläßt, woraus man schließen kann, daß das Kapital unwiderruflich antidemokratisch und den Interessen der Mehrheit abträglich ist. Mit dem Satz: ›Zamora ist eine Stadt des Reichtums‹, wird praktisch behauptet, daß es in Zamora keine Armut gebe. Wir können diese übertriebene Ansicht nur in dem Sinne akzeptieren, daß in

Zamora, wie in jedem anderen Teil unseres Systems auch, die wenigen Reichen eine dermaßen vollständige Kontrolle über die Gesellschaft ausüben, daß man durchaus behaupten kann, daß wir alle in einer Gesellschaft der Reichen leben.«[158]

IX. Das große Finale: Erdbeerimperialismus gegen die mexikanische Regierung

Der Leser wird sich erinnern, daß wir zu Beginn dieses Aufsatzes kurz von dem Treffen in Guanajuato berichtet haben, das im Juni 1975 zwischen US-Maklern und Vertretern der mexikanischen Regierung stattfand.[159] Wir wollen nun auf dieses ungewöhnliche Ereignis zurückkommen.

Wie der Knoten geschürzt wurde (Setting the Stage)

Als die Erdbeersaison 1973/74 zu Ende ging, waren die wirtschaftlichen Aussichten auf ein gutes Geschäft im nächsten Jahr für Mexikos Erdbeererzeuger alles andere als rosig. Zwei wirtschaftliche und ein politischer Faktor verdüsterten den Horizont: Die unverkauften Bestände an tiefgefrorenen Erdbeeren in den US-amerikanischen Lagerhäusern waren sehr groß, und die Wirtschaftskrise in den Vereinigten Staaten – mindestens 10% Inflation und eine geschätzte Arbeitslosenquote von 8–13% – war ernst. So stand denn zu erwarten, daß die Nachfrage der Amerikaner nach mexikanischen Erdbeeren, die sogar in den USA ein Luxusgut sind, im Jahre 1975 zurückgehen würde. Die kalifornische und die gesamte US-amerikanische Erdbeerproduktion stieg drastisch.

Darüber hinaus waren Industrielle und Makler in einen Konflikt mit der CONAFRUT verwickelt, der Kommission, die Mitte des Jahres 1974 die CONAFRE in der Zuständigkeit für das mexikanische Erdbeerprogramm abgelöst hatte. Der Leser wird sich erinnern[160], daß dieser Konflikt aus dem kurzlebigen Bemühen der CONAFRUT entstand, die Erdbeerbranche zu »mexikanisieren«, indem sie versuchte, strengere und unabhängige Kontrollen bei der Verteilung der Exportkontingente unter die Fabriken und der Produktionskontingente unter die Erzeuger einzuführen – Kontrollen, deren Ausübung bis dahin nahezu unangefochtenes Recht der Industriellen, d. h. in erster Linie der großen US-amerikanischen Maklerfirmen gewesen war. Die CONAFRUT war angetreten, den Schutz der Interessen von Industriellen *und* Erzeugern, insbesondere der kleinen, gerechter zu gestalten. Die Ziele der CONAFRUT während der ersten sechs Monate ihrer Beteiligung am »Erdbeerkontrollprogramm« scheinen ein reguliertes Verfahren in Produktion und Distribution und die allmähliche Übertragung der Entscheidungsbefugnisse auf Mexikaner gewesen zu sein. Es folgten stürmische Sitzungen zwischen Industriellen und Vertretern der CONAFRUT. Die nachfolgenden Entwicklungen, deren Ausgangspunkt auf den Beginn der neuen Erdbeersaison 1974/75 zu datieren ist, lassen sich wohl mit der Entschlossenheit der US-Makler erklären, jedes verfügbare Mittel anzuwenden, um die mexikanische Regierung zur formalen und unbedingten Anerkennung der Abhängigkeit vom US-Kapital und von den Entscheidungen der Amerikaner hinsichtlich des Erdbeerhandels zu zwingen. Ihre Strategie wurde zwar nicht verursacht, aber doch begünstigt von den negativen ökonomischen Bedingungen auf dem US-Erdbeermarkt.

Exportschwierigkeiten ergaben sich bereits ganz am Anfang der neuen Saison 1974/75, als die Fabriken im November, Dezember und Januar dazu übergingen, die Annahme eines Teils der Erdbeerlieferungen der Erzeuger wegen angeblicher »Überproduktion« zu verweigern (»sie [die Fabriken] benutzten alle möglichen Ausreden«).[161] Schon im November 1974 sanken die Preise erheblich. Aber den mexikanischen Erzeugern standen noch viel traumatischere Erfahrungen bevor.

Im Februar 1975 verhängten die USA ein Einfuhrverbot für mexikanische Erdbeeren mit der Begründung, sie enthielten Spuren von Chemikalien, die nach amerikanischen Bestimmungen in den Vereinigten Staaten verboten seien. Bei den zur Schädlings- und Krankheitsbekämpfung benutzten Chemikalien handelte es sich um Asodrin und Novachron, zwei Mittel, die von ausländischen Herstellern angeboten wurden – Asodrin von Shell (de Mexico) und Novacron von Ciba-Geigy –, sowie um ein drittes Erzeugnis, DCA. Das Embargo hatte für die Industrie die Wirkung einer Bombe.[162] So, wie ich mir die merkwürdige – nein, mysteriöse – Geschichte zusammenreime, *wurde das US-amerikanische Embargo erst aufgehoben, nachdem die mexikanische Regierung die Inspektion der mexikanischen Erdbeerplantagen durch amerikanische Bundesbeamte der Food and Drug Administration (FDA) autorisiert hatte, um »vergiftete« Felder in Mexiko festzustellen, damit die Erdbeerlieferungen wiederaufgenommen werden konnten.* (Ein Sprecher der Industrie in Zamora: »Sie [die US-Inspektoren] kamen auf direkte Einladung des Landwirtschaftsministeriums [Sia. de Agricultura y Ganaderia].«) Um die Schwierigkeiten überwinden zu helfen, stellten US-Maklerfirmen wie die von Othal Brand der »mexikanischen« Industrie ihre eigenen Flugzeuge zur Verfügung, damit Erdbeerproben zur chemischen Analyse in die USA geflogen werden konnten. Annähernd 349 Proben von 234 Erzeugern und einer Erdbeeranbaufläche von 551 ha, sämtlich aus der Region Zamora, wurden im März 1975, als die Aktion stattfand, für vergiftet befunden. Die Gesamtzahl der untersuchten Proben aus der Region Zamora betrug rund 1250. Interessanterweise war der Raum Irapuato offenbar nur wenig betroffen: Hier waren es den Berichten zufolge nur vier Erzeuger, deren Früchte für vergiftet befunden wurden.

Der gesamte Erdbeerexport in die USA ging zurück und blieb erheblich unter dem der Vorjahre.[163] Die Folgen davon trugen wiederum primär die mexikanischen Erzeuger, hauptsächlich die kleinen Erzeuger.

Da das Einfuhrverbot für mexikanische Erdbeeren die schärfste Maßnahme war, die jemals gegen die Industrie ergriffen wurde, war natürlich jedermann neugierig, die Ursache, den Urheber und den Zweck bzw. die Ursachen, die Urheber und die Zwecke des Manövers zu erfahren. Eine klare und eindeutige Antwort wird vermutlich niemals gefunden werden, deshalb sind Spekulationen unvermeidlich.

Nach Aussage einiger Beobachter begann das Manöver im amerikanischen Kongreß, als der Abgeordnete W. Benson Moore aus Louisiana seine Auffassung vortrug, daß die Erdbeerindustrie seines Bundesstaates aufgrund der Importe aus Mexiko verfalle, und den Vorschlag machte, höhere Einfuhrzölle und Einfuhrbeschränkungen einzuführen.[164] Augenscheinlich mangelt es den Argumenten Benson Moores an Plausibilität. In den USA sind die schärfsten Konkurrenten der Erdbeer»industrie« von Louisiana, die 1973 auf einer Fläche von weniger als 450 ha weniger als 1,5 % der US-Erdbeerproduktion erzeugte, die Staaten Kalifornien und Oregon, die im selben Jahr 77 % der gesamten US-Erdbeerproduktion stellten. Da ist wohl die Frage gestattet, aus welchem *wirtschaftlichen* Grund W. Benson Moore auf Mexiko als den Hauptverantwortlichen für die Erdbeerprobleme des US-Staates Louisiana kam. Als Benson Moores Vortrag vor dem amerikanischen Kongreß in Mexiko in Umlauf gesetzt wurde, war der Schaden – das Embargo – schon eingetreten.

Wir müssen also anderswo nach einer Antwort auf unsere Frage suchen. Möglicherweise beabsichtigte der Kongreß-Abgeordnete, die Aktivitäten der US-Makler in Mexiko zu kritisieren? Oder war es so – und das leuchtet eher ein –, daß sich seine Rede gegen die mexikanische Regierung richtete? Wenn das letztere zutrifft, dann hätte er gegenüber den Mexikanern etwa folgendermaßen argumentiert haben können: »Unsere Kapitalisten/Makler leisten in Mexiko gute Arbeit. Sie bemühen sich fortwährend, den Mexikanern geordnete Produktions- und Absatzbedingungen und maximale Vorteile zu verschaffen. Aber sie finden bei Ihnen nicht den rechten Willen zur Zusammenarbeit. Es wäre also besser, wenn Sie gut zuhören würden, was unsere Makler Ihnen in Guanajuato sagen werden. Wenn nicht, . . .«

In diesem Falle wäre Benson Moore der Sprecher von Othal Brand und dessen Kollegen Maklern gewesen.

Wenn Benson Moore nun aber nicht die mexikanische Regierung kritisieren wollte, sondern die in Mexiko und von dort in die Vereinigten Staaten hinein operierende US-amerikanische Konkurrenz, dann erhebt sich die Frage, als wessen Sprecher er auftrat. Sicherlich sprach er nicht für die wenigen Erdbeererzeuger von Louisiana, denn deren Beitrag zur US-Erdbeerproduktion ist unbedeutend. Plausibler erscheint, daß er im Namen der kalifornischen Erdbeerindustrie sprach, für welche die Importe aus Mexiko eine ernste Konkurrenz sind. Der Witz ist, daß beide Interpretationen richtig sein können: daß Benson Moore die verschiedenen sich überschneidenden Ströme des amerikanischen Erdbeerhandels gleichzeitig meinte und damit mehreren Herren zugleich diente.

Doch es kursiert noch eine andere Interpretation. Die Mehrheit derer, die mit den chaotischen Bedingungen der mexikanischen Erdbeerindustrie vertraut sind, ist der Ansicht, daß das Embargo direkt auf Betreiben der in Mexiko operierenden US-Makler verhängt wurde. Hier begeben wir uns auf ein Gebiet, wo wir erst recht auf Spekulationen angewiesen sind. Gehen wir von der Richtigkeit dieser Interpretation aus, so könnten die US-Makler mit dem Embargo zwei Ziele verfolgt haben: a) die Notwendigkeit der »Anpassung« der mexikanischen Exporte an die verschlechterten Absatzbedingungen auf dem amerikanischen Markt besonders zu dramatisieren und gleichzeitig b) die CONAFRUT vor den Konsequenzen ihres Programms zur »Mexikanisierung« der Erdbeerindustrie zu warnen. Diese Interpretation liefe darauf hinaus, eine Verschwörung der führenden US-Makler zu unterstellen, die sich freilich weder beweisen noch widerlegen läßt. Manche Entwicklungen sprechen für, andere gegen eine solche Verschwörung.[165]

Chemischer Krieg

In diesem Zusammenhang ist es sinnvoll, die Ergebnisse der chemischen Analysen zu untersuchen, denen die von US-Inspektoren ausgewählten Erdbeerproben in den Vereinigten Staaten unterzogen wurden. Der Befund lautete, daß von 1095 Vertragserzeugern[166] der Fabriken im Zamora-Tal 234 (21%) vergiftete Früchte geliefert hatten. Der größte Teil der für vergiftet befundenen 349 Proben war mit dem von Shell de Mexico hergestellten Asodrin behandelt worden.[167] Besonders aufschlußreich sind die Auswirkungen der Kampagne. Aus Tabelle II ist ersichtlich, daß der Schlag für die staatseigenen *(ejido-)* Fabriken bei weitem am härtesten war, sowohl im Hinblick auf die Zahl der betroffenen Erzeuger als auch die Zahl der vergifteten

Chemischer Krieg I:
Vergiftete Erdbeeren im Tal von Zamora – März 1975 – Zusammenfassung

Zahl der Vertragserzeuger	1095
Zahl der Erzeuger mit vergifteten Proben	234
Gesamtzahl der vergifteten Proben	349
Vergiftungsursache: Asodrin	221
DCA	61
Novachron	53
fraglich	14
Vertragsmäßige Anbaufläche in ha	2870
Vergiftete Fläche in ha	559

Proben. Nun hat man dies damit erklärt, daß diese Fabriken die meisten Vertragserzeuger haben. Aber dieses Argument ist nicht sehr schlüssig.

Ansonsten scheint es nämlich keinen eindeutigen unmittelbaren Zusammenhang zwischen der Zahl der Erzeuger einer Fabrik und der Zahl der vergifteten Proben zu geben.[168] Schließlich traf es – wie Tabelle III belegt – die größten privaten Fabriken am wenigsten.

Vieles spricht dafür, daß die Kampagne gegen die vergifteten Erdbeeren (chemical action) sich gegen die kleinen Erdbeererzeuger, insbesondere die echten *ejidatarios*, richtete. Und diese Interpretation hat auch Zustimmung gefunden. Ein intelligenter Beobachter formulierte es so: »Ich glaube, das Ganze war eine gezielte Strategie, um die kleinen Erzeuger loszuwerden.« Dies ist vermutlich keine unzulässige Vereinfachung. Tabelle IV zeigt[169], daß dier Erzeuger, deren Erdbeerparzellen im Durchschnitt kleiner als 2 ha waren – und dazu gehören die Vertragserzeuger der *ejido*-Fabriken –, schlimmer getroffen wurden als mächtige Pflanzer. Angesichts der Tatsache, daß die privaten Industriellen im Sommer 1975 über ihren Verband (Asociación Regional de Empacadores y Exportadores de Michoacan) den Vorschlag machten, die Zahl der von ihnen unter Vertrag zu nehmenden und zu finanzierenden Erdbeererzeuger auf 300 zu beschränken, ist das Argument einleuchtend. Ein bestimmtes Erdbeervolumen, erzeugt von einer geringeren Zahl von Produzenten, bedeutet ganz offensichtlich gesteigerte Konzentration der Produktion – ein Ziel, das seit langem von den Industriellen propagiert wurde. Unsere Daten stützen die Hypothese, daß es so etwas wie eine Verschwörung der großen Makler/Kapitalisten gegen Mexikos Kleinerzeuger gab. Allerdings ist die Statistik nicht in allen Einzelheiten zuverlässig, denn die offiziell gemeldete Zahl der Vertragserzeuger und die Größe der offiziellen Anbaufläche, die diese bewirtschaften, entspricht nicht

Chemischer Krieg II: Vergiftete Erdbeeren im Tal von Zamora – März 1975 – Aufgeschlüsselt nach Firmen (a)

Firma	Zahl der Vertragserzeuger	Erzeuger mit vergifteten Proben Zahl	%	% sämtlicher Erzeuger mit vergift. Proben	Vergiftete Proben Zahl	% aller Proben	Vertragsfläche in ha	Anbaufläche Vergift. Fläche ha	%	% der gesamten vergifteten Fläche %
Gruppe I(a)										
Estrella	76	5	7	2	15	4	254	20	8	3
Morales (b)	28	3	11	1	3	1	198	9	4	2
Tlajomulco (b)	27	8	30	3	8	2	55	19	35	3
Zamora	111	20	18	9	40	12	231	45	19	8
Intermex	53	8	15	3	20	6	174	48	28	9
Alim. Mundiales	50	17	34	7	43	12	222	60	27	11
America	72	32	44	14	13	4	108	45	42	8
Chapala	57	5	9	2	15	4	130	15	12	3
Imp. Agr. de Zam. (c)	46	4	9	2	4	1	80	14	18	2
Cong. y. Emp. Nac.	50	6	12	3	7	2	90	16	18	3
Des. de Exp. Agr. (b)	44	12	27	6	20	6	161	32	20	6
Gruppe I zusammen:	614	120	20	51	188	54	1793	323	19	58
Gruppe II										
Haciendita (d)	12	2	17	1	2	1	30	5	17	1
El Duero	33	9	27	4	18	5	157	35	22	6
Gruppe II zusammen:	45	11	24	5	20	6	187	40	21	7

| Firma | Zahl der Vertragserzeuger | Erzeuger mit vergifteten Proben | | % sämtlicher Erzeuger mit vergift. Proben | Vergiftete Proben | | Anbaufläche | | | |
		Zahl	%		Zahl	% aller Proben	Vertragsfläche in ha	Vergift. Fläche ha	%	% der gesamten vergifteten Fläche
Gruppe III										
Frut. Refrig.	33	5	15	2	16	4	169	9	5	1
Anahuac	24	7	29	3	10	3	159	33	21	6
V. Carranza + Estancia	372	83	22	36	107	31	617	150	24	27
Gruppe III zusammen	429	95	22	41	133	38	945	192	20	34
Gruppe IV										
Exagro Villamil	7	2	29	1	2	1	35	4	11	1
Gruppe IV zusammen	7	2	29	1	2	1	35	4	11	1
Ohne Genehmigung	–	6	–	2	6	1	–	–	–	–
Alle Firmen zusammen	1095	234	21	100	349	100	2870	559	20	100

a) Die Einteilung der Firmen in vier Gruppen entspricht annähernd der Einteilung nach Kapitalstruktur, wie wir sie in der Tabelle *Struktur der Erdbeerindustrie III* vorgenommen haben.
b) Gehören alle J. A. Valdés; eine davon in Jalisco. Desarrolladora de Exportaciones Agricolas nur für Frischerdbeeren zum Verkauf an American Foods.
c) Impulsora Agropecuaria de Zamora SA.
d) Unión Productores Importadores y Exportadores SA

Chemischer Krieg III:
Vergiftete Erdbeeren im Tal von Zamora – März 1975 – Aufgeschlüsselt nach Größe der Fabriken (Handelsfirmen)

Rang der Fabrik/ Handelsfirma	% des / der			
	gesamten Exportvolumens	Erzeuger mit vergifteten Proben	vergifteten Proben	vergifteten Anbaufläche
Private Fabriken				
Mit Exporten im Umfang von mehr als 6 Mio. Pfund (1)	42	19	29	29
Mit Exporten zwischen 3 und 6 Mio. Pfund (2)	20	13	21	18
3 Mio. Pfund oder weniger (3)	18	30	18	26
Staatseigene (ejido-) Fabriken (4)	20	36	31	27
Erzeuger ohne Genehmigung	–	2	1	–
Zusammen	100	100	100	100

(1) 5 Fabriken: Estrella, Anahuac, Intermex, Chapala, Zamora.
(2) 4 Fabriken: El Duero, Frutas Refrigeradas, Alimentos Mundiales, Export. de Frutas y Vegetales.
(3) 8 Fabriken bzw. Handelsfirmen (siehe Tabelle II).
(4) Venustiano Carranza und Estancia.

notwendigerweise der tatsächlichen Zahl der Erzeuger und deren tatsächlicher Anbaufläche, was auf den weitverbreiteten Verkauf von Produktionsgenehmigungen und die bereits bestehende Konzentration der Produktion zurückzuführen ist. Aber diese Einschränkung vermag das Argument wohl kaum entscheidend zu schwächen.

Chemischer Krieg IV:
Auswirkungen des US-Embargos auf Erdbeererzeuger in Zamora, März 1975 – eine Annäherung

Durchschnittl. Größe der Parzelle der Vertragserzeuger	Exportvolumen der Firmen mit Vertragserzeugern		Vergiftete Erdbeerproben		Vergiftete Anbaufläche	
in ha	Mio. Pfund	% des Gesamtvolumens	Zahl	% aller vergift. Proben	ha	% der gesamten vergifteten Fläche
Kleiner als 2 ha	23,3[a]	30	131	39	225	41
2–3,9 ha	30,7[b]	39	121	33	165	31
4–5,9 ha	13,7[c]	17	79	24	108	20
6 ha und größer	10,9[d]	14	13	4	42	8
Zusammen	78,6	100	335	100	540	100
Zamora insgesamt	86,2	–	349	–	559	–

a) America, *ejido*-Fabriken, Imp. Agrop. de Zamora, Congel. y Empac. Nacional.
b) Zamora, Haciendita, Chapala, Intermex, Estrella, Desar. Export. Agric.
c) Alimentos Mundiales, El Duero, Villamil, Frutas Refrigeradas.
d) Anahuac, Morales.

Abschließend sei nach den Folgen für die Makler gefragt. Leider gestattet die Unzulänglichkeit der Daten keine klare Antwort. In der Tabelle V haben wir versucht, die verschiedenen Makler/Firmen unter dem Gesichtspunkt ihrer Betroffenheit durch die Kampagne gegen vergiftete Erdbeeren zu erfassen.[170]

Offensichtlich waren nicht alle Makler gleichermaßen betroffen. Die Begleitumstände der Kampagne veranlassen wiederum zu dem vorläufigen Schluß, daß der chemische Krieg sich hauptsächlich gegen die *ejido*-Fabriken richtete, woraus sich als weitere Konsequenz ergab, daß deren Makler ebenfalls hart getroffen wurden.[171] Mit einem Wort, ob zufällig oder vorsätzlich – es ist offenkundig, daß die staatseigenen *ejido*-Fabriken und die Kleinproduzenten von der Ak-

Chemischer Krieg V:
Auswirkungen der Kampagne gegen vergiftete Erdbeeren auf Makler
eine Annäherung

Makler	Zahl der Erzeuger mit vergifteten Erdbeerproben	Zahl der vergifteten Proben	Vergiftete Anbaufläche in ha
Makler, die mit frischen Erdbeeren handeln			
Griffin and Holder	2	2	4
American Foods	12	20	32
La Mantia	4	4	14
Makler, die mit tiefgefrorenen Erdbeeren handeln			
Imperial Frozen Foods	2	2	5
Frozen Foods und Griffin and Holder*	20	40	45
Makler, die mit frischen und tiefgefrorenen Erdbeeren handeln			
I. *Frischerdbeeren*			
Griffin and Brand	10	31	29
Simpson Sales	64	86	186
Griffin and Holder	5	15	15
American Foods**	95	128	194
II. *Tiefgefrorene Erdbeeren*			
Griffin and Brand	13	35	68
International Freezer	5	16	9
Betters Food und San Antonio Foreign Trading*/**	107	160	243

* Schließt eine Fabrik ein, die mit mehr als einem Makler arbeitet.
** Schließt die *ejido*-Fabriken ein.
Anmerkung: Siehe die Anm. 169.

tion der US Food and Drug Administration in Mexiko am härtesten getroffen wurden.

Aber es ist noch eine andere Erklärung für den Ursprung des chemischen Desasters zu hören, die nämlich, daß die Chemiekonzerne ihre Lagerbestände an Chemikalien, für die von der amerikanischen Regierung ein Verbot besteht, in den USA nicht absetzen konnten und daß sie sie folglich in Mexiko verkauften, wo ihr Einsatz noch legal war. (Ein führendes Mitglied des Verbandes der Erdbeererzeuger in Zamora sagte: »Passiert ist ganz schlicht dies, daß sie uns das Asodrin schickten, weil sie dafür in den USA keine Verwendung haben – sie schicken uns immer, was für sie selbst nicht gut ist.«) Das freilich bedeutet, daß die Aktion der US Food and Drug Administration sich weder gegen die kleinen Erdbeererzeuger noch gegen bestimmte Firmen oder Makler richtete, sondern gegen die Chemiekonzerne. Anders formuliert: Die Chemiekonzerne handelten aus eigenem Antrieb und brachten damit die US-Makler in Verlegenheit. Diese Erklärung erscheint deshalb ziemlich plausibel, weil die Chemiekonzerne schon häufig – zu Recht oder zu Unrecht – beschuldigt wurden, eben diese Art von Manöver betrieben zu haben.

Nun stellt sich allerdings die Frage, ob es dann nicht ebenso plausibel ist anzunehmen, daß die Industriellen den Verkauf verbotener Chemikalien in Mexiko absichtlich ignoriert oder gar gefördert haben, um ihre gegen bestimmte Fabriken oder Erzeuger gerichtete Strategie durchzusetzen. Eine solche Annahme läßt sich relativ leicht begründen: Die US-Makler/Kapitalisten konnten unmöglich übersehen haben, daß die Anwendung der Chemikalien in den USA verboten war, und ebenso mußten sie wissen, daß diese verbotenen Chemikalien in Mexiko verkauft wurden. Wenn sie die Anwendung der Chemikalien und ein US-Embargo hätten verhindern wollen, dann wäre nichts leichter gewesen, als die zuständigen mexikanischen Behörden (Sanidad Vegetal) zu warnen und darum zu ersuchen, die Erdbeererzeuger über die Schädlichkeit der Mittel aufzuklären oder selbst eine Aufklärungskampagne zu organisieren. Nun könnte man freilich argumentieren, daß die fraglichen Chemikalien in früheren Jahren ohne irgendwelche schädlichen Wirkungen angewandt und die Makler von der Aktion der US Food and Drug Administration selber unangenehm überrascht worden seien. Aber dieses Argument überzeugt nur dann, wenn man die Makler/Kapitalisten zugleich grober Fahrlässigkeit beschuldigt. Tatsache ist, daß die mexikanische Regierung regelmäßig Listen verteilt, auf denen die verbotenen Chemikalien ausdrücklich aufgezählt sind. Novachron, Asodrin und DCA kamen auf diesen Listen 1974/75 *nicht* vor. Daher muß angenommen werden, daß die US-Makler/Kapitalisten nichts gegen den Gebrauch dieser Mittel unternahmen, obwohl sie es als erste hätten tun sollen.

Im Lichte dieser Umstände ist es einigermaßen seltsam, daß einige der Industriellen den »unverantwortlichen Erzeugern« die Schuld gaben. Diese ihre Erklärung ist keine vernünftige. Die Mehrheit der Erzeuger erhält praktisch keine wirklich unabhängige technische Hilfe, sondern ist angewiesen auf die Fabriken und auf die Vertretung für Insektizide und Pestizide, die gewöhnlich mit der Fabrikleitung zusammenarbeiten. Ein aufmerksamer Beobachter der Szene in Zamora stellte sogar fest, *daß die Anwendung von Asodrin in der Saison 1974/75, vor dem US-Embargo, allenthalben empfohlen wurde:*

»Das war schon eine sehr merkwürdige Sache. Es war nämlich so, daß die Handelshäuser gerade in dieser Saison Asodrin als ein ganz wunderbares Mittel anpriesen und daß es daraufhin von vielen verwendet wurde. Beim Handel ist es allgemein üblich, jedes Jahr für ein anderes Produkt Reklame zu machen. Das Bemerkenswerte ist, daß in diesem Jahr ausgerechnet Asodrin besonders empfohlen wurde. Die Werbekampagne war so erfolgreich, daß sogar die Erzeuger in Los Reyes[172] anfingen, Asodrin zu verwenden, obwohl sie in ihrer Gegend gar keine Probleme mit der roten Spinne [araña roja] haben.«

Und ein führendes Mitglied des lokalen Verbandes der Erdbeererzeuger sagte wörtlich: »Die Empfehlung, Asodrin zu verwenden, kam einerseits von den Technikern in den Fabriken und andererseits vom Handel.« Ein kluger Händler von Zamora stimmte zu: »Die Erzeuger waren sehr böse auf die Fabriken, weil die Techniker die Verwendung von Asodrin empfohlen hatten.« Und ein anderer Kenner meinte: »Es war ein ausgesprochenes Politikum.« Was auch immer die Wahrheit sein mag – man kann schwerlich umhin, folgenden Schluß zu ziehen: Die merkwürdige Kampagne gegen die vergifteten Erdbeeren hat nichts dazu beigetragen, die US-Makler/Kapitalisten den Mexikanern sympathisch zu machen; dagegen hat sie die Mexikaner erkennen lassen, daß sie nicht Herren im eigenen Hause sind.

Das Treffen von Guanajuato: Mexikos Erdbeer-Waterloo

Ihren Höhepunkt erreichte die Strategie der US-Makler/Kapitalisten zur Einschüchterung ihrer mexikanischen Kontrahenten am 17./18. Juni 1975 auf dem Treffen in Guanajuato, das die CONA-FRUT auf Initiative der großen Makler einberufen hatte und das als »Erstes internationales Treffen zu Fragen der Vermarktung der mexikanischen Erdbeere« (Primer encuentro internacional para la comercialización de la fresa mexicana) firmierte. Der Begriff »international« war vermutlich wegen der Anwesenheit zweier Vertreter eines kanadischen Lebensmittelkonzerns (FBI Food Ltd., Montreal) hinzugefügt worden.[173]

Nach meiner Interpretation war der Zweck der Versammlung, die formale Anerkennung und Billigung der unbestrittenen Herrschaft der US-amerikanischen Makler über die Produktion, Verarbeitung, Vermarktung bzw. den Export von in Mexiko erzeugten Erdbeeren durch die mexikanische Regierung und die mit dem Erdbeerprogramm befaßten mexikanischen Behörden sicherzustellen. Bei dieser Gelegenheit legten – wie zu Beginn dieser Untersuchung berichtet – acht Makler[174] dreizehn in englischer Sprache abgefaßte »Empfehlungen« oder »Resolutionen« vor, die im Verlauf des Kongresses erörtert und – mit kleinen, häufig unbedeutenden Änderungen

– sämtlich gebilligt wurden. Die amerikanischen Importeure hatten vor dem Treffen den »Verband US-amerikanischer Erdbeerimporteure« gegründet und bildeten damit einen starken Block gegen die mexikanische Regierung. Wir wollen diese Empfehlungen, die den mexikanischen Erzeugern bzw. der mexikanischen Regierung alle, den US-Maklern/Industriellen hingegen praktisch keine Verpflichtungen auferlegen, im folgenden kurz kommentieren.

Empfehlung 1

»Um ein ausgewogeneres Verhältnis im Erdbeeranbau herzustellen, empfehlen wir den Erzeugern, 60% der Sorte Tioga und 40% der Sorte Fesno anzupflanzen.«

Diese Empfehlung zum ausschließlichen Anbau aus den USA importierter Erdbeersorten wurde mit folgendem Zusatz angenommen, »daß die Erzeuger selbst diesen Vorschlag gemäß ihren Interessen und Möglichkeiten verwirklichen.«

Diese Empfehlung hat interessante Implikationen. Sie enthält die offizielle Legitimierung einer langgeübten Praxis[175], wonach alle in Mexiko angepflanzten Erdbeeren von Sorten stammen müssen, die aus den USA importiert und auf US-amerikanische, nicht aber unbedingt auf mexikanische Anbaubedingungen abgestimmt sind. Durch die Annahme dieser Empfehlung wird die Abhängigkeit der »mexikanischen« Erdbeerindustrie von den Vereinigten Staaten im Hinblick auf diesen wichtigen Input lediglich formalisiert bzw. festgeschrieben. In der Praxis untergräbt sie alle gegenwärtigen oder zukünftigen Versuche der mexikanischen Regierung oder der Erzeuger, andere Erdbeersorten für den Export in einem auch nur unbedeutenden Umfang selbst zu entwickeln. Sie ist auch geeignet, die Mexikaner davon abzuhalten, neue in den USA entwickelte Sorten zu importieren bzw. anzupflanzen, die möglicherweise besser auf die mexikanischen Bedingungen abgestimmt wären und folglich höhere Erträge abwürfen – denn dazu brauchten sie die formelle Genehmigung der US-Makler/Kapitalisten bzw., was noch schlimmer ist, der amerikanischen Pflanzenzuchtanstalten in den USA.[176] Die Klausel, daß die »Erzeuger selbst« diese Empfehlung verwirklichen sollen, ist irreführend und verschleiernd. Es handelt sich um die förmliche Erklärung, daß die mexikanische Regierung sich aus jedweder Entscheidung über die Einfuhr von Erdbeerpflanzen »heraushalten« wird, und das bedeutet die formale Anerkennung der alleinigen Kompetenz der US-Makler/Kapitalisten – und nicht der Erzeuger – in dieser wichtigen Sache: In der Praxis haben die Makler/Industriellen das letzte Wort über die Einfuhr der Setzlinge. Die Erzeuger haben in dieser Sache wenig Wahlmöglichkeiten.

Empfehlung 2

»Um sicherzustellen, daß genügend Zeit zum Vorkühlen zur Verfügung steht, sind wir der Ansicht, daß alle Erdbeeren um 6.00 Uhr früh an den Ablieferstellen sein sollten.«

Diese Empfehlung wurde mit dem Zusatz angenommen, daß ihre Verwirklichung »abhängt von einer Reorganisation in den Fabriken dergestalt, daß Stauungen am Werkstor vermieden werden«. In der Hochsaison wird eine solche Empfehlung in der Regel trotz »Reorganisation« schwer zu verwirklichen sein, und es ist zu bezweifeln, ob die Fabriken überhaupt bereit sind, zusätzliche Gelder in eine solche Reorganisation zu investieren. Zudem würde damit auch eine Reorganisation der Erntepraktiken und der Ablieferungsbedingungen von Feld zu Fabrik erforderlich. Ich interpretiere diese Formel als gegen die Erzeuger gerichtet, als Rechtfertigung für die Fabrikleitung, die Annahme eines Teils der Ernte zu verweigern, wann immer es ihr paßt, und zwar mit der Billigung der mexikanischen Regierung.[177]

Empfehlung 3

»Um die Aufnahmebereitschaft des Marktes zu verbessern, müssen die verpackten Erdbeeren von durchgängig hoher Qualität sein; etwaige Streitigkeiten sollen von hochqualifizierten Bundesinspektoren geschlichtet werden.«

Diese Empfehlung wurde mit dem Zusatz angenommen, daß »für diesen Typ von Verpackung die allgemeinen Bestimmungen gelten und daß die Empfehlung eine verbesserte Definition der Verpackungsmerkmale erfordert«. Formulierung und Bedeutung dieser Empfehlung sind unklar. Daß die für den Export bestimmten Erdbeeren und deren Verpackung von hoher Qualität sein müssen, ist selbstverständlich und braucht nicht besonders hervorgehoben zu werden. Der Hinweis auf »Streitigkeiten« ist ebenso unklar. Man muß annehmen, daß damit Konflikte zwischen Regierungsstellen und Exporteuren oder zwischen Erzeugern und verarbeitenden Betrieben gemeint sind. Träfe das letztere zu, so hieße das, daß die Empfehlung gegen die Erzeuger gerichtet ist, die nun keinerlei Handhabe haben, in die Streitigkeiten einzugreifen, und daß sie den Stempel der Billigung der mexikanischen Regierung trägt. Besser wäre gewesen, den Erzeugern mehr Einflußmöglichkeiten bei der Schlichtung von Streitigkeiten über Qualitätsfragen zu gewähren. Der Hinweis auf »Bundesinspektoren« ist vage. Bedeutet er, daß die mexikanische Regierung den künftigen Einsatz von US-Bundesinspektoren gestattet – den einzigen, so muß man annehmen, deren Qualifikation hoch genug ist, um zu beurteilen, ob die mexikanischen Exporte die notwendigen Voraussetzungen erfüllen, um auf den US-amerikanischen Markt zu kommen, den einzigen auch, die hinreichend qualifiziert sind, den US-amerikanischen Qualitätsanforderungen Geltung zu verschaffen?

Empfehlung 4

»Im Sinne einer Steigerung der Qualität bei Eintreffen am Bestimmungsort empfehlen wir, sämtliche Frischerdbeeren nach einem Verfahren, das ein Drucksystem besitzt, vorzukühlen.«

Diese Empfehlung wurde mit der Bemerkung angenommen, »daß sie von großem Interesse für beide Seiten ist [gemeint ist vermutlich: für Makler/Industrielle einerseits und Erzeuger andererseits] und daß eine Kosten-Nutzung-, d. h. eine technisch-ökonomische Untersuchung auf einem bestimmten Gelände vorgenommen werden wird«. Die Empfehlung läuft auf die Installierung von vielleicht sehr kostspieligen ausländischen Kühlanlagen hinaus, die von multinationalen Konzernen hergestellt werden, enthält jedoch keine Aussage darüber, wer deren Anschaffung finanzieren und die Kosten ihrer Unterhaltung tragen wird.

Empfehlung 5

»Im Sinne der Steigerung der Erträge und der Senkung der Anbaukosten empfehlen wir, die zollfreie Einfuhr von Pestiziden, Insektiziden, Düngemitteln und der zu deren Anwendung erforderlichen Geräte zu gestatten, sofern der jeweils benötigte Posten in Mexiko nicht verfügbar ist.«

Diese Empfehlung wurde mit dem Kommentar angenommen, daß die CONAFRUT »die notwendigen Schritte bei den zuständigen Behörden unternehmen« werde, womit in diesem Fall vermutlich die Secretaria de Industria y Comercio gemeint ist. Ihre Verwirklichung hätte zur Voraussetzung, daß die Regierung bei den Importen von Inputs für die Erdbeerindustrie eine Ausnahme macht. Damit würde zweifellos ein interessanter Präzedenzfall geschaffen. Andere US-beherrschte landwirtschaftliche Industriezweige in Mexiko könnten dann ihrerseits ähnliche Vergünstigungen für sich beanspruchen wollen. Zwar ist das Ergebnis der von der CONAFRUT zu unternehmenden Schritte nicht prognostizierbar, doch ist es nicht unwahrscheinlich, daß die Regierung ihren Wünschen entgegenkommt, weil es eine weitverbreitete Auffassung ist, daß »die Erdbeerindustrie gut für Mexiko« sei. Gibt die Regierung dieser Bitte nach, dann werden die multinationalen Konzerne und die US-Makler/Kapitalisten mit ziemlicher Sicherheit die größten, wenn nicht die einzigen Nutznießer sein. Ersteren würde damit gestattet, ihren Absatz an Chemikalien und Ausrüstung zu steigern, und letzteren, die Erdbeeren zu einem niedrigeren Preis von den Erzeugern zu kaufen. Die amerikanischen Makler kämen so beispielsweise auf dem US-Inlandsmarkt in eine günstigere Konkurrenzposition gegenüber den kalifornischen Erzeugern und Händlern und könnten ihre Gewinne verbessern. Etwaige zusätzliche Kosten für Investitionen, die die Industriellen möglicherweise würden tätigen wollen, um die Empfehlung 2 oder 4 in die Tat umzusetzen, würden auf diese Weise leicht ausgeglichen.

Freilich ist in diesem Zusammenhang noch ein anderer Aspekt von erheblichem Interesse. Sollte die mexikanische Regierung den zollfreien Import von Chemikalien erlauben, dann würde sie damit etwas legalisieren, was wohl eine weitverbreitete Praxis gewesen war: den Schmuggel solcher Importe nach Mexiko. So gibt es beispielsweise eine (weder bestätigte noch dementierte) Meldung, daß in einem zur Notlandung in Mexiko gezwungenen Flugzeug eines Maklers solche Chemikalien als Schmuggelware gefunden wurden.

Empfehlung 6

»Um zu garantieren, daß die Erzeuger ihr Geld für die richtigen Mittel verausgaben, empfehlen wir der Bundesregierung, alle zum Verkauf stehenden chemischen Verbindungen regelmäßig zu kontrollieren und zu testen, damit gewährleistet [!] ist, daß die Zusammensetzung auch den Etikettangaben entspricht; des weiteren empfehlen wir die Koordination von Sanidad Vegetal und EPA zu dem Zweck, ein Verbot sämtlicher Chemikalien auszusprechen, deren Verwendung in den USA untersagt ist.«

Diese Empfehlung wurde mit dem Kommentar angenommen, daß »das Landwirtschaftsministerium (SAG) dieser Angelegenheit mit Hilfe der zuständigen Organe besondere Aufmerksamkeit widmen« werde.

Empfehlung 7

»Im Interesse der Verringerung von Differenzen mit den Erzeugern über die Preise empfehlen wir die Festlegung eines Tabulators [einer Preisliste] beim FOB Hidalgo County, Texas, auf der Basis der täglichen Telefonumfragen und -berichte der US Strawberry Association.«

Diese Empfehlung wurde mit dem Zusatz verabschiedet, daß die CONAFRUT im Falle von Konflikten wegen der Preisliste »die Angelegenheit in Zusammenarbeit mit den Erzeugern sorgfältig untersuchen« werde. Es ist unklar, wozu diese spezielle Empfehlung gut sein sollte. Die Frage ist nicht, wie die Preisliste zustande kommt, sondern wie zu verhindern wäre, daß die Makler/Industriellen und andere Abnehmer von Erdbeeren die Listenpreise ganz nach ihrem Belieben ignorieren, indem sie den Erzeugern einen geringeren Preis zahlen, und wie die Verhandlungsposition der Erzeuger so verbessert werden könnte, daß sie die Chance haben, auf der Zahlung der Listenpreise zu bestehen.[178] Der Effekt der Empfehlung ist schlicht der, daß die Regierung einen Zustand gutheißt, der die totale Abhängigkeit Mexikos von Absatzschwankungen in den USA bedeutet, daß sie sich damit der Möglichkeit begibt, die Einnahmen der Erdbeererzeuger selbst positiv zu beeinflussen, und daß auf diese Weise die Verhandlungsohnmacht der Erzeuger zementiert wird. Es ist bezeichnend, daß die für das »Erdbeerprogramm« verantwortliche mexikanische Kommission, die CONAFRUT, diese einmalige Gelegenheit, die Erdbeerabnehmer durch bestimmte Konzessionen dazu zu verpflichten, die Zahlung »vereinbarter Preise« zu garantieren, ungenutzt ließ. Es liegt auf der Hand, daß die Differenzen, die Gegenstand dieser Empfehlung sind, ihre Ursache nicht im Verhalten der Erzeuger, sondern in dem der Abnehmer haben. Zu sagen, daß die CONAFRUT Konflikte wegen der zu zahlenden Preise untersuchen werde, nachdem diese Konflikte bereits aufgetreten sind, läuft meiner Ansicht nach auf die förmliche Billigung einer langgeübten Praxis hinaus, nämlich darauf, daß die Preise einseitig von den US-amerikanischen Maklern festgelegt werden.

Empfehlung 8

»Im Sinne größtmöglicher und der Vermeidung doppelter Anstrengungen empfehlen wir die Bildung eines Ausschusses zur Erarbeitung von Vorschlägen zur Finanzierung eines Forschungszentrums, das eine ständige, nicht-politische Einrichtung sein und zum Ziel haben soll, wissenschaftliche Fortschritte in der Entwicklung besserer Erdbeersorten und besserer Anbaumethoden zu erzielen.«[179]

Diese Empfehlung wurde mit dem Kommentar angenommen, daß »CONAFRUT Schritte unternehmen wird, um eine stärkere Beteiligung der INIA, des Doktorandenkollegiums von Chapingo und der CONAFRUT selbst zu erreichen und gemäß den geltenden Gesetzen die Bildung von Erzeugergruppen zu fördern«. Aus meiner Sicht hat diese Empfehlung lediglich eine platonische Bedeutung. Gegenwärtig zahlen die Erdbeererzeuger einen kleinen Teil ihres Umsatzes zur Förderung eben jenes Typs von Forschung, der in der Empfehlung vorgeschlagen wird. Bislang werden diese Forschungsgelder ohne sichtbare Wirkung für diesen Zweck verwendet. Die Entwicklung besserer Erdbeersorten in Mexiko scheitert an der Verpflichtung (siehe Empfehlung 1), bestimmte Erdbeersorten aus den USA zu importieren, und es kann wohl kaum davon ausgegangen werden, daß die Forschungsstätten mit mexikanischen Geldern in den Vereinigten Staaten errichtet werden. Im Grunde besteht überhaupt keine Notwendigkeit, einen besonderen Ausschuß zur Untersuchung eines solchen Programms zu bilden, denn in Ansätzen gibt es in Mexiko bereits eine Forschung, die freilich von den US-amerikanischen Maklern und den Erzeugern ignoriert wird.[180] Die logischere Lösung wäre, diese Anstrengungen nachdrücklich zu unterstützen, zu diesem Zweck Beiträge von den amerikanischen Maklern zu verlangen, da sie schließlich die Hauptnutznießer der Empfehlung sind, und jene Forschung weiter voranzutreiben, die sich mit der Verbesserung der Anbaumethoden beschäftigt. Einen neuen Ausschuß zu bilden, ist ein altes Rezept, um die Lösung von Problemen auf die lange Bank zu schieben. Ein reales Interesse der US-amerikanischen Makler an einem solchen Programm gibt es nicht. Dies wird auch aus der folgenden Empfehlung deutlich.

Empfehlung 9

»Im Interesse der Senkung der Anbaukosten soll die Einfuhr amerikanischer Erdbeerpflanzen so lange keinerlei Restriktionen unterliegen, bis der Nachweis erbracht werden kann, daß die in Mexiko gezogenen Setzlinge ebenso widerstandsfähig und zuverlässig sind.«

Diese Empfehlung wurde mit dem Zusatz angenommen, daß »die Einfuhren aus den USA in dem Maße fortgesetzt werden, wie die mexikanischen Zuchtanstalten außerstande sind, Pflanzen der gewünschten Qualität zu liefern«. Damit wird von der mexikanischen Regierung offiziell gebilligt, daß die mexikanischen Erzeuger auf Jahre hinaus weiter vom Import US-amerikanischer Setzlinge abhängig sein werden; denn ein Programm und eine Forschung, die darauf angelegt sind, das mexikanische Angebot an hochleistungsfähigen Erdbeerpflanzen aus mexikanischen Zuchtanstalten zu verbessern, werden Jahre zu ihrer Verwirklichung brauchen, selbst wenn die US-amerikanischen Makler, die Erzeuger und die mexikanische Regierung ernsthaft den Wunsch hätten, ein solches Programm zu verwirklichen. Daß die amerikanischen Makler, die Gewinne aus dem Export und Verkauf von Setzlingen ziehen, oder die mexikanischen Händler/Erzeuger, die diese Setzlinge importieren, um sie zu verkaufen, etwas derartiges wünschen, kann schwerlich unterstellt werden. Und das Interesse der mexikanischen Regierung an einem solchen Programm kann unter den herrschenden Bedingungen insofern nur schwach sein, als die lokale Produktion von Erdbeerpflanzen hoher Qualität wenn überhaupt, dann nur auf ganz lange Sicht zusätzliche Deviseneinnahmen verspricht.

»Um eine geordnetere Verteilung und dadurch bessere Preise zu erreichen, schlagen wir vor, daß die Regierung die genehmigten Erdbeeranbauflächen genau und streng überwacht, damit ein Überschreiten der Produktionskontingente [over-planting] verhindert wird.«

Diese Empfehlung wurde mit dem Kommentar angenommen, daß die CONAFRUT »bereits mit der Wahrmachung dieser Aufgabe befaßt ist, sich jedoch bemühen wird sicherzustellen, daß die Erdbeerplantagen, wie es den gesetzlichen Bestimmungen entspricht, nicht die autorisierte Anbaufläche überschreiten«. Die Hypothese, die dieser Empfehlung zugrunde liegt, ist, daß es der Fehler der mexikanischen Regierung sei, wenn die Produktionskontingente überschritten werden. Diese Hypothese ist, wie wir bereits an anderer Stelle gezeigt haben[181], falsch. Die Schuld liegt hauptsächlich bei den Industriellen. Als die CONAFRUT in den Jahren 1974/75 versuchte, die Verteilung der Fabrik- und Erzeugerkontingente, deren Kontrolle traditionellerweise den US-Maklern/Industriellen oblag, in geordnete Bahnen zu lenken, mußte sie diesen Versuch unter den wütenden Angriffen eben jener Makler und Industriellen aufgeben. Eine Reihe von in die Struktur der Industrie eingebauten Faktoren dienen als Anreiz für die Industriellen, gegen das Kontingentierungssystem zu verstoßen bzw. solche Verstöße geflissentlich zu übersehen. Es sind dies: der Kapazitätsüberhang der verarbeitenden Betriebe, die Konkurrenz unter den US-Maklern/Industriellen, deren Bestreben, sämtliche Phasen von Produktion, Verarbeitung und Distribution vollständig und ohne Einmischung von außen zu kontrollieren, sowie deren Fähigkeit, die Kosten sich verschlechternder Absatzbedingungen und sinkender Preise auf die mexikanischen Erzeuger abzuwälzen. Mit anderen Worten, auch diese Empfehlung ist nicht ehrlich gemeint. Ihre Annahme ist gleichbedeutend damit, daß die mexikanische Regierung jede zukünftige Verantwortung für die chaotischen Marktbedingungen in der Erdbeerindustrie übernimmt, die sie aktuell nicht verschuldet hat.

Empfehlung 11

»Um eine höhere Qualität der Pflanzen und damit eine Verbesserung des gesamten Verfahrens [!] zu gewährleisten, schlagen wir vor, daß alle Pflanzenzuchtanstalten verpflichtet werden, auf unberührten oder zuvor entseuchten Böden zu pflanzen.«

Diese Empfehlung wurde mit dem Kommentar angenommen, daß die CONAFRUT »mit Hilfe ihrer Experten die Aufgabe übernommen hat, die Pflanzenzuchtanstalten zu kontrollieren, damit durch verbesserte Techniken eine hohe Qualität [der Pflanzen] garantiert wird«.

Empfehlung 12

»Um ein Überschreiten der Pflanzkontingente zu verhindern, sollten die Zuchtanstalten darauf hingewiesen werden, daß sie ihre Pflanzen nur an Erzeuger mit gültigen Pflanzgenehmigungen verkaufen dürfen.«

Diese Empfehlung wurde mit dem Hinweis angenommen, daß die CONAFRUT »die erforderlichen Schritte zu ihrer Verwirklichung unternehmen« werde. Die Empfehlung ließe sich aber nur dann verwirklichen, wenn die Zuchtanstalten von der Regierung selbst oder unter strenger staatlicher Kontrolle betrieben würden – einer Kontrolle, der sich die US-Makler/Kapitalisten in der Praxis gegenwärtig strikt widersetzen. Wie die Dinge liegen, wird damit der mexikanischen Regierung die Schuld am »Überpflanzen« zugeschoben.

Empfehlung 13

»Wir empfehlen, daß die von der US Strawberry Association gekauften Labors von der mexikanischen Erdbeerindustrie in den Regionen Zamora und Irapuato installiert und genutzt und vom Verband der Unternehmer kontrolliert werden.«

Diese Empfehlung wurde mit dem Kommentar angenommen, daß »der Landwirtschaftsminister gefordert [habe], die Einrichtung des in Irapuato gebauten Labors zur Analyse von Krankheiten und Verseuchungen möge von Sanidad Vegetal rascher vorgenommen und eine ähnliche Anlage möge in Zamora gebaut werden«. Es erscheint ungewöhnlich, daß derlei Labors nicht von der mexikanischen Regierung, sondern von Vertretern der Industrie kontrolliert werden sollen.

Wie nun sollen wir dieses außerordentliche Treffen von Guanajuato und dessen Ergebnis bewerten? Es ist erschreckend, daß, obwohl die mexikanischen Erzeuger, insbesondere die kleinen Pflanzer, wiederholt schwere wirtschaftliche und finanzielle Einbußen hinnehmen mußten, deren Ursachen der häufige Nachfragerückgang auf dem US-Markt, die US-Embargos gegen Erdbeerimporte und der damit einhergehende Chemikalienkrieg sowie die daraus folgenden Verluste an Deviseneinnahmen waren, die Empfehlungen zur Hebung des Status, der Stabilität und Leistung der in Mexiko angesiedelten US-amerikanischen Erdbeerindustrie von den amerikanischen Maklern und nicht von der mexikanischen Regierung ausgegangen sind. Dieser einfache Tatbestand beweist aus mexikanischer Sicht die Perversität des gesamten Systems, unter dem eine US-beherrschte Industrie in Mexiko arbeitet. Das Ganze hätte sich mit umgekehrt verteilten Rollen abspielen müssen. Die mexikanische Regierung hätte den US-Maklern über die CONAFRUT Empfehlungen mit dem Charakter eines Ultimatums vorlegen müssen, um eine gewisse Ordnung in das Chaos zu bringen, für das jene in hohem Maße verantwortlich sind.

In Wirklichkeit war es, wie der Kongreß von Guanajuato gezeigt hat, so, daß die US-Makler aus einer Position der Stärke agierten, während sich die mexikanische Regierung in einer Position der absoluten Schwäche befand. Die Gründe dafür sind nicht schwer auszumachen. So ist es eine weitverbreitete Überzeugung, daß die Erdbeerindustrie wertvolle Devisen einbringe oder Arbeitsplätze anbiete und man deshalb nicht auf sie verzichten könne. Eine kleine, aber wirtschaftlich und politisch wichtige Gruppe von Mexikanern – mächtige Erzeuger, Industrielle, Inhaber von Zulieferbetrieben, selbst Staatsbedienstete – ziehen erhebliche Vorteile aus dieser Industrie. Sie sind die natürlichen Verbündeten der US-Makler/Kapitalisten. Mit einem hohen Maß an Berechtigung betrachten sie jede Bedrohung des Erdbeer-Establishments als direkten Angriff auf ihre wirtschaftlichen und politischen Privilegien. Eine Änderung der Struktur der Industrie, die eine Umverteilung in den Entscheidungsprozessen und damit eine Veränderung der bestehenden Machtverhältnisse mit sich brächte, wäre für sie schwerlich annehmbar. Dies ist zweifellos der Grund dafür, warum die mexikanische Regierung den US-Maklern in allen ihren Forderungen nachgegeben hat. Keine der 13 Empfehlungen enthält für die Makler Verpflichtungen oder Zugeständnisse; die Zugeständnisse wurden sämtlich von der mexikanischen Regierung gemacht. Es ist bezeichnend, daß die CONAFRUT, die schließlich für das mexikanische »Erdbeerprogramm« zuständig ist und mittlerweile die chaotischen Bedingungen, unter denen es funktioniert, kennen sollte, nichts unternahm, um die mexikanischen Produzenten, insbesondere die kleinen Pflanzer, zu schützen und um die Aufmerksamkeit von Überlegungen zur »Senkung der Produktionskosten« zum Vorteil der US-Makler abzulenken und hinzulenken auf das Problem der Gerechtigkeit in der inländischen oder internationalen Gewinnverteilung oder auf die Verbesserung der Bedingungen der hart arbeitenden mexikanischen Männer und Frauen, die die wertvollen Deviseneinnahmen und die Geschäfte von Erdbeermillionären begründen. So drängt sich von selbst der Schluß auf, daß die CONAFRUT die Interessen der US-Makler vertritt und nicht die der Mehrheit der in der mexikanischen Landwirtschaft und Industrie arbeitenden Männer und Frauen.

Diese Schlußfolgerung ist auch dann noch gerechtfertigt, wenn man die zusätzlichen Kommentare gelesen hat, die im Protokoll des Guanajuato-Treffens enthalten sind, jedoch nicht Bestandteil der Empfehlungen waren, und die folgenden Wortlaut haben:

>Im Verlauf der Diskussionen wurde folgendes vorgeschlagen:

1) die Bildung eines nationalen Organs zur Koordination und Lenkung der Aktivitäten im Bereich von Erdbeerproduktion, -verarbeitung und -vermarktung. Die Leitung dieses Organs soll von CONAFRUT übernommen werden, und es sollen ihm Mitglieder der Landesregierungen von Michoacan und Guanajuato sowie Vertreter des Landwirtschaftsministeriums, der Erzeuger, Industriellen und Händler beider Bundesstaaten angehören.

2) Aus Anlaß der verschiedenen (auf dem Treffen erfolgten) Interventionen, in denen wiederholt geäußert wurde, daß die Transaktionen zwischen Fabriken und Erzeugern *aufgrund unsauberer Geschäftspraktiken zum Schaden der campesinos*[182] *seien, wird dem amerikanischen Großhandel [den Maklern] empfohlen, seine Mitglieder zu moralisch einwandfreiem Verhalten anzuhalten, damit derlei Praktiken in Zukunft vermieden werden.* Andernfalls käme es unter den campesinos zu unfreundlichen Reaktionen, die letzten Endes gerade den Interessen der amerikanischen Geschäftsleute Schaden zufügen könnten.

3) Es wurde vorgeschlagen, das nächste internationale Treffen im Bundesstaat Michoacan abzuhalten.«

Unsere Aufmerksamkeit richtet sich natürlich sofort auf die Warnung im Punkt 2, in der zum Ausdruck kommt, was eine unerfreuliche Debatte über die scharfen Geschäftsmethoden der US-Makler – der Gegenstand unserer Untersuchung – hätte sein können. Aber es ist klar, daß diese Kritik, obwohl in einem offiziellen Regierungsdokument enthalten, nicht wirklich »die Zähne zeigt«, und daß den US-Maklern damit keineswegs formale Verpflichtungen auferlegt werden sollten. Dies geht auch deutlich aus den Schlußfolgerungen hervor, die sich am Ende des Protokolls des Treffens von Guanajuato finden. Sie lauten:

»1a) Unter den Teilnehmern herrschte allgemein der Eindruck vor, daß das Treffen insgesamt fruchtbar gewesen sei, was sich nicht zuletzt in der Einigkeit der Parteien darüber zeigte, daß die ständige Kommunikation zwischen Erdbeererzeugern, -industriellen und -händlern günstige Voraussetzungen für eine gütliche Lösung aller Probleme schaffe, die naturgemäß aus dem Wechselspiel widerstreitender Interessen erwachsen.

2a) Als Gegenleistung für die Leistungen der Arbeiter in der Landwirtschaft und für die hohen infrastrukturellen Investitionen der öffentlichen Hand, welche die Produktion hochwertiger Erdbeeren für den amerikanischen Verbrauch begünstigen, wird erwartet, daß die Großhändler [Makler] der US Strawberry Association [vermutlich soll es hier heißen: US Strawberry Importers' Association], die das Erzeugnis handeln, in der Lage sind, sich mit fairen Preisen zu revanchieren, die ein angemessener Lohn für die von den Erzeugern erbrachten Leistungen wären.

3a) [...]

4a) [...]

5a) Was die Festsetzung der Preise angeht, so haben die amerikanischen Abnehmer ihre Entscheidung darüber für 90 Tage aufgeschoben, um sich zunächst mit den Markttrends vertraut zu machen. Sie werden die Liste, in der Mindest- und Höchstpreise festgelegt sein werden, sobald wie möglich erstellen und den Erdbeererzeugern zu deren Meinungsbildung vorlegen.

6a) Die Erzeuger haben sich nachdrücklich dafür ausgesprochen, daß die US-Makler Aussagen über die Absatzchancen machen sollen, damit der Umfang der Erdbeerpflanzungen darauf abgestimmt und ein Produktionsüberschuß für den mutmaßlichen Bedarf im Zeitraum 1975/76 vermieden werden kann. Nach den vorläufigen Schätzungen beläuft sich der Bedarf für diesen Zeitraum auf 50 000 Kisten Frischerdbeeren pro Tag und auf ein Gesamtvolumen von 100 Millionen Pfund tiefgefrorener Erdbeeren.

7a) Schließlich wurde Übereinstimmung erzielt, daß es notwendig sei, unverzüglich eine umfassende Studie darüber anzufertigen, unter welchen Bedingungen die Erdbeerindustrie hinsichtlich Buchführung, Verwaltung, volks- und betriebswirtschaftlicher Aspekte arbeitet; die Studie soll mit Hilfe von Experten erstellt werden, die die interessierten Seiten vertreten, und dem Zweck dienen, die Rentabilität der Industrie zu ermitteln und zu vermeiden, daß die Gewinne der Erzeuger durch unangemessene Kapazitäten gemindert werden.«

X. Welches sind die Alternativen?

Gibt es überhaupt Alternativen zu der chaotischen Art und Weise, in der die in Mexiko angesiedelte US-amerikanische Erdbeerindustrie auf Kosten der Mexikaner betrieben wird? Bevor wir eine Antwort auf diese Frage geben, wollen wir zunächst die Hauptargumente der vorliegenden Untersuchung zusammenfassen, um jede der denkbaren Alternativen in das richtige Licht zu rücken – selbst auf die Gefahr hin, daß wir uns dabei gelegentlich wiederholen.

Das Treffen von Guanajuato vom Juni 1975, auf dem sich US-Makler/-Kapitalisten als Vertreter des Handels mit auf mexikanischen Böden erzeugten Erdbeeren einerseits und Repräsentanten der mexikanischen Regierung andererseits gegenüberstanden, machte eines gründlich klar: Die Erörterungen galten Randproblemen und hatten im wesentlichen die Funktion, die nahezu totale Kontrolle der US-Makler/Kapitalisten über die »mexikanische« Erdbeerindustrie zu festigen und formal zu bestätigen. Die Grundprobleme Mexikos, nämlich jene, die verbunden sind mit dem Wesen, den Mechanismen, der Vertiefung und den Auswirkungen der wirtschaftlichen und politischen Abhängigkeit Mexikos vom US-amerikanischen Kapital, die Ausfluß des stetig wachsenden Transfers von Kapital und Technologie in die mexikanische Landwirtschaft, die landwirtschaftsorientierten Industriezweige und Dienstleistungsbereiche ist, wurden ausgeklammert und konnten auf dieser Ebene auch nicht mit Aussicht auf Erfolg debattiert werden.

Abhängigkeit ist ein Problem, das das mexikanische Volk begreifen und entweder anpacken oder hinnehmen muß. Manche Mexikaner »erleben Abhängigkeit« jahrein, jahraus und wissen, was sie bedeutet. Andere, vielleicht die meisten, nehmen sie nur als etwas Fernes und Ungreifbares oder gar als etwas Unbegreifliches wahr, für das sie keine Erklärung haben oder aus dem sie keinen Ausweg kennen. Die entscheidende Frage, die alle Mexikaner angeht, die nicht Nutznießer ausländischer Investitionen und Technologietransfers als Verbündete und Partner ausländischer Kapitalisten sind, ist, in welchem Maße die landwirtschaftlichen Tätigkeiten, die Nutzung der agrarischen Ressourcen und der Einsatz mexikanischer Arbeitskräfte auf dem Land und in den Städten von Mexikanern oder von ausländischen Kapitalisten bestimmt und kontrolliert werden. Es wäre natürlich naiv anzunehmen, daß internationale Kapital- und Technologietransfers nicht immer mit gewissen wirtschaftlichen und sogar politischen Verpflichtungen für die Empfängerländer einhergehen. Was den mexikanischen Fall wichtig macht ist das Ausmaß, in welchem die produktiven Tätigkeiten in einer unterentwickelten Landwirtschaft wie der Mexikos den mehr oder minder ausschließlichen Interessen der Kapitalisten einer reichen Industrienation wie den USA unter- oder zugeordnet werden müssen, genauer: den Profit- und Machtinteressen der stärksten Repräsentanten einer solchen Nation, sprich: der multinationalen Konzerne, deren finanzielle, kommerzielle und politische Aktivitäten sich von den Industrienationen bis in die Winkel der unterentwickelten Welt erstrecken, und das Ausmaß, in welchem Mexiko dadurch in deren Schuld gerät.

In diesem Zusammenhang sollte angemerkt werden, daß die Diskussionen über die Aktivitäten multinationaler Konzerne und deren Ausstrahlungen sich in der Regel auf die großen Milliarden-Dollar-Konzerne konzentrieren – etwa die riesigen transnationalen Firmen der Automobil- oder Chemiebranche, die Bayers, die Unilevers, die ITTs, um nur einige zu nennen. Die vorrangige Beschäftigung mit deren erwiesener wirtschaftlicher und politischer Macht ist nur allzu berechtigt, und es muß damit gerechnet werden, daß ihre Macht in der nächsten Generation noch erheblich wächst.[183] *Aber wir dürfen die Operationen der zahlreichen, so gut wie unbekannten intermediären multinationalen Firmen, wie sie unsere US-Makler/Kapitalisten repräsentieren, nicht übersehen.* Zwar sind deren Aktivitäten geographisch und finanziell begrenzter, doch ihre transnationalen Geschäfte sind von derselben Art, und es ist überaus wahrscheinlich, daß sie auf die eine oder andere Weise direkte oder indirekte Verbindungen mit den Riesenkonzernen unterhalten. Insgesamt können ihre Operationen ebenso bedeutsam sein wie die der Giganten. *Die Transaktionen*

dieser intermediären transnationalen Konzerne sollten ebenso genau,
wenn nicht noch genauer untersucht werden, weil sie häufig unbemerkt vonstatten gehen. Sie handeln im Halbdunkel, während die
Bewegungen der Giganten für das Auge der Öffentlichkeit stets
sichtbar sind. Folglich müssen wir unser Konzept, was Abhängigkeit
für die mexikanische Landwirtschaft bedeutet, spezifizieren, und
zwar so, daß die Profit- und Machtinteressen der intermediären
multinationalen Firmen, wie sie unsere US-amerikanischen Erdbeer-
makler/-kapitalisten repräsentieren, ebenfalls erfaßt werden.

Eingedenk der Folgen wirtschaftlicher und politischer Abhängigkeit von dem mächtigen Nachbarn im Norden hat die mexikanische
Regierung versucht, einige der drängenden Probleme, die aus den
blinden Transfers von Kapital und Technologie nach Mexiko erwachsen, mit Hilfe von Gesetzen und Behörden, die den Gesetzen Geltung
verschaffen sollen, zu lösen. Oberstes Ziel dabei ist, der Regierung
eine gewisse Kontrolle über Zustrom und Verhalten des ausländischen Kapitals zu verschaffen und die den nationalen Interessen
Mexikos überaus abträglichen Bedingungen von Technologietransfers
zu korrigieren. Derlei Gesetze mögen sinnvoll sein, doch sollte man
ihre Wirksamkeit nicht überschätzen.[184] Dies nicht so sehr deshalb,
weil die Ausführung der Gesetzesbestimmungen einen riesigen Per-
sonalapparat erfordern würde, den die zuständigen Behörden gegenwärtig nicht haben, oder weil die strikte Anwendung der Gesetze die
ausländischen Kapitalisten so sehr verschrecken könnte, daß sie ihr
Kapital zurückzögen oder künftige Investitionen verweigerten. Es
handelt sich hier vielmehr um das grundsätzliche Problem, daß solche
Gesetze nicht an die Wurzeln all der Variablen, welche Abhängigkeit
kapitalistischen Stils verursachen, gehen und nicht deren Konsequenzen verhindern. Ein Land, das bereits Empfänger massiver Kapital-
und Technologietransfers ist – und das ist bei Mexiko der Fall –, kann
mit gesetzlichen Regelungen lediglich lindernde oder marginale Wirkung erzielen: Nur den schlimmsten Mißständen kann auf diese
Weise vielleicht ein Riegel vorgeschoben werden.[185] Damit will ich
nicht sagen, daß wir es hier mit einem eindeutigen Fall von »Schließen
der Stalltür, nachdem das Pferd bereits ausgerissen ist«, zu tun haben.
Aber solange ausländisches Kapital und Technologie nicht wirklich
zurückgezogen werden, was bei der vorsichtigen Anwendung der
neuen mexikanischen Gesetze wahrscheinlich nicht eintreten wird
und nicht eingetreten ist (obwohl sie den ausländischen Investoren
zunächst einen Schrecken eingejagt haben), ist mit einer Änderung
der Grundbedingungen und Folgen von Abhängigkeit nicht zu rechnen, ja, ist selbst die Möglichkeit jäh verschärfter Abhängigkeit nicht
auszuschließen. Ein ganzes Heer von Anwälten ist im Dienste der
ausländischen Kapitalisten damit beschäftigt, die Lücken und

Schwachstellen der Gesetze aufzuspüren und auszunutzen, ihre Klienten, die multinationalen Firmen, darin zu beraten, wie sie die Gesetze umgehen oder ignorieren können, und ihnen bei der Suche nach neuen Methoden, die mexikanische Wirtschaft in den Griff zu bekommen, behilflich zu sein. Fest steht, daß allein der weitverbreitete und zweifellos zunehmende Einsatz von »Strohmännern« (prestanombres) in Mexiko, hinter denen sich die wahren Eigentümer verstecken, ein nahezu unüberwindliches Hindernis für die volle Anwendung der Gesetze ist.

Noch bedeutsamer ist die Tatsache, daß Abhängigkeit durch Begleiterscheinungen des Kapital- und Technologietransfers herbeiführt werden kann, denen mit Gesetzen nicht beizukommen ist. Dazu gehören: die zuvor erwähnte Monopolkontrolle ausländischer Kapitalisten und Händler über die Distributionskanäle und -institutionen, ihre monopolisierte Kenntnis der Absatzbedingungen im Ausland und ihr Monopol an lang etablierten, ja, personalisierten Handelsbeziehungen zwischen Käufern und Verkäufern auf den Auslandsmärkten.[186] Diese Monopolstellungen bilden festgemauerte Barrieren, die, wenn überhaupt, von einer Handvoll mexikanischer Geschäftsleute ebensowenig zu überwinden sind wie von der mexikanischen Regierung, am allerwenigsten mit Gesetzen. Es sind eindeutig die ausländischen Investoren, also nicht die mexikanische Regierung, die jetzt das Terrain auswählen, auf dem der Kampf um größere Unabhängigkeit unter den herrschenden Bedingungen ausgefochten werden soll.

Am Beispiel der Erdbeerindustrie haben wir festgestellt, in welchem Maße diese Argumente treffen, und ich wage die Behauptung – die freilich in weiteren Untersuchungen überprüft werden muß –, daß dieselben oder ähnliche Verhältnisse wie diejenigen, die in unserem kleinen Industriezweig herrschen, in den meisten, wenn nicht gar in allen Agrarsektoren, die von ausländischem Kapital und ausländischer Technologie beherrscht sind, auszumachen sind: in den Sektoren, die Tomaten und Gemüse für den Export produzieren, ebenso wie bei Baumwolle, Tabak, Geflügel, Großvieh und Viehfutter oder Holz. Betroffen sind Mexikos »modernste, dynamischste« Agrarsektoren, in die der US-Kapitalismus unwiderruflich eingedrungen ist.

In unserer kleinen Industrie, die ein für den amerikanischen Konsum bestimmtes Luxuserzeugnis exportiert, hat die Penetration von ausländischem (hier fast ausschließlich: US-amerikanischem) Kapital und Technologie in die mexikanische Landwirtschaft Mexiko zunehmend der Fähigkeit beraubt zu entscheiden, wo, wann, wie und wieviel produziert und vermarktet werden soll; wieviel Boden und Wasser genutzt werden und wie die Verwertung aussehen soll; wie viele Arbeitskräfte einzustellen sind und zu welchen Bedingungen.

Diese Entscheidungen werden von den amerikanischen Erdbeerinvestoren und -händlern gefällt, und zwar mit Unterstützung und unter symbolischer Kooperation von Mexikanern. An und für sich brauchte dies nicht zwangsläufig ein Schaden zu sein, wenn man absehen könnte von den Umständen, unter denen ihre Entscheidungen fallen, und von deren Konsequenzen. Man könnte sich abstrakt durchaus eine Situation vorstellen, in der der Zugang amerikanischer Geschäftsleute zu Kapital und deren überlegenes Know-how in bezug auf gute Bodennutzung, Anbau- und Verarbeitungsmethoden, den Einsatz intermediärer bzw. hochentwickelter Technologie sowie auf Vermarktungsbedürfnisse und deren Befriedigung, Marketing-Systeme oder annehmbare Einstellungspraktiken für Lohnarbeiter den mexikanischen Arbeitern, Produzenten, Industriellen, Händlern, Planern und Bürokraten verfügbar gemacht werden könnte zum vielfältigen wechselseitigen Vorteil; für den Handel zentrale Entscheidungsprozesse und Aufgaben der Entscheidungsfindung würden schrittweise auf Mexikaner übertragen.

Die Wirklichkeit in einer abhängigen kapitalistischen Volkswirtschaft wie der Mexikos ist freilich weit von dieser utopischen Vorstellung entfernt. Die amerikanischen Unternehmensvertreter, die in Mexiko Geschäfte tätigen, setzen dort nur einen sehr kleinen Teil ihres angeblich überlegenen Know-how und ihrer Technologie ein oder stellen Mexiko davon etwas zur Verfügung; eher ist es so, daß sie das meiste davon zurückhalten. Ihre Investitionen sind weitgehend risikolos. Vom Standpunkt Mexikos sind ihre Produktions- und Absatzentscheidungen insofern aggressiv, ja, rücksichtslos, als sie *nicht* ausschließlich unter dem Gesichtspunkt getroffen werden, was der amerikanische Markt tragen kann (was die Grundlage ihrer Entscheidungen wäre, operierten sie in den USA). Vielmehr fällen sie ihre Entscheidungen unter dem Gesichtspunkt, welche etwaigen Risiken und Verluste die mexikanische Wirtschaft – Lohnarbeiter, Erzeuger, Industrie, Handel, Banken, staatliche Behörden – hinzunehmen bereit oder gezwungen ist; d. h. daß die Kosten jedweden Geschäftsrückgangs auf dem US-Markt, dem einzigen Markt, der wirklich zählt, zuerst und hauptsächlich von der mexikanischen Wirtschaft getragen bzw. dieser aufgebürdet werden. Daneben spielt für ihre Entscheidungen die Frage eine Rolle, in welchem Umfang stetige Rückführungen von Superprofiten möglich sind, was die Mexikaner auch weiterhin in guten wie in schlechten Jahren dulden werden. Für eine unterentwickelte Landwirtschaft wirkt sich ökonomische Abhängigkeit anscheinend unumgänglich so aus, daß sie potentiell und aktuell schmerzhafte periodische Krisen und unersetzliche Verluste infolge eines stetigen Entkapitalisierungsprozesses hinnehmen muß, schmerzhafter und unersetzlicher als jene, die inländische Unternehmen, welche im eigenen Land von einheimischen Unternehmern und Produzenten geleitet werden, mit sich bringen. Damit will ich nicht sagen, daß mexikanische Kapitalisten – stünde es ihnen frei, so zu verfahren, und wären sie in der Lage, das Kapital und die Technologie aufzubringen, die notwendig sind, um eine authentische mexikanische Erdbeerindustrie in Mexiko zu betreiben – Entscheidungen fällen würden, die ihrem Wesen nach andere wären als diejenigen der US-Makler/Kapitalisten, die in Mexiko agieren. Der Unterschied liegt darin, daß letztere in ihrem jeweiligen Marktverhalten aggressiver und rücksichtsloser und zudem imstande sind, alle Risiken auf andere abzuwälzen.

Auch in bezug auf Mexikos Ressourcen sind die Entscheidungen der US-Unternehmer rücksichtsloser.[187] Da billiges Land und Wasser in Hülle und Fülle verfügbar sind, erscheint es ihnen aus ihrer Sicht überflüssig, etwas für die Erhaltung der Fruchtbarkeit, der guten Beschaffenheit oder den Schutz der Böden zu tun. Unter Bedingungen, wie sie in Mexiko – wie in den meisten unterentwickelten Landwirtschaften – gegeben sind, fördert das Eindringen von ausländischem Kapital und Technologie in die reichsten Agrargebiete Vergeudung und Zerstörung, die mit erschreckender Geschwindigkeit voranschreiten und über Zeit geometrisch wachsen – nicht etwa, weil die amerikanischen Investoren nicht wüßten, wie sie modernes Know-how auf den Anbau von Agrarprodukten anwenden sollen, sondern weil sie es nur selektiv und nur insoweit anwenden, wie es der Aufrechterhaltung der Produktivität bei möglichst geringer Steigerung der Produktionskosten dient. Sobald die Produktivität sinkt, begeben sie sich in neue Gegenden und greifen neue Ressourcen an, und derselbe Prozeß beginnt wieder von vorn. Wenn nötig, wenden sie sich an die mexikanische Regierung, an die Vereinigung für Entwicklungshilfe der UNO, die Weltbank oder die Interamerikanische Entwicklungsbank mit dem Ansinnen, infrastrukturelle Investitionen zu finanzieren, um die Verluste an natürlichen Ressourcen auszugleichen. Das verschlimmert die ohnehin katastrophale Lage noch mehr. Mit anderen Worten, die Abhängigkeit wird begleitet von partiellen und selektiven (an niedrigen Produktions-, Verarbeitungs- und Vermarktungskosten orientierten) Transfers von Know-how, die eine extrem rasche Verminderung und Verschwendung mexikanischen Agrarreichtums fördern.

Und wie sieht es mit den sozialen Folgen aus? Die Expansion des US-Kapitalismus in die mexikanische Landwirtschaft hat die aktuellen und potentiellen Konflikte auf allen Ebenen verschärft.[188] Sie hat eine erhebliche Verschärfung des sozioökonomischen Konflikts bewirkt. Mit offener Unterdrückung und mit anderen Methoden der bewußten Spaltung der ländlichen und städtischen Arbeiterklasse werden die verschiedenen Gruppen in ihrem unerbittlichen Kampf ums Überleben gegeneinander ausgespielt, werden die Herausbildung ihres Klassenbewußtseins und ihr Wunsch, sich zu wirksamen Arbeitergewerkschaften zusammenzuschließen, verzögert. Die einzige Hoffnung ist, daß die sozialen und politischen Spannungen in den »modernen, dynamischsten« ländlichen Sektoren Mexikos auf längere Sicht mit Gewißheit solche Dimensionen erreichen werden, daß Bauern- und Arbeiterbewegungen und -organisationen ähnlich der Bewegung, wie sie von Samuel Sanchez Anfang der siebziger Jahre im Raum Zamora ausgelöst wurde[189], unausbleiblich sein werden.

Nicht zu bestreiten ist, daß der Transfer von Kapital und Technologie neue Beschäftigungsmöglichkeiten in arbeitsintensiven Industrien fördern kann. Die Erdbeerindustrie hat neue Arbeitsplätze geschaffen, wenn auch erheblich weniger, als gewöhnlich behauptet wird. Freilich muß man dies im richtigen Licht sehen. Die neuen Beschäftigungsmöglichkeiten sind für die arbeitende Klasse in aller Regel mit höchst unerwünschten Bedingungen verbunden: Saisonarbeit, Ausbeutung, Gesundheitsschädigung, Unsicherheit, Erniedrigung. Noch gewichtiger ist jedoch, daß neue Arbeitsplätze in solchen Industrien im allgemeinen nicht in dem Umfang entstehen, wie es nötig wäre, um einen Ausgleich zu schaffen für die fortschreitende massive und systematische Verdrängung von Arbeitskräften aus der Landwirtschaft, beispielsweise durch Mechanisierung – eine Folge des Transfers ausländischen Kapitals und ausländischer Technologie in andere Sektoren und Tätigkeiten. Selbst in arbeitsintensiven landwirtschaftlichen Industriezweigen werden Menschen als Arbeitskräfte nur so lange eingesetzt, wie es keine Möglichkeit gibt, sie *unter den richtigen Bedingungen* durch Maschinen zu ersetzen. So machen sich etwa in Zamora große Produzenten und Fabrik-Management ständig Gedanken darüber, wie sie ihre Produktionsaktivitäten stärker mechanisieren und automatisieren könnten. Wenn die Ingenieure beispielsweise morgen einen leistungsstarken mechanischen Erdbeerpflücker erfinden würden, dann wären die Arbeitsplätze der heutigen Saisonarbeiter unmittelbar gefährdet, und das hätte wohl die weitere Vergrößerung des ohnehin sehr großen Arbeitslosen- und Unterbeschäftigtenheeres in der mexikanischen Landwirtschaft zur Folge.[190]

Damit kommen wir zu einem scheinbar sehr verwickelten Paradox, denn wie der Leser sich vielleicht erinnern wird, haben wir an früherer Stelle[191] nachdrücklich betont, daß in einer arbeitsintensiven Industrie wie der Erdbeerindustrie ein Überangebot an Arbeitskräften unter den Bedingungen von Niedrigstlöhnen und ebenfalls niedrigen sonstigen Produktionskosten »unweigerlich die Wirkung« hat, »daß keine neuen Kapital- und Technologietransfers in die Landwirtschaft und in Gefrierfabriken [. . .] getätigt werden«. Daraus könnte der Leser den Schluß ziehen, daß der Kostenfaktor ausschlaggebend sei für die Entscheidung, ob menschliche Arbeitskraft oder Maschinen angewendet werden (vorausgesetzt, daß die Maschinen, die die Handarbeit ersetzen sollen, tatsächlich da sind). Das Paradox löst sich jedoch von selbst, wenn man bedenkt, daß »Kosten« mit einer Vielzahl ökonomischer und nicht-ökonomischer Mittel niedrig gehalten werden können – Mittel, an die viele diplomierte Volkswirte gemeinhin nicht denken. Gerade die breite Palette der Mittel und Möglichkeiten in der Hand kapitalistischer Unternehmer ist es, die es ihnen erleichtert, Menschen durch Maschinen zu ersetzen. Dazu gehören kostensenkende Subventionen aus inländischen und internationalen Quellen ebenso wie andere Formen institutioneller Hilfe: infrastrukturelle Investitionen, Steuervergünstigungen, subventionierte Importe, Billigstkredite und andere attraktive Anreize, deren Kosten nicht von den Kapitalisten, sondern von anderen Wirtschaftssektoren getragen werden. Als einschlägiges Beispiel möge der Leser sich in diesem Zusammenhang an die Empfehlung 5 (zollfreie Einfuhr von Chemikalien)[192] erinnern, die von den US-Maklern auf dem Treffen von Guanajuato ausgesprochen wurde. Cynthia Alcantara hat aufgezeigt, wie sich die Mechanismen ökonomischer und nicht-ökonomischer »Hilfe« auf die Entwicklung des kommerziellen Neo-Latifundismus in Mexiko und den systematischen Ersatz von Menschen durch Maschinen auswirken.[193] Daß Investoren sich selbst dann für den Einsatz von Maschinen entscheiden, »um ihr Beschäftigungsproblem zu lösen«, wenn menschliche Arbeitskraft billiger wäre, ist durchaus nicht unüblich – auch wenn es für ein solches Vorgehen offenkundige Schranken gibt, insbesondere im Falle ausländischer Investoren.[194] Abschließend betonen wir noch einmal, daß Niedrigstlöhne und andere geringe Produktionskosten zwar weiterhin zusätzliche arbeitsparende Kapital- und Technologietransfers in die Erdbeerindustrie abschrecken, daß jedoch die Gefahr, daß solche Transfers vorgenommen werden könnten, wenn die Bedingungen dafür günstig wären, stets gegeben ist.

Zu diesen Überlegungen kommt die dauernde Unsicherheit des Arbeitsmarktes hinzu, die Ungewißheit, die sich aus der stillen Drohung ergibt, daß eine ganze Industrie wie die Erdbeerindustrie aus einer Region in eine andere verlagert werden könnte – von Irapuato nach Zamora, von Zamora nach Jalisco, wie wir an früherer Stelle gezeigt haben –, oder, was noch schwerer wiegt, aus einem Land in ein anderes – beispielsweise von Mexiko nach Guatemala –, sofern andernorts niedrigere Produktionskosten und höhere Gewinne zu erwarten sind.[195] Kein unterentwickeltes Land kann unter solchen Umständen Entwicklung langfristig planen.

Ich komme mithin zu folgendem allgemeinen Schluß: Die überlegene Finanzkraft und das angeblich überlegene Know-how des US-Unternehmertums sind für die mexikanische Landwirtschaft nicht nur *nicht* von Vorteil, sondern Mexiko wäre ohne sie sowohl ökonomisch als auch politisch und sozial chancenreicher. Unter den Bedingungen von Herrschaft und Kontrolle des amerikanischen Kapitals über die mexikanische Landwirtschaft nehmen Unsicherheit, Instabilität und Entkapitalisierung über Zeit tendenziell eher zu als ab. Mexikos Fähigkeit, eine wirksame Agrar- und Agrarentwicklungsstrategie sowie ein konkretes Agrarprogramm zum Nutzen der Masse der *campesinos*, der Erzeuger und Arbeiter, zu planen und zu verwirklichen, wird zunehmend auf ein Minimum reduziert. Die Gesetzgebung, die erste Alternative, mit deren Hilfe Mexiko seine Abhängigkeit vermindern wollte, ist nicht sonderlich wirksam.

Welcher Spielraum bleibt nun für einen Agrarzweig wie die Erdbeerindustrie? Bisher haben sich die mexikanische Regierung und die mit der Erdbeerindustrie verbundenen Unternehmerkreise als erste Alternative dafür entschieden, die institutionelle Infrastruktur auszubauen und an den Gewinnen der Industrie so weit zu partizipieren, wie das US-Kapital es ihnen erlaubt. Es ist bemerkenswert, daß die CONAFRUT in den Schlußfolgerungen des Protokolls des Guanajuato-Treffens ausdrücklich »die hohen infrastrukturellen Investitionen der öffentlichen Hand, welche die Produktion hochwertiger Erdbeeren für den amerikanischen Verbrauch begünstigen«[196], nannte. Investitionen wurden in Fabriken und Kühlhäuser, in Großhandel und Einzelhandel getätigt. Hohe Investitionen sind von der Wasserbehörde, der Secretaria de Recursos Hidraulicos (SRH), zum Ausbau und zur Verbesserung der Bewässerungsanlagen im Bewässerungsbezirk Zamora geplant. Viele Institutionen auf Staats- und Unternehmensebene sind eigens für die Erdbeerindustrie geschaffen worden, beispielsweise die zahlreichen Ämter, die für die »Kontrolle«, die »Planung« oder Unterstützung der Aktivitäten dieser in Mexiko angesiedelten US-Industrie zuständig sind. Es liegt auf der Hand, daß die hierfür erforderlichen Mittel samt und sonders anderen Sektoren vorenthalten werden, in denen sie der mexikanischen Volkswirtschaft dieselben oder höhere Gewinne einbringen könnten, vor allem dann, wenn die massiven Gewinnrückführungen in die USA unterbunden würden.

Eine zweite Alternative ist ohne viel Erfolg erprobt worden: die Suche nach neuen Überseemärkten, hauptsächlich für Frischerdbeeren, auf die ein Teil der mexikanischen Erdbeerproduktion – wenigstens der Teil, der nicht völlig in der Hand der US-Makler/Kapitalisten ist, wie beispielsweise das Volumen der Fabriken, die mexikanisches Eigentum sind – ohne das Eingreifen von US-Maklern exportiert werden könnte.[197] Das Ziel dabei ist, den »Dreieckshandel« zu vermeiden, der darin besteht, daß US-Makler in Mexiko erzeugte Erdbeeren auf dem Umweg über die Vereinigten Staaten auf überseeische (einschließlich europäischer) Märkte exportieren, als seien sie auf amerikanischem Boden gewachsen.

Nach der Krise von 1971 reiste eine Gruppe von Vertretern der Industrie und von Großerzeugern nach Europa, um solche neuen Märkte zu erkunden und die europäischen Absatzbedingungen kennenzulernen, und zwar mit ausdrücklicher Unterstützung der mexikanischen Regierung.[198] Im Gefolge dieser Reise wurden Erdbeeren direkt nach Europa exportiert. Doch sie erreichten, so wurde gemeldet, ihren Bestimmungsort in einem Zustand, in dem sie nicht mehr auf den Markt gebracht werden konnten. Über das Scheitern dieses Programms wurde in der mexikanischen Presse ausführlich berichtet. Man vermutete die verschiedensten Ursachen: Einige meinten, die Erdbeeren seien für europäische Märkte nicht entsprechend verpackt gewesen; andere behaupteten, die Lieferungen seien unzulässig lange auf einem amerikanischen Flughafen aufgehalten worden; wieder andere sagten, die US-Makler hätten das Vorhaben absichtlich sabotiert, um weitere Direktexporte zu verhindern.

Unter den gegebenen Bedingungen ist ein solches Programm, größere Erdbeermengen direkt auf Überseemärkte zu bringen, von Anfang an zum Scheitern verurteilt, vor allem aus zwei miteinander zusammenhängenden Gründen: Der erste ist das Fehlen zureichender mexikanischer Transporteinrichtungen; der zweite und wichtigere Grund ist der, daß die US-Makler vielfältige Möglichkeiten haben, in Mexiko und andernorts Druck auszuüben, um solche Direktexporte zu vereiteln – die Skala ihrer Möglichkeiten reicht von Drohungen an die Adresse der Fluggesellschaften, derlei Erdbeertransporte auszuführen, bis zu Drohungen an die Adresse der mexikanischen Fabriken: beispielsweise die Erdbeeren in Übersee zu Schleuderpreisen zu verkaufen, oder der Weigerung, ihnen auch nur eine Erdbeere für den US-Markt abzunehmen. Solange die mexikanischen Fabriken ihre Produktion nicht gänzlich oder doch überwiegend auf einem großen neuen Überseemarkt absetzen können, was nicht leicht zu bewerkstelligen ist, so lange werden sie von den US-Märkten und den US-Maklern abhängig bleiben. Der Widerstand der US-Makler gegen solche Direktexporte hat begreifliche Gründe: Kann Mexiko einen erheblichen Prozentsatz seiner Erdbeerproduktion der Kontrolle der US-Makler entziehen, dann hat dies zur Folge, daß die Verhandlungsmacht der mexikanischen Erzeuger und Industriellen gegenüber den US-Maklern gestärkt wird. Die Kontrolle über das Gros der Produktion und über die gesamte Vermarktung ist aber für die US-Makler eine Voraussetzung dafür, daß sie die mexikanische Erdbeerindustrie beherrschen können.[199]

Manche Beobachter vertreten die Auffassung, daß das größte Hindernis für eine Ausweitung der Direktexporte mangelnde Fähigkeit oder Erfahrung der mexikanischen Erzeuger und Geschäftsleute sei. Träfe dies zu, dann wäre unsere Schlußfolgerung bestätigt, daß der Transfer ausländischen Kapitals und ausländischer Technologie, so wie er gegenwärtig abläuft, gänzlich ungeeignet ist, aus den Mexikanern gute Geschäftsleute und Erzeuger zu machen bzw. eine schrittweise Übertragung der Entscheidungsprozesse auf die Mexikaner zu bewirken.

Gegenwärtig sieht es so aus, daß Mexiko außerstande sein wird, seine direkten Erdbeerexporte auf neue Überseemärkte in absehbarer Zukunft erheblich auszuweiten. Aber nehmen wir einmal an, daß ein neuer Anfang gewagt werden würde. Gibt es Bedingungen, unter denen ein solcher Neubeginn Aussichten auf Erfolg hätte? Die einzige Möglichkeit bestünde wohl in der völligen Loslösung von der etablierten US-beherrschten Erdbeerindustrie von Zamora und Irapuato. Das Risiko, daß die US-Makler darauf mit Vergeltungsmaßnahmen in der einen oder anderen Form antworten, ist – gleichgültig unter welchen Umständen – stets gegeben. Mit »völliger Loslösung« meinen wir, daß eine neue exportorientierte Erdbeerindustrie aufgebaut und betrieben werden müßte, die keinerlei Verbindungen zur derzeit bestehenden Industrie hätte, weder geographisch, noch finanziell und institutionell. Die wichtigsten Aspekte eines solchen Unternehmens wären folgende: Es müßte in bescheidenem Umfang beginnen und sorgfältig geplant werden für ein entferntes Gebiet, das geeignete Möglichkeiten zur Diversifikation bietet, so daß sämtliche Einrichtungen wie Lagerhäuser oder Verarbeitungsanlagen das ganze Jahr hindurch in Betrieb gehalten werden könnten und Erdbeeren nur ein Erzeugnis unter vielen wären. Es müßte eine unabhängige Forschung mit staatlicher Unterstützung vor Ort aufgebaut werden, damit Pflanzensorten entwickelt werden können, die gut auf die spezifischen Bedingungen des Anbaugebiets abgestimmt sind, die auf den Überseemärkten erwiesenermaßen anerkannt und leicht zu transportieren sind. Die neue Industrie würde sich auf mexikanisches Kapital und Management stützen. Eine gute Alternative wäre es, wenn für dieses Unternehmen *ejidos* in einer Produktionsgenossenschaft organisiert würden. Institutionell müßte Unterstützung von einer neuen staatlichen Behörde kommen, die nichts mit der US-kontrollierten Industrie zu tun haben dürfte (was der schwierigste Teil der Aufgabe ist). Außerdem müßte für ausreichende Lufttransportmöglichkeiten Sorge getragen werden.

Nun sollte der Leser aber nicht meinen, daß ich mit der Darstellung dieser wenigen Aspekte auch notwendigerweise für ein solches Unternehmen plädiere. Was ich klar machen möchte, ist, daß jeder

Versuch, die Erdbeerindustrie zu »mexikanisieren«, von einer völlig neuen Basis aus begonnen werden muß. Der Erfolg eines solchen Unternehmens ist nicht gewiß, und es ist auch nicht klar, ob es für die Entwicklung der mexikanischen Landwirtschaft Vorrang haben sollte, oder ob die mexikanischen Ressourcen nicht anderweitig zu größerem Nutzen eingesetzt werden könnten.

Es gibt auch andere Alternativen, die zwar bislang nicht ernsthaft erwogen wurden, aber durchaus nicht weit hergeholt sind, wenn man sich die chaotischen Zustände in der mexikanischen Erdbeerindustrie vor Augen hält. Zu denken wäre an Maßnahmen, die Aktivitäten der Makler und Industriellen schärfer zu kontrollieren, die Verhandlungsmacht der Erzeuger zu stärken und ihre ökonomischen Gewinne zu steigern, den Einfluß der mexikanischen Regierung zu mehren, Mexikos Agrarressourcen durch verbesserte Anbau- und Verarbeitungsmethoden, unabhängige Forschung und technische Hilfe zu schonen, die Beschäftigungsrate der Arbeiter in Stadt und Land zu erhöhen und ihre Arbeits- und Lebensbedingungen zu verbessern. Mit solchen Maßnahmen können zum Teil dieselben Ziele verfolgt werden wie mit Gesetzen über ausländische Investitionen und Technologietransfers, doch würden sie auch radikalere strukturelle Veränderungen an der Basis und im politischen System mit sich bringen. Der Maßnahmenkatalog könnte folgende Punkte enthalten:

- Starke Organisation der Erdbeererzeuger, die in der Lage ist, bei Entscheidungen über Planung, Produktion, Verarbeitung, Vermarktung und Export aktiv mitzuwirken, z. B. durch Produktionsgenossenschaften;
- Vertretung der Erzeuger in allen staatlichen Behörden, die in irgendeiner Weise mit der Erdbeerindustrie befaßt sind;
- rigorose Planung und Verwirklichung von Produktions- und Exportkontrollen, weitgehend ausgeführt von den Erzeugern, mit staatlicher Unterstützung und wirksamen Sanktionen bei Verstößen;
- Abschaffung der Konzentration von Produktionsmitteln und Schutz der kleinen Erzeuger;
- Finanzierung der Produktion aus inländischen Quellen, um die Zwangsbindung der Erzeuger an die Fabriken zu lösen;
- Aufbau eines von der mexikanischen Regierung finanzierten, eng mit den Erzeugern zusammenarbeitenden Entwicklungszentrums für Forschung und technische Hilfe, einschließlich unabhängiger Marktforschung und Ausbildung;
- Reorganisation und Neuorientierung der mexikanischen Setzlingsproduktion (Pflanzenzuchtanstalten);
- Diversifikation der Produktion in Erdbeer-Anbaugebieten im Sinne der vollen Auslastung der Werkskapazitäten;
- Reinvestition eines Teils der Gewinne von US-Maklern und anderen Händ-

lern zur Verbesserung der Infrastruktur, zur betrieb-
lichen Diversifikation, zum Wohnungsbau etc.;
– Regulierung des Arbeitsmarktes, Organisierung von Arbeitergewerkschaften in Stadt und Land und Verbesserung der Arbeits-
und Lebensbedingungen.

Solche Alternativen sollten Gegenstand öffentlicher Diskussion
sein und werden hier nicht im einzelnen erörtert. Sie zielen nicht auf
die Abschaffung des kapitalistischen Systems in Mexikos Erdbeerindustrie, sondern auf eine bescheidene Umverteilung von Macht und
Gewinnen. Sie würden Mexikos Abhängigkeit von den USA nicht
abbauen, könnten jedoch eine Teillösung für manche der schlimmsten Folgen dieser Abhängigkeit bringen.

Aber wir können es nicht unterlassen, diese Alternativvorschläge in
historischer Perspektive zu betrachten. Sie stehen quer zu sämtlichen
Entwicklungstrends der neueren Zeit, zur Expansion des US-Kapitalismus in der mexikanischen Landwirtschaft im besonderen und zur
Expansion der Industrieländer in den meisten Ländern der Dritten
Welt im allgemeinen. Kapitalistische Expansion bedeutet und verlangt, daß große und intermediäre multinationale Konzerne die Produktion, Verarbeitung und Distribution einer wachsenden Zahl agra-
rischer Güter zunehmend unter ihre Kontrolle bekommen, und zwar
mit Hilfe eben des Typs von vertikal und horizontal integrierten
»Agro-Business«-Systemen, für den die Erdbeerindustrie ein so interessantes Beispiel ist. Kapital- und Technologietransfers, die Instrumente der Expansion, führen zur Kontrolle über Boden, Wasser und
andere agrarische Ressourcen sowie über die in der Landwirtschaft
tätigen Menschen. Kapitalistische Expansion richtet sich gegen die
Bauern der unterentwickelten Welt und stärkt die großen Erzeuger
und Grundbesitzer, die Einheimische oder Ausländer sein mögen,
sowie die lokalen Monopolisten, die den ausländischen Investoren
dienen. Folglich würde jede der von uns vorgeschlagenen Alternativen unverzüglich auf den erbittertsten Widerstand nicht nur der
mexikanischen Kapitalisten und ihrer Verbündeten in Mexiko, sondern auch der in der Erdbeerindustrie engagierten US-Kapitalisten
stoßen. Diese könnten damit drohen, sich gänzlich zurückzuziehen,
und weitere US-Investoren und -Händler, die an anderer Stelle an der
Ausbeutung der mexikanischen Landwirtschaft beteiligt sind, könnten sich ihnen anschließen. Die Leser wissen bereits, daß ich eine
solche Möglichkeit nicht unbedingt als Katastrophe für Mexiko
ansehe – vorausgesetzt, die mexikanische Regierung wäre bereit bzw.
imstande, das Fundament für ein neues, schöpferisches Agrar-Ent-
wicklungsprogramm zu legen und dieses auch durchzusetzen, um
den Platz einzunehmen, der im Falle eines Rückzugs der ausländischen Investoren und Händler frei würde. Aber wäre sie dazu imstande?

Anhang: Tabelle I

Mexikanische Erdbeerexporte und US- bzw. Kalifornische Erdbeerproduktion, -Verwertung und -Lagerbestände in Mio. Pfund bzw. Prozent

Jahr	Mexikanische Exporte* Prozent der**					US-Produktion und -Verwertung			Kalifornische Produktion und Verwertung			US-Lagerbestände an tiefgefrorenen Erdbeeren per 1. Januar
	F	T	Z	US-Produktion	kaliforn. Produktion	F	V	Z	F	V	Z	
1966	11,7	82,8	94,5	20	53	265,9	198,5	464,4	117,3	60,5	177,8	123,2
1967	20,5	72,9	93,4	20	45	281,8	192,2	474,0	148,1	60,7	208,8	154,8
1968	26,3	68,2	94,5	18	33	337,3	188,3	525,6	213,2	76,6	289,9	143,7
1969	44,2	88,0	132,2	27	49	315,4	170,8	486,2	202,4	66,4	268,8	146,9
1970	49,0	101,5	150,5	30	52	317,2	179,1	496,3	215,4	73,6	289,0	127,8
1971	49,2	83,2	132,4	25	44	340,4	180,5	520,9	235,0	68,0	303,0	166,2
1972	42,1	81,2	123,3	27	43	319,7	138,6	458,3	226,4	58,3	284,7	151,9
1973	37,6	106,7	144,3	30	45	314,4	162,9	477,3	226,7	93,3	320,0	104,4
1974	43,1	109,4	152,5	29	40	363,3	167,9	533,2	277,6	105,1	382,7	120,8
1975*	33,0	90,0	122,0	23	32	369,0	173,0	542,0	270,9	109,1	380,0	148,2

F = Frischerdbeeren; T = tiefgefrorene Erdbeeren; Z = zusammen; V = verarbeitete Erdbeeren.

* Mexikanische Exporte (oder genauer: US-Importe aus Mexiko für den amerikanischen Konsum), für 1975 geschätzt.

** Dies sind Annäherungswerte. Basis der US-Importe (der mexikanischen Exporte) ist die tatsächliche Erdbeerproduktion, während die US-Produktion und -Verwertung auf dem Äquivalent an Frischerdbeeren basieren. Die beiden Zahlenreihen geben jedoch Aufschluß über die allgemeinen Trends.

Quelle: USDA (US-Entwicklungsbehörde).

Anhang: Tabelle II

Preise der mexikanischen Erdbeerimporte in den USA im Vergleich zu den Preisen, die die kalifornischen Erzeuger erzielten, bzw. zu den durchschnittlichen US-Erzeugerpreisen, 1967–1975

Jahr	Mexikanische Importe		Kaliforn. Erzeugerpreise		US-Erzeugerpreise	
	US-Dollar pro Tonne		US-Cents pro Pfund		US-Cents pro Pfund	
	F	T	F	V	F	V
1967	310,2	274,9	23,2	14,7	24,5	14,5
1968	337,0	333,6	23,1	15,0	24,3	16,0
1969	320,4	334,5	25,0	15,2	25,9	16,4
1970	340,4	284,8	22,7	15,3	24,8	15,6
1971	333,3	205,0	25,9	14,0	26,7	14,5
1972	336,9	302,6	25,8	15,7	27,1	16,8
1973	373,8	428,6	29,2	18,9	31,0	21,0
1974	360,6	461,5	30,7	18,3	32,3	20,7
1975	424,5*	433,8*	33,9	18,7	35,0	19,9
	Index					
1967	100	100	100	100	100	100
1968	109	121	100	102	99	110
1969	103	122	108	103	106	112
1970	110	103	102	104	102	108
1971	107	75	116	95	109	100
1972	109	110	111	107	111	116
1973	121	156	126	129	127	145
1974	116	168	132	124	132	143
1975	137*	157*	146	127	143	137

* Vorläufige Werte bis Juli 1975.

Quelle: USDA.

Anhang: Tabelle III

Erdbeerplantagen in Kalifornien
1965–1975

Erntejahr	Erntefläche in Morgen*	Erträge pro Morgen** in 1000 Pfund
1965	8300	21,5
1966	7800	22,8
1967	8000	26,1
1968	8600	33,7
1969	8400	32,0
1970	8500	34,0
1971	8300	36,5
1972	7800	36,5
1973	8100	39,5
1974	8900	43,0
1975	10000	38,0

* 1 ha = 2,5 Morgen.
** Ertrag pro ha = Ertrag pro Morgen multipliziert mit 2,5 minus 10%, um das mexikanische Äquivalent zu erhalten.
Quelle: USDA.

Anhang IV

Teilnehmerliste des Treffens von Guanajuato 17./18. Juni 1975
I. *US-Makler, Mitglieder der US Strawberry Association*

Kenneth Everhard	U.S. Strawberry Imports
Kenneth Price	Mid Vallery Frozen Foods
Jim Ferrel	Griffin and Brand
Othal Brand	Griffin and Brand
Joe Dunn	Frozen Foods Inc.
Ben Thompson	Representant De La Embajada Americana
Jim Simpson	Simpson Sales Agency
Stan Taylor	American Foods Co.
Steve Taylor	American Foods Co.
Michael Cerniglia	American Foods Co.
Floyd Betters	Floyd Betters Co.
Ike Griffin	McAllen Strawberry Griffin and Holder Co.
J. G. Valdez	Rio Sales
William Hare	Texas Fruit and Berry Co.
Joe Lamantia	–

II. *Vertreter der FBI Food Ltd., Montreal, Canada*
Alejandro Smith Sauceda
Alejandro Smith Herrera

III. *Vertreter mexikanischer Institutionen und Organisationen*

Dr. Francisco Andrade	Director General de Economia Agricola S.A.G.
C.P. Rosendo Flores Madrid	U.N.P.H.
Robert Reyes	Presidente de la Asociacion de Congeladores y Exportadores de Fresa de Zamora
Leopold Ulloa Araus	Representante del Sr. Francisco Merino Rabago, Director del Banco Agropexuario
Ramiro Gomez Espinoza	Sr. Francisco Alcala Quintero Director del Banco de Comercio Exterior
Andres Lambert	Representante del Ing. Daniel Amador Uribe, Director General de la Organizacion de la S.A.G.
Lic. Jaime Velazquez Toledo	Representante del Lic. Miguel Alvarez Uriarte del Banco Nacional de Comercio Exterior
Lic. Conrado Romero Miranda	Representante del Lic. Mario Silva Herzog Y de la Lic. Graciela Brassdefer del Banco Nacional Agropecuario
James Rigby	Gerente de Mercadotecnia y Exportacion de Fruta Refrigerada
Ing. Jose Luis Ramos	Banco Agrario de Michoacan
Manuel Avalos Villasenor	Representante del Dr. Isaias Hernandez Gerente del Banco Agropecuario en el Estado de Michoacan
Ing. Lauro Urbina Martinez	Sanidad Vegetal en Zamora, Mich.
Ignacio Mendez	Representante de la Asociacion de Productores de Fresa de la Cienega
Ing. Marcelino Ramirez Chavolla	Agente General de Agricultura en Michoacan
Lic. Jose Luis Rodriguez	Presidente de la Asociacion de Congeladores de Guanajuato
Jose Martinez Sotomayor	Presidente de Canacintra, Irapuato
Ing. Anastacio Morales	Director General de Agricultura en el Estado de Michoacan
C. Vicente Flores	Presidente de la Asociacion de Productores de Fresa de Irapuato
Lic. Jose Luis Rodriguez	Presidente de la Asociacion de Congeladores de Irapuato
C. Antonio Lara Flores	Presidente de la A.A.L. de Productores de Ixtlan, Michoacan
C. Ignacio Mendez	Presidente de la A.A.L. de Productores de Fresa de la Cienega, Michoacan
Lic. Carlos Chavez Carpio	Representante Auxiliar del I.M.C.E. en el

	Estado de Guanajuato. Representante del Director General del I.M.C.E.

IV. *CONAFRUT*

Ing. Salvador Sanchez Colin	Director General de la Comision Nacional de Fruticultura
Ing. Edgar Ezel Mora Blancas	Subdirector de la CONAFRUT
Dr. Heriberto Barrera Benitez	Jefe del Laboratorio de Control de Calidad, Normalizacion e Inspeccion, Palo Alto, D.F.
Jorge Lomelin	Coordinador General de las Actividades Freseras
Lic. Francisco Carmona	Jefe del Departamento de Desarrollo Comercial Fruticola CONAFRUT – Palo Alto, D.F.
Ing. Raul Miravete Anota	Residente del Programa Nacional de la Fresa en Irapuato, GTO.
Jesus Arellano	Residente del Programa Nacional de la Fresa en Zamora, Mich.
Ing. Jose Luis Herrerea Chacon	CONAFRUT

Anmerkungen

1 Vgl. Vorwort.

2 Primer Encuentro Internacional para la Comercialización de la Fresa Mexicana, 17./18. Juni 1975 in Guanajuato. Die Teilnehmer waren Vertreter des Verbandes US-amerikanischer Erdbeer-Importeure (U.S. Strawberry Importers' Association), der offenbar kurz vor diesem Treffen gegründet worden war, zwei kanadische Importeure, Mitglieder der mexikanischen Regierung und Vertreter der Erzeuger (siehe Anhang IV).

3 Der mexikanische Erdbeerverbrauch ist unbedeutend. Nach Schätzungen beläuft er sich auf die Differenz zwischen Gesamtproduktion und Exporten (»mutmaßlicher Inlandsverbrauch«). Da der Binnenmarkt für dieses Luxusnahrungsmittel wegen zu geringer Kaufkraft nicht groß genug ist, habe ich den Verdacht, daß ein erheblicher Teil des »mutmaßlichen Inlandsverbrauchs« vernichtet wird.

4 Der Wert der mexikanischen Erdbeererträge »zu Erzeugerpreisen« wird (z. B.) für 1965 mit 191 Mio. Pesos, für 1970 mit 187 Mio. Pesos und für 1973 mit 267 Mio. Pesos angegeben.

5 Wie ich später erläutern werde, ist der chaotische Zustand, der gegenwärtig in Mexikos Erdbeerindustrie herrscht, das Ergebnis der Aktivitäten der ausländischen Investoren und Händler (handlers). Sie profitieren von diesem Zustand, weil er ihre Herrschaft über die Erdbeerindustrie perpetuiert. Die Investoren und Makler reden von der Notwendigkeit, Produktion und Vermarktung zu planen. In Wirklichkeit meinen sie damit, daß sie die »Planung« allein unternehmen wollen, ohne Einmischung.

6 Zu einer ausführlichen Erörterung der Empfehlungen und ihrer Bedeutung siehe Kapitel IX.

7 Die Wirksamkeit dieser Gesetze hängt davon ab, inwieweit sie befolgt werden. Bei strikter Befolgung können sie durchaus die Rücknahme gegenwärtiger oder den Verzicht auf zukünftige Investitionen bewirken. Werden sie nicht streng befolgt, ist ihre Wirksamkeit minimal. Ein merkwürdiges Nebenprodukt dieser Gesetze bzw. der Bestrebungen, sie zu umgehen, ist, daß die Verhandlungsmacht von »Strohmännern«, die für ausländische Kapitalisten arbeiten (»prestanombres«), gestärkt wird. Der Preis dieser »Strohmänner« ist in Mexiko zweifellos gestiegen.

8 Die Mindestlöhne sind in Mexiko gesetzlich festgelegt, werden in der Landwirtschaft oder verarbeitenden Betrieben jedoch praktisch nie gezahlt. In den landwirtschaftlichen Gewerbezweigen, die vom US-Kapital beherrscht sind, wird das unter dem gesetzlichen Minimum liegende Lohnniveau bis zu einem gewissen Grade von den US-Investoren bestimmt.

9 Siehe den ausgezeichneten Artikel von Mauricio de Maria y Campos, *La Politica Mexicana sobre Transferencia de Tecnologia. Una Evaluacion Preliminar*, in: *Comercio Exterior*, Mai 1974.

10 Damit will ich natürlich nicht sagen, daß die USA erst in den sechziger Jahren in die mexikanische Landwirtschaft zu investieren begannen.

11 Eine vorzügliche Analyse gibt Cynthia Alcantara, *The Social and Economic Implications of Large-Scale Introduction of New Varieties of Food Grains in Mexico*, UNRISD, Genf, November 1974. Wegen des Widerstands der Ford- und Rockefeller-Foundation wurde diese Arbeit lange nicht veröffentlicht. Zum Einfluß der Grünen Revolution auf die Weltnahrungsmittelproduktion siehe Keith Griffin, *The Political Economy of Agrarian Change*, 1974, Kapitel I.

12 Eine Analyse dieser Transfers findet sich in meinem Aufsatz *Die neue Penetration der Landwirtschaften der unterentwickelten Länder durch die Industrienationen und ihre multinationalen Konzerne*, in: D. Senghaas / U. Menzel (Hrsg.), *Multinationale Konzerne und Dritte Welt*, Opladen 1976, S. 103-127. Es ist kein Geheimnis, daß wichtige Nahrungsmittelindustrien in Mexiko, insbesondere der verarbeitenden Betriebe der Nahrungsmittelbranche, von ausländischem Kapital kontrolliert werden. Vgl. Ramirez, *Las inversiones extranjeras en la industria alimenticia de Mexico*, Universität Mexiko, September 1973.

13 Der Begriff »Erdbeerindustrie« wird hier in der Regel als auf den gesamten Sektor (Produktion auf Erzeugerebene, Verarbeitung, Vermarktung und Export) bezogen gebraucht. Der Begriff »Fabrik« wird dann gebraucht, wenn es um industrielle Tätigkeiten geht. Dieses Kapitel beschäftigt sich hauptsächlich mit der Struktur der verarbeitenden Betriebe und der Vermarktung.

14 Im allgemeinen werden die Erdbeeren in Mexiko zu einer Zeit eingefroren, in der die US-amerikanischen Erdbeerpflanzer anfangen, ihre frischen Früchte auf den Markt zu bringen. Wenn der nordamerikanische Markt aber während des Winters nicht alle frischen Erdbeeren aus Mexiko aufnehmen kann, dann kann der Überschuß auch eingefroren werden.

15 Laut US-Importstatistik bestanden über einen Zeitraum von fünf Jahren hinweg (1970-1974) etwa 69% aller mexikanischen Erdbeerexporte in die USA aus tiefgefrorenen Erdbeeren. Freilich wird die Bedeutung dieser US-Importe damit übertrieben, denn ca. 25% der tiefgefrorenen Erdbeeren bestehen aus Zucker. Berichtigt man die mexikanischen Exporte von tiefgefrorenen Erdbeeren wegen des Zuckeranteils, so belaufen sie sich auf etwa 52%. Diese Berichtigung muß unbedingt

vorgenommen werden, wenn man die relative Bedeutung des Erdbeergehalts bei den beiden Exportarten ermitteln will. Aus der Sicht der USA sind tiefgefrorene Erdbeeren inklusive Zucker jedoch ein einziges Produkt, und zwar ein verhältnismäßig billiges, da der Zuckerpreis in Mexiko niedrig ist. Wenn also die Vereinigten Staaten tiefgefrorene Erdbeeren importieren, dann importieren sie in Wirklichkeit zum Teil billigen Zucker. Dies ist deshalb wichtig, weil tiefgefrorene Erdbeeren in großem Umfang für Konserven verwertet werden.

16 Unter den Einwohnern von Zamora und Irapuato gilt es als stehende Redewendung, daß die Industriellen und Kaufleute in der Erdbeerbranche »sehr hermetisch« sind. Selbst die Banken, mit denen die Fabriken geschäftlich umgehen, wissen oft nicht, wem sie gehören.

17 Dies ist ein interessantes Phänomen. Die US-amerikanischen Kapitalisten behaupten gern, sie verfügten über all die Initiative und Aggressivität, die nötig sei, um eine Industrie aufzubauen, die »den unterentwickelten Ländern große Vorteile bietet«; den lokalen Unternehmern fehle es an diesen Eigenschaften, und deshalb hielten sie ihr Land in Rückständigkeit. Aber die Wirklichkeit ist vielschichtiger. Wenn die mexikanischen Unternehmer sich zunächst tatsächlich zurückhielten, so rechtfertigen die chaotischen Bedingungen der Erdbeerindustrie heute, im Nachhinein, voll und ganz ihre vorsichtige Haltung gegenüber einem Industriezweig, der vollkommen von US-Investoren beherrscht wird; denn sie wissen sehr wohl, daß sie sich letzten Endes deren Launen beugen müssen. Heute beteiligt sich mexikanisches Kapital an der Erdbeerindustrie, weil die Branche nun, nachdem sie einmal etabliert ist, hohe Gewinne verspricht. (Natürlich wird dieses Versprechen nicht immer gehalten.) Eine andere einleuchtende Interpretation ist die, daß die US-Kapitalisten das mexikanische Kapital nicht sonderlich zur Beteiligung ermutigten, da sie die Erdbeerindustrie von Anfang an allein kontrollieren wollten.

18 Da dieser mexikanische Kapitalist – Berichten zufolge – wegen seiner aggressiven Geschäftspraktiken häufig in finanziellen Schwierigkeiten ist, kann es gut sein, daß er auch von anderen US-Kapitalisten gestützt wird.

19 G. Martinez D. ist ein bekannter Politiker, heute Finanzier, früher Generaldirektor der Banco Nacional Financiera. Sein Bruder, der ehemalige Bürgermeister von Mexico City, ist heute Finanzier in Monterrey, einer Stadt, in der das US-Kapital wild wuchert. Es geht das Gerücht, daß hinter der Eigentumsübertragung in Wirklichkeit Othal Brand, einer der größten US-Makler, stehe, ein Gerücht, das sich durch die Tatsache bestätigen ließe, daß der ehedem bedeutendste Vertreter von O. Brand heute Vertreter für Frutas Refrigeradas ist. Wenn dies zutrifft, wäre die Firma damit der ersten (von US-Kapital beherrschten) Kategorie und dem Brand-Imperium zuzurechnen.

20 Wahrscheinlich Estrella und Zamora.

21 Ein großer Teil der mexikanischen Erzeuger hat sich gegenüber den Gefrierfabriken vertraglich verpflichtet, als Gegenleistung für Produktionskredite, die sie von den Fabriken eingeräumt bekommen, diesen ihren Vertragspartnern ihre Ernte auszuliefern. Vermutlich kommt ein Teil der Kredite von mexikanischen Banken, doch werden sie formal von den Fabriken garantiert.

22 Im Herbst 1974 beklagte sich der regionale Verband der Obst- und Gemüseerzeuger darüber, daß »nur 15 Handelsfirmen (handlers) einen großen Teil der Produktion von Tomaten, Erdbeeren, Melonen und anderen Gemüsearten kontrollieren«, und bat die mexikanischen Kreditanstalten, mit mehr Nachdruck dafür einzutreten, »der wirtschaftlichen Abhängigkeit, deren Ursache die nordamerikani-

schen Kreditmittel sind, ein Ende zu machen«. *Boletin Bimestral*, Union Nacional de Productores de Hortalizas, September/Oktober 1974, S. 290.

23 Alljährlich fließen allein aus US-Quellen Investitionen in Höhe von 50 bis 100 Mio.Pesos in die Zamora-Erdbeeren, einschließlich Kredite für Erzeuger und Darlehen für die Industrie. In diesem Zusammenhang behauptete der Verband US-amerikanischer Erdbeer-Importeure (siehe Anm. 2) bei dem Guanajuato-Treffen vom Juni 1975, er habe »rund 10 Mio. Dollar in die (gesamte) mexikanische Erdbeerbranche investiert«, also eine Summe, die etwa 125 Mio. Pesos entspricht.

24 Die mit * gekennzeichneten Firmen waren die acht Unterzeichner der auf dem Guanajuato-Treffen vorgelegten 13 Empfehlungen.

25 Ein Experte sagte von ihm, er sei ein »echter Ausbeuter« mexikanischer Ressourcen; er investiere wenig und ziehe große Gewinne aus der Branche.

26 Sie tritt bei ihren Verkaufsgeschäften auch als »International Frozen Foods Inc.« auf.

27 Die Berichte, die über seine Geschäfte in Umlauf sind, sind ziemlich ungewöhnlich. Aus einem geht hervor, daß er es fertiggebracht hat, das Geschäft eines kleineren Konkurrenten in den USA mit ein paar schlauen Manövern praktisch zu ruinieren.

28 Der »Dreiecks«-Export mexikanischer Erdbeeren (Mexiko–USA–Europa oder Mexiko–USA–Japan usw.) ist ein Grund für Konflikte zwischen US-Maklern und mexikanischen Geschäftsinteressen; siehe den nachfolgenden Text.

29 So ist bekannt, daß Griffin and Brand 1974/75 tiefgefrorene Erdbeeren an Betters Food Sales verkaufte.

30 In den Fällen, in denen eine Gefrierfabrik mit zwei Maklern Geschäfte machte, gingen wir davon aus, daß jeder der beiden Makler 50% der Gesamtproduktion übernahm.

31 Mit anderen Worten, die Fähigkeit großer Makler, einen Teil der vermarktbaren Produktion indirekt zu handeln – z. B. durch Kauf von anderen Maklern oder Händlern –, steht außer Frage.

32 Siehe Anmerkung 19.

33 Berichten zufolge haben US-amerikanische multinationale Konzerne in Mexiko 65–85% der gesamten einheimischen Investitionen in Firmen gelenkt, an denen US-Kapital beteiligt ist. Ich schätze, daß dieser Prozentsatz in der Erdbeerindustrie zwischen 40 und 60% der Investitionen von fixem Kapital liegt. Es ist schon bemerkenswert, daß mexikanische Kapitalisten und Banken fortwährend Kapital in eine Industrie hineinpumpen, die solchen außerordentlichen Fluktuationen unterliegt. Offensichtlich macht der Druck profitbegieriger mexikanischer Investoren es schwierig, aus dem Unternehmen auszusteigen. Einmal begonnen, hat der Prozeß der Anlage mexikanischen Kapitals in der Erdbeerindustrie eine Eigendynamik gewonnen, und nur ein vollständiger Bruch mit der Vergangenheit könnte ihm ein Ende setzen.

34 Erst kürzlich erklärte der nationale Verband der Obst- und Gemüseerzeuger: »Staatliche und private Banken in Mexiko haben bis heute darauf verzichtet, den Obst- und Gemüseerzeugern Kredite einzuräumen, weil die US-amerikanischen Bankinstitute dies stets über Händler vermittelt getan haben.« *Boletin Bimestral*, Union Nacional de Productores de Hortalizas, September/Oktober 1974, S. 290.

35 In mindestens einem Fall erlebte eine Bank ihren Niedergang, weil sie die Geschäfte mit einem der großen Makler auf dieser Basis fortführen wollte.

36 Lic. Manuel Salas Villagomez, *La Fresa y el Desarrollo Agricola de la Zona de*

Zamora. Der Verfasser meinte: »[. . .] Die Entwicklung der verarbeitenden Betriebe [. . .] war anarchisch und irrational und gestattete in vielen Fällen nicht, daß den Unternehmern die Vorteile der Skalenerträge zugute kamen. Häufig gab es ein großes Ungleichgewicht zwischen Verarbeitungs- und Lagerungskapazität.« (S. 54) »[. . .] Insgesamt war die Lagerungskapazität der Betriebe (1967) sechsmal so groß wie die gesamte Verarbeitungskapazität.« (S. 55) »[. . .] Im April 1964 [. . .] schätzte das US-Landwirtschaftsministerium, daß die Verarbeitungskapazität der Fabriken in Zamora und Irapuato die tatsächliche Erdbeerproduktion um 100 Millionen Pfund überstieg.« (S. 57)

37 Bevor die Fabriken in großem Maßstab zunahmen, wurde ein Teil des gewachsenen Volumens von Zamora in Fabriken im Irapuato-Gebiet umgeleitet. Solche Umleitungen kommen auch heute noch vor. Andere »Umleitungen« sind auf Aktionen sogenannter *piratas* zurückzuführen (siehe unten).

38 Es gibt natürlich noch einen anderen Blickwinkel, aus dem man die Frage des Kapazitätsüberhangs betrachten kann: Das Interesse der US-Investoren und -Händler an der Kapazität der Verarbeitungsbetriebe richtet sich auf deren *Exporte*, nicht auf das, was *produziert* wird. So gesehen verschlechtert sich die Lage der Dinge noch mehr, weil das bedeutet, daß die US-Investoren und -Händler es sich leisten können, keine Rücksicht darauf zu nehmen, was die mexikanischen Erzeuger produzieren. Aus der Sicht Mexikos zählt selbstverständlich das Verhältnis zwischen Produktions- und Verarbeitungskapazität.

39 Zum Thema »Überproduktion« siehe S. 66-67.

40 Das Verhältnis der US-amerikanischen Erdbeerproduktion zur mexikanischen ist schwierig. Die US-Erzeuger reagierten auf die »mexikanische Konkurrenz« mit der Steigerung ihrer Produktion. Folglich sind die Aussichten für eine Steigerung der Exporte aus Mexiko in Einklang mit einer gestiegenen Nachfrage in den USA nicht so rosig, wie die »mexikanischen« Erzeuger erwarten (siehe unten).

41 Die Maklerprovisionen sind eine Form des Kapitaltransfers aus Mexiko in die Vereinigten Staaten.

42 Der bereits zitierte Bericht von M. Salas Villagomez (Banca Nacional Agropecuario) von 1969 ging davon aus, daß Kapazitätsüberhang in der Differenz zwischen Lagermöglichkeiten oder Produktion und Verarbeitungs- (Gefrier-)kapazität bestehe. Das mag richtig sein. Wir legen hier jedoch einen allgemeineren Ansatz zugrunde.

43 In der Zeit, in der die frischen Erdbeeren geerntet werden, was während der ersten Monate jedes Zyklus geschieht, beschränkt sich der Betrieb der Gefrierfabriken zumeist darauf, die Früchte kühl zu halten, bevor sie verschifft werden, wenngleich der Ernteüberschuß, der nicht frisch auf den Markt gebracht werden kann, eingefroren werden muß.

44 Es erscheint einigermaßen absurd, daß diese Firma das Gemüse, das bei ihr eingefroren wird, aus Gegenden heranschafft, die 100-200 km entfernt liegen, damit »der Elefant« relativ bescheiden für mehr als sechs Monate arbeiten kann. Die Ejido-Fabrik V. Carranza wurde kürzlich erweitert, so daß dort nun auch Marmelade hergestellt werden kann, und die Regierung rühmt dies als »Diversifikation«. Freilich kann man das nur in einem sehr eingeschränkten Sinne als Diversifikation bezeichnen.

45 Viele Ökonomen (und ich gehöre zu ihnen) plädieren seit langem für die intensivere Nutzung des Bodens in unterentwickelten Ländern, der – wie jedermann weiß – in hohem Grade extensiv bewirtschaftet wird. Wenn aber der Boden intensiv

genutzt wird, wie es bei Erdbeeren der Fall ist, und wenn dies unter fremder Herrschaft geschieht und die Gewinne in das Land der ausländischen Investoren abfließen, dann sind die betroffenen Landwirtschaften der Länder der Dritten Welt noch schlechter daran als zuvor.

46 Erdbeeren reagieren selbst auf geringe Veränderungen der ökologischen Bedingungen überaus empfindlich und müssen daher auf jedes Anbaugebiet besonders abgestimmt werden.

47 So sagte ein Sprecher der Nationalen Kommission für Obstanbau CONA-FRUT (Comision Nacional de Fruticultura), der heute das mexikanische Erdbeer-Programm leitet: »Die Wahrheit ist, daß ich nicht weiß, ob die Sorten, die wir verwenden, die besten sind; aber ich kann mit Sicherheit sagen, daß es die Sorten sind, die auf dem US-amerikanischen Markt am stärksten nachgefragt werden.« Und der Präsident des Industriellenverbandes erklärte: »Wir sind sehr daran interessiert, die Setzlinge aus den USA zu bekommen.«

48 Dies ist ein interessanter Punkt. Vielleicht übertreibt Fulanito ein wenig, aber im wesentlichen scheint die Klage berechtigt zu sein. Manche der großen Makler übernehmen die vertragliche Verpflichtung zum Kauf von Setzlingen in den USA (beispielsweise unterhält die Maklerfirma Griffin and Holder enge Geschäftsverbindungen mit den Max Koppes-Zuchtanstalten in Watsonville, Kalifornien) und geben diese dann an ihre bevorzugten Produzenten in Mexiko weiter, die zumeist große Erdbeerpflanzer sind. Noch schwieriger wird die Lage, wenn amerikanische Investoren/Makler gleichzeitig eine finanzielle Beteiligung an kommerziellen mexikanischen Zuchtanstalten haben. Es ist wichtig, diesen Punkt im Zusammenhang mit einigen der »Empfehlungen« zu sehen, die auf dem Treffen in Guanajuato (Juni 1975) von amerikanischen Maklern vorgelegt wurden.

49 Zu dem Treffen in Guanajuato vom Juni 1975, auf dem auch die Forschung zur Debatte stand, wurden die Vertreter der einzigen Behörde, die über kommerzielle Erdbeerproduktion forscht, der CIAB (Centro de Investigacion Agraria del Bajio, eine Forschungsstelle des mexikanischen Landwirtschaftsministeriums im Bajio, einem reichen, bewässerten Gebiet in Irapuato), nicht eingeladen.

50 Erdbeerpflanzen sind sehr anfällig für Krankheiten. Die »Entseuchung« (fumigation) könnte viele Probleme lösen helfen, kostet aber 25 000 Pesos pro Hektar. Die mexikanischen Erdbeeren sind jedoch gerade wegen der geringen Produktionskosten auf den US-amerikanischen Märkten konkurrenzfähig, und deshalb ist offenbar niemand an der Entseuchung interessiert. »Aus Mexiko das Maximum zu minimalen Kosten herausholen«, so heißt die Devise. Was das Überfluten *(entanquilamiento)* angeht, so scheint Zamora die einzige Gegend in der Welt zu sein, wo dieses Verfahren praktiziert wird – ausgenommen natürlich beim Reisanbau. Experten sind offenbar der Meinung, daß die Wassermengen aus den Bewässerungsanlagen dem Boden wertvolle Nährstoffe zuführen, zugleich aber auch die Zunahme von Krankheiten begünstigen und schlecht für die Bodenstruktur sind.

51 Die Mehrzahl der Zuchtanstalten in Mexiko wird von den Gefrierfabriken eingerichtet. Es gibt zwei kommerzielle Zuchtanstalten, die von mexikanischen und amerikanischen Kapitalisten gemeinsam betrieben werden.

52 Man beachte, daß Fulanito den Ausdruck »multinationale Konzerne« gebraucht. Auf dem Lande werden Themen wie Multis, Abhängigkeit usw. durchaus diskutiert. *Die Menschen, die hier mit dem Erdbeergeschäft zu tun haben, erleben Abhängigkeit tagaus, tagein,* und deshalb sprechen sie darüber.

53 Siehe auch die Tabelle I im Anhang.

54 Mexikos Produktion steht hier für seine Exporte, d. h. es handelt sich um eine Annäherung.

55 Siehe Tabelle III im Anhang.

56 Diese Schlußfolgerung beruht auf statistischen Angaben des mexikanischen Landwirtschaftsministeriums (SAG). Anzumerken ist, *daß die unterschiedlichen Produktionsergebnisse offenbar mehr mit der Ausweitung und Einschränkung der Anbaufläche zusammenhängen als mit Ertragsschwankungen.* Dies ist eine für unterentwickelte Landwirtschaften typische Erscheinung, und sie betrifft auch den Anbau von Handelsgewächsen. Siehe auch den Text (oben und unten) über Forschung, technische Hilfe und landwirtschaftliche Praktiken. *Die Ertragsschwankungen sind eher auf klimatische Bedingungen zurückzuführen als auf verbesserte Sorten von Setzlingen (es gibt keine Verbesserungen) oder auf die Pflanz- und Ernte-Praktiken.*

57 Die amerikanischen Erdbeerpflanzer sind mittlerweile auch schon auf der Suche nach neuen Sorten, die es ihnen ermöglichen sollen, ihre Früchte erheblich früher auf den Markt zu bringen. Sollte ihnen dies gelingen, dann käme Mexiko in Gefahr, seinen saisonalen Vorteil zu verlieren, um so mehr, als es in Mexiko keine Forschung gibt, die einer solchen Entwicklung gegensteuern könnte. Das einzige Gegenmittel bestünde darin, die neuen amerikanischen Pflanzensorten ebenfalls zu importieren. Dies könnte freilich schwierig und teuer werden, denn die Amerikaner könnten ihre Neuentdeckungen schlicht *patentieren* lassen (bis jetzt gibt es noch keine patentierten Erdbeersorten), und das würde bedeuten, daß die mexikanischen Pflanzer dann Patentgebühren zahlen müßten – also eine weitere negative Entwicklung für Mexikos Erdbeerinteressen.

58 Der mexikanische Großproduzent und Industrielle J. A. Valdés, von dem schon an anderer Stelle die Rede war, sagte, es sei für den Erdbeeranbau »obligatorisch«, aus dem Zamora-Tal auszuziehen. Es kündigt sich bereits eine neue Abwanderungswelle an, die mit jenem »Umzug« des Erdbeeranbaus von Irapuato nach Zamora vergleichbar wäre, der in den sechziger Jahren stattfand; heute geht es beispielsweise nach Los Reyes, das liegt 60 km von der Stadt Zamora entfernt. Sollte der Erdbeeranbau in die Nachbarprovinz Jalisco ziehen – und Valdés möchte sich offenbar an die Spitze eines solchen Zuges stellen –, dann wird es sehr wahrscheinlich zu politischen Rivalitäten zwischen den Provinzen Michoacan und Jalisco kommen. Michoacan hat beträchtliche Steuereinnahmen aus der Erdbeerproduktion und dem Verkauf der Ernte. (Die Produktions- und Verarbeitungskontingente verteilen sich derzeit auf die zwei Provinzen Michoacan und Guanajuato.) Auch die lokalen Erdbeerpflanzer würden sich einem Umzug nach Jalisco widersetzen. Die neuerliche Abwanderung wird sich also wohl auf nahegelegene Gemeinden innerhalb der Provinz Michoacan beschränken, es sei denn, in Jalisco würden neue Fabriken errichtet. Valdés hat bereits eine Fabrik in Jalisco organisiert; aber eine massive Abwanderung der Erdbeerindustrie nach Jalisco im großen Stil müßte von einem der großen Makler angeführt werden, denn die Makler würden ihre gegenwärtigen Investitionen nicht erneuern wollen, wenn die Verlagerung ihnen finanziell nichts einbrächte. Trotzdem ist eine solche Verlagerung nicht undenkbar. Wenn sie einträte, dann hieße das, daß Zamora im geringeren Umfang produzieren würde, und das wiederum hätte zur Folge, daß ein Teil der dortigen verarbeitenden Betriebe nach und nach stillgelegt werden müßte und am Ende vollkommen totes Kapital wäre, so wie es ehedem in Irapuato geschah.

59 Die frühere Abwanderung der Erdbeerindustrie nach Zamora wird gemeinhin

mit der Verseuchung der Böden in Irapuato begründet. Dies scheint uns keine hinreichende Erklärung zu sein. Die Bodenversuchung soll heute in Zamora ein weitaus ernsteres Problem sein. Meine eigene Lesart der Industrieverlagerung der sechziger Jahre ist die, daß Zamora besseres und billigeres Land und jede Menge Wasser aus Bewässerungsanlagen zu bieten hatte, was eine Ausweitung der Produktion begünstigte, während im Gebiet von Irapuato andere große kommerzielle Agrarunternehmen, die sich auf die Produktion von anderen hochwertigen Feldfrüchten verlegt hatten, das Land bereits für den Anbau besetzt hielten. Die Abwanderung nach Zamora fiel in eine Zeit, in der die gesamte Anbaufläche für Erdbeeren gewaltig ausgedehnt wurde.

60 Einer der amüsanten Aspekte dieses Kampfes zwischen rivalisierenden US-Gruppen ist, daß er wahrscheinlich eher scheinbar als real ist. So wird berichtet, daß der Präsident des Verbandes kalifornischer Pflanzer und Konservenfabrikanten »sehr anti-mexikanisch« eingestellt sei und einen »Krieg« gegen die »mexikanische« Industrie führe. Aber selbst wenn dem so wäre, so kann er doch kaum übersehen, daß die kalifornischen Pflanzenzuchtanstalten, mit denen die kalifornischen Pflanzer und Fabrikanten enge Geschäftsverbindungen haben, ein blühendes Geschäft »in Mexiko« betreiben.

61 Ein Agronom sagte wörtlich über Zamora: »Alle Faktoren hier begünstigen die Versuchung der Böden: schlechte Pflanzen, die Bewässerung, die Art und Weise, wie die Erdbeeren gepflanzt, wie Insektizide und Pestizide eingesetzt werden, usf.«

62 Dieses Muster der Bodennutzung und Anbauweise ist typisch für traditionelle Landwirtschaften in der Dritten Welt, die vom Großgrundbesitz beherrscht werden. Siehe z. B. *CIDA: Bodennutzung und Betriebsführung in einer latifundio-Landwirtschaft* (CIDA = Comité Interamericano de Desarrollo Agrícola), in: Ernest Feder, *Gewalt und Ausbeutung*, Hamburg 1973, 16. Kapitel, S. 298 ff. Die ausländischen Investoren haben die Bodennutzungspraktiken der Großgrundbesitzer auf einer höheren Entwicklungsstufe aus denselben Gründen und mit noch schlimmeren Ergebnissen übernommen.

63 Siehe unten, S. 67.

64 In diesem Zusammenhang sind zwei Phänomene erwähnenswert:
1. Die Erdbeerindustrie ist eine Haupteinnahmequelle für die Provinz Michoacan, an der verzweifelt festgehalten wird, doch fließt davon nichts in die Gemeinde Zamora und das benachbarte Jacona zurück. Der Beitrag der lokalen Industrie zur Wohlfahrt dieser beiden Städte ist praktisch gleich Null. Beide Städte sind im Verfall begriffen, in beiden sind die öffentlichen Versorgungsleistungen unzureichend. Zur Verschönerung dieser häßlichen und lärmenden Städte wird so gut wie kein Geld ausgegeben, obwohl allein in Zamora 3000 Millionäre ihre Residenz haben sollen. Diese lokal so wichtige Industrie leistet keinerlei Beitrag zur Verbesserung der Lebensbedingungen der Bürger, schlimmer noch, sie tut das Gegenteil, wie ich noch zeigen werde.

Das zweite Phänomen ist die Vernachlässigung der Bewässerungsstruktur. In einem kürzlich erstellten technischen Bericht einer Consulting-Firma (der ATEC S.A., die im Auftrag der Wasser-Behörde [Secretaria de Recursos Hidraulicos] arbeitet) wurde auf die unzureichende Erhaltung der Bewässerungs-Infrastruktur hingewiesen, auf die Unwirksamkeit des Wasserverteilungssystems, auf übermäßige Bewässerung und Vergeudung von Wasser, auf die schrittweise Reduzierung des bewässerten Gebiets und auf den Schaden, der der Bodenstruktur zugefügt werde

(*Estudio socioeconomico del proyecto de rehabilitacion del distrito de riego* No. 61 de Zamora, Michoacan, Bd. I, S. 247 f.). Der Erdbeeranbau, der einigen Produzenten beachtliche Reichtümer einbringt und nach Aussage eines Bewässerungsspezialisten der Region nahezu 75% des gesamten Wassers verschlingt, obwohl die Anbaufläche nur ein Drittel bis ein Fünftel des gesamten bewässerten Gebiets ausmacht, leistet von sich aus keinerlei Beitrag zur Verbesserung der defekten Bewässerungs-Infrastruktur. Tatsächlich ist die Lage sogar noch schlechter. Der gewaltige Wasserverbrauch, einschließlich der oben erwähnten Praxis des Überflutens der Felder, ist der Grund dafür, daß das bewässerte Gebiet im Tal von Zamora immer mehr schrumpft, weil nicht genug Wasser übrigbleibt, um das gesamte potentiell bewässerbare Gebiet zu bewässern. Mit anderen Worten, die Erdbeerplantagen haben insgesamt nur schädliche Folgewirkungen – gleichgültig, von welcher Seite man es betrachtet.

65 Entwurf und Ausstattung des Werkes stammen praktisch durchweg aus dem Ausland.

66 Der Rest dient der Lagerung anderer landwirtschaftlicher Erzeugnisse oder Inputs.

67 Mexiko und die USA einigten sich auch auf ein formales Handelsabkommen, das allerdings nie erfüllt wurde, weil die Marktlage sich bald besserte.

68 Die in dieser Tabelle enthaltenen Daten spiegeln die für Guanajuato und Michoacan geplante Hektarfläche für die Jahre 1973-1975 wider. Die tatsächliche Anbaufläche der beiden Provinzen im Jahre 1974 weicht – nach den verfügbaren offiziellen Schätzungen – leicht von der geplanten Fläche ab.

69 Offensichtlich hat das »overplanting« auch zur Folge, daß die Fabriken ihre Exportkontingente überschreiten, auch wenn vielleicht nicht alle dies tun. Da ist etwa folgendes Beispiel: In Irapuato bekam die Fabrik Del Valle (Maklerfirma: San Antonio Foreign Trading Co.) ein Exportkontingent von 4,3 Mio. Pfund vorgeschrieben und wurde zur vertraglichen Übernahme des Ertrags von 176 ha Erdbeeren ermächtigt; die Fabrik San Francisquito (Maklerfirma: Betters Food Sales) bekam ein Exportkontingent von 4,7 Mio. Pfund zugewiesen und durfte 438 ha unter Vertrag nehmen. Offenbar exportierte einer der beiden Betriebe mehr, als er dem Kontingent nach durfte. Ein Experte schätzte den Exportüberschuß in den Jahren 1973/74 auf insgesamt 20 Mio. Pfund. Eine große Fabrik in Irapuato exportierte allein 11,5 Mio. Pfund statt ihres Kontingents von 8 Mio. Pfund, also ca. 40% mehr.

70 Anfang April 1974 kritisierte das mexikanische Landwirtschaftsministerium, daß der Regionalverband der Erdbeer- und Gemüseproduzenten des Zamora-Tals (Union Regional de productores de fresa y hortalizas del valle de Zamora) die Überschreitung der vorgeschriebenen Anbaufläche um 700 ha geflissentlich ignoriert, wenn nicht gar ausdrücklich gebilligt habe.

71 Die *geplante* Hektarfläche, die 1974/75 bepflanzt werden sollte, wurde – wie aus der Tabelle oben hervorgeht – de facto verringert.

72 Für die US-Investoren und Makler wäre es relativ leicht gewesen, dies für den Teil der Produktion zu tun, den sie beherrschen, denn sie kontrollieren die Kreditmittel; es gilt sogar für den größten Teil der Gesamtproduktion, da die Amerikaner ja auch die Absatzkanäle kontrollieren.

73 Siehe hierzu die Untersuchung von Cynthia Alcantara über Mexikos Grüne Revolution, a.a.O.

74 Gewöhnlich werden diese Geschäfte »bei Nacht, wenn's keiner sieht«, abgewickelt. Die Opfer sind hauptsächlich Witwen und arme Bauern, die für den

Verkauf ihrer Parzelle eine kleine Abfindung bekommen. In einem Fall kassierte ein Staatsfunktionär im Gebiet von Zamora ein erkleckliches Schmiergeld dafür, daß er bei solchen Eigentumsübertragungen beide Augen zudrückte.

75 Der *ejido* Jacona wird in breiten Kreisen als »Modell-*ejido*« dargestellt. Tatsächlich ist er ein Modell für die totale Zersetzung, die im Bodenreform-Sektor stattfindet. Von den 245 *ejidatarios* bearbeiten annähernd 39% ihr Land nicht selbst, sondern verpachten es oder lassen es gegen Beteiligung bearbeiten. 36% sind landgierige Individuen *(acapadores)*, die ihren Boden durch Lohnarbeiter *(peones)* oder gegen Beteiligung bearbeiten lassen. Nur 24% sind echte *ejidatarios*. Es wird berichtet, daß nur 19 »*ejidatarios*« von der Banco Agrario Kredit bekommen und daß 10 von diesen 19 zu zwei Familien, Rodiles und Zamudio, gehören.

76 Berichten zufolge schwankt der Preis für eine Genehmigung zwischen 10 000 und 20 000 Pesos.

77 Eine kleine »Gruppe« von großen Erdbeerpflanzern behauptet zum Beispiel, sie habe rd. 30% der gesamten Produktion von Irapuato geliefert.

78 Dies wäre die offizielle Zahl. Die tatsächliche Zahl der Pflanzer in Zamora wäre wesentlich kleiner. Ich schätze, daß der größte Teil der Erdbeerproduktion von Zamora von 100 bis 150 Erzeugern stammt. Berichten zufolge hat eine ganze Reihe von Pflanzern Plantagen, die größer sind als 30 ha; darunter sollen auch etliche sogenannte *ejidatarios* sein.

79 In zahlreichen ökonomischen Studien ist nachgewiesen worden, daß die kleinen Produzenten in Mexiko genauso leistungsfähig sind wie die großen.

80 In diesem Fall handelte es sich um Anteile an Pflanzenzuchtanstalten in Mexiko. Dies war ein Versuch, die mexikanischen Erzeuger dazu zu verpflichten, in Mexiko gezogene Setzlinge zu kaufen, bevor amerikanische Erdbeerpflanzen importiert werden konnten.

81 Diese Einstellung ist angesichts des Kapazitätsüberhangs der Fabriken nicht unberechtigt; nur beruht sie nicht auf dem Argument des Kapazitätsüberhangs, sondern auf dem Argument verschärfter Konkurrenz. Die Regierung sollte bei der Planung des Umfangs und der Kapazitäten der Industrie mitwirken, ist in Wirklichkeit jedoch dazu unfähig. Alles, was sie tat, war, den Kapazitätsüberhang durch Finanzierung der *ejido*-Fabriken noch zu vergrößern und in die Falle zu gehen, welche die privaten Investoren für sie aufgestellt hatten.

82 Er soll Eigentümer einer Plastikfabrik sein, in der Körbe für Erdbeeren hergestellt werden.

83 Wie wir gesehen haben, gibt es unter den offiziell erfaßten 1000-1200 Erdbeerpflanzern in Zamora etwa 50, die Anteile von zwei erzeugereigenen Fabriken halten. Zu dieser Gruppe der 50 könnte man noch die Fabrikbesitzer hinzuzählen, die selbst Erdbeeren produzieren, aber nicht Mitglied eines Erzeugerverbandes sein können, da sie ihr Pflanzgeschäft mittels Vergabe von Genehmigungen an Strohmänner *(prestanombres)* abwickeln.

84 Im April 1974 kritisierte das mexikanische Landwirtschaftsministerium (SAG) den Gesamtverband, daß er gemeinsame Sache mit den Industriellen mache. Tatsache ist, daß der Gesamtverband (Union), der großen Einfluß auf die Verteilung der Produktionskontingente und Pflanzgenehmigungen hat, einen Vorstand besitzt, in dem nur die Großerzeuger vertreten sind. Die Vorstandsmitglieder sind die führenden Erdbeerproduzenten des Gebiets, ihr Reichtum und ihre politische Macht sind beachtlich, und etliche von ihnen sind sogar *ejidatarios*. Natürlich darf man die Kritik des SAG nicht allzu ernst nehmen; schließlich sind SAG und CONAFRE

(und jetzt auch CONAFRUT) ebenfalls auf der Seite der Industriellen. Die Kritik ist lediglich ein Beweis für den internen Kampf zwischen den Beteiligten in einem Industriezweig, der von ständigen, vom Auslandskapital verursachten Konflikten bedrängt wird.

85 Ähnliche Schlußfolgerungen lassen sich aus einem Vergleich mit den Preisen auf der Ebene der gesamten USA ziehen. Siehe hierzu auch die Tabelle II im Anhang.

86 Die Lokalzeitungen haben mehrfach über diese Preisdiskrepanz berichtet. Einmal meldeten sie, daß der Vorsitzende eines Erzeugerverbandes sich persönlich in die USA begeben habe, um dort Informationen über die Preissituation einzuholen.

87 Nach dem Zusammenbruch der Preise in der Krise 1970/71 berichteten die Lokalzeitungen mehrfach darüber, daß Planung und Kontrollen geholfen hätten, die Preise anzuheben, bzw. verhindert hätten, daß die Preise übermäßig fielen. Im ersten Jahr nach Einführung der Kontrollen traf dies zweifellos bis zu einem gewissen Grade zu.

88 Ein Erdbeerexperte äußerte sich so: »Zuerst betrügen die Industriellen die Erzeuger beim Wiegen, dann benutzen sie alle möglichen Ausreden, indem sie zum Beispiel erzählen, sie hätten schon zuviel Erdbeeren auf Lager, und dann bieten sie ihnen einen x-beliebigen Preis, manchmal bis zu 40 Prozent unter Wert, und wenn die Erzeuger den nicht akzeptieren, dann müssen sie ihre Früchte wegwerfen. Fragen sie, warum, dann sagt man ihnen: Befehl von oben.« Und ein langjähriger Beobachter der Szene in Zamora meinte: »Die Industriellen rauben die Erzeuger schamlos aus.« Offensichtlich gilt dies vor allem für die kleinen Erzeuger.

89 Ein Vertrag zwischen einer Konservenfabrik (Chapala) und deren Erdbeerlieferanten verpflichtet den Erzeuger, »der Fabrik die gesamte Ernte von derjenigen Anbaufläche zu übergeben, für die er Finanzierungshilfe erhalten hat, und zwar in den Kisten des Fabrikeigentümers, jeden Tag, wenn nötig auch sonn- und feiertags«. Weiter heißt es da, daß die Ernte ab dem Zeitpunkt abzuliefern ist, der *nach Ansicht des Fabrikeigentümers* zur Verarbeitung der Erdbeeren geeignet ist, und daß die Lieferungen einzustellen sind, wenn der Fabrikant es sagt – außer im Falle von »höherer Gewalt«. Dies ist eine sehr vage Formulierung, die verschiedene Deutungen zuläßt. Außerdem heißt es in dem Vertrag, daß der Fabrikant die Ernte ganz oder teilweise zurückweisen kann, wenn die Früchte *nach seinem Dafürhalten* nicht die üblichen Voraussetzungen in bezug auf Qualität, Sauberkeit, Reife, Farbe und einwandfreien Zustand erfüllen. Mit anderen Worten, bei einem solchen Vertrag lasten auf dem Erzeuger alle, auf dem Fabrikanten keine Pflichten. Der hier zitierte Vertrag ist für die Erdbeerindustrie typisch.

90 Manche Fabriken zahlen eine Prämie, um ihrer Konkurrenz die Ernte wegzuschnappen. Es kommt auch häufig vor, daß Fabriken den Erzeugern, die keinen Kredit von ihnen bekommen, höhere Preise zahlen.

91 Die Erdbeere ist das einträglichste Handelsgewächs in der Region Zamora – so heißt es wenigstens in diversen Berichten. Freilich übersehen diese Berichte die Risiken, die der Erdbeeranbau insbesondere für kleine Erzeuger mit sich bringt. Es wäre nützlich, einmal die Auswirkungen von Zahlungsabzügen usw. zu untersuchen. Statt dessen stützt man sich immer auf den Durchschnittspreis und die insgesamt eingebrachte Ernte, was irreführend ist.

92 Zum Beispiel könnte es für Industriezweige mit sehr hoher ausländischer Kapital- und Technologieintensität gelten.

93 Vgl. z. B. *El Cultivo de la Fresa en Mexico*, Instituto Nacional de Investigaciones Agricolas, SAG, Folleto de Divulgacion Nr. 48, Februar 1973, S. 4.

94 Ein Geschäftsmann rechnete mir wörtlich folgendes vor: »Feldarbeit mit 5 *Mann* pro Hektar und Jahr = 25 000-30 000 *Familien* (!) für 5000-6000 ha oder 100 000-120 000 *Arbeiter* pro Jahr.« Das hieße unterstellen, daß jeder Feldarbeiter 3 Familienmitglieder unterhält, die mit ihm arbeiten, um die Arbeit eines Jahres zu tun (vermutlich unentgeltlich).

95 Horacio Dominguez A., *La Fresa en la Region de Zamora*, Mich., Chapingo 1975, S. 70. Dominguez klammerte korrekterweise die Erzeuger, aber auch bestimmte männliche und weibliche Fabrikarbeiter aus. Deshalb habe ich in der folgenden Tabelle zusätzlich 15% zur Zahl der beschäftigten Fabrikarbeiter hinzugezählt.

96 In Wirklichkeit könnten die Schwankungen in der Zahl der Beschäftigten wohl etwas größer sein als die Schwankungen in der Größe der Anbaufläche. Geht man davon aus, daß alle übrigen Faktoren unverändert bleiben, so würde eine größere Hektarfläche eine größere Zahl von Arbeitsuchenden im Verhältnis zur Zahl der tatsächlich vorhandenen Arbeitsplätze anziehen. Das Ergebnis wäre, daß mehr Männer oder Frauen beschäftigt werden würden, jedoch für eine kürzere Zeit.

97 Diejenigen, die (nach einem Arbeitstag von rund 12 Stunden) nachts nach Hause fahren, müssen für die Fahrt bis zu 30% ihres Tageslohns bezahlen.

98 Der Anbau anderer Handelsgewächse im Tal von Zamora (hauptsächlich Kartoffeln) erfordert zwar ebenfalls Saisonarbeit, doch könnten die dafür notwendigen Kräfte von der ansässigen Bevölkerung gestellt werden.

99 Manche Arbeiter berichten, daß der Lohn in ihrem Dorf bei 15 Pesos lag, während sie in Zamora 35 Pesos verdienen konnten, wenn es Arbeit gab.

100 Andere *»ejidatarios«*, von denen es heißt, sie stünden auf den *ejido*-Listen, und die Arbeiter in großen Mengen anheuern, sind Armando Rodriguez (300), Ramon García (800-1000), Benjamin Navarro (500) und Ortega Jaime (500).

101 Die Lohnunterschiede sind eine ständige Quelle für Auseinandersetzungen zwischen den Ortsansässigen und den Wanderarbeitern. Aber dies gilt auch für die Arbeitseinstellung. Die ortsansässigen Arbeiter sind es gewöhnt, zusammenzuarbeiten, und haben sich auf ein bestimmtes Arbeitstempo eingestellt. Die auswärtigen Arbeiter arbeiten in der Regel schneller (um ihren Arbeitsplatz zu behalten). Das gibt Anlaß zu Unzufriedenheit unter den Arbeitern und Streit zwischen Arbeitern und Arbeitgebern. Die Arbeitgeber nützen diese Differenzen, die sie zu ihrem Vorteil provozieren, selbstverständlich aus.

102 Ein Mann aus einem Nachbarort, der in Zamora Arbeit sucht, erzählte mir: »Die Arbeit in Zamora fällt sehr unregelmäßig an (is very intermittent). Oft findet man keine. Es kommt vor, daß die Leute hier aus der Gegend, die sich in Zamora Arbeit suchen wollen, nur genug Geld für die Hinfahrt mit dem Bus mitnehmen, und dann finden sie keine Arbeit und müssen zu Fuß in ihr Dorf zurück.«

103 Eine häufig geübte Form der Ausbeutung besteht darin, einen ungelernten Arbeiter dazu aufzufordern, »qualifizierte Arbeit« zu leisten, die höhere Bezahlung verlangt, aber ihm nur den Lohn eines einfachen Arbeiters zu zahlen.

104 Nehmen wir einmal an, daß 4 Mitglieder einer Familie zusammen rd. 200 Pesos am Tag verdienen, jeder also in etwa den gesetzlichen Mindestlohn und das für 4 Monate im Jahr. Bei einer Woche mit 6 Arbeitstagen hätten sie dann am Ende insgesamt 19 200 Pesos. Bleiben sie nun während der übrigen 8 Monate des Jahres arbeitslos, dann beläuft sich ihr Tageslohn pro Kopf auf 16 Pesos (verteilt über das

ganze Jahr). 1974 lag der gesetzliche Mindestlohn bei 42,10 Pesos, für Feldarbeiter bei 39,35 Pesos.

105 *El Heraldo de Zamora*, 28. April 1973.

106 Der unkontrollierte Einsatz von Chemikalien – einschließlich Flugzeugeinsatz – ist ein weitverbreitetes Phänomen in allen unterentwickelten Ländern und beweist die Rücksichtslosigkeit der Arbeitgeber gegenüber der Gesundheit der Arbeiter.

107 *El Heraldo*, 29. Mai 1973.

108 Theoretisch sind die *ejidatarios* des Gebiets die Eigentümer der Fabrik. Eine der wenigen Genugtuungen, die ihnen der Betrieb verschafft, ist, daß die Mitglieder ihrer Familie dort Arbeit finden.

109 Die Hierarchie sieht ungefähr so aus: Die Arbeiterinnen werden von *»revisadoras«* kontrolliert, die sich ihrerseits vor den Aufseherinnen verantworten müssen. Die gesamte Arbeiterschaft untersteht einem »Personalleiter« oder einer »Personalleiterin« *(secretario/secretaria de trabajo)*.

110 »Die Personalleiterin hier redet mit uns nur in Schimpfwörtern.«

111 Die Schwankungsbreite bei Akkordarbeit lag zwischen 2,20 und 2,80 Pesos. Der Akkordsatz wird natürlich so kalkuliert, daß er einer durchschnittlichen Arbeiterin gerade eben den gesetzlichen Mindestlohn oder weniger einbringt. Der Stundenlohn schwankte zwischen 5,00 und 6,50 Pesos. Die erwähnten Sonntagstarife lagen für Akkordarbeit bei 3,30, die Stundenlöhne bei 7,50 bis 7,70 Pesos. Diese Sätze galten 1974.

112 Hier noch einmal ein einfaches Beispiel, um zu zeigen, was ein in wenigen Monaten des Jahres verdientes Einkommen, bezogen auf das tatsächliche Jahreseinkommen oder den tatsächlichen Tageslohn, bedeutet: Nehmen wir an, eine Arbeiterin arbeitet sechs Monate im Jahr. Nehmen wir weiter an, sie verdient im ersten und im letzten Monat wöchentlich 200 Pesos, drei Monate lang wöchentlich 600 und einen Monat wöchentlich 400 Pesos. Ihr gesamtes Einkommen betrüge dann 10 400 Pesos – ohne irgendwelche Abzüge oder Kürzungen. Über das ganze Jahr verteilt ergäbe sich daraus ein Tageslohn von ungefähr 34 Pesos oder 70% des gesetzlichen Mindestlohns. Da sie aber während eines großen Teils der Hauptsaison nicht acht Stunden, sondern (z. B.) zwölf Stunden am Tag arbeitet, ist ihr Tageslohn in Wirklichkeit erheblich geringer. Würde sie beispielsweise vier Monate lang zwölf anstatt acht Stunden am Tag arbeiten, dann fiele ihr durchschnittlicher Tageslohn auf 29 Pesos.

113 Vermutlich, aber nicht mit Sicherheit, Sozialversicherungsabzüge.

114 Siehe z. B. *La Voz de Zamora*, 30. 4. 72.

115 In ihrem Buch *Global Reach. The Power of the Multinational Corporations*, New York 1974, haben R. J. Barnett und R. Miller aufgezeigt, daß die US-amerikanischen Investitionen »in Übersee« höhere Gewinne abwerfen als Inlandsinvestitionen in vergleichbaren Unternehmungen. »Die [US-]Nahrungsmittelindustrie meldete Gewinne aus Übersee in Höhe von 16,7% gegenüber 11,5% aus dem Inlandsgeschäft. (Außerordentlich hohe Gewinne aus relativ niedrigen Überseeinvestitionen sind nichts Ungewöhnliches. So verzeichnete beispielsweise die United Brands 1972 Gewinne in Höhe von 72,1% auf ihr Nettoanlagevermögen . . .).« (S. 17) Ob die in Mexiko angesiedelte US-Erdbeerindustrie nun »außerordentlich hohe Gewinne« aus »relativ niedrigen Überseeinvestitionen« zieht oder nicht – fest steht, daß sie erhebliche Gewinne aus Kapitalanlagen erzielt, die man als relativ niedrig und längst amortisiert bezeichnen muß. Diese Gewinne stammen aus dem Verkauf von aus den

USA importierten Setzlingen, aus dem Verkauf verschiedener Inputs zur Produktion, aus Darlehenszinsen, günstigen Einkaufsbedingungen für die Erdbeeren, niedrigen Löhnen, Provisionen usw.

116 Als der Kongreß-Abgeordnete W. Benson Moore von Louisiana 1975 die Empfehlung aussprach, die mexikanischen Erdbeerexporte in die USA zu beschränken, plädierte er insbesondere für höhere Zölle, »um den Unterschied in den Produktionskosten zwischen den beiden Ländern [den USA und Mexiko], *vor allem die unterschiedlichen Lohnkosten,* auszugleichen«.

117 Ein Vergleich zwischen Mexiko und Kalifornien ist deswegen relevant, weil Kalifornien 1973 rund 67% der gesamten US-amerikanischen Erdbeerproduktion lieferte.

118 Vgl. die Tabelle auf S. 82.

119 Der Stundenlohntarif wurde vom California Employment Development Department in Sacramento mit 4,00 US-Dollar angegeben.

120 26,20 US-Dollar pro Ztr. plus 10% wegen des Unterschieds zwischen der amerikanischen und der mexikanischen Gewichtseinheit.

121 $ 6,18 (Lohn): $ 28,82 × 100 (Preis pro Ztr.) = 21,4%.

122 Ich unterstelle hier, daß die Erdbeeren in Texas – wo die meisten US-Makler, die mit Erdbeeren handeln, ihren Sitz haben – ungefähr denselben Durchschnittspreis erzielen wie in Kalifornien. Der kalifornische Durchschnittspreis für 1973 in Höhe von 26,20 US-Dollar pro Ztr. versteht sich für frische Erdbeeren »verpackt und verladen frei Schiff«, für verarbeitete Erdbeeren »ab Werk« (California Crop and Livestock Reporting Service und USDA Statistical Reporting Service). Der Preis für Frischerdbeeren lag bei 29,20 US-Dollar pro Ztr., der für verarbeitete Erdbeeren bei 18,90 US-Dollar pro Ztr.

123 Betrüge der Ertrag pro Hektar beispielsweise 50 000 Pfund, dann läge der Lohnkostenanteil am Preis der Erdbeeren – unter der Annahme von 20% mehr Feldarbeitern und 30% mehr Fabrikarbeitern – vermutlich eher bei 18–20%. Umgekehrt würde ein Rückgang des Ertrags die Lohnkomponente tendenziell vergrößern.

124 Es versteht sich von selbst, daß die Lohnkomponente wegen der systematischen Verstöße gegen die Mindestlohngesetze und wegen anderer, an früherer Stelle erörterter Ausbeutungspraktiken in Wirklichkeit vermutlich erheblich kleiner ist. Ich schätze, daß es noch eine sehr vorsichtig zu nennende Rechnung wäre, wenn man die Lohneinsparungen infolge dieser Praktiken mit 25% veranschlagte. Offensichtlich gibt es solche Praktiken aber auch in Kalifornien, insbesondere gegenüber Feldarbeitern, die zumeist Wanderarbeiter (vielleicht Mexikaner) sind, so daß sich an der »Lohnkluft« vermutlich nichts Wesentliches ändert.

125 Die Rechnung sieht folgendermaßen aus:

$$\frac{\$ \, 6{,}18 \; (\text{Lohnkomponente von mexikan. Erdbeeren})}{2{,}54 \; (\text{Ertragsdifferenz pro ha})} \times 9{,}6 \; \begin{array}{l} (\text{durchschnittl.} \\ \text{Lohndifferenz}) \end{array}$$

126 Ein Beobachter nannte die Kilometer der Armut im Elendsviertel die »Straße der großen Seen«, auf der das einzig sichere Verkehrsmittel ein Amphibienfahrzeug wäre.

127 Vgl. oben Anm. 75.

128 Unmutsäußerungen über die örtliche Zweigstelle der *ejido*-Bank sind weitverbreitet und führten in der Vergangenheit zu mehreren ernsten Konflikten. Die

Wahrheit ist, daß die *ejido*-Bank den US-Kapitalisten/Maklern und Händlern – wissentlich oder unwissentlich – direkt in die Hände arbeitet.

129 Siehe oben Anm. 64.

130 Siehe auch S. 66-67.

131 Es ist sehr fraglich, ob die Interessen der kleinen Grundbesitzer und kleinen Erzeuger in der örtlichen Verwaltung des jeweiligen Bewässerungsbezirks hinlänglich vertreten werden.

132 Am 30. Januar 1971 berichtete *La Voz de Zamora* beispielsweise ausführlich über die Aktivitäten einer »Mafia« kubanischer Gewalttäter gegen kleine Pflanzer und deutete eine Verbindung zu einem US-amerikanischen Makler an.

133 Siehe oben S. 66 ff.

134 Siehe oben Anm. 89.

135 Die Fabriken sind bestrebt, sich die absatzfähige Produktion ihrer Erzeuger dadurch zu sichern, daß sie ihnen im voraus die nötigen Erdbeer-Container (Kisten) geben, in denen die Erzeuger ihre Ernte abliefern müssen und auf denen der Name des Käufers steht. Wie bereits erwähnt, ist diese Praxis nicht unbedingt eine Garantie dafür, daß die Erzeuger schließlich nicht doch an andere Abnehmer verkaufen.

136 Siehe oben S. 46-51.

137 So findet sich beispielsweise in einem Brief des regionalen Verbandes der Erdbeererzeuger von Zamora (Union Regional de Productores de Fresa y Hortalizas del Valle de Zamora), der das Datum des 21. Juli 1975 trägt und an den Leiter der CONAFRUT in Mexico City adressiert ist, ein Hinweis auf Unstimmigkeiten zwischen Erzeugern und Industrie. Es heißt dort: »Wir möchten Sie höflichst davon in Kenntnis setzen, daß es trotz mehrerer Versuche, mit der Industrie in der Frage der Verteilung der Genehmigungen für den Anbau und den Export [von Erdbeeren] für die laufende Periode eine Einigung herbeizuführen, bislang unmöglich war, zu einer befriedigenden Lösung zu kommen, und dies obwohl unsere Vorschläge für beide Seiten sehr vorteilhaft sind.«

138 So konkurrierten im Falle einer zum Verkauf stehenden Fabrik in Zamora mindestens drei große Käufer/Investoren um deren Kontrolle. Der bedeutendste »coup« gelang Othal Brand, der – wie berichtet – seit 1975 die größte private Gefrierfabrik der Region, die Frutas Refrigeradas, kontrolliert, was ihn zum unangefochtenen Erdbeerkaiser in Mexiko gemacht hätte, wenn er diesen Rang nicht schon vorher innegehabt hätte.

139 Man beachte die zeitliche Konvergenz der Erhöhung der Wassergebühren mit der durch Überproduktion und sinkende Preise verursachten Erdbeerkrise von 1970/71. Im nachhinein könnte man sagen, daß dieses Ansinnen der SRH der erste von vielen Schritten zur Verdrängung der kleinen Erzeuger, insbesondere der echten *ejidatarios*, von den Erdbeerplantagen war.

140 Siehe Gerrit Huizer, *La Lucha Campesina en Mexico*, hrsg. vom Centro de Investigaciones Agrarias (Mexico DF), 1970, S. 95 f. Siehe auch Francisco A. Gomez Jara, *El movimiento campesino en Mexico*, 1970, Kapitel XV.

141 In der Tageszeitung *El Heraldo de Zamora* war am 16. Juni 1972 zu lesen, daß die CCI sieben Forderungen an die SRH gerichtet hatte, darunter (1) Beibehaltung der alten Wassergebühr in Höhe von 10 Pesos pro Hektar; (2) Übertragung der Verwaltung des Bewässerungsbezirks an die *campesinos;* (3) Übertragung der Verteilung der Produktionsgenehmigungen an die *campesinos;* (4) Festlegung der Anbaufläche auf höchstens 5 ha pro Erdbeererzeuger u. a. Dieselbe Zeitung meldete am 19. Januar 1973, daß die CCI höhere Preise für Erdbeeren und höhere Löhne für

Fabrikarbeiter gefordert habe.

142 Im Leitartikel des *Heraldo de Zamora* vom 19. Januar 1973 hieß es: »Zugegeben, Samuel Sanchez Torres hat nicht nur Mut, er ist auch intelligent und besitzt ein bemerkenswertes Organisationstalent, das das der CNC-Führer [CNC = Confederación Nacional Campesina] weit in den Schatten stellt. Es ist ein Jammer, daß Sanchez Torres seine Fähigkeiten nicht in den Dienst besserer Ziele für die Allgemeinheit stellt.«

143 Siehe z. B. *La Voz de Zamora*, 23. Januar 1973.

144 *La Voz de Zamora*, 28. April 1972.

145 Siehe *El Heraldo de Zamora*, 17.-19., 22. und 28. Dezember 1971. Es ist bemerkenswert, daß der *Heraldo* bei der Darstellung dieses Vorfalls und späterer Ereignisse mit keiner Zeile auf die Forderungen des Comité de Defensa oder der CCI einging. Vgl. dagegen *La Voz de Zamora* vom 10. September 1972, die einen Aufruf des Comité de Defensa veröffentlichte.

146 *El Heraldo de Zamora*, 21./22. Januar 1972. *La Voz de Zamora* berichtete unter demselben Datum, daß überhaupt keine Schleusentore aufgebrochen worden seien und daß die Erzeuger nicht über die genehmigte Menge hinaus Erdbeeren angepflanzt hätten, wie »eine Lokalzeitung unrichtigerweise gemeldet hatte«.

147 Im *Heraldo* war darüber Verwirrendes zu lesen. Da hieß es, die Forderung laute 25 Pesos oder 35 Pesos pro Kiste statt des bisherigen Preises von 20 Pesos. Offensichtlich sollten die Forderungen des Comité de Defensa damit als unvernünftig hingestellt werden (*El Heraldo de Zamora*, 19. Januar 1973). In diesem Zusammenhang ist es amüsant festzustellen, daß der *Heraldo* innerhalb weniger Monate sowohl die Forderungen der CCI als auch die US-amerikanischen Makler angriff. Auf der einen Seite kritisierte er heftig die »Verschwörung« der großen Maklerfirmen wie Griffin and Brand und deren monopolistische Preispolitik, sprach sogar von deren gefährlichen Machenschaften gegen die Erzeuger und qualifizierte die Makler als »unerwünschte Elemente«, die die mexikanischen Erdbeerproduzenten ruinieren würden. Nur wenige Wochen später attackierte er die CCI, sie stelle unvernünftige Forderungen, denn sie wisse sehr wohl, daß die Erdbeerpreise von den Absatzbedingungen in den Vereinigten Staaten bestimmt würden. (*El Heraldo de Zamora*, 21. Januar 1972, 29. April 1972, 2. Dezember 1972 und 18. Januar 1973)

148 *La Voz de Zamora*, 19. Januar 1973.

149 *El Heraldo de Zamora*, 18./19. Januar 1973. Die davon betroffenen Fabriken waren offenbar Frutas Refrigeradas, Estrella, El Duero, Zamora, La Haciendita u. a.

150 Siehe weiter unten.

151 Siehe z. B. *El Heraldo de Zamora*, 18. Januar 1973, wo behauptet wurde, das Comité de Defensa wisse nicht, was es wolle (No Saben Lo que Buscan). Am 19. Januar 1973 erhob das Blatt die Beschuldigung, es hätten sich Außenstehende in den Boykott eingemischt, die nicht das geringste mit der Erdbeerindustrie von Zamora verbinde.

152 Angesichts der Tatsache, daß es sich überwiegend um Teilzeitbeschäftigte handelt, daß nur einige Fabriken die Gewerkschaften anerkennen und daß die Gewerkschaften die Interessen der Arbeiter nicht zureichend vertreten, wäre es in Zamora oder Irapuato schwierig, einen Fabrikarbeiterstreik durchzuführen. (Siehe oben S. 93-95.

153 4. Mai 1972.

154 6. Mai 1972.

155 26. Januar 1973. Interessant ist, daß die Zeitung nach einer Konfrontation

zwischen CNC und CCI verlangt. Dies wäre zweifellos im Interesse der Industriellen gewesen, deren Meinung die Zeitung bei dieser Gelegenheit offensichtlich wiedergibt. Gleichzeitig zeigt der Leitartikel ernste Meinungsverschiedenheiten zwischen den Erdbeererzeugern an, von denen einige zweifellos mit den Aktionen des Comité de Defensa sympathisierten.

156 Siehe z. B. *El Heraldo de Zamora*, 21. Dezember 1971, 28. Dezember 1971, 22. Januar 1972.

157 *El Heraldo de Zamora*, 21. Juni und 6. Juli 1973.

158 Ernesto Correa L., *Ciclo de la expansion capitalista en la agricultura en el valle de Zamora*, 18. September 1975.

159 Siehe oben.

160 Siehe oben S. 74.

161 Ein starker Anstieg des Weltmarktpreises für Zucker im Jahre 1974 und der daraus folgende große Preisunterschied zum (billigen) mexikanischen Zucker lösten ebenfalls Spannungen zwischen den USA und Mexiko aus, denn die mexikanischen Gefrierfabriken versuchten, ihre tiefgefrorenen Erdbeeren nun nicht mehr im traditionellen 1:4-Mischungsverhältnis – ein Teil Zucker, vier Teile Erdbeeren –, sondern im Verhältnis 1:1 zu exportieren. Der Grund dafür war, daß die Konservenpreise gestiegen waren und der Verbrauch in den USA zurückgegangen war. Dieser nicht autorisierte Export von billigem mexikanischem Zucker in Form von tiefgefrorenen Erdbeeren wurde jedoch rasch unterbunden und hatte vermutlich nichts mit den dramatischen Ereignissen des Jahres 1975 zu tun, die ich im folgenden beschreiben will.

162 Ähnliche Einfuhrverbote waren bei früheren Gelegenheiten schon gegen andere mexikanische Erzeugnisse verfügt worden, nie zuvor aber bei Erdbeeren.

163 Siehe die Tabelle auf S. 48 und die Tabelle I im Anhang. Es ist eine Frage der Konjektur, was mit den zurückgewiesenen Erdbeeren tatsächlich geschah. Man darf bezweifeln, daß sie samt und sonders vernichtet wurden; vielmehr ist wahrscheinlich, daß sie doch verwertet und vielleicht sogar wieder in die Exportlieferungen einbezogen wurden. Ein gut informierter Beobachter meinte: »Die FDA nahm zwar von allen Erzeugern Proben, aber die vergifteten Erdbeeren wurden nicht weggeworfen, sondern über Zwischenhändler verkauft, die sie in die Gefrierfabriken brachten. Daraus ergaben sich für diese Händler, die nur 2 Pesos pro Kiste zahlten, außergewöhnlich hohe Profite.« Die Schlußfolgerung daraus heißt, daß die Exporte nicht so sehr infolge des US-Embargos zurückgingen, sondern im Gefolge einer ganzen Reihe restriktiver Maßnahmen während der gesamten Saison, von denen das Embargo nur eine war. Auf jeden Fall beweist die Aussage des Beobachters – deren Richtigkeit ich nicht bezweifle –, wie regelwidrig der Erdbeerhandel von der US-beherrschten Industrie betrieben wird.

164 Der Text seiner Ausführungen, den der Nationale Verband der Gemüseerzeuger in Culiacan (Union Nacional de Productores de Hortalizas) am 9. Juli 1975 an den Regionalen Verband der Erdbeererzeuger (Union Regional de Productores de Fresa y Hortalizas del Valle de Zamora) schickte und zu dem der Anstoß vermutlich im April oder Mai 1975 von einem Bericht aus der mexikanischen Botschaft in Washington D.C. kam, lautet folgendermaßen:

»Der Kongreß-Abgeordnete W. Benson Moore aus Louisiana teilte dem Ausschuß mit, daß die Erdbeerindustrie seines Bundesstaates sich fortwährend um die Verbesserung der Produktionsmethoden bemühe, daß jedoch die Anbaufläche ständig kleiner geworden sei. Der Grund dafür liege hauptsächlich in der Einfuhr von Erdbeeren aus Mexiko. Zur Vermeidung dieses Zustroms an Erdbeeren in die USA schlug der Kongreß-Abgeordnete die Annahme einer bzw. mehrerer Maßnahmen vor: (1) Erhöhung der Einfuhrzölle, um den Unterschied in den Produktionskosten zwischen den beiden Ländern, vor allem die unterschiedlichen Lohnkosten, auszugleichen; (2) Beschränkung der Einfuhren auf einen genau festgelegten Prozentsatz des Inlandsverbrauchs; (3) Einfuhrverbot für die Dauer der Zeit, in der die eigenen Erdbeeren auf dem Inlandsmarkt angeboten werden, im Fall von Louisiana: März und April; (4) Kennzeichnung der Erdbeeren mit dem Schild ›importiert‹, wann immer dies der Fall ist. Der Vorschlag Nr. 3 konnte sich auf den Artikel 201 des Gesetzes über den internationalen Handel stützen, in dem von schwerem Schaden für die Erdbeerindustrie des Staates Louisiana die Rede ist.«

165 Wie an früherer Stelle erwähnt (s. Anm. 60), haben manche führenden Vertreter der kalifornischen Erdbeerindustrie sehr viel gegen die mexikanischen Erdbeeren. Ein amerikanischer Beobachter in Mexiko, der die Branche sehr gut kennt, sagte mir, daß man die kalifornischen Erdbeerpflanzer in Verdacht hatte, die US Food and Drug Administration aufgefordert zu haben, »der Sache mit den Giftstoffen nachzugehen«.

166 Der offizielle Gebrauch des Begriffs »Vertragserzeuger« in diesem Zusammenhang überrascht. Könnte das bedeuten, daß bei unabhängigen Erzeugern (vielleicht den größten Erdbeerlieferanten), die nicht mit von den Fabriken bereitgestellten Kreditmitteln arbeiteten, gar keine Stichproben gemacht, sie also gar nicht in die Giftstoff-Aktion einbezogen wurden?

167 Bei manchen Erzeugern wurden mehr als einmal Stichproben gemacht.

168 Hier wird davon ausgegangen, daß die Zahl der Erzeuger mit der Größe der Fabrik zunimmt, was realistisch ist.

169 In dieser Tabelle sind nur die Firmen enthalten, über die alle für diesen Zusammenhang relevanten Informationen verfügbar waren.

170 Aus den offiziellen Angaben ging nicht hervor, ob die vergifteten Proben von frischen oder tiefgefrorenen Erdbeeren stammten. Folglich enthält die Tabelle auch Doppelnennungen. Sie ist insofern unvollständig, als ein erheblicher Teil der Exporte von »nicht identifizierten« Maklern abgewickelt wurde.

171 Die Meinungen hierüber waren geteilt. Ein Experte von Zamora meinte, die Kampagne gegen vergiftete Erdbeeren könnte gegen American Foods gerichtet gewesen sein, weil diese Maklerfirma »mehr (Erdbeeren) handelte als geplant«. Dieselbe Auffassung vertrat auch ein anderer intelligenter Beobachter der Erdbeerszene in Zamora. Ein dritter scharfsinniger Beobachter bezweifelte, daß die Aktion sich überhaupt gegen irgendeinen Makler richtete, und meinte, die gesamte Kampagne sei deshalb so übers Knie gebrochen worden, weil Staatspräsident Echeverria bestimmte Äußerungen getan hatte, die in den USA Mißfallen erregten. In diesem Zusammenhang ist erwähnenswert, daß die Planlosigkeit der Kampagne beispielsweise auch deshalb in breiten Kreisen kritisiert wurde, weil u. a. Erdbeerproben von solchen Erzeugern für vergiftet befunden wurden, die überhaupt keine der beanstandeten Chemikalien verwendet hatten.

172 Ca. 60 km von Zamora entfernt.

173 Siehe die Liste der Teilnehmer in Anhang IV.

174 Siehe die Liste der Unterzeichner der Empfehlungen im Anhang.

175 Siehe S. 52.

176 Siehe Anm. 57.

177 Siehe S. 79-81.

178 Siehe oben S. 75-81.

179 Der Hinweis auf eine »nicht-politische Einrichtung« scheint bei amerikanischen Unternehmern, US-Entwicklungsbehörden und philanthropischen Stiftungen wie der Ford und Rockefeller Foundation mittlerweile zu einer Lieblingsformel geworden zu sein. Er bedeutet, daß ein solches Forschungszentrum an einem beliebigen Ort in Mexiko errichtet werden sollte – außer in oder in unmittelbarer Nähe einer Universität, damit es in seiner Arbeit nicht durch Studentendemonstrationen gestört wird. Die (falsche) Hypothese, die einer solchen Formel zugrunde liegt, ist, daß wissenschaftliche Institutionen, die mit US-Geldern aufgebaut worden sind, in Inhalt und Bedeutung unpolitisch seien.

180 Siehe S. 52-54. Dazu bemerkte ein Experte: »Was sie auf dem Treffen von Guanajuato über technologische Unterstützung gesagt haben, halte ich für infantiles Zeug.«

181 Siehe oben S. 76 ff.

182 Der Begriff »campesino« steht hier offenbar für »Erzeuger«.

183 Siehe z. B. James F. Petras, *Le mythe du déclin américain*, in: *Le Monde Diplomatique*, Februar 1976, S. 2.

184 Zu einer interessanten Analyse eines analogen Falls siehe Peter Neersø, *Some Aspects of India's Policies on the Import of Technology*, in: *Development and Change*, Den Haag, Januar 1975.

185 Nicht alle Politiker und Sozialwissenschaftler würden mir in dieser Auffassung zustimmen; häufig sind sie optimistischer, was den Wert solcher Gesetze und Programme hinsichtlich der Zügelung ausländischer Kapitalisten angeht. Ich stehe jedoch auf dem Standpunkt, daß das Funktionieren des kapitalistischen Systems mit derlei marginalen Maßnahmen nicht eingeschränkt oder verbessert werden kann.

186 Siehe oben S. 44 f.

187 Siehe oben S. 46 ff. und S. 61 ff.

188 Siehe oben S. 80 ff.

189 Siehe oben S. 108 ff.

190 Es gibt Meldungen, wonach in England bereits eine solche Pflückmaschine erprobt wird, wenn auch bislang mit geringem Erfolg.

191 Siehe z. B. oben S. 98 f.

192 Siehe oben S. 128.

193 Siehe Anm. 11.

194 In seiner berühmten Schrift *Die Agrarfrage* berichtete Karl Kautsky, daß im Deutschland des 19. Jahrhunderts große Kornproduzenten Dreschmaschinen kauften, deren Einsatz nur im Falle von Streiks vorgesehen war.

195 Vgl. z. B. *How One Firm Operates in Less Developed Countries with Profit and Minimum Risk*, in: *Business International*, 30. Januar 1976. Dieser Artikel bezieht sich auf Vieh-Geschäfte ausländischer Kapitalisten. Es versteht sich von selbst, daß derlei Firmenverlagerungen in den Industriesektoren der unterentwickelten Länder ständig vorkommen.

196 Siehe oben S. 135.

197 Kleine Mengen werden gegenwärtig schon direkt exportiert, z. B. auf lateinamerikanische Märkte. Gemessen an der Gesamtproduktion sind sie jedoch unbedeutend.

198 Siehe Informe General de Actividades de la Mision Commercial a Europa, para Estudiar las Posibilidades de Comercializacion con el Mercado Europeo y Promover las Ventas de Fresa, Llevada a Cabo del 23 de Junio al 8 de Julio de

1973, Auspiciada por la Secretaria de Agricultura y Ganaderia, el Instituto Mexicano de Comercia Exterior y la CONAFRE, Julio 15, 1973. Die Mitglieder der Mission waren Vertreter der CONAFRE, der Erzeugerverbände von Zamora und Irapuato, der Industriellen und Exporteure sowie vier Industrielle einschließlich jener von Frutas Refrigeradas, Anahuac und Alimentos Mundiales. Vgl. auch CONAFRUT, Serie Especial, Folleto No. 20, Mexico 1974.

199 In den letzten Jahren beziehen einige der besten Überseemärkte Erdbeeren aus Ländern, die ihre Produktion erheblich erweitert haben (z. B. Polen), oder aus neuen Exportgebieten (z. B. Spanien). Gesteigerte Konkurrenz ist ein Hindernis für mexikanische Direktexporte, beeinträchtigt aber auch die »Dreiecksgeschäfte« über US-Makler.

Gesellschaftliche Opposition gegen Bauernbewegungen und ihre Auswirkungen in Lateinamerika

»Schurkische« Grundherren oder institutionalisiertes Unrecht?

Wenn jemand seinen Lebensunterhalt mühsam durch Arbeit für andere bestreitet oder selbständig erwerbstätig ist und keinen Zugang zu Einkommen oder vermögensbildenden Ressourcen hat, dann besteht Fortschritt für ihn darin, daß die Gesellschaft Institutionen errichtet, die es ihm ermöglichen, bei der Festlegung seiner eigenen Stellung mitzuwirken oder mitzubestimmen, damit er an den Vorteilen, die einer Gesellschaft erwachsen, in stärkerem Maße partizipieren kann. So gesehen haben die *campesinos*[1] in Lateinamerika – wenn überhaupt – nur geringe Fortschritte erzielt. Die Latifundienwirtschaft Lateinamerikas ruht und funktioniert auch weiterhin auf der Grundlage der ökonomischen, sozialen und politischen Schwäche der *campesinos*. Deren Situation ist dadurch gekennzeichnet, daß es ihnen sowohl als Individuen wie als Gruppe an Verhandlungsstärke mangelt. Bislang haben sich Einkommen, die beim Subsistenzniveau liegen, und der starke soziale und politische Druck, den die ländliche Machtelite ausübt, um eine Organisierung der *campesinos* zu unterbinden, als nahezu unüberwindliche Hindernisse für eine Stärkung der individuellen und kollektiven Verhandlungskraft erwiesen. Die schwache Position der *campesinos* ist von alters her ein Nebenprodukt des permanenten Überschusses an landwirtschaftlichen Arbeitskräften. Obwohl fortwährend *campesinos* in die Städte abwandern, scheint es, daß dieser Überschuß heute aus verschiedenen Gründen zunimmt. Ungeachtet der Tatsache, daß die Zahl der landwirtschaftlichen Arbeitskräfte ständig wächst, werden immer weniger Arbeitskräfte in der Landwirtschaft eingesetzt. Die kleine ländliche Machtelite, die der Hauptnutznießer der bestehenden Agrarstruktur ist, hat ein elementares Interesse daran, die *campesinos* in ihrer schwachen Position zu belassen, selbst auf die Gefahr hin, daß sich die Konflikte verschärfen. Zu diesem Zweck ist ein ganzes Netz von Institutionen und Mechanismen errichtet worden.

Den *campesinos* stehen nicht nur Grundherren, Kaufleute, Polizeichefs, Bürgermeister, das Militär sowie lokale oder nationale Politiker, die den *Status quo* verteidigen, als Einzelpersonen oder einzelne

Behörden gegenüber, die ihren Organisationen feindlich gesinnt sind. Dies wäre eine allzu vereinfachte Deutung. Vielmehr scheint sich die gesamte Sozialstruktur mit allen ihren Institutionen – die ganze Kultur – gegen die *campesinos* zu richten, gegen deren Versuche, die Organisationsfreiheit in Anspruch zu nehmen, was in Anbetracht des Überschusses an Arbeitskräften der einzige Weg ist, ihre Verhandlungsposition zu stärken. Mit anderen Worten, die *campesinos* leben und handeln in einer Umwelt, die sich ihren kollektiven Interessen geschlossen entgegenstellt. Das hat seine Wurzel in dem Vorsatz der ländlichen Machtelite, die *campesinos* vom Rest der Gesellschaft zu isolieren und ihre Anstrengungen zu atomisieren. Die *campesinos* in die Ökonomie zu »integrieren« bedeutet, die ökonomischen, politischen und sozialen Schranken niederzureißen, die man errichtet hat, um sie zu isolieren.[2]

Das hat weitreichende Folgen. Eine davon betrifft die problematische Rolle des »anständigen« im Gegensatz zum durchschnittlich »strengen« Grundherren oder von den Grundherren gewählten lokalen politischen Führer. Zuweilen wird die These vertreten, daß die Stellung der *campesinos* in Agrargesellschaften, die auf dem Latifundismus beruhen, nicht hoffnungslos sei, da nicht alle Grundherren »Schurken« seien, oder daß nicht alle Großgrundbesitzer ihren Betrieb schlecht führten, da ja der eine oder andere fortschrittliche Besitzer sein Land intensiv für das eigene und das nationale Wohl nutze. Diese These besitzt nicht mehr Gewicht, als wenn man behaupten wollte, daß *alle* Grundherren »Schurken« seien. Der entscheidende Punkt ist nicht, ob sie »Schurken« sind oder nicht, sondern daß ein »anständiger« Grundherr seine Haltung ändern und zum »Schurken« werden kann, ohne Gefahr zu laufen, bestraft zu werden oder seiner Stellung zu schaden.[3] So könnte z. B. ein ansonsten »anständiger« Großgrundbesitzer willkürlich und ohne sich dafür verantworten zu müssen, seinen Indio-Schafhirten für ein angebliches Vergehen hart bestrafen; er könnte verlangen, daß der Schafhirt jedes Schaf der Herde, das von einem Fuchs getötet wird, durch *zwei* Schafe aus seiner eigenen kleinen Herde ersetzt, obwohl das gebräuchliche Verhältnis in dieser Gemeinde das von 1:1 ist. Ein Besitzer, der einen Teil seines Landgutes intensiv bewirtschaftet und Hunderte von Arbeitern beschäftigt, könnte kurzfristig sämtliche Arbeitskräfte entlassen, wenn er auf seinem Besitztum zu extensiver Viehzucht überzugehen und nur eine Handvoll Rinderhirten zu behalten wünscht. Weder seine finanzielle Situation noch seine gesellschaftliche und politische Stellung müßten darunter leiden. Die unmittelbare Belastung – die Arbeitslosigkeit – hätten allein die entlassenen Arbeiter der Gemeinde zu tragen.

Normalerweise wollen und können die Großgrundbesitzer als Arbeitgeber der landwirtschaftlichen Arbeitskräfte die etablierten Normen im Umgang mit den *campesinos* nicht durchbrechen. Die Beziehungen zwischen Arbeitgebern und Arbeitnehmern sind kulturell festgelegt. Wenn ein Arbeitgeber seine Arbeiter in einer Weise behandelte, die entscheidend vom herkömmlichen Muster abweicht, verletzte er die Spielregeln und zöge sich die Verachtung der anderen Grundherren zu. Diese Spielregeln sind von den Grundherren selbst aufgestellt worden. Und in der Agrargesellschaft gibt letztlich der strenge Grundherr, der darauf besteht, daß die Spielregeln gewissenhaft befolgt werden, den Ton in der Beziehung zwischen Arbeitgebern und Arbeitern an.[4] Zwar gibt es für die Art, wie ein Großgrundbesitzer mit seinen Arbeitern umgeht, unter Umständen einen gewissen Spielraum, doch ist dieser für das Problem der strukturell schwachen Verhandlungsposition der *campesinos* unerheblich.

Die Tyrannei der Spielregeln wurde unlängst in zwei zusammenhängenden Interviews beschrieben. Das eine Interview wurde mit einem fortschrittlichen Grundherren (einem Politiker) geführt, das andere mit Mitgliedern der *ligas camponesas* im Nordosten Brasiliens, im Konfliktgebiet Sapé (Paraíba). Als der Grundherr auf die betrügerischen Machenschaften und den Terror der Arbeitgeber einging, denen die Arbeiter ausgeliefert sind, erklärte er:

»Die Besitzer machen einen Fehler, daß sie sich nicht dazu herablassen, von sich aus auf die Probleme der Arbeiter einzugehen, sondern immer warten, bis diese eine Forderung stellen. Sie sind passiv. Ich glaube, die Besitzer müssen [. . .] auf die Probleme der Arbeiter eingehen und sie lösen. Ich bin Politiker und weiß, wovon ich rede.« (CIDA [1965–66b], S. 317).[5]

Zwar haben viele *campesinos* keine klare Vorstellung von der gesellschaftlichen Bedeutung des »schurkischen« Grundherren, doch trifft das nicht für die politisch bewußteren Mitglieder der *liga* zu. Sie berichteten folgendes:

»In Areia geht die Oppostion [gegen die *ligas*] von den Besitzern der Zucker- und Schnapsfabriken aus. Sie sind Sklavenhalter; die Landarbeiter haben keine Rechte. In Itabaiane und Pilar vertritt die Familie Y. die finsterste Reaktion. Das Verhältnis zu den Landarbeitern wird von Gewalt und Unverschämtheit bestimmt. [. . .] Der Richter von Sapé verurteilte [einen der Y.] als einen der Anstifter zur Ermordung von João Pedro Teixeira [einem populären Arbeiterführer] zu einer Gefängnisstrafe. Y. kam nicht ins Gefängnis, weil er Abgeordneter ist. [. . .] Die große Reaktion in Itabaiana setzte ein, als sie die Häuser der Arbeiter umstellten, ihre Mitgliedsausweise wegnahmen und sie verprügelten. Es war eine bewaffnete Gruppe unter Führung von Y., Leute, die das Land seiner Familie und befreundeter Besitzer bearbeiteten. Nach dem Tod von J. P. T. organisierte [einer der Y.] zusammen mit anderen Besitzern die Vereinigung der Grundbesitzer von Paraíba, um Druck für seinen Freispruch zu erzeugen. So versuchte er, gemeinsam mit den anderen Besitzern sein Problem zu bewältigen.« (CIDA [1965–66b], S. 311).

Schließlich ist zu beachten, daß die institutionelle Schranke, auf die die *campesinos* bei ihrer Suche nach einer stärkeren Verhandlungsposition stoßen, nicht nur ihre ökonomische, soziale und politische Stellung, sondern auch ihre Verhaltens- und Wertmuster direkt beeinflußt. Nachdem diese im Laufe der Zeit selbst institutionalisiert worden sind, stellen sie für Prozesse kollektiven Handelns oft ein beträchtliches internes Hemmnis dar und sind Bestandteil der gesamten kulturellen Struktur. Das hat zur Folge, daß die *campesinos* nicht nur die äußeren Hindernisse überwinden müssen, welche die von der Machtelite geprägte Umwelt aufrichtet, sondern auch die internen Schwierigkeiten, die in der Welt der *campesinos* selbst vorhanden sind.

Umweltbedingungen als Hemmnis für kollektives Handeln

Die ländliche Autokratie

Ein wesentliches Merkmal des Landlebens in Lateinamerika ist der autokratische Charakter des *latifundismo,* der die Landwirtschaft beherrscht.[6] Der *latifundismo* ist ein Machtsystem. Die Latifundien sind im allgemeinen autokratisch geführte Betriebe, selbst wenn die Zahl der Beschäftigten klein ist und unabhängig davon, ob der Besitzer auf dem Landgut selbst, in der Nähe oder weit entfernt wohnt. Die Verantwortung für die wirtschaftliche Alltagsroutine liegt häufig beim Pächter oder Verwalter; doch die letzte Entscheidung in wichtigen Angelegenheiten – z. B. darüber, was und wieviel angebaut werden soll oder was, wann und wo verkauft werden soll – trifft der Besitzer. So erstreckt sich die Macht des Grundherrn sowohl auf die landwirtschaftlichen Tätigkeiten im eigentlichen Sinne als auch auf die Personen, die diese Tätigkeiten ausüben, ja häufig sogar auf Personen, die nicht direkt zu seinem landwirtschaftlichen Betrieb gehören.[7]

Diese Macht ist nahezu absolut und umfassend. Die Entscheidungen eines Großgrundbesitzers sind Befehle. Daher hat die Organisation eines Latifundiums gewisse Ähnlichkeiten mit einer militärischen Organisation, in der das ausschließliche Entscheidungsrecht der Führung vorbehalten ist und in der es nur innerhalb enger Grenzen zu einer Übertragung von Macht kommt, einer Übertragung, die allemal durch das Recht des obersten Befehlshaber zu – selbst willkürlichen – Eingriffen eingeschränkt bleibt. Entscheidungen in nebensächlichen Angelegenheiten, die von Untergebenen des *latifundista* getroffen werden, denen eine gewisse Entscheidungsbefugnis gewährt worden ist, unterliegen stets implizit oder explizit der Genehmigung durch die »oberste Befehlsspitze«. In diesem Sinne konnte ein Brasilienbeobachter sagen, daß den Großgrundbesitzern Macht über Leben und Tod der Menschen gegeben ist, die für sie arbeiten.

Die Hierarchie in der Verwaltung und die soziopolitische Funktion der Verwalter

Da auf großen Landgütern – sofern sie nicht brachliegen oder ausschließlich der Viehzucht dienen – in der Regel viele Arbeiter beschäftigt werden, ist ihre soziale Organisation zumeist komplex. Es gibt mehrere »Schichten« von Arbeitern und Aufsehern; hierbei hat jeder von ihnen eine besondere Funktion oder eine Reihe von Funktionen und einen Tätigkeitsbereich, in dem er Entscheidungen treffen kann – ausgenommen die unterste Schicht von Arbeitern. Je höher also eine Schicht anzusiedeln ist, desto größer sind die Entscheidungsbefugnisse der Personen, die dieser Schicht angehören. Allerdings sind diese Befugnisse eng umschrieben und unterliegen der Genehmigung durch die »oberste Befehlsspitze«. Daher bildet ein Landgut gewöhnlich eine komplexe Hierarchie. In der Sierra von Ecuador z. B. war eine typische traditionelle Hazienda von 630 ha, auf der Milchwirtschaft und Feldanbau betrieben wurden, ungefähr in folgender Weise organisiert, wobei sich mindestens fünf oder sechs Stufen der Entscheidungsbefugnisse deutlich erkennen lassen (CIDA, 1965–66e, S. 227):

I. Verwaltung	II. Produktive Arbeitskräfte
1. Eigentümer, lebt im Ausland	8. Veterinär (ohne Examen)
2. Verwalter (Manager); Sohn des Eigentümers, lebt acht Monate im Jahr auf dem Gut	9. 12 Melkerinnen; vorwiegend Angehörige von *huasipungero*-Familien
3. Allgemeines Dienstpersonal (einschl. Hauspersonal), 5 Personen	10. 12 *huasipungeros**
4. Leitender Aufseher	11. 9 ständige Arbeiter ohne Land
5. Aufseher für das Vieh	12. 48 *yanaperos*; leben in einem kleinen Dorf und sind verpflichtet, für den Grundherrn zu arbeiten, um das Nutzungsrecht für Straßen, Wasser und andere Einrichtungen auf dem Gut zu erhalten
6. Aufseher für die Felder	13. 8 zeitweilige Arbeiter ohne Land
7. Sekretär	14. 1 Traktorist

* In persönlicher Abhängigkeit vom Grundherrn lebender Kleinpächter *(A.d.Ü.)*

Entsprechend war in Chile ein großes *fundo* mit 235 ha (durchgehend bewässert) folgendermaßen organisiert (CIDA, 1965–66c, S. 51):

I. Verwaltung und Hilfspersonal	II. Produktive Arbeitskräfte
1. Besitzer	10. Für die Scheune verantwortliche Person
2. Buchhalter	
3. Verwalter (Manager)	11. 5 berittene Arbeiter
4. 2 leitende Aufseher	12. Viehhirt
5. Für Schlüssel und Lagerräume verantwortliche Person	13. 4 Traktoristen
6. Nachtwächter	14. 10 Arbeiter mit Parzellen (*inquilinos*)
7. Gärtner	15. 1 Lohnarbeiter
8. Hausverwalter	16. 3 Melker
9. 2 Aufseher	

Von besonderem Interesse ist die Rolle des Gutsverwalters. Entgegen einer weitverbreiteten Annahme ist er im allgemeinen weder qualifiziert und erfahren noch mit den neuesten Bewirtschaftungsmethoden vertraut; in aller Regel ist er ein Arbeiter, der schon seit einigen Jahren im Sold des Grundherrn steht und sich durch gründliche Kenntnis der lokalen Bräuche – die er achtet – und durch Loyalität gegenüber seinem Arbeitgeber auszeichnet. Obwohl er normalerweise eine höhere Vergütung erhält, bleibt er in den Augen des Besitzers ein gewöhnlicher, niedrig bezahlter Arbeiter.[8] Ausschlaggebend ist jedoch, daß der Grundherr den Verwalter als seinen »Vertrauensmann« betrachtet.

Die wichtigste Aufgabe des Verwalters besteht in seinem täglichen Umgang mit den Landarbeitern. Er weist die Arbeit für den Tag zu, zahlt die Löhne aus, nimmt Bestrafungen vor und hat das Recht, Arbeiter zu entlassen und Ersatzleute einzustellen – allerdings nur innerhalb des Rahmens, den der Grundherr vorgibt. Das bedeutet, daß über die Anzahl der einzustellenden Arbeiter sowie ihre Entlohnung ausschließlich vom Besitzer befunden wird. Es kann vorkommen, daß sein Verwalter zusätzliche Arbeitskräfte bei ihm anfordert; ob er diesem Wunsch nachkommt, liegt allein im Belieben des Grundherrn. Möglicherweise bespricht er sich mit anderen Grundherren, um die Beschäftigungsbedingungen festzulegen, ohne dazu den Rat seines Verwalters einzuholen.

Da praktisch alle großen landwirtschaftlichen Betriebe einen Verwalter haben, treten die Arbeiter normalerweise nicht in direkten Kontakt mit dem Arbeitgeber, und alle Beschwerden sowohl in

Einzelheiten als auch über das »System« selbst richten sich zunächst gegen den Verwalter.[9] Der Verwalter ist also der erste Adressat ihres Respekts oder – häufiger noch – ihres Unmuts. Für die Soziologie des Landlebens in Lateinamerika hat der Verwalter als »Schwamm«, der die unmittelbaren positiven oder negativen Reaktionen der *campesinos* aufsaugt, eine wichtige Funktion; sie trägt dazu bei, die bestehende Machtstruktur zu stabilisieren und zu stärken. Da die herrschende Klasse im täglichen Leben für die *campesinos* unerreichbar bleibt, können ihre Mitglieder gegenüber den Arbeitern und Kleinerzeugern in der Rolle des Vermittlers, ja sogar des Wohltäters und als tatsächliche oder potentielle Schlichter erscheinen, wenn Konflikte direkt oder über die Verwalter zu ihrer Kenntnis gelangen. Den Tadel für »harte Behandlung« steckt der Verwalter ein. Folglich ist die »Betriebsführung in Abwesenheit« *(absentee management)* mittels eines Verwalters für den Grundherrn, dessen Hauptinteressen normalerweise außerhalb der Landwirtschaft liegen und dessen Einkünfte aus nicht-landwirtschaftlichen Quellen sein Einkommen aus dem Landgut häufig übersteigen, eine überaus nützliche Einrichtung. Zugleich sorgt sie dafür, daß die bestehende Machtstruktur aufrechterhalten wird. Im Alltagsleben hat sie zur Folge, daß der Besitzer für Ungerechtigkeiten im Betrieb nicht haftbar gemacht wird. In Brasilien ereignete sich beispielsweise folgender typische Fall: Ein Landarbeiter, der seit elf Jahren auf einem großen Gut lebte, hatte den Grundherrn vor acht Jahren um die Erlaubnis gebeten, ein neues Haus bauen zu dürfen, um die alte, undichte Hütte zu ersetzen, in der er mit seiner Familie lebte. Der Grundherr hatte den Bau genehmigt; allerdings mußte der Arbeiter ein Schriftstück unterzeichnen, daß er das Baumaterial bezahle, das Gebäude aber Eigentum des Großgrundbesitzers bleiben werde. Danach passierte nach Aussage der Frau des Arbeiters folgendes:

»Mein Mann war damit einverstanden. Er kaufte die Pfosten und Ziegelsteine und fing an, das Haus zu bauen. Damals war der Besitzer krank und reiste nach João Pessoa [Hauptstadt von Paraíba]. Der Verwalter und der Sohn des Besitzers sagten meinem Mann, daß er dieses Haus nicht bauen könnte, weil der Besitzer keinen Befehl dazu gegeben hätte. Mein Mann baute weiter. Die Regenzeit kam, und das Wasser lief ins Haus. Unser jüngster Sohn war schon gestorben, weil die Kälte für ihn zuviel war. Dann sah ich viele Leute, den Verwalter, den Sohn des Besitzers und seine Freunde, die rissen das Hausgerüst nieder. Mein Mann sagte mir, daß wir nichts mehr machen könnten. Er hatte kein Geld, um nochmal Bauholz und Ziegel zu kaufen.« [CIDA 1965–66b, S. 230 ff.].[10]

Es scheint eine wohlüberlegte Strategie zu sein, daß der Grundherr im kritischen Augenblick verschwindet. In einem anderen Fall war einem Arbeiter eine Parzelle zur Pacht überlassen worden. Wenig später verlangte man von ihm, sich an einem Ort, der ihm gezeigt wurde, eine neue zu suchen:

»Aber dort gab es keinen Platz. Alles war schon von Arbeitern in Beschlag genommen worden. [. . .] Da wir keine Parzelle fanden, gingen wir zu P. [dem Besitzer] und baten ihn, uns weiter die Parzellen bearbeiten zu lassen, auf denen wir früher gewesen waren. *Das erlaubte er uns.* Wir gingen und bereiteten den Boden vor, um [. . .] mit der Aussaat anzufangen. Aber einige Leute gingen zu P. und erzählten ihm, daß wir auf diesem Land bleiben wollten und daß er es verlieren würde. Ende Januar, drei Tage nachdem es geregnet hatte und wir gesät hatten, *kam ein Sohn des Besitzers und sagte, daß sein Vater den Arbeitern kein Land mehr überlassen wollte,* daß er es für sein Vieh bräuchte und daß das Weideland schlecht wäre. Wir zeigten ihm unsere Aussaat, und er sagte, es sei in Ordnung und er wolle mit seinem Vater darüber sprechen, den Befehl rückgängig zu machen. An diesem Punkt erschienen einige *capangas* [privat angeheuerte Schläger] auf der Bildfläche, um die Leute mit Gewalt zu vertreiben. Es waren Capa de Aço und andere. Sie bedrohten uns. Wir waren schon bereit abzuziehen, aber nur unter der Bedingung, daß sie unsere Ausgaben für die geleistete Arbeit schätzen würden, damit wir eine Entschädigung bekämen. Eines Tages kamen die *capangas*, fragten, warum X säte und gaben drei Schüsse ab, die ihn töteten. Danach kamen sie zu meinem Haus, um mich hinauszuwerfen. Capa de Aço zog eine Pistole und zielte auf mich. Ich sagte nichts, sondern drehte mich weg. Meine Frau, die schwanger war, bat, mich nicht zu erschießen. Gott sei Dank ließ ihre Aggressivität nach. Kurz danach verlor meine Frau ihr Baby. Eines Tages kamen sie wieder zum Haus zurück, und es gab einen Kampf. Sie kamen mit einem Gewehr und einer Pistole, und die Leute von hier erschienen mit Messern und Sicheln. Drei kamen um; Capa de Aço wurde zerstückelt. Wir wollen unsere Pacht zahlen und in Frieden leben. Wir wollen ja nur für den Markt produzieren und leben. Aber sie wollen unsere Pacht nicht annehmen.« (CIDA 1965-66 b, S. 142 f.)

Auf diese Weise treten Konflikte, die aus dem »Klassenkampf« auf dem Lande resultieren, häufig auf einer Ebene unterhalb der Machtelite zutage. Das heißt, die Machtelite wird durch diese Konflikte entweder gestärkt oder – was ebenso wichtig ist – von ihnen verschont.[11]

Die soziale Struktur auf den Landgütern ist nicht nur komplex, sondern tendiert auch zur Starrheit. Das kann für die *campesinos*, die von den Großgrundbesitzern abhängen, schwerwiegende Folgen haben. Eine autokratische Organisation ist darauf angewiesen, daß Befehle effektiv ausgeführt werden. Sie ist effektiv, wenn es um die Ausübung und Verteilung von Macht geht. Am höchsten ist ihre Effizienz, wenn die Dinge ihren üblichen, routinemäßigen Verlauf nehmen. In Krisensituationen oder bei bedeutsamen Veränderungen freilich kann diese Effizienz, was die Führung des Betriebes anlangt, allerdings rasch schwinden. So ist z. B. die Wahrscheinlichkeit, daß die Forderungen der Arbeiter schnell zur obersten Befehlsspitze durchdringen, gering oder gleich Null. Die Organisation eines Latifundiums ist also aus der Sicht der Arbeiter schwerfällig und unbeweglich. Das trägt dazu bei, die Unzufriedenheit zu verstärken und soziale Konflikte zu beschleunigen. Da die Verwalter Konflikte nur innerhalb eines durch die Tradition und die Befehle des Besitzers (in den meisten Fällen deckt sich beides) eng gesteckten Rahmens lösen können und da ihre Macht beschränkt ist, können – wie es oft geschieht – Situationen eintreten, die sie nicht meistern können oder nur dann, wenn sie ihre Kompetenzen überschreiten. Das wiederum kann zu einer Verschärfung der Spannungen führen. Der entscheidende Punkt ist: Die starre soziale Organisation des *latifundismo* läßt es – von Ausnahmefällen abgesehen – nicht zu, daß die Lebensbedingungen der *campesinos* allmählich verbessert werden. Und solange der Machtelite nicht erhebliche Zugeständnisse abgerungen werden können, ihre Verhandlungsstärke also systematisch verringert ist, so lange werden die *campesinos* unter dieser Starrheit leiden.

Die soziale Kluft zwischen Großgrundbesitzern und campesinos

Hinzu kommt, daß es der Machtelite an Verständnis für die Bestrebungen, Wünsche und Ziele der *campesinos* fehlt. (Im umgekehrten Fall trifft dies weitaus weniger zu.) Auch das hängt mit dem autokratischen Charakter des *latifundismo* zusammen. In den Industrieländern hat die Machtelite in jahrelanger Erfahrung gelernt, sich über die Forderungen der Arbeiterklasse zu informieren, ja, sie sogar zu respektieren, auch wenn sie sich ihnen dann widersetzt. Presse, Literatur und Bildungswesen tun das ihre, Mißverständnisse und Unwissenheit zwischen den Klassen abzubauen. Doch in Lateinamerika besteht zwischen der Welt der ländlichen Machtelite und der Welt der *campesinos* noch immer eine fast unüberbrückbare Kluft. Die ländliche Elite interessiert sich nicht für die Bedürfnisse der *campesinos* und sperrt sich dagegen, ihnen günstigere Lebensbedingungen zuzugestehen. Offenbar können sich die Mächtigen Unwissenheit leisten – zumindest kurzfristig.[12] Unabhängig davon, ob der Großgrundbesitzer auf seinem Landgut lebt oder nicht, gehört er der ländlichen Gemeinde, in der er Eigentum besitzt, nicht an – in gewisser Hinsicht ist beinahe jeder Grundherr ein »abwesender« Grundherr, gleichgültig, wo er seinen Wohnsitz hat. Er hat weder an den Institutionen noch an den Erfahrungen und Bestrebungen der Menschen dort teil. Die Schulen sind nicht für seine Kinder, die Häuser nicht für seinen Aufenthalt bestimmt, das Krankenhaus ist nicht für seine medizinische Versorgung gedacht. Er und seine Kinder sind religiös, sozial, politisch an die Hauptstädte der Region, des Bundesstaates oder des Landes gebunden. Da er die Einrichtungen auf dem Lande nicht benutzt, hat er kein Interesse daran, sie zu verbessern, es sei denn, sie dienten seiner Bequemlichkeit. Der brasilianische Soziologe Julio Barbosa beschreibt diesen Sachverhalt so:

»Obwohl die Großgrundbesitzer an der Sozialstruktur der Gebiete, in denen ihre Güter gelegen sind, in begrenztem Umfang physisch teilhaben, sind sie soziologisch, d. h. was ihre Integration und tatsächliche Bindung anbetrifft, mit dieser Struktur nur sehr mittelbar verknüpft. Wie sehr immer diese Sozialstruktur durch die Aktivitäten der Gutsherren bedingt ist und ihren Entscheidungen unterliegt, hinsichtlich ihrer aktiven Mitwirkung und Betroffenheit stehen sie ihr doch fern und weisen sie durch ihre Gleichgültigkeit, Nachlässigkeit und ihr Verharren an der Peripherie bis zu einem gewissen Grad zurück.« (CIDA 1965-66 b, S. 165)

Entscheidend an der Zweiteilung der Agrargesellschaft ist, daß die Machtelite vermutlich am wenigsten in der Lage ist, die Probleme der *campesinos* zu lösen. Es scheint, daß diese von den *campesinos* selbst mit Hilfe derjenigen gelöst werden müssen, die mehr Verständnis für die Bedeutung sozialer Gerechtigkeit besitzen. Wenn dies stimmt, dann ist der Versuch, zur Lösung der ökonomischen, sozialen und politischen Probleme der *campesinos* »die Hilfe der Großgrundbesitzer zu gewinnen«, unrealistisch.[13]

Das Subsistenzniveau von Löhnen und Einkommen und die Mittel seiner Durchsetzung

Eine Neuformulierung des »ehernen Lohngesetzes«

Der autokratische Charakter des *latifundismo* übt sowohl auf die Einkommen der *campesinos* als auch auf die Bedingungen, unter denen sie verdient werden, einen wichtigen und direkten Einfluß aus. Mit einer Vielzahl von Methoden, die sowohl ökonomische als auch soziopolitische Auswirkungen haben, versucht die landbesitzende Elite, die Einkommen der *campesinos* auf ein Subsistenzniveau zu drücken. Das Register der Methoden, mit denen die Großgrundbesitzer den *campesinos* die Möglichkeit nehmen, einen angemessenen Lebensunterhalt zu verdienen, also die *campesinos* zu übervorteilen, ist erfinderischer als die Anstrengungen, die zahlreichen materiellen Ressourcen, die den Großgrundbesitzern zur Verfügung stehen, einer besseren und produktiveren Nutzung zuzuführen. Mit Hilfe der von ihnen beherrschten Organisation der Landwirtschaft sind die Großgrundbesitzer in der Lage, den Verdienst der *campesinos* durch eine Vielzahl miteinander verflochtener Methoden systematisch auf dem Subsistenzniveau zu halten – und genau das tun sie. Das wiederum wirkt sich in bedeutsamer Weise auf die Organisierbarkeit der *campe-*

sinos aus. Zwar sind niedrige Einkommen in der Landwirtschaft nicht die einzige Sperre, doch in Verbindung mit anderen Faktoren, z. B. ungünstigen Beschäftigungsbedingungen für Landarbeiter oder stark eingeschränkten Möglichkeiten für Kleinproduzenten mit nicht lebensfähigen Betrieben, ihren Lebensunterhalt zu bestreiten, bilden sie für die Organisierung der *campesinos* eine beträchtliche Schranke.

Da niedrige Löhne und Einkommen in Lateinamerika immer noch die Regel sind, scheint es einleuchtend, den Grund dafür in der seit Generationen bei den Großgrundbesitzern fest verankerten Tradition zu suchen, sich auf ein Überangebot von billigen und gehorsamen Arbeitskräften zu stützen, die keine andere Wahl haben als zu akzeptieren, was angeboten wird – eine Tradition, um deren Aufrechterhaltung sich die Machtelite bemüht. Subsistenzeinkommen sind nicht »naturgegeben«. Sie sind Audruck auch der mangelnden Verhandlungsstärke der *campesinos*, die festzuschreiben der Machtelite in einer Agrargesellschaft, in der die *campesinos* »am kürzeren Hebel sitzen«, keine Schwierigkeiten bereitet hat.

Die meisten lateinamerikanischen *campesinos* haben ein extrem niedriges Einkommen. Ihre wirtschaftliche Situation ist unsicherer, als gemeinhin angenommen wird. Einige Soziologen behaupten sogar, daß die verfügbaren statistischen Angaben keinen zureichenden Eindruck von dem Elend vermitteln, in dem die *campesinos* leben.

Die Analyse der wirtschaftlichen Situation der *campesinos* wird dadurch erschwert, daß sie – anders als die städtischen Arbeiter – ihre Einkommen aus mehreren Einnahmequellen beziehen. Bei diesen Einkommen, von denen sich einige nur zu willkürlich angenommenen Werten berechnen lassen, handelt es sich um Löhne und um Einnahmen aus dem Verkauf von kommerziellen Anbauerzeugnissen oder Nahrungsprodukten (so z. B. im Fall der *sharecroppers*[*] und Pächter). Ferner muß man den Eigenverbrauch selbstproduzierter Nahrungsmittel und vom Arbeitgeber gewährte Vergünstigungen (wie Unterkunft, Brennholz usw.) berücksichtigen. Die Einkommen können sich auch aus einer Kombination aller genannten Einnahmequellen zusammensetzen. Sofern zusätzliche Einkommen erzielt werden, erhöhen sie normalerweise den Gesamtverdienst, doch muß man wissen, daß das Bargeld, das aus dem Verkauf von Anbauerzeugnissen oder aus Lohnarbeit stammt, derjenige Teil des niedrigen Gesamteinkommens ist, der am stärksten ins Gewicht fällt. Das rührt daher, daß die *campesinos* auch in den abgelegenen Gebieten Lateinamerikas Bargeld benötigen, um lebensnotwendige Güter und haus- oder landwirtschaftliche Geräte zu kaufen. Es gibt noch andere

* Landarbeiter mit einer Parzelle, die er nach Anweisung des Grundherrn gegen einen Anteil am Ertrag bearbeitet. *(A. d. Ü.)*

Gründe für die wichtige Rolle von Bareinkünften, die weiter unten erörtert werden sollen.[14] Von Bedeutung ist vor allem, daß das Gesamteinkommen aus *allen* Einnahmequellen in der Regel nicht ausreicht, um den Bauernfamilien mehr als die Subsistenz zu garantieren. Selbst dann, wenn das Familieneinkommen auf den ersten Blick angemessen erscheint, ist das Pro-Kopf-Einkommen noch immer sehr niedrig. Das liegt daran, daß diese Familien groß sind und sogar groß sein müssen, weil dies, wie im Falle der *sharecroppers*, eine Vorbedingung für die Beschäftigung ist. Einige Beispiele sollen unsere These belegen:

In einer kleinen Gemeinde im reichen Caucatal (Kolumbien) ergaben Schätzungen, daß das durchschnittliche Jahreseinkommen, das Bauern mit Betrieben bis zu 10 ha aus dem Verkauf landwirtschaftlicher Produkte erzielten (Löhne nicht mitgerechnet), unter $ 170 lag (Feder und Posada, 1964). Im gleichen Gebiet erbrachten kleine landwirtschaftliche Betriebe (20% aller Betriebe) im Jahr durchschnittlich $ 57 und etwas größere Betriebe (46% aller Betriebe) rund $ 120 (CIDA, 1965-66 d, S. 202 ff. und 371 ff.). In der Hochebene von Guatemala wurde das durchschnittliche Bruttoprodukt (das in etwa den Betriebseinnahmen entspricht) auf den *microfincas* – winzigen Parzellen, die noch kleiner als Minifundien sind – auf jährlich $ 9 pro Kopf und auf Minifundien auf $ 54 geschätzt, winzige Beträge aus anderen Quellen nicht mitgerechnet. An der Küste betrug das Durchschnittseinkommen auf den untersuchten Minifundien $ 967, doch gibt es in diesem Gebiet weitaus weniger Minifundien als in der Hochebene. Fünfunddreißig Landarbeiterfamilien verdienten einschließlich Prämien durchschnittlich $ 396, doch die Hälfte dieser Arbeiter verdiente weniger als $ 400 (CIDA, 1965-66 f, S. 85 ff.). 1962 erzielten acht von neun befragten Bauern einer Gemeinde in Pernambuco (Brasilien) mit landwirtschaftlichen Betrieben bis zu 12 ha ein Pro-Kopf-Einkommen, das zwischen $ 20 und $ 80 im Jahr betrug; vier davon kamen jedoch lediglich auf höchstens $ 25. Im selben Jahr verdienten zehn vielköpfige *sharecropper*-Familien auf vier großen Landgütern im Staat Ceará pro Kopf $ 15 exklusive (bzw. $ 24 inklusive) zusätzlicher Einkommen. Ortsansässige Arbeiter, die in dem berühmten Kakaoplantagengebiet Bahia in Brasilien befragt wurden, verdienten jährlich etwa $ 75 Barlohn bzw. rund $ 100, wenn man den Pachtpreis für das Haus und die Parzelle, auf der sie lebten, hinzuzählt (CIDA, 1965-66 b, S. 463 ff., 434 ff. und 408 ff.). In Peru wurde das jährliche Pro-Kopf-Einkommen der Bevölkerung in einigen Zonen der Sierra von einem Team der Vereinten Nationen auf etwa $ 15 bis $ 20 geschätzt – das ist einer der niedrigsten Lebensstandards der Welt. 273 Fallstudien über Erzeuger auf Minifundien, Mitglieder von Eingeborenengemeinden und Lohnarbeiter ergaben, daß sich die Summe des jährlichen Familienbareinkommens aus sämtlichen Einnahmequellen von einem Maximum von $ 529 (Küstengebiete), $ 269 (Sierra) und $ 443 (Waldgebiete) auf den Minifundien bis zu einem Minimum von $ 333, $ 117 bzw. $ 241 für verdingte Arbeiter oder andere Gruppen belief. Die Familien bestanden in der Regel aus fünf bis sechs Mitgliedern (CIDA, 1965-66 g, S. 274). Daraus kann man den Schluß ziehen, daß mit Ausnahme der wenigen Gebiete, in denen die wirtschaftlichen Bedingungen und die Besitzverhältnisse ungewöhnlich günstig sind, das Familienjahreseinkommen der *campesinos* in Lateinamerika alles in allem $ 300 ausmacht. Die reinen Bareinkommen der Familien sind weitaus niedriger, und in weiten Teilen des ländlichen Lateinamerikas liegen sie in der Regel unter $ 100 pro Jahr. Millionen Kleinerzeuger und Landarbeiter müssen viele Jahrzehnte in manchen Fällen einige Jahrhunderte arbeiten, um den Betrag zu verdienen, den ein Großgrundbesitzer aus einem seiner Landgüter als Jahreseinkommen bezieht (vgl. Tabelle 1 im Anhang).[15]

Die Einkommensdaten vermitteln freilich noch kein vollständiges Bild von der wirtschaftlich prekären Situation der *campesinos:* aufgrund der Barausgaben für die lebensnotwendigen Güter wie z. B. Lebensmittel, welche die Bareinkünfte übersteigen, haben viele Kleinerzeuger und Arbeiter am Jahresende eine negative Bargeldbilanz. Ihre Verschuldung bei Arbeitgebern, Kaufleuten oder Geldverleihern infolge von Vorschüssen und Krediten ist in der Regel von Dauer. Es liegt auf der Hand, daß die Naturaleinkommen, die beispielsweise aus dem Subsistenzanbau auf den kleinen Parzellen oder den vom Grundherrn gewährten Vergünstigungen stammen, keinen ausreichenden Lebensstandard verbürgen.[16] Aus den uns verfügbaren Angaben geht hervor, daß Verschuldungen überaus häufig sind, in vielen Fällen bilden Vorschüsse und Darlehen, also Schulden, einen hohen Prozentsatz des jährlichen Einkommens. In dem berühmten brasilianischen Kakaogebiet Bahia z. B. betrug die durchschnittliche Nettobarbilanz – d. h. die Verschuldung – bei Lohnarbeitern auf den großen Kakaoplantage mehr als die Hälfte des jährlichen Bareinkommens von ca. $ 75. Zehn dieser Arbeiter hatten eine negative Bargeldbilanz, in neun Fällen überstiegen allein die Ausgaben für Lebensmittel das Bareinkommen aus sämtlichen Einnahmequellen, obwohl acht der neun Arbeiter ein Gartenstück zur Verfügung stand (CIDA, 1965-66 b, S. 413 f.). Diese acht Arbeiter mit einem Gartenstück erzielten aus Löhnen und dem Verkauf von Produkten ein Bareinkommen, das schätzungsweise nur zwei Drittel ihrer Barausgaben für den Kauf von Lebensmitteln – zumeist Hauptnahrungsmittel – betrug. Im Staat Ceará hatten zehn *sharecroppers* im Durchschnitt ebenfalls eine negative Barbilanz (nach Abzug der nicht aus der Parzelle stammenden Einkünfte von zwei *sharecroppers*), da zwei der zehn *croppers* eine negative Barbilanz haben (CIDA, 1965-66 b, S. 437).[17] Ihre Ausgaben für Lebensmittel beliefen sich durchschnittlich auf zwei Drittel ihres Gesamteinkommens aus der Parzelle und anderen Einnahmequellen. In Ecuador wie in anderen lateinamerikanischen Ländern wird die Verschuldung »benutzt« (d. h. eingeplant), um die Arbeiter an den Betrieb zu binden.[18] Die folgende Aufstellung zeigt zwei interessante, typische Fälle. Beim bestehenden Lohnsatz hätte der Jahresverdienst auch bei Vollbeschäftigung nicht ausgereicht, die Schulden zu tilgen, und so werden in der Regel Schulden von einem Jahr zum nächsten weitergeschleppt (CIDA, 1965-66 e, S. 143 f.):

Antonio	Schulden (Sucres)	Mariana	Schulden (Sucres)
Unbezahlte Schulden aus dem Vorjahr	237	Schulden des verstorbenen Vaters	108
22. Febr.: 1 Faß Ocas	25	23. Febr.: Barvorschuß	23
16. Juli: Gerste	40	28. Febr.: Gerste	40
Vermerk: für den Diebstahl von 10 Kartoffelknollen	50	5. Mai: Barvorschuß	5
		16. Juli: 1 Faß Ocas	25
		9. Dez.: Barvorschuß	10
		22. Dez.: Barvorschuß	80
Schulden insgesamt	352	Schulden insgesamt	291

Offensichtlich lassen sich bei den Einkommen bestimmte Unterschiede erkennen: manche Familien verdienen mehr, andere weniger. Doch alles in allem ist die Einkommensskala, absolut gesehen, eng und läßt *nur Abstufungen der Armut zu*. Bislang ist dieser Sachverhalt freilich nur wenig erforscht. Es erhalten z. B. manche *sharecroppers* aus Gründen, die nicht immer klar sind, größere oder bessere Bodenparzellen als andere[19], und einige Arbeiter werden höher entlohnt als andere. Anscheinend entlohnen die Großgrundbesitzer ihre Arbeiter je nach Familiengröße, Beschäftigungsdauer, Ergebenheit oder der Bereitschaft, sich den Traditionen zu beugen, unterschiedlich. Wenn dies zutrifft, dann bewiese es, daß die Arbeitskontrakte »individuell« gestaltet sind, mit Ausnahme der Fälle, in denen die Arbeiter »en gros« eingestellt werden (z. B. über einen Arbeitsvermittler). Mit anderen Worten, die Arbeitgeber reagieren auf die unterschiedliche Eignung, Ergebenheit und Leistungskraft der Arbeiter und ihrer Familien. Das bedeutet nicht, daß sie das eherne Gesetz der Subsistenzlöhne und -einkommen außer acht ließen; im Gegenteil, es zeigt, daß die Arbeitgeber in jedem Fall mehr oder weniger sorgfältig das Arbeitsquantum kalkulieren, das sie den Arbeitern gegen eine bestimmte (niedrige) Bezahlung abpressen können. Das käme den Berechnungen gleich, welche die Arbeitgeber anscheinend im Hinblick auf Art oder Form der Lohnzahlung vornehmen, wobei sich in jedem Fall ungefähr das gleiche Einkommen ergibt (s. unten).

Dahinter steht vermutlich eine wohlbedachte Strategie. So erwählen sich einige Arbeitgeber »Lieblingsarbeiter«, denen sie eine höhere Vergütung oder Sonderrechte gewähren. In Ecuador wurden z. B. einem jungen Angehörigen einer Indio-Gemeinde auf einem großen Landgut die Aufgaben eines »Veterinärs« *(práctico veterinario)* übertragen, obwohl alle anderen Indios Leibeigene waren (CIDA, 1965-66e, S. 224)[20]; im Staat Matosinhos (Brasilien) verdienten ein Vater und ein Sohn in einer kleinen Gemeinde als Holzfäller erheblich mehr als andere Arbeiter (CIDA, 1967, S. 39); manchmal wird auch einem Kleinerzeuger ein Privileg zugestanden: man räumt ihm Kredite oder Vorteile ein, die anderen Kleinbauern versagt bleiben. Zweifellos treffen die Großgrundbesitzer die Auswahl von »Lieblingen« mit großer Sorgfalt und in der Absicht, in den anderen *campesinos* Aufstiegshoffnungen zu erwecken – angesichts einer harten Wirklichkeit, die den *campesinos* praktisch keine Aussicht auf eine Verbesserung ihrer Lage bietet, ein durchaus nützliches Manöver.

All dies kann jedoch nicht über die Tatsache hinwegtäuschen, daß sich die Einkommen der *campesinos* in den meisten Fällen auf einem Niveau bewegen, das es ihnen kaum erlaubt, ihr Leben zu fristen. Mit anderen Worten, ihr Einkommen reicht bestenfalls für Nahrung, Kleidung und Behausung aus und läßt keine Ersparnisse, geschweige denn die Anhäufung von Reichtum zu.[21]

Die unsichere finanzielle Situation der Millionen *campesinos*, die hungern oder zumindest darben, macht ihre Organisierung beinahe unmöglich. Das extrem niedrige Einkommen der Bauernfamilien macht ihre Ernährung zu einem Problem erster Ordnung. Ein brasilianischer Kleinerzeuger hatte an dem Tag, an dem er befragt wurde, nichts zu essen im Haus; ein anderer berichtete, daß es zwar für die Kinder zu essen gab, aber nicht für die Eltern. Täglich 1200, 1300 oder 1400 Kalorien pro Person – und das ist selbst in günstigem tropischen Klima nicht ausreichend – scheinen die Regel zu sein. Selbst wenn der Monatsbeitrag zu einer Bauernorganisation nur den Tageslohn eines Familienmitglieds betrüge, wäre er ein bedeutender Posten im Familienbudget – er kann *darüber entscheiden, ob es einen oder mehrere Tage lang etwas zu essen gibt oder nicht. In vielen Fällen kann dieses Opfer nicht erbracht werden.* Das erklärt, warum Bauernorganisationen meist unter kleinen Pächtern oder Landarbeitern mit einem relativ besseren Einkommen Fuß fassen, und warum viele dieser Organisationen anscheinend viele nicht-zahlende Mitglieder haben, so daß eine kleine Minderheit die Aktivitäten der Organisation tragen muß.[22] Ohne Unterstützung von außen stehen die Bauernorganisationen deshalb unter erheblichem finanziellen Druck und sind oft nicht lebensfähig.

Vermittels welcher gesellschaftlichen Institutionen die Durchsetzung des ehernen Gesetzes der Subsistenzeinkommen erleichtert wird

Die Großgrundbesitzer könnten das eherne Gesetz der Subsistenzlöhne und -einkommen nicht durchsetzen, wenn sie nicht den größten Teil der verfügbaren landwirtschaftlichen Arbeitskräfte und den Zugang der kleineren Erzeuger und der Landarbeiter zu den landwirtschaftlichen Ressourcen kontrollierten. Daß dies der Fall ist, geht aus den verfügbaren Angaben hervor, obwohl die statistischen Daten unvollständig sind. So wurden z. B. in sieben lateinamerikanischen Ländern allein von den großen Mehrfamilienbetrieben (Latifundien) mehr als 37% aller gedingten landwirtschaftlichen Arbeiter als Beschäftigte gemeldet, Verwalter, Aufseher und spezialisierte Arbeiter (die fast ausschließlich auf den großen Landgütern zu finden sind, vgl. Tabelle 2 im Anhang) nicht mitgerechnet. Die Mehrzahl der übrigen Landarbeiter findet man auf den mittelgroßen Mehrfamilienbetrieben. Einfamilienbetriebe und Minifundien beschäftigen in erster Linie Familienangehörige. Die Zahl von 37% ist vermutlich zu niedrig angesetzt, da sie z. B. *all jene campesinos* nicht einschließt, die zwar auf einem Minifundium leben, sich aber auf einem Landgut als Arbeiter verdingen. Die kahlen Statistiken enthüllen deshalb nicht, in welch entscheidender Weise die Großgrundbesitzer die *campesinos* kontrollieren. Diese Kontrolle wäre auch in qualitativer Hinsicht zu analysieren, d. h. man muß die institutionellen Regelungen untersuchen, in die die Beziehungen zwischen Arbeitgeber und Arbeiter eingebettet sind. Immerhin deuten die Zahlen darauf hin, daß sich die wenigen großen Grundbesitzer in einer einzigartigen Position befinden, das Lohnniveau und die Beschäftigungsbedingungen zu diktieren, da sie die meisten landwirtschaftlichen Arbeitskräfte beschäftigen. Außerdem versprechen sich die Landarbeiter von den Mehrfamilienbetrieben, die den größten Teil des landwirtschaftlich nutzbaren Bodens kontrollieren, offensichtlich die meisten Beschäftigungsmöglichkeiten. Wir werden alsbald erklären, warum diese Erwartung nicht erfüllt wird.

Hinzu kommt, daß den *campesinos* durch die großen Grundbesitzer der Zugang zu Land (oder zu mehr Land) und Kapital und damit zu höheren Einkommen versperrt wird. Normalerweise wird der Boden in großen Abschnitten, die für *campesinos* unerschwinglich sind, an reiche Investoren verkauft; und selbst dann, wenn er in kleinen Abschnitten verkauft wird, verbietet sich sein Preis für die *campesinos*, abgesehen von jenen raren Ausnahmefällen, in denen ein *campesino* Ersparnisse oder Zugang zu Krediten hat.[23]

Im übrigen sind die Großgrundbesitzer selbst ständig auf der Suche nach mehr Land, und aufgrund ihrer finanziellen Macht sind sie in diesem Wettbewerb jedem potentiellen kleinbäuerlichen Käufer von Grund auf überlegen. Auch die Kredite und andere landwirtschaftliche Produktionsmittel fließen den wenigen großen Grundbesitzern zu.[24] Häufig wirkt sich die Kapitalknappheit sogar für jene Produzenten nachteilig aus, deren Bodenfläche ein zufriedenstellendes Einkommen sicherte, sofern sie angemessen genutzt werden könnte. Selbst in Gebieten, die neu erschlossen werden, finden nur finanzkräftige städtische und ländliche Investoren mühelos Zugang zum Boden. Daß die *campesinos* im staatlichen Grund und Boden keine verheißungsvolle Alternative zum Leben in ihrer Heimatgemeinde sehen, hängt, abgesehen von den klimatischen Bedingungen, damit zusammen, daß es keine Straßen, Schulen, Krankenhäuser und andere Einrichtungen dieser Art gibt und daß zudem die soziopolitische Machtstruktur (nämlich der *latifundismo*) aus den alten in die neuen Gemeinden übertragen wird.

Anhand der Statistiken läßt sich nur schwer zeigen, daß *campesinos* so gut wie keinen Zugang zu Boden haben. Aus Brasiliens vorläufigem Zensus im Jahr 1960 darf man schließen, daß zwischen 1950 und 1960 rund 60% aller neuen landwirtschaftlichen Arbeitskräfte zur unterprivilegierten (armen) Arbeiterschaft hinzukamen. Außerdem verschlechterten sich die Lebensbedingungen der Kleinerzeuger, da der größte Teil des landwirtschaftlich nutzbaren Landes, das in diesen zehn Jahren neu erschlossen wurde, den großen Landgütern einverleibt wurde, während die Zunahme der Wirtschaftsfläche kleinerer landwirtschaftlicher Betriebe mit dem Wachstum der darauf lebenden Bevölkerung nicht Schritt hielt (CIDA, 1965-66b, S. 392 ff.). Für die Machtelite bedeutet dies, daß immer mehr *campesinos* in einem ländlichen Getto leben und so ein Angebot von billigen Arbeitskräften erhalten bleibt, das selbst massive Abwanderung in städtische Gebiete nicht hat auszehren können.

Ein anderer gesellschaftlicher Sachverhalt, der erhebliche Folgen für die Verhandlungsposition der *campesinos* hat und ihnen höhere Einkommen versagt, ist die ungenügende Bodennutzung auf großen Landgütern. Sie wirkt sich negativ auf das Gesamteinkommen der *campesinos* aus, weil sie die Beschäftigungsquote senkt. Ungenügende Bodennutzung ist ein Grundelement des *latifundismo*. Sie hat zwei

Aspekte, die freilich nur die zwei Seiten einer Münze sind: der kleine Anteil des Bodens, der intensiv (oder arbeitsintensiv) bebaut wird[25], und der große Anteil des Bodens, der extensiv genutzt wird (wie es z. B. bei der Viehzucht der Fall ist, die nahezu keine Arbeitskräfte erfordert) oder überhaupt ungenutzt bleibt.[26] Die traditionelle unzulängliche Bodennutzung bewirkt, daß der heutige *latifundismo* in Lateinamerika der Aufgabe, einer rasch anwachsenden arbeitsfähigen Landbevölkerung ausreichende Arbeitsmöglichkeiten zu bieten, in keiner Weise gewachsen ist.

Folgende Zahlen mögen eine annähernde Vorstellung davon vermitteln, wie sich die überwiegend extensive Bodennutzung auf die Zahl der Beschäftigten in der Landwirtschaft auswirkt. In sieben lateinamerikanischen Ländern nutzen die großen Landgüter durchweg nur den kleinsten Anteil ihres Bodens intensiv. (Tabelle 3 im Anhang zeigt dies für alle sieben Länder zusammen.) Deshalb haben sie lediglich eine geringfügig größere kultivierte Fläche (40,7 Mio. ha), obwohl sie etwa 2,3mal so viel Land kontrollieren wie diese.[27] (Das kultivierte Land umfaßt bebautes Land, aufgebessertes oder künstliches Weideland und Brachland. Beim bebauten Land ist die Kluft noch größer, da dessen Anteil am gesamten kultivierten Land mit der Größe des landwirtschaftlichen Betriebes abnimmt.) Für die Beschäftigungsquote bedeutet das, daß Minifundien und Familienbetriebe zusammen fast dreimal so viele *campesinos* beschäftigen wie die Latifundien, obwohl diese über mehr als die Hälfte des gesamten landwirtschaftlich nutzbaren Bodens verfügen. Daran sieht man, daß Intensität der Bodennutzung und Beschäftigungsquote eng miteinander zusammenhängen.

Der Grad der Unterbeschäftigung läßt sich grob schätzen, wenn man sich überlegt, wie viele zusätzliche Arbeiter auf den Latifundien beschäftigt werden könnten, würden diese so intensiv bewirtschaftet wie beispielsweise die Familienbetriebe.[28] Stellt man diese Berechnung für sechs der sieben in Tabelle 3 aufgeführten Länder an (ohne Peru), dann ergibt sich die enorme Summe von nahezu 34,5 Mio. potentieller Arbeitsplätze (vgl. Tabelle 4). Nimmt man die mittelgroßen Mehrfamilienbetriebe hinzu, die in vielen Ländern ebenfalls nicht so intensiv bewirtschaftet werden wie Familienbetriebe, so erhöht sich die Gesamtzahl der zusätzlichen Arbeitsplätze auf 49 Mio. Da in allen Mehrfamilienbetrieben nur 9,2 Mio. Arbeiter beschäftigt wurden, könnte die Zahl der Beschäftigten bei gleichbleibender Wirtschaftsfläche[29] theoretisch um mehr als das Fünffache gesteigert werden.[30]

Diese Zahlen beanspruchen nicht, die tatsächlich bestehenden Beschäftigungschancen exakt zu bezeichnen; diese könnten größer oder geringer sein. Doch machen sie deutlich, daß es für die Großgrundbesitzer relativ einfach ist, das Gesetz der Subsistenzlöhne und -einkommen durchzusetzen. Das gilt selbst dann, wenn die Landarbeiterschaft – die in einer Landwirtschaft mit einem niedrigen Stand der Technologie und Betriebsführung traditionellerweise unterbeschäftigt ist (d. h. im Überschuß vorhanden ist) – nicht schneller wächst als die kultivierte Fläche.

Zu den Auswirkungen der ungenügenden Nutzung der Bodenressourcen kommt eine landwirtschaftliche Betriebsführung hinzu, die zu einer raschen Erschöpfung der Böden führt und so die Landwirtschaft zwingt, auf der Suche nach neuen Anbaugebieten ständig den Ort zu wechseln, oder aber zur Folge hat, daß die Großgrundbesitzer von intensiver zu extensiver Bewirtschaftung übergehen. Das generell niedrige Niveau, auf dem die großen Anbau- und Viehzuchtbetriebe in ganz Lateinamerika geführt werden, ist hinlänglich dokumentiert worden. Es überrascht um so mehr, als die Großgrundbesitzer auch zu anderen landwirtschaftlichen Produktionsmitteln und den Quellen des technischen Wissens nahezu ungehindert Zugang haben. In Brasilien z. B. geht man in älteren, traditionellen Anbaugebieten mit Nachdruck zur Viehzucht über, und einige Großgrundbesitzer sehen darin sogar »eine Lösung des Personalproblems«. Man nehme nur den Fall des *município* Itabuna (Bahia), eine der reichsten Kakaoplantagengebiete Brasiliens, in dem die Kakaopflanzer die Grundbesitzeraristokratie bilden. Heute gibt es dort die größte Stückzahl Vieh im Staat Bahia (CIDA 1965-66b, S. 496 ff.). Überdies besteht für viele, wenn nicht die meisten Großgrundbesitzer kein starker ökonomischer Anreiz, durch Verbesserung der Betriebsführung oder Erweiterung der Anbaufläche die Nutzung ihres Bodens zu intensivieren. Sie beziehen ihr Gesamteinkommen nicht lediglich aus einem oder mehreren Landgütern, sondern auch aus nicht-landwirtschaftlichen Quellen wie geschäftlichen Unternehmungen, Ausübung akademischer Berufe oder Investitionen im In- oder Ausland. Selbst dann, wenn sie ihr Land nicht intensiv nutzen und bewirtschaften, reicht ihr Gesamteinkommen für einen hohen Lebensstandard und erkleckliche Ersparnisse aus. Für das Kakaogebiet in Brasilien z. B. stellt Semenzato fest:

»Es sind immer wieder die gleichen Männer, die in der Kakaoproduktion, in den Vorständen der Banken, in den obersten Organen der Kooperativen [...] und zuweilen in den Exportfirmen sitzen. Andererseits sind eben diese Firmen auch Eigentümer der Kakaoplantagen. Es gibt Leute, die Bankiers, Kakaopflanzer und Viehzüchter sind. Es gibt Vorstandsmitglieder der Kooperativen, die einflußreiche Politiker, mächtige Kakaopflanzer, Viehzüchter und bedeutende Kaufleute sind. [...] Gleichzeitig stehen dieselben Männer aufgrund ihres Prestiges und ihrer gesellschaftlichen Position direkt oder indirekt mit der Industrie für Kakao-Nebenprodukte in Verbindung. Und so weiter, und so weiter. Der größte Teil der Wirtschaftssektoren liegt in den Händen der großen Produzenten.« (CIDA 1965-66b, S. 171).

Die brasilianische Soziologin Maria Brandão, die beschreibt, wie und warum Grundbesitz erworben wird, berichtet von einem Landgut in Bahia, das in der Nähe von Salvador gelegen ist, es habe

»einem Geschäftsmann aus Salvador gehört, der als einer der reichsten Männer galt, der sein Vermögen im Zuckergeschäft erworben hatte [und] als ersten Grundbesitz 1089 ha kaufte, Teil des Besitzes einer alten Zuckerfabrik. In der Folge wurden die anderen Besitztümer erworben. Ein anderer Besitzer in dieser Gegend legte die Gründe für diese Erwerbungen dar: die Eitelkeit des neureichen Kaufmanns, der seinen sozialen Status durch Grundbesitz bestätigen müsse. [. . .] Gegenwärtig gehört der Besitz einem Familienangehörigen des alten Besitzers. Dieser ist ein Akademiker, der im Staatsdienst tätig ist und sein Interesse an dem Besitztum damit rechtfertigt, daß es ›eine Zerstreuung‹ sei.« (CIDA 1965-66b, S. 175).

Und Manuel Diégues jr. stellt in seinem Buch *Population and Land in Brazil* fest:

»Der Großgrundbesitzer nimmt weiterhin eine Sonderstellung in der sozialen Hierarchie ein. [. . .] Nicht selten ist er mehr Kaufmann als Landwirt, d. h. er kümmert sich mehr um seine kaufmännischen Unternehmungen als um seinen Grundbesitz.« (CIDA 1965-66b, S. 176)

Wie aus Tabelle 5 im Anhang hervorgeht, die den Wohnsitz einiger *latifundistas* aufführt und zeigt, daß diese augenscheinlich keine Verbindung zu den Gemeinden haben, in denen ihr Grundbesitz liegt, findet man dieses Phänomen auch in Ecuador – wie es denn überhaupt in ganz Lateinamerika verbreitet ist.

Man gelangt also zu folgendem Schluß: Die spezifische Weise der Bodennutzung ist in Verbindung mit dem Umstand, daß die Großgrundbesitzer neben der Landwirtschaft noch andere Interessen verfolgen, eine Ursache für anhaltend niedrige Löhne und Einkommen der Landarbeiter, und die infolge schlechter Betriebsführung fortschreitende Erschöpfung der Böden drückt das Niveau von Löhnen und Einkommen. Das liefert den Großgrundbesitzern ein scheinbar überzeugendes Argument für die Behauptung, sie könnten keine Lohnerhöhungen bewilligen. So verbürgt schon die sozioökonomische Struktur der lateinamerikanischen Landwirtschaft den Großgrundbesitzern das Privileg, niedrige Löhne zu zahlen.

Die Bedingungen der Beschäftigung auf dem Subsistenzniveau

1. Verstöße gegen Arbeitsgesetze und andere gesetzliche Bestimmungen

Einer der präzisen Mechanismen, mit denen die Löhne auf einem niedrigen Niveau gehalten werden können und auch gehalten werden[31] – und der zudem erlaubt, zu ermitteln, inwieweit Einkommen auf dem Subsistenzniveau bleiben[32] –, besteht darin, systematisch gegen die gesetzlichen Mindestlöhne und andere Lohnverordnungen sowie gegen die Gesetze über *sharecropping* und Pachtverhältnisse zu verstoßen. Viele, wenn nicht die meisten lateinamerikanischen Landarbeiter werden durch die Gesetzgebung geschützt, die ihnen neben einem Mindestlohn das Recht auf bezahlte Überstunden, bezahlten Urlaub und andere Vergünstigungen garantiert. In Brasilien z. B. erweiterte 1963 ein Gesetz die Rechte und Leistungen, die bereits zuvor allen Lohnarbeitern garantiert worden waren, darunter auch ein Sozialhilfefonds für Krankheitsfälle und in Todesfällen Unterstützung für die Hinterbliebenen (CIDA 1965-66b, S. 302 ff.).

Es gibt reichlich Beweise dafür, daß gegen die Gesetze verstoßen wird, nicht etwa bloß in vereinzelten Fällen, sondern sozusagen in großem Stil. Das zeugt davon, daß das Gesetz praktisch nicht durchgesetzt wird. So ergab z. B. eine Untersuchung des brasilianischen Landwirtschaftsministeriums für das Jahr 1957, daß die Löhne, die verschiedenen Kategorien von Landarbeitern gezahlt wurden, ausnahmslos weit hinter den gesetzlichen Lohnsätzen zurückblieben. Andererseits waren die Mietabzüge für die Unterkünfte, die ansässigen Arbeitern zur Verfügung gestellt wurden, in sieben von acht landwirtschaftlich wichtigen Regionen bedeutend höher als gesetzlich erlaubt ist (vgl. Tabelle 6 im Anhang); nur in Paraná lagen die Löhne geringfügig über dem gesetzlichen Minimum. Der Grund dafür war, daß die Landwirtschaft in Paraná zu eben dieser Zeit kräftig expandierte, was einen gewaltigen Bedarf an Arbeitern nach sich zog – eine Situation, die sich seither vermutlich nicht wiederholt hat. Die landesweite Mißachtung der gesetzlichen Bestimmungen beweist, daß die Mindestlohnsätze in der Praxis bestenfalls als Höchstsätze verstanden werden. Einer Untersuchung des Landwirtschaftsministers von São Paulo zufolge betrug in den Jahren 1959/60 der durchschnittliche Tageslohnsatz in diesem Staat zwischen 111 und 115 Cruzeiros, obwohl als gesetzlicher Mindestlohnsatz 170 Cruzeiros festgelegt worden waren. Als durchschnittliches Monatseinkommen wurden

2250 Cruzeiros ermittelt; tatsächlich hätte es jedoch zwischen 5100 und 5800 Cruzeiros betragen müssen (CIDA, 1965-66b, S. 282).

Es ist zu beachten, daß das Ausmaß, in dem gegen die Gesetze verstoßen wird, von Betrieb zu Betrieb variiert und daß sich sogar auf ein und demselben Landgut bei gleichen Kategorien von Arbeitern Unterschiede finden lassen. Das ist offenbar eine Folge der oben erwähnten individuellen »Verhandlungen« zwischen Arbeitgebern und Arbeitern.[33]

In Ländern, in denen die Preise für Lebensmittel und andere unentbehrliche Güter absolut oder relativ steigen, erhöhen sich auch – gewöhnlich infolge einer Heraufsetzung der gesetzlichen Mindestlohnsätze – die Barlöhne. Hier ziehen die verdingten Arbeiter aus zwei Gründen oft den kürzeren: 1. die gesetzlichen Erhöhungen werden verkündet, lange nachdem die Reallöhne bedeutend gesunken sind; 2. die ländlichen Arbeitgeber verstoßen gegen das Gesetz, insofern sie ihre Löhne den neuen gesetzlichen Mindestlohnsätzen erst einige Zeit nach deren Inkrafttreten anpassen. Auf diese Weise werden die Reallöhne ständig gedrückt.

Zu besonders gravierenden Verstößen gegen die Lohngesetze kommt es in den Gebieten, wo feudale Traditionen noch sehr stark sind oder rassische Vorurteile herrschen. Im Nordosten Brasiliens z. B. müssen *sharecroppers* oder ansässige Arbeiter als »Huldigung«, d. h. als persönliche Verpflichtung gegenüber dem Grundherrn, wöchentlich einen oder mehrere Tage unentgeltlich oder für einen Lohn arbeiten, der erheblich niedriger ist als der geltende Lohnsatz. In der Region Ceará mußten hörige Arbeiter *(sujeição)* für die Hälfte des geltenden Lohnsatzes arbeiten (CIDA, 1965-66 b, S. 443). Von der Sierra Ecuadors wurde berichtet, daß hier »der Lohn mehr eine Fiktion als eine Realität« sei. Die Löhne der Indios werden nicht nur unpünktlich gezahlt, sondern auch nicht in der vereinbarten Höhe; bisweilen werden sie auch nicht in bar, sondern in Naturalien ausgezahlt (CIDA, 1965-66 e, S. 144). In der Sierra von Peru wird in den abgelegenen Gebieten vielen Arbeitern noch immer lediglich ein winziger Bruchteil der geltenden Lohnsätze, der sich auf wenige Cents täglich beläuft, gezahlt. Unentgeltliche oder nahezu unentgeltliche Arbeit ist fast die Regel.

Ein anderer Mißbrauch betrifft die Entlohnung der Überstunden. Obwohl sich die gesetzlichen Mindestlohnsätze stets auf einen Achtstundentag beziehen, werden Überstunden so gut wie nie bezahlt. In der Saat- oder Erntezeit müssen die Arbeiter meistens zehn bis zwölf Stunden am Tag arbeiten. Wenn man diese Überstunden zu den Verstößen gegen die Lohngesetze hinzuzählte, wüchse die Kluft zwischen gesetzlichen und tatsächlichen Lohnsätzen ins Unermeßliche. In einigen Gebieten, wie den riesigen Weideregionen der Anden, müssen die Schäfer zwar vierundzwanzig Stunden am Tag ihren Dienst versehen, erhalten aber nur einen gleichsam symbolischen Lohn.

Viele Arbeiter werden nicht nach Tagen oder Wochen bezahlt, sondern erhalten Akkordlöhne. Häufig ziehen die Arbeiter diese Art der Vergütung vor, weil sie hoffen, so ein höheres Gesamteinkommen zu gewinnen. Das mag in Einzelfällen zutreffen, im großen und ganzen jedoch ist ihre Hoffnung unberechtigt, da sie sich allein auf die Tatsache gründet, daß sie in einer kurzen Zeitspanne (z. B. einem Tag) unter Umständen mehr verdienen. Normalerweise verpflichtet ein Vertrag über Akkordarbeit aber dazu, ein bestimmtes Quantum zu erfüllen, und um das zu schaffen, muß der Arbeiter seine Familienangehörigen zur Arbeit heranziehen oder womöglich Leute einstellen. So kann der Lohn kurzfristig zwar höher sein, doch bringt er für den Arbeiter mehr Kosten mit sich. Ein Großgrundbesitzer und Politiker in Brasilien machte zu diesem Punkt einige aufschlußreiche Bemerkungen:

»Die Arbeiter gehorchen meinen Befehlen und bauen an, was ich bestimme. Es sind achtundzwanzig Arbeiter; sie zahlen keine Pacht für das Land. Wenn ich sie brauche, müssen sie für 300 Cruzeiros am Tag arbeiten. Tatsächlich zahle ich ihnen jedoch häufiger Akkordlohn, nach produzierten Einheiten. Es gibt Arbeiten, bei denen ein Tageslohn, und andere, bei denen ein Akkordlohn besser ist. Nach Tagen bezahlt werden: Hausreparaturen, Aushebung von Kanälen, Errichtung von Zäunen, Düngen. Wenn das Düngen im Akkord gemacht wird, geht der Arbeiter zu schnell, und es bleibt zu wenig Dünger auf dem Feld zurück. Als ich noch nicht Abgeordneter war und hierbleiben konnte, um die Arbeit zu kontrollieren, ließ ich Zuckerrohr auf Tagesbasis anbauen. Heute nicht mehr. Bei der Vorbereitung des Saatguts zahle ich noch immer Tageslöhne. Wenn ich dafür Akkordlöhne zahlte, würde der Arbeiter das Saatgut verderben und sogar die ›Augen‹ [d. h. die rund um das Rohr wachsenden Knospen, A. d. Ü.] zerschneiden, um mehr zu produzieren. Akkordlohn wird gezahlt für: Aussaat, Decken, Feldarbeit, Ernte und Transport. Wenn ein Besitzer abwesend ist, empfiehlt es sich für ihn, Akkordlohn zu zahlen, damit er nicht von den Arbeitern oder dem Verwalter betrogen wird.« (CIDA, 1965-66 b, S. 237)

Über die Beschäftigung im Kakaoplantagen-Gürtel stellte Semenzato fest:

»Die sogenannte beste Zeit für Akkordarbeit ist die Ernte und Verarbeitung des Kakaos, doch gibt es im allgemeinen in dieser Zeit einen großen Zustrom von Arbeitern (obwohl dieser Zustrom gegenwärtig nachgelassen hat). Das führt dazu, daß der Satz sinkt, der, sagen wir, für einen Behälter Kakao bezahlt wird. Die Akkordarbeit ist anstrengend; sie wird genau überwacht und verlangt vom Arbeiter einen enormen Einsatz. Wenn der Produzent die Bezahlung festlegt, berücksichtigt er neben dem Tageslohn, der dem Arbeiter normalerweise gezahlt wird, Qualität und Quantität der Produktion, und stets verlangt er eine hohe Produktionsleistung. Wichtig sind Quantität der Produktion und Effizienz. [...] Der Arbeiter muß relativ oft erleben, daß die Bezahlung pro Einheit sinkt: dann nämlich, wenn der Grundherr mit einer größeren Zahl von Arbeitern und deshalb mit demselben Arbeitsquantum in weniger Zeit rechnen kann.« (CIDA 1965-66 b, S. 276 ff.)

Nun könnte man zwar einwenden, daß nicht jeder Arbeitgeber diese Lohnberechnung durchführt und daß daher die These, die Arbeitgeber versuchten bewußt, die Löhne – in welcher Form auch immer sie ausgezahlt werden – auf dem Subsistenzniveau festzusetzen, nicht haltbar sei. Das hieße jedoch, die faktische Zusammenarbeit und enge Verbindung zwischen den Großgrundbesitzern zu unterschätzen (wir werden darauf noch zurückkommen). Tatsächlich genügt es, wenn nur ein oder zwei große Arbeitgeber die Löhne sorgfältig berechnen, weil die anderen Großgrundbesitzer sich ihnen anschließen werden.

Es scheint, daß Akkordarbeit und Akkordlöhne zahlreiche Methoden des »Betrugs« ermöglichen, gegen die sich die Arbeiter kaum zur Wehr setzen können. So berichtet Carneiro, ein brasilianischer Soziologe, über Streitfälle auf Zuckerrohrplantagen und in anderen landwirtschaftlichen Betrieben:

»Wird die Arbeit im Akkord verrichtet, dann kommt es vor, daß die Aufseher [welche die einzelnen Aufgaben zuweisen] falsche Messungen vornehmen, wenn sie das Land abmessen, das bebaut oder bearbeitet werden soll. Wenn sie eine Länge abgemessen haben, machen sie einen Sprung, bevor sie die nächste messen. Sie zahlen dem Arbeiter also weniger, als sie selbst vom Grundherrn für die Bearbeitung eines bestimmten Gebietes bekommen. Beim Ankauf von Baumwolle benutzen die Verwalter manchmal falsche Gewichte [...] und stecken den Differenzbetrag in die eigene Tasche. Normalerweise sehen die Besitzer über diese betrügerischen Praktiken hinweg, weil ihnen ihre Aufseher wichtiger sind als die Arbeiter.« (CIDA 1965-66 b, S. 264)

Gelegentlich greifen die Großgrundbesitzer auch selbst zu diesen Praktiken. Ein Grundherr und Politiker berichtete in einem Interview:

»Die Arbeiter mußten ihre Produkte – hauptsächlich Baumwolle – an den Besitzer verkaufen. Um sich bei ihm einzuschmeicheln oder um persönlicher Vorteile willen benutzten dessen Angestellte Phantasiegewichte, um die Arbeiter zu schädigen. Sie nahmen ein 8-Kilo-Gewicht und behaupteten, das seien fünf Kilo, usw.« (CIDA 1965-66 b, S. 235)[34]

Die Mißachtung der Normen, welche die Bezahlung in Naturalien regeln, scheint auf subtilere Weise vor sich zu gehen als die Verstöße gegen die Lohngesetze. In der Regel bekommen *sharecroppers* und Pächter ihren Verdienst in Naturalien, und zwar in Form eines Anteils an dem Produkt, das sie anbauen. Da die Beschäftigungsbedingungen, zu denen *sharecroppers* und kleine Pächter arbeiten, denen von Lohnarbeitern sehr ähnlich sind, ist ihr »Anteil« an dem

Produkt in Wirklichkeit ein verkappter Lohn, der zur Erntezeit fällig ist. Man sollte annehmen, daß diese kleinen »Produzenten« genauso wie die Grundherren von den Wechselfällen des Wetters betroffen sind, so daß ihr Einkommen steigt, wenn die Ernte gut ist, und sinkt, wenn sie schlecht ist. Doch auch hier gehen die institutionalisierten Regelungen häufiger zu Lasten der *campesinos* als der Großgrundbesitzer: der Anteil des *campesino* wird nicht immer zu dem Zeitpunkt festgelegt, an dem ihm eine Parzelle zugewiesen wird. Nicht selten kommt es vor, daß der Grundherr vor der Ernte die Parzellen inspiziert und dann den Anteil festlegt, der ihm zu zahlen ist. Ist die Ernte gut, benennt er einen höheren Anteil. Da Pacht- und *sharecropping*-Vereinbarungen fast immer mündlich getroffen werden, hat der *campesino* keine Handhabe gegen seinen Grundherrn. Wie immer die Ernte ausfällt, der Verdienst, den der *campesino* schließlich mit nach Hause nimmt, ist am Ende stets ungefähr gleich – er bleibt auf dem Subsistenzniveau.[35]

Die unterlegene Verhandlungsposition der *campesinos* bewog Brandão zu dem Schluß:

»Das ganze System [der Arbeitsbeziehungen] ist ein Instrument zur Abschöpfung des Überschusses. *Für den Arbeiter heißt das, daß ihm systematisch die Möglichkeit genommen wird, sein [ganzes] Einkommen einzubehalten, in welcher Form auch immer er am System beteiligt ist.* Wenn er von einem anderen Land erbittet, hängt der Ertrag von der Produktivität seiner Arbeit und des Bodens ab. *Eine höhere Produktivität des Bodens führt dazu, daß der Besitzer eine höhere Pacht fordert. Ist der Arbeiter ein Lohnempfänger, dann wird eine Erhöhung der Löhne oder des Stückpreises [bei Akkordarbeit] dadurch wieder ausgeglichen, daß eine strenge Kontrolle über den Arbeiter ausgeübt und der Arbeitstag ausgedehnt oder intensiviert wird.«* (CIDA 1965-66 b, S. 272)

Die Bedingungen der Beschäftigung auf dem Subsistenzniveau: 2. Verhinderung von Ersparnissen der campesinos

Die Grundherren mit ihrer weitaus überlegenen Verhandlungsposition verhindern noch vermittels anderer ökonomischer Methoden, daß die *campesinos* höhere Einkommen erreichen oder Ersparnisse anhäufen. Einige dieser Methoden laufen ebenfalls dem Gesetz zuwider. Selbstverständlich werden nicht alle der im folgenden aufgezählten Methoden von den Arbeitgebern der Landarbeiterschaft immer gleichzeitig praktiziert, doch sind sie in Lateinamerika hinreichend verbreitet, um sich auf die wirtschaftliche Position der *campesinos* nachhaltig auszuwirken. Die wichtigsten Methoden sind folgende[36]:

1. Man verbietet den Arbeitern, auf den Parzellen, die ihnen zum Anbau von Grundnahrungsmitteln zur Verfügung gestellt werden, Dauerkulturen anzupflanzen oder »Verbesserungen« vorzunehmen.

In einigen Fällen, in denen Verbesserungen genehmigt worden sind, werden sie nicht zurückerstattet. (Gegen diese Praxis wandten sich die *ligas camponesas* in Brasilien; sie war einer der Gründe für ihre Organisierung.)

2. Man untersagt (außer im Rahmen von *sharecropping*-Vereinbarungen) den Anbau von Dauerkulturen oder jährlichen Feldfrüchten, die der Besitzer selbst anpflanzt und die auf gut organisierten Märkten relativ gute Bargewinne erzielen.

3. Man hindert Arbeiter, *sharecroppers* oder Pächter daran, ihre Ernte einzubringen, sofern dies den Interessen des Arbeitgebers widerspricht. So kann der Grundherr beispielsweise verlangen, daß die Parzellen der Arbeiter zur Weide für sein Vieh freigegeben werden, noch bevor die Arbeiter ihre Ernte eingebracht haben. Zuweilen kommt es vor, daß Vieh auf die Parzellen der Arbeiter gerät, weil die Arbeiter nicht die Mittel oder die Erlaubnis haben, einen Zaun zu errichten.

4. Sollten sich existierende Übereinkommen zwischen Produzenten und Arbeitern infolge technologischer Veränderungen zum Vorteil der letzteren auswirken, geht man zu neuen, ungünstigeren über. Die Viehzüchter in Brasilien z. B. gaben das System auf, das neugeborene Vieh mit den Hirten zu teilen, und ersetzten es durch ein Lohnarbeitsverhältnis, als auf den Gütern besseres Vieh gezüchtet wurde. Dadurch nahm man den Hirten die Möglichkeit, genügend eigenes Vieh zu züchten und sich selbständig zu machen.

5. Man verbietet ansässigen Arbeitern, *sharecroppers* und Pächtern, auf ihren Parzellen Vieh zu halten, ausgenommen Kleinvieh (Hühner, Schweine usw.). Nicht selten verlangt der Grundherr als Gegenleistung für diese Genehmigung vom Zuwachs dieser Tiere einen Teil. In einigen Fällen aber gilt das Verbot ohne Einschränkung.

6. Man schießt Geld oder Waren zu wucherischen Zinssätzen oder – sofern es sich um Waren handelt – in den Läden des Grundherrn zu einem über dem Marktpreis liegenden Preis vor. Dadurch sind die *sharecroppers* und Pächter, die ihre Schulden zur Erntezeit tilgen müssen, gezwungen, ihren Anteil am Produkt dem Grundherrn weit unter dem Marktpreis zu »verkaufen«. In vielen Fällen sieht der Vertrag vor, daß *sharecroppers* oder Pächter ihre Ernte dem Großgrundbesitzer »verkaufen« müssen.

Offene Zinssätze betragen üblicherweise bis zu 150% und mehr. Man hält es für normal, daß der Grundherr für jeden geliehenen Dollar $ 1,50 berechnet, rückzahlbar zur Erntezeit. Wenn die Ernte nach drei Monaten eingebracht wird, betrüge der Zinssatz 200%. Rechnete man die verdeckten Zinssätze hinzu, wären die Gesamtzinsen zweifellos erheblich höher. Ein interessantes Beispiel wird aus der Sierra von Ecuador berichtet. Dort hat der Kapitalmangel der Arbeiter es begünstigt, daß lokale Geldverleiher, von denen die Arbeiter abhängig sind, ein drückendes Kreditsystem ausgebildet haben. Die Verleiher borgen Saatgut und Geld gegen die Hälfte der Ernte aus und erwerben den Rest des Ernteertrags zu einem Preis, der weit unter dem regional üblichen Marktpreis liegt. Daher sind ihre Gewinne im Verhältnis zu ihrem Einsatz bedeutend höher als die Gewinne der Arbeiter (CIDA, 1965-66e, S. 254 f.).[37] Die Geldverleiher betätigen sich mit Billigung der lokalen Machtelite.

In einer anderen Gemeinde gebrauchen die Wucherer betrügerische Methoden, um Arbeitern und kleinen Landbesitzern Kredit zu einem Zinssatz zu geben, der 50% der Ernte entspricht. Eine dieser Methoden ist, Geld und Saatgut vorzuschießen und zur Erntezeit 50% der gesamten Ernte einzustreichen, nachdem zuvor der dem geliehenen Saatgut entsprechende Teil entnommen worden ist. Liefert der Arbeiter das Saatgut, kann es geschehen, daß der Verleiher einen Anteil von der Ernte nimmt, so als handle es sich um eine *sharecropping*-Vereinbarung. Der Zinssatz für geliehenes Geld beträgt monatlich 10%; hinzu kommt eine Sicherheit, die im Ernteertrag oder der Parzelle selbst bestehen kann.

7. Man besticht nicht-ansässige Arbeiter oder berechnet ihnen hohe Gebühren, wenn sie über einen Arbeitsvermittler eingestellt werden. Nimmt man das zu den Verstößen gegen das Gesetz über den Mindestlohn hinzu, dann erweitert sich die Kluft zwischen den gesetzlichen Lohnsätzen und der tatsächlichen Bezahlung.

8. Man berechnet den Arbeitern hohe Gebühren für geringfügige Leistungen der Grundherren oder hohe Mieten für die Nutzung eines Hauses, und man erlegt ihnen hohe Entschädigungssummen auf, falls es bei Feldfrüchten oder Viehbestand unter ihrer Aufsicht zu Verlusten kommt.

Dieser letzte Punkt verdient eine ausführlichere Erörterung, denn diese Praktiken spiegeln besser als alle anderen wider, in welch ohnmächtiger Lage sich Lateinamerikas *campesinos* noch heute befinden.

Gebühren, die für geringfügige Leistungen oder Privilegien erhoben werden, hängen oft mit der Gettosituation der *campesinos* zusammen, die von den Großgrundbesitzern ausgebeutet wird.[38] In Ecuador z. B. müssen fünfundvierzig *yanaperos*, die in einer vollständig von großen Landgütern eingeschlossenen kleinen Gemeinde wohnen, als Gegenleistung für das Recht, Wege und andere Einrichtungen zu benutzen, auf einer nahegelegenen großen Hazienda von 690 ha arbeiten. Sie stellen den größten Prozentsatz der Arbeitskräfte auf dem Gut. Die Umstände zwingen sie, Brennholz zu sammeln sowie das an den Wegrändern wachsende Gras zur Weide für ihr Vieh zu benutzen. Sie sind verpflichtet, zwei Tage in der Woche ohne Bezahlung zu arbeiten. Alles in allem bringt das dem Gut mindestens 4700 Tage unbezahlter Arbeit im Jahr. Da der Aufseher den Arbeitern jedoch mehr Land zuweist, als diese allein bearbeiten können, müssen sie die arbeitsfähigen Mitglieder ihrer Familie zur Hilfe heranziehen. So beträgt die gesamte Versorgung mit unbezahlter Arbeit zweifellos weit mehr als 5000 Tage. Der Wert des »Privilegs«, das den Arbeitern gewährt wird, macht nur einen Bruchteil der geleisteten Arbeit aus, selbst wenn man ihr den gesetzlichen Mindestlohnsatz zugrunde legt.

Auf einer anderen Hazienda von 2441 ha, die sich in Staatsbesitz befindet und von einer Regierungsstelle geführt wird, sind sechzehn *sharecroppers* verpflichtet, als Gegenleistung für das Recht, Brennholz zu sammeln, wöchentlich zwei Tage für den Grundherrn zu arbeiten. Auf diesem Landgut erhalten *huasipungeros* das ganze Jahr über an vier Tagen der Woche jeweils $ 0,12, müssen aber zusätzlich unentgeltliche Arbeit leisten.

In der Provinz Cotopaxi müssen die Bewohner einer Eingeborenengemeinde das Recht, die Wege der Landgüter zu benutzen, ebenfalls mit drei Tagen Arbeit im Jahr abgelten *(pago de los pasos)*. Zusätzlich müssen sie dem Großgrundbesitzer eine Woche lang ihre Schafe zur Düngung seines Bodens überlassen *(majadeo)*. Ohne vorherige Ankündigung sammeln die Angestellten des Grundherrn die Tiere der Arbeiter ein. Sie gehen von Haus zu Haus und bringen auf diese Weise etwa 3000 bis 4000 Tiere zusammen. Den Grundherrn kostet das nichts, doch ist es zuweilen für ihre Besitzer mit erheblichen Kosten verbunden, dann nämlich, wenn die Tiere verletzt oder unterernährt zurückgebracht werden. Außerdem müssen die Angehörigen der Gemeinde für die Großgrundbesitzer als Entschädigung für angebliche Vergehen arbeiten – z. B. dann, wenn sich ein Tier auf das Gut des Grundherrn verirrt hat. In diesem Fall wird das Tier so lange zurückbehalten, bis der Arbeiter seine Aufgabe erledigt hat. Das dauert gewöhnlich vier bis fünf Tage, und unter Umständen muß der Arbeiter zusätzliche Arbeitskräfte einstellen, um seine »Schuld« abzutragen.

Da *campesinos* weder Ersparnisse zurücklegen noch Kooperativen bilden können, befinden sich die Grundherren häufig in einer einzigartig günstigen Position, von den *campesinos* für die Benutzung von Arbeitsgeräten, welche diese sich nicht kaufen können, Gebühren zu erheben. Ein Beispiel dafür sind kleine Mühlen – eine verhältnismäßig billige Investition –, welche die *campesinos* benutzen, um Mehl für ihren Eigenbedarf zu mahlen, wie es z. B. in Brasilien bei Yucca der Fall ist. Nicht selten erzielt der Grundherr mit einer derartigen Investition einen Reingewinn. In einer Untersuchung fand man heraus, daß ein Großgrundbesitzer im Staat Maranhão (Brasilien) seinen Pächtern für das Recht, eine Mühle zu benutzen, ein Viertel ihrer selbstangebauten Yucca berechnete. Auf der Grundlage der in der Untersuchung angegebenen Daten ließ sich schätzen, daß sich die Investition des Grundherrn nach etwa zwei Jahren amortisiert hatte (Nichols und Paiva, 1966, S. 65).[39]

Auch das Haus und die Parzelle, die ansässigen Arbeitern oder Pächtern gestellt werden, liefern dem Großgrundbesitzer zusätzliche Einnahmen, wenn er den *campesinos* von ihren Löhnen (oder Ernteanteilen) eine Miete abzieht. Im Falle Brasiliens lassen sich die Mieteinnahmen relativ genau errechnen. Bis 1963 betrugen die gesetzlich erlaubten Lohnabzüge für ein Haus durchschnittlich 30%; nach 1963 wurden die Abzüge für eine »angemessene« Unterkunft auf 20% reduziert. (Man sollte annehmen, daß weniger abgezogen wird, wenn die Unterkunft nicht angemessen ist, doch läßt sich diese gesetzliche Bestimmung unter den gegenwärtigen Verhältnissen kaum durchsetzen.) Unter den gegebenen Umständen haben sich die Unterkünfte, die ein Großgrundbesitzer zur Verfügung stellt, bereits nach einer kurzen Gewinnperiode amortisiert. In einem Fall ist geschätzt worden, daß die jährlichen »Mieteinnahmen« eines Grundherrn mit dreißig ansässigen Arbeitern das Zehnfache des durchschnittlichen Jahreseinkommens eines einzigen Arbeiters betragen (CIDA, 1965-66b, S. 274 ff. und 411). Allerdings ist ein Abzug von 20 oder 30% nur in wenigen Fällen gerechtfertigt, denn Qualität und Baukosten der Hütten, in denen brasilianische *campesinos* leben, sind gering. Die herrschende Praxis, keine Monats-, sondern Tageslöhne zu zahlen, bringt eine zusätzliche Belastung für den Arbeiter mit sich, weil die gesamte Mietforderung am Ende des Monats um so höher ist, je mehr Tage er gearbeitet hat, obwohl für den Grundherrn keine zusätzlichen Kosten entstehen. Arbeiten mehrere Angehörige der Arbeiterfamilie für den Grundherrn, zahlt jeder von ihnen Miete, und die Abzüge gelten unabhängig davon, ob der Arbeiter ein Haus, ein Zimmer oder einen Teil eines Zimmers bewohnt (dies ist bei Baracken für alleinstehende Arbeiter der Fall). Leben in einem Haus zwei Familien, so zahlen beide Miete.

Diese Beispiele belegen, daß – wie der brasilianische Soziologe Medina feststellte – der Großgrundbesitzer seine größten Profite aus seinen Arbeitern zieht. Diese sind nicht nur seine Arbeitskräfte, sondern werden auch zu seinen Schuldnern, Käufern, Verkäufern und Mietern.

Infolge von Strafen, die für tatsächliche oder angebliche Vergehen verhängt werden, erleiden viele *campesinos* schwere wirtschaftliche Einbußen. Auf einem schon erwähnten Gut in Ecuador müssen die Arbeiter alle ihnen für angebliche Vergehen auferlegten Sanktionen durch unentgeltliche Arbeit begleichen. Um diese Maßregel durchzusetzen, nehmen ihnen die Angestellten des Landgutes persönliche

Gegenstände (Hüte, Ponchos, Gebrauchsgegenstände usw.) als Pfand fort, eine Praxis, die in diesem Unternehmen allgemein befolgt wird, um die Arbeitsverpflichtungen durchzusetzen. Es gibt dort auch zwölf Arbeiterinnen, die nicht nur zweimal am Tag melken, sondern auch noch andere landwirtschaftliche Tätigkeiten verrichten müssen, insbesondere zur Erntezeit. Sie sind Familienangehörige der *huasipungeros*. Ihr Tageslohn beträgt $ 0,16 plus einem halben Liter Milch. Die *huasipungeros*, von denen jeder etwa einen Hektar bebaut, müssen mindestens vier Tage pro Woche für den Grundherrn arbeiten, und zwei Monate im Jahr müssen auch ihre Frau und ihre älteste Tochter mitarbeiten. Ihr Tageslohn beträgt $ 0,06. Angesichts der Fülle von Arbeitskräften in diesem landwirtschaftlichen Betrieb leben alle diese Arbeiter in äußerst bedrängten Verhältnissen. Wenn sie für den Grundherrn arbeiten, müssen sie ihre eigenen Geräte benutzen. Die Kontrolle ist extrem streng, bei angeblichen Vergehen oder Arbeitsunterlassungen wird die Lohnzahlung ausgesetzt. Die Männer werden häufig von Vorarbeitern und Aufsehern mißhandelt, und wenn ihr Vieh auf das (nicht eingezäunte) Land des Großgrundbesitzers gerät, verletzt man es absichtlich. Der Verlust eines Tieres, das dem Grundherrn gehört und der Obhut des Arbeiters anvertraut worden ist, wird zum Marktwert gegen seinen Lohn aufgerechnet. Da der Arbeiter es nicht bar abzahlen kann, wird ihm seine Habe fortgenommen (darunter auch sein eigenes Vieh); der Wert dieser Pfänder wird zu einem niedrigen Preis geschätzt.

Auf einem anderen Landgut von 12 000 ha, das für seine strenge Kontrolle über die Arbeiter bekannt ist, wird jedes Tier, das auf der Weide des Grundherrn gefunden wird, sofort getötet oder zum Landsitz mitgenommen; sein Besitzer wird mit einer empfindlichen Geldbuße belegt oder muß zur Strafe eine Reihe von Tagen arbeiten. Auf diese Weise werden dem Großgrundbesitzer zahlreiche Arbeitsleistungen erbracht, insbesondere während der Saat- und Erntezeit. Hinzu kommt, daß die Praxis des *majadeo* (die oben erklärt wurde) den *huasipungeros* zusätzliche Arbeit abverlangt, denn sie müssen die Gebiete, die bestellt und gedüngt werden sollen, mit einem beweglichen Zaun umgeben.

In einer anderen Eingeborenengemeinde traten zahlreiche Verschlechterungen ein, als ein Großgrundbesitzer verbot, seine Hügel als Weide zu benutzen. Jede Zuwiderhandlung wurde damit bestraft, daß das Tier oder die Tiere einbehalten und eine Geldbuße von 100 Sucres bzw. 20 Tage unbezahlter Arbeit auferlegt wurden. Das gleiche geschah, wenn die Männer Stroh von den Hügeln aufsammelten.

Die Bedingungen der Beschäftigung auf dem Subsistenzniveau:
3. Das Klima von Ungewißheit und Unsicherheit

Ein Instrument der Macht besteht darin, ein Klima von Ungewißheit und Unsicherheit zu erzeugen, um eben diese Macht aufrechtzuerhalten. Das ist der Fall in einer Agrikultur, die – wie die lateinamerikanische – vom Großgrundbesitz beherrscht wird. Die *campesinos* sind nicht nur unablässig den Wechselfällen von Ernten, Krankheiten usw. ausgeliefert, sondern sie werden auch von der ländlichen Machtelite in einem Zustand der Ungewißheit gehalten.

Es gibt eine Reihe von institutionellen Regelungen, die den *campesinos* klar machen, daß – um eine bekannte Redeweise abzuwandeln – ihre einzige Gewißheit in der Ungewißheit besteht, woher das Brot für den nächsten Tag kommen soll und ob sie dann noch eine Arbeit haben werden. Diese Ungewißheit und Unsicherheit – die, wohlgemerkt, Menschen trifft, die am Rande der Subsistenz leben – wirken sich einschüchternd auf die *campesinos* aus. Die Angst, ihren kümmerlichen Lebensunterhalt zu verlieren, hält sie davon ab, Forderungen zu stellen, selbst wenn diese berechtigt sind. Die jahrhundertelange Einschüchterung ist eines der ausschlaggebenden Hindernisse für die Organisierung der *campesinos*.

Ein hocheffektiver Mechanismus, mittels dessen die *campesinos* »bei der Stange gehalten« werden, ist jener, den Barbosa als Mehrfachbeschäftigung von landwirtschaftlichen Arbeitskräften bezeichnet. Mehrfachbeschäftigung scheint das Gegenteil von Spezialisierung zu sein (die gewöhnlich als Index der Modernisierung gilt). Sie besagt, daß die Arbeiter nicht unter einem einfachen Arbeitsvertrag arbeiten, sondern unter einer Vielzahl von Abmachungen, die in bezug auf Vergütung und andere Elemente sowie auf die zu erfüllenden Aufgaben unterschiedliche Regelungen vorsehen. Dieses Merkmal der Beschäftigungslage in der Landwirtschaft Lateinamerikas spiegelt sich in keiner der verfügbaren Statistiken wider. Es hängt eng mit der wachsenden Bedeutung von Barlöhnen in den Übergangsstadien zusammen und steigt offenbar analog dazu an, ist jedoch auch schon in den traditionellen Beziehungen zwischen Großgrundbesitzern und Arbeitern enthalten. Ständig wechselnde Arten von Verträgen, unter denen die Arbeiter für einen oder mehrere Arbeitgeber arbeiten und aus denen sie ihre verschiedenen Einkommen beziehen, sind in der lateinamerikanischen Landwirtschaft ein vertrautes Phänomen.

Angesichts der Unmöglichkeit, in einem einzigen Arbeitsverhältnis einen angemessenen Lebensunterhalt zu verdienen, und angesichts ihrer Unterbeschäftigung sind die Arbeiter gezwungen, Zusatzarbeit zu suchen. Doch wie wir gesehen haben, verschaffen ihnen auch alle Arbeitsverhältnisse zusammengenommen noch kein angemessenes

Einkommen oder gar Vollbeschäftigung. Mehrfachbeschäftigung ist also ein Nebenprodukt des Überangebotes an Arbeitskräften. Sie hat jedoch auch gewisse ökonomische Implikationen für die Arbeitgeber, sofern diese, um die Lohnkosten zu verringern, den Arbeitern wechselnde Arbeitsverhältnisse zuweisen und dabei jene Kombination von Arbeitsverhältnissen ausfindig zu machen suchen, die zur niedrigsten Lohnbilanz führt. Doch scheint die für die Arbeitgeber wichtigere Konsequenz darin zu liegen, daß die Leistungen der Arbeiter aufgesplittert werden. Da keines der Arbeitsverhältnisse materielle Sicherheit gewährt, leben die Arbeiter in einem Zustand quälender Ungewißheit. Die Mehrfachbeschäftigung verhindert, daß sie zur Verteidigung ihrer Interessen zu kollektivem Handeln übergehen. Theoretisch könnte die Mehrfachbeschäftigung zwar die Organisierung erleichtern, insofern die *campesinos* mehrere Einkommensquellen haben und ihre diversen Probleme nacheinander in Angriff nehmen könnten; doch in der Praxis werden die *campesinos* von der Vielfalt ihrer Probleme einfach überwältigt. Da die Lösung eines Problems an den restlichen Problemen kaum etwas änderte, verlieren sie den Mut. Sie sind sich niemals sicher, ob sie ihre Lage beispielsweise in bezug auf den ihnen im Rahmen eines *sharecropping*-Vertrages zustehenden Ernteanteil oder in bezug auf Tageslohn, Unterkunft oder eine andere verbesserungsbedürftige Arbeitsbedingung ändern sollen. Mehrfachbeschäftigung trägt ein hohes Maß an Unruhe und sozialer Spannung in die Gemeinden, denn die Landarbeiter versuchen, auf den verschiedenen Arbeitsmärkten Fuß zu fassen, und konkurrieren miteinander um die spärlichen Arbeitschancen. Sie verringert die Solidarität unter den Landarbeitern.

Ein typischer Fall ist, daß ein Kleinbauer, Pächter oder *sharecropper* zusätzliche Arbeit als Tagelöhner oder Saisonarbeiter sucht und seine Parzelle zeitweilig von seiner Familie versorgen läßt. Unter Umständen sucht er auch eine Beschäftigung als Gutsverwalter oder als *sharecropper* auf einem anderen Landgut. Zuweilen übt er drei oder vier Tätigkeiten auf einmal aus. Es kann auch geschehen, daß ein *sharecropper, huasipungero, inquilino* oder ein anderer Arbeiter mit Land vom Grundherrn gezwungen wird, eine bestimmte Anzahl von Tagen gegen Lohn auf dessen Feldern zu arbeiten oder daß er einen oder mehrere Tage als »Huldigung« für den Grundherrn unentgeltlich in dessen Betrieb oder Haus arbeiten muß. Nicht selten kommt es vor, daß ein *sharecropper* eine Parzelle für die Hälfte und eine andere für ein Drittel oder Viertel des Ertrags bearbeitet, oder daß ein ansässiger Arbeiter, der einen Tageslohn erhält, einen Teil der Zeit im Akkord arbeitet. Es gibt Fälle – wie den der »hörigen Arbeiter« im Nordosten Brasiliens –, in denen Arbeiter mit einem kleinen Stück Land für einen Teil der Woche einen bestimmten Lohnsatz erhalten und für den Rest der Woche einen anderen (niedrigeren) oder unentgeltlich arbeiten.[40]

Ein Beispiel für die Beziehung zwischen Mehrfachbeschäftigung und Arbeitskräfteüberschuß kennen wir aus dem São Francisco-Tal in Brasilien, wo auf folgende Weise Reis angebaut wird:

»Der Besitzer hat fast immer viel Land, kultiviert es aber nicht direkt: Das würde ihm große Ungelegenheiten bereiten, da er für seine Arbeiter nicht das ganze Jahr über genügend Arbeit hätte, wie es in den Anbaugebieten von Zuckerrohr der Fall ist. Die Arbeit beginnt, wenn der Fluß zu sinken anfängt [. . .], sie wird von Arbeitern verrichtet, die vom Besitzer Lohn erhalten. [. . .] Wenn die Arbeit getan ist, werden diese Arbeiter entlassen und versuchen, ihren Lebensunterhalt mit anderen Tätigkeiten zu bestreiten, die sich sporadisch bieten – Fischen, Jagen, Gärtnerei. So gibt es Unterbeschäftigung und Elend. Dann wird der Reis angepflanzt [. . .] und wird den *sharecroppers* während der Umpflanzungsperiode im April und Mai übergeben.« (CIDA 1965-66b, S. 192 f.).

Doch auch die *sharecroppers* leben in großer Armut:

»Die Zahl der Anwärter auf die Parzellen ist groß, und der Besitzer muß sich um alle kümmern. Da die *croppers* Lebensmittel kaufen müssen, aber keinen Lohn bekommen, finanzieren die Besitzer sie normalerweise. Sie berechnen monatlich zwischen 6 und 10% Zinsen und bekommen die Ernte. Der *sharecropper* muß die Parzelle von der Zeit der Anpflanzung bis zur Ernte, d. h. gewöhnlich drei Monate lang, versorgen.« (CIDA 1965-66b, S. 201)

In Ecuador findet man einem Beobachter zufolge »so gut wie nie« einen Arbeiter, der sein Einkommen ausschließlich aus Löhnen bezieht (CIDA, 1965–66e, S. 145 f.). Die Untersuchung in einer Gemeinde ergab, daß viele Personen drei, ja sogar vier verschiedene Tätigkeiten ausüben – »nur für den Fall, daß eine davon ganz oder teilweise wegfällt«. Sie betätigen sich als Kleinerzeuger, Weber, Arbeiter *(peones)*, Ziegelbrenner oder Lastträger *(cargadores)*. Wie eine Untersuchung belegt, welche die Nationale Planungsbehörde in neun kleinen Gemeinden durchführte, »üben fast alle Mitglieder der erwerbstätigen Bevölkerung, um zu subsistieren, nicht weniger als drei verschiedene Tätigkeiten aus« (CIDA, 1965–66e, S. 168).

Die Notwendigkeit, zusätzliche Beschäftigungsquellen zu suchen, ist auch der Grund dafür, daß in allen lateinamerikanischen Ländern eine ungeheure Binnen-Wanderung stattfindet, von der jedes Jahr vermutlich einige Millionen *campesinos* betroffen sind. In Guatemala beispielsweise kommen in der Erntezeit Arbeiter von der Hochebene – zumeist *minifundistas* – in die Kaffeeplantagen in den Küstengebieten und bringen manchmal ihre ganze Familie mit. Man schätzt, daß jedes Jahr 160 000 bis 200 000 Personen an dieser Binnen-Wanderung beteiligt sind. Daher übersteigt die Zahl der saisonal Beschäftigten während eines Teils des Jahres die Zahl der ständigen Arbeiter.

Praktisch alle *minifundistas* in der Hochebene gehen mehreren verschiedenen Beschäftigungen gleichzeitig nach, eine davon ist die Saisonarbeit auf den Kaffeeplantagen (CIDA, 1965–66 f., S. 101 f.). In Kolumbien setzten sich die Arbeitskräfte in achtundzwanzig untersuchten landwirtschaftlichen Großbetrieben zu zwei Dritteln aus Gelegenheitsarbeitern zusammen, und in zwei großen Betrieben mit insgesamt 1700 ha gab es nur fünfundvierzig ständige Arbeiter (CIDA, 1965–66d, S. 157 und 146 ff.).[41] Das heißt, daß es einen hohen Grad an saisonbedingter Binnen-Wanderung von Landgut zu Landgut gibt, an der in vielen Fällen auch *campesinos* aus anderen Regionen beteiligt sind.

Mehrfachbeschäftigung ist also für einen großen Teil der lateinamerikanischen Landarbeiterschaft mit unsicherem Bodenbesitzstatus und niedrigem Lebensstandard charakteristisch. Am verbreitetsten ist sie in landwirtschaftlichen Betrieben mit Feldanbau, am seltensten in Viehzuchtunternehmen. Wo sie besteht, macht sie kollektives Handeln der Arbeiter nahezu unmöglich. Deshalb ist sie kein Zeichen für eine beginnende Zersetzung der Agrarstruktur, sondern im Gegenteil ein integraler Bestandteil des Latifundium-Minifundium-Komplexes, wie er heute besteht. Die materielle Unsicherheit der *campesinos* rührt zum Teil auch daher, daß es festverankerter Brauch ist, die Lohnarbeits-, *sharecropping*- oder Pachtverträge absichtlich unbestimmt zu halten. Die Mehrzahl der Verträge werden mündlich und informell abgeschlossen. Es kommt vor, daß wichtige Elemente des Vertrages, z. B. die Laufzeit oder der Ernteanteil, nicht näher bestimmt werden (wie oben ausgeführt). Und selbst dann, wenn sie näher bestimmt worden sind, besitzt der Arbeitgeber in den meisten Fällen eine ausreichend starke Verhandlungsposition, um sein Wort zurückzunehmen und die Vertragsbedingungen zu ändern. Normalerweise steht es in der Macht des Arbeitgebers, den Vertrag zu jedem beliebigen Zeitpunkt zu annullieren, selbst wenn Gesetz oder Herkommen vorschreiben, daß ein Vertrag für einen bestimmten Zeitraum gilt (z. B. von der Zeit der Aussaat bis zur Ernte). In den meisten Fällen kann ein Arbeiter aufgrund einer tatsächlichen oder angeblichen Verfehlung entlassen werden. Ein weiteres Moment von Unsicherheit tritt dadurch hinzu, daß der Grundherr in der Regel über Zahlungen, welche die Arbeiter leisten, keine Quittungen ausstellt und daß die Buchführung über Bargeld- und Naturalvorschüsse in seinen Händen liegt. So kommt es z. B. vor, daß die Einkäufe, die ein Arbeiter in einem gutseigenen Lebensmittelladen tätigt, von der Tochter oder der Frau des Großgrundbesitzers verbucht werden.

Die unsichere materielle Lage der Landarbeiter läßt sich durch folgenden Fall aus dem Staat São Paulo (Brasilien) veranschaulichen, den Medina anführt. Es geht um Forderungen, die vor dem in

Ribeirão Prêto gelegenen Arbeitsgericht von Arbeitern gegenüber einem Großgrundbesitzer geltend gemacht wurden, der in dem Ruf stand, der reichste Mann der Region zu sein:

»Der fragliche landwirtschaftliche Betrieb [...] umfaßt 786 ha und hatte 160 000 Kaffeesträucher. Seit dem Zeitpunkt des Erwerbs [...] wurden die alten Kaffeesträucher beseitigt und 300 000 neue angepflanzt, so daß [1963] 60 000 erst drei Jahre und die restlichen acht Jahre alt waren. [Im Oktober 1961], als der Besitzer die Arbeiter nicht mehr brauchte, weil die Anpflanzung fertig war, entließ er sie alle. [...]
Beim Arbeitsgericht wurden 31 Klagen von 74 Klägern eingereicht. Von diesen waren 56 Erwachsene (42 männlich und 14 weiblich), und 18 waren jünger als 20 Jahre (5 männlich und 13 weiblich). Von den Erwachsenen waren 9 über 50 und von diesen 3 über 70 Jahre alt. 64 Kläger hatten 4 oder weniger Jahre in dem Betrieb gearbeitet, [...] 61 waren Tagelöhner und 3 waren monatlich gelöhnte Arbeiter. Ihre Forderungen drehten sich um folgende Rechte, die von den Arbeitsgesetzen garantiert werden: Differenzen zwischen Löhnen und gesetzlichem Mindestlohnsatz, bezahlter Urlaub und Kündigungsfrist. In bezug auf den letztgenannten Punkt findet sich in den Prozeßunterlagen folgende Erklärung: ›Die Kläger wurden vom Sekretär des landwirtschaftlichen Betriebes grundlos entlassen, weil sie sich weigerten, eine Blankounterschrift zu leisten.‹ Obwohl das vor Gericht nicht bewiesen wurde, besteht die Möglichkeit, daß es sich so zugetragen hat, wenn man die passive Haltung der Arbeiter gegenüber dem Arbeitgeber berücksichtigt.« (CIDA 1965–66b, S. 284)

Einem brasilianischen Gewährsmann zufolge »zählen die Bedingungen der Pachtvereinbarung zu den Faktoren, die es unmöglich machen, daß die Landwirtschaft stabiler und besser wird«:

»Die Großgrundbesitzer wollen Land nur zu einem sehr hohen Preis verpachten. [...] Die Regelung ist wie folgt: Der Vertrag beginnt im Januar, aber der Pächter kann nicht sofort mit der Aussaat beginnen, weil das Vieh des Besitzers dort bleiben muß, bis es genügend regnet. Im allgemeinen ist die Aussaat erst im Mai erlaubt, wenn das Vieh fort ist. Bis September, Oktober bleibt das Land in den Händen des Pächters. Dann sagt der Besitzer: ›So, jetzt ist es Zeit für das Vieh; wer zuerst kommt, mahlt zuerst.‹ Manchmal ist das Getreide noch nicht vollständig abgeerntet worden. Baumwolle unterliegt einer Pflichtabgabe [sujeito, d. h. sie muß an den Besitzer verkauft werden]. 1962 zahlte SANBRA [eine der größten Baumwollfirmen Brasiliens] für das Kilo Baumwolle 72 Cruzeiros, doch die Pächter waren verpflichtet, es dem Besitzer für 50 Cruzeiros zu verkaufen. Alle Besitzer machen das, alle. Außerdem betrügen sie beim Wiegen. Der Pächter gibt 25 Kilo ab und erhält eine Bezahlung für 20 Kilo. Sie protestieren nicht, weil die capangas [die Privatpolizei] des Besitzers zur Stelle sind, bereit, zu schlagen. Wenn sie die Baumwolle abgeben, wird die Pacht abgezogen. Letztes Jahr verlangten sie 2000 Cruzeiros, und dieses Jahr sprechen sie von 4000. Sie sagen: ›Du bebaust die Parzelle, und am Ende des Jahres zahlst du mir 4000 Cruzeiros, und außerdem sollst du wissen, daß ich im Oktober mein Land für das Vieh brauchen werde.‹« [CIDA 1965–66b, S. 221 f.]

Manchmal verlangen die Grundherren im voraus eine Barzahlung. Das bringt vor allem die kleinen Pächter in Bedrängnis:

»Bei einem Vertrag mit Vorauszahlung unterliegt die Baumwolle keiner Pflichtabgabe. Häufig kommt es aber doch dazu, daß an den Großgrundbesitzer verkauft wird. Solche Bedingungen sind der Unabhängigkeit des Pächters nicht förderlich, denn er muß die Pacht im voraus bezahlen und hat kein Geld mehr für den Anbau. Da er keine Räume hat, um sich ansässige Arbeiter zu halten, muß er sich Arbeiter vertraglich verpflichten, wenn die Arbeit beginnt. Da ein solcher Arbeiter nicht für ihn arbeiten muß, verlangt er einen höheren Lohn als den, den der Großgrundbesitzer bezahlt. [...] Dann fängt der Wucher an. Der Pächter muß sich Geld leihen, in der Regel zu überhöhten Zinssätzen. Im allgemeinen leiht ihm der Grundbesitzer das Geld, so daß die Baumwollproduktion an ihn verpfändet wird.« (CIDA 1965–66b, S. 222)

Die Frau eines Pächters, der in den Elendsvorstädten von Sapé in Paraíba lebt, erklärte:

»Alle Arbeiter in dieser Straße, die eine Parzelle haben, zahlen am Ende des Jahres Pacht. [...] Sie sind klein, weniger als 1,2 ha [...]. Alle müssen Baumwolle anbauen, die an den Besitzer abgegeben werden muß. Neben der Baumwolle bauen sie Getreide und Bohnen an. Für den Anbau von Yucca verlangen sie Vorauszahlung, und die Armen können nicht im voraus bezahlen. Der Preis der Pachtvereinbarungen, die immer für ein Jahr gelten, wird niemals im voraus festgesetzt. Wenn die Ernte gut ist, berechnet der Besitzer mehr, wenn sie schlecht ist, weniger. [...] Letztes Jahr [...] war die Baumwolle einfach zu wenig, um die Pacht zu bezahlen. Für meinen Mann blieb kein Pfennig übrig. Er kaufte sich kein einziges Hemd – ich kaufte es ihm, sonst wäre er nackt herumgelaufen. Es ist für meinen Mann eine Hilfe, daß ich Hebamme bin. Das bringt mir etwa 5–600 Cruzeiros im Monat ein, 100 Cruzeiros für jede Geburt. Doch die Leute schulden mir seit zwei Monaten Geld für 10 Entbindungen. Ich kann nichts dagegen machen. Aber die schlimmste Zeit für uns war 1961 und 1962, als niemand eine Parzelle bekam.« (CIDA 1965–66b, S. 223)[42]

Ein Autor, der die Bodenbesitzverhältnisse in Brasilien untersuchte, stellte fest:

»Man kann erkennen, daß die beschriebenen Arbeitsverhältnisse große Nachteile für den landlosen Arbeiter enthalten, wenn er sich Vertragsbedingungen beugen muß, die betrügerisch sind. [...] Auch die Willkür des Grundherrn wirkt als Damoklesschwert, der Arbeiter hat keinen schriftlichen Vertrag und keinerlei Garantie, daß er auf dem Land bleiben wird, kann jederzeit entlassen werden und muß sich dann eine andere Parzelle suchen, wo er unter denselben Bedingungen wie auf dem ersten Anwesen arbeiten wird.« (CIDA 1965–66b, S. 227)

Selbst ein schriftlicher Vertrag kann unbestimmt abgefaßt sein. In der Regel schützt das den Grundherrn vor seinen Arbeitern, statt die Arbeiter vor dem Grundherrn. Der Historiker Clovis Caldeira (Brasilien) stellte nach einer Untersuchung von schriftlichen *sharecropping*-Verträgen im Staat São Paulo fest:

»Sei es, daß die Größe des Gebietes, das dem *sharecropper* überlassen wird, nicht angegeben wird, sei es, daß es in einigen Fällen an Genauigkeit mangelt: in diese Phase der Vereinbarungen kann man nur eine sehr begrenzte Einsicht gewinnen. Die Tatsache, daß die ›Pacht‹, die dem Grundherrn gezahlt wird, nichts damit zu tun hat, wie groß das überlassene Gebiet ist, erklärt, warum viele Verträge so unbestimmt sind. In solchen Fällen ist es üblich, nur zu erklären, daß der Grundherr dem Pächter ›ein Grundstück oder ein Stück Land‹ überläßt.« (CIDA 1965–66b, S. 198)

Verbreitet ist die Praxis, schriftliche Verträge nur in einer einzigen Kopie auszufertigen, die im Besitz des Grundherrn bleibt. Alle diese Regelungen bedeuten, daß die Arbeiter im Konfliktfall weder eine Handhabe gegen ihren Arbeitgeber noch die Möglichkeit haben, ihren Fall vor höheren Instanzen darzulegen. Die ungleiche Verhandlungsposition ist kurz und einprägsam von dem brasilianischen Soziologen J. Ferreira de Alencar resümiert worden. Zu dem Wunsch eines *sharecropper*, statt des Saatgutes seines Grundherrn sein eigenes zu benutzen, bemerkt er:

»Nimmt man an, daß der *sharecropper* darauf bestünde, sein eigenes Saatgut anzusäen, wäre aufgrund der bestehenden Wertvorstellungen für den Besitzer des Unternehmens oder seinen Agenten nichts logischer als die Schlußfolgerung, daß dieser *sharecropper* in Zukunft neben den Rechten, die üblicherweise in einem *sharecropping*-Vertrag festgelegt werden, zusätzliche Rechte erlangen will. Käme ein deratiger Vorschlag von einem Arbeiter, der noch nicht zu diesem landwirtschaftlichen Betrieb zugelassen, sondern erst Anwärter auf eine Parzelle ist, hätte er Schwierigkeiten, *sharecropper* zu werden. Arbeitete er bereits als *sharecropper* mit halbem Ernteanteil in dem Unternehmen, so erhielte er keine Parzelle mehr, auf der er mit seiner Aussaat beginnen könnte. Sollte er auf seiner Forderung bestehen, entließe man ihn wegen Vertragsbruchs. Er bekäme keine Entschädigung, da er [in den Worten des Grundbesitzers] ›auf eigenen Wunsch fortging, d. h. die Situation schuf, fortgehen zu müssen‹. Seine Baumwolle wäre bereits angepflanzt und stammte aus dem Saatgut des Grundbesitzers [daher sieht der Besitzer keinen Grund, eine Entschädigung zu zahlen]. Dieses Problem kann sich nur hypothetisch ergeben, da der Produzent, der in die soziale Organisation der Gemeinde gut integriert ist, [. . .] um Konflikte und Spannungen auf seinem Besitztum zu vermeiden, eine sorgfältige Auswahl trifft, bevor er einen Arbeiter zuläßt.« (CIDA 1965–66b, S. 206)

Im allgemeinen haben Unsicherheit und Ungewißheit der *campesinos* für die Machtelite keine bedrohlichen Auswirkungen. Für diese bleibt das Angebot an Arbeitskräften beständig und das Niveau der Lohnkosten niedrig. Obwohl unablässig *campesinos* aus den ländlichen in die städtischen Gebiete abwandern, steht den ländlichen Arbeitgebern weiterhin ein reichliches Angebot an Arbeitskräften – eine nahezu unumstößliche Garantie für niedrige Löhne – zur Disposition, an das sie gewöhnt sind und an dessen Aufrechterhaltung sie ein festbegründetes Interesse haben. Man darf jedoch nicht übersehen, daß die landbesitzende Klasse infolge sich wandelnder sozioökonomischer und politischer Bedingungen von Zeit zu Zeit gezwungen ist, in ihren Beziehungen zu den *campesinos* Korrekturen vorzunehmen. In der Vergangenheit haben die Großgrundbesitzer eine bemerkenswerte Fähigkeit und Beweglichkeit bewiesen, diese Korrekturen zu ihren Gunsten zu gestalten, d. h. ohne (wenn überhaupt) nennenswerte Einbußen an dem Angebot an Arbeitskräften zu erleiden. Im großen und ganzen haben sie nach wie vor Erfolg mit ihrer Politik, die Arbeiter an die landwirtschaftlichen Unternehmen zu binden, ohne ihnen den Zugang zum Boden zu eröffnen.

Auf lokaler Ebene kann es bisweilen zu einer Verknappung von Arbeitskräften kommen – wobei gesagt werden muß, daß manche ländlichen Arbeitgeber schon dann über Verknappung klagen, wenn sie nicht jederzeit über ein unerschöpfliches Angebot von billigen und gehorsamen Arbeitskräften verfügen können. Meist sind derartige Verknappungen zu unbedeutend, als daß sie die Arbeitgeber zu einer Lohnerhöhung veranlassen könnten, um mehr Arbeitskräfte anzuziehen. Außerdem können Verknappungen dadurch überwunden werden, daß man Arbeiter aus Gebieten mit einem Überschuß an Arbeitskräften heranschafft – ein häufig praktiziertes Verfahren. Aus Peru wurde beispielsweise berichtet, daß dort Arbeiter aus anderen Regionen in ein Konfliktgebiet gebracht wurden, das Tal La Convención, wo sich die örtlichen *campesinos* weigerten, für die Großgrundbesitzer zu arbeiten, zu welchem Lohn auch immer. (Hier handelt es sich offensichtlich um eine Technik des Streikbruchs.) Auch kommt es vor, daß ein Besitzer mehrerer großer Landgüter seine Arbeiter von einem Betrieb zum anderen transportiert. Das geschieht zuweilen gegen den Willen der Arbeiter. Von einer Region wurde sogar berichtet, daß es dort noch immer einen »Sklavenmarkt« für Landarbeiter gibt – diese werden für andere Regionen, insbesondere für neu erschlossene Grenzgebiete, »gemietet«.

Korrekturen müssen vorgenommen werden, um langfristigen Veränderungen in den Beschäftigungsbedingungen zu entsprechen. Da der politische Druck, feudale und halbfeudale Praktiken zu beseitigen, zugenommen hat, ist man in ganz Lateinamerika dazu übergegangen, statt ansässiger Arbeiter Lohnarbeiter zu beschäftigen, die nicht auf dem Landgut leben. An diesem Wechsel in den Beschäftigungsbedingungen sind zwei Elemente beteiligt, nämlich Zug und Schub. Als Zug wirkt die massenhafte Abwanderung von *campesinos* in städtische Gemeinden, mit der sie der Unterdrückung auf den Landgütern entfliehen wollen. Als Schub wirkt die Politik der Großgrundbesitzer, sich allmählich ihrer ansässigen Arbeiter zu entledigen, indem sie keine Häuser mehr für sie bauen und die noch bewohnten nicht reparieren oder gar niederreißen. Es scheint, als ob die Großgrundbesitzer hier angesichts der wirklichen oder eingebildeten Gefahr, die ansässigen Arbeiter könnten ein Eigentumsrecht an ihrer Parzelle oder Entschädigungen für auf eigene Kosten vorgenommene Verbesserungen oder nicht geerntete Feldfrüchte beanspruchen (Eigentumsrechte oder Ansprüche, zu denen sie aufgrund der Bedingungen, zu denen sie die Parzelle halten, unter Umständen gesetzlich berechtigt sind), aus »Notwehr« handelten. So verläßt sich die Machtelite nun zum Teil auf das reichliche und billige Angebot an Arbeitskräften, das in den Städten und Dörfern zur Verfügung steht. Dort leben die Landarbeiter gewöhnlich in den Vorstädten – zwar in scheinbarer Freiheit, doch unter Elendsbedingungen und angewiesen auf die Beschäftigung in landwirtschaftlichen Betrieben, um ihren Lebensunterhalt zu verdienen.

Sollten sich die politischen Bedingungen für eine Rückkehr zur Beschäftigung von ansässigen Arbeitern günstiger gestalten, ist zu erwarten, daß der Trend zur Lohnarbeit wieder rückgängig gemacht wird, sofern sich das für die Großgrundbesitzer als zweckdienlich und profitabler erweist.

Die Bedingungen der Beschäftigung auf dem Subsistenzniveau: 4. Brachialmethoden

Das Klima von Ungewißheit und Unsicherheit, in dem die *campesinos* leben, wird dadurch verstärkt, daß, wie es scheint, Gewalt ständig angedroht oder tatsächlich angewandt wird. Das rührt daher, daß die Großgrundbesitzer als Individuen oder als Gruppe die Macht besitzen, wirkliche oder angebliche Vergehen nicht nur mit wirtschaftlichen Sanktionen, sondern auch mit physischen Bestrafungen zu ahnden. Die Bestrafung kann von den Grundherren selbst, von ihren Untergebenen oder von lokalen Amtsträgern vorgenommen werden, deren Stellung von den Grundherrn abhängt. Selbst in fortgeschritteneren Agrarregionen Lateinamerikas betrachtet man es in der Regel noch immer als selbstverständliches »Recht« der Großgrundbesitzer, als Geschworene, Richter und Vollstrecker des Rechts zu handeln. Zur Gewalt wird vor allem dann gegriffen, wenn die ländliche Machtelite bedroht ist – oder bedroht zu sein behauptet –, weil ihre Autorität in Frage gestellt wird.

Eine wirksame Methode, auf einem Landgut »für Disziplin zu sorgen«, besteht darin, eine Privatpolizei einzusetzen. Der Einsatz von *capangas* (Schlägern) ist auf den Zuckerrohrplantagen im Nordosten Brasiliens üblich. Die *capangas* sind es, die die Arbeiter gefügig machen, sie einschüchtern oder terrorisieren, sie körperlich züchtigen und manchmal auch töten. Die Spannungen, die in den Zuckerrohranbaugebieten existieren, werden durch folgende Zitate von Mitgliedern der *liga* treffend charakterisiert:

»Trotz der unablässigen Gewalt von Besitzern und *capangas* werden die *ligas* ständig stärker. Mit jedem Arbeiter, der stirbt, wächst die Stärke der *ligas*. [...] Die Arbeiter erwarten nicht, daß sofort etwas geschieht; sie wissen, daß künftige Siege von ihrer Einheit und Geduld abhängen. [...] Unser Führer ist Assis Lemos. [...] Obwohl er ein Pazifist ist, wurde er von den *latifundistas* und ihren *capangas* brutal angegriffen. Sie zerquetschten seine inneren Organe und seine Hoden. Er entkam dem Tod, man weiß nicht wie, aber er lag lange Zeit im Krankenhaus. [...] Die hiesige politische Situation ist äußerst gespannt. Wer für die *liga* Partei ergreift, muß damit rechnen, erschossen zu werden. Niemand von uns hier in diesem Schuppen ist sicher. Es kann ein Schuß aus dem Dunkel kommen, von einem der *capangas*, die uns jetzt sicher beobachten. U., der Präfekt von Itabaiana, der die größte politische Hoffnung von Paraíba war, wurde vor zwei Monaten von einem Neffen von [einem der Y's] ermordet. Der Priester [...] von Sapé mußte fort, weil er in einigen Fällen gegen die Besitzer Stellung bezogen hatte. Er wurde als Kommunist bezeichnet. Sie schmissen einen Pflasterstein in die Kirche. Eine Frau ließ die *liga* hochleben; sie wurde ausgezogen und auf dem Marktplatz von Sapé zerstückelt. Wenn die Wahlen kommen, verkünden die M's, daß es in Sapé ein Klima der Unsicherheit gibt, und fordern Staatspolizei an, um das Wahlergebnis zu garantieren. Die Polizei kommt und steht da mit den Gewehren im Anschlag. Es ist zum Lachen. Die M's bringen die Arbeiter in Lastwagen von der Fabrik. Sie [die Arbeiter] müssen von den *capangas* angestoßen werden, wenn es Zeit zum Applaus ist ...«

Alle acht oder neun Zeugen stimmten mit diesen Schilderungen überein. Nur in bezug auf einen Punkt schien es abweichende Auffassungen zu geben. Einige erklärten: »Zweihundert Jahre lang unterdrückten, beraubten, schlugen und töteten die Besitzer die Landarbeiter; heute werden auch sie umgebracht. Ich glaube, daß sie jetzt den Rückzug antreten werden und anders handeln werden. Deshalb glaube ich, daß die Gewalt abnehmen und aufhören wird.« Aber andere sagten: »Das nimmt kein Ende. Gewalt erzeugt Gewalt. Wir werden nicht zurückweichen und die Besitzer auch nicht. Es gibt kein Heilmittel. Jetzt werden wir bis zum bitteren Ende weitermachen, bis einer von uns beiden gewinnt« (CIDA, 1965–66b, S. 314 f.).

In seinem Buch über den Nordosten Brasiliens, *A terra e o homem no nordeste,* gibt Manuel Correia de Andrade ein Beispiel für einen Konflikt, der aus der Forderung der ansässigen Arbeiter erwuchs, den feudalen unbezahlten Arbeitstag abzuschaffen und sie statt dessen für ihre kleine Parzelle Pacht bezahlen zu lassen. Über eine große Zuckerrohrplantage berichtet er:

»Am 17. März 1962 führten die Differenzen zwischen den Arbeitern und den Wachen des Colonel zu einem Kampf, in dem zwei *capangas* durch Sichel und Messer starben; ein Verwalter wurde verletzt; eine Wache verschwand mit

einer Kugel im Schenkel und zwei Arbeiter wurden durch 38 Schüsse getötet.«
(CIDA 1965-66b, S. 325)

Derselbe Autor beschreibt noch eine andere Praxis, welche die Rechte der Arbeiter verletzt, nämlich den sogenannten Kauf der Arbeiter:

> »Dieser besteht darin, daß die Grundbesitzer den Arbeitern kleine Anleihen ermöglichen. Da der Arbeiter wenig verdient, eine vielköpfige Familie hat und in dem Laden des Grundbesitzers kauft, der stets hohe Preise fordert, macht er jede Woche neue Anleihen und neue Schulden. Wenn die Schulden eine Höhe von vier- bis fünftausend Cruzeiros erreicht haben, weigert sich der Besitzer, neue Darlehen zu gewähren und pocht darauf, daß der offenstehende Betrag hoch sei. [. . .] In seiner Verzweiflung versucht der Arbeiter, zu einem anderen Landgut zu gehen, doch der erste Besitzer gestattet ihm nicht fortzugehen, bevor er nicht seine Schulden beglichen hat. Dann bittet der Arbeiter den neuen Besitzer, zu dem er gehen will, um ein Darlehen in Höhe seiner Schulden, und falls er es erhält, bezahlt er seinen Gläubiger und zieht fort. Er ist jedoch nicht frei, denn er ›hat sich an den neuen Besitzer verkauft‹ und kann dessen Landgut nur verlassen, wenn er ihm das Geld zurückzahlt. Man sollte es kaum glauben: Findet der Arbeiter niemanden, der ›ihn kauft‹ und ›macht sich des Nachts als Flüchtling davon‹ – das ist der Ausdruck, der normalerweise benutzt wird –, ist es üblich, daß der Besitzer die Behörden um Unterstützung ersucht und den Flüchtling zurückbringen läßt, damit er für den Gläubiger arbeitet, bis er seine Schulden getilgt hat. Manchmal bleibt ein Arbeiter, der einen Fluchtversuch unternommen hat, tagsüber auf dem Besitz des Gläubigers und nachts unter Aufsicht von Wachen als Gefangener in Privatgefängnissen. Derartige Dinge spielen sich in unseren Tagen im Küstengebiet nördlich von Recife, Pernambuco, ab. Zwar kommt es nur sporadisch vor, doch werden Arbeiter auch körperlich gezüchtigt.« (CIDA 1965-66b, S. 243)

Man braucht indes nicht unbedingt eine Privatarmee von Schlägern, um auf einem Latifundium Disziplin zu erzwingen. Manchmal handelt der Verwalter selbst oder zwingt andere Arbeiter, eine Bestrafung zu vollstrecken oder eine Entscheidung gegen einen Arbeiter durchzusetzen. Ein mächtiger Grundherr, der in seinem Land ein wichtiger Politiker ist, ließ die Hütten seiner ansässigen Arbeiter niederbrennen und mit Raupenschleppern die Bewässerungskanäle niederwalzen, die das Wasser, ohne das nichts angebaut werden kann, zu den Gartenstücken der Arbeiter leiteten. Nachts stellte er bewaffnete Wachen auf, um zu verhindern, daß die Arbeiter die Gräben wieder öffneten. Die Arbeiter mußten ihre Parzellen aufgeben. In Ecuador kann man aus den Beschwerden, die an die Führer der Arbeiterorganisationen gerichtet werden, ersehen, welche physischen Bestrafungen den Indios der Hochebene angedroht oder an ihnen vollzogen werden. Hier sind einige Beispiele: Man brennt die Hütten der Arbeiter nieder; ein Indio, der im Haus beschäftigt ist, erhält zehn Schläge und wird in Eisen gelegt, weil er angeblich einige Kleider entwendet hat; man beschuldigt die Indios, Milch, Zucker und Spielzeug zu stehlen, und droht, ihnen den Hals umzudrehen und sie zu verprügeln (CIDA 1965-66e, S. 87 f.).

Gelegentlich werden Machtexzesse von der nationalen oder lokalen Presse publik gemacht. Diese seltenen publizistischen Anklagen verdecken jedoch, daß das tägliche Leben vieler *campesinos* von der Furcht vor Bestrafung und von gewalttätiger Unterdrückung gezeichnet ist. Nicht nur die tatsächliche Anwendung von Gewalt ruft bei den *campesinos* Unterwürfigkeit und Hoffnungslosigkeit hervor, sondern schon die Möglichkeit, daß Gewalt angewandt werden kann, vor der sie sich nicht wirklich schützen könnten. Ihre Unterwürfigkeit ist institutionalisiert worden, zuweilen übertragen die *campesinos* sie sogar auf ihre eigenen Führer und Gewerkschaftsorganisatoren. So zwingt die von den Großgrundbesitzern beherrschte Gesellschaft die *campesinos* dazu, Feinde ihrer selbst zu werden.

Der Überbau der Beschäftigung auf dem Subsistenzniveau

Man erfaßte die Landwirtschaft der Armut nur unvollständig, wenn man nicht einige der zumeist auf höherer – regionaler oder nationaler – Stufe angesiedelten institutionellen Regelungen erwähne, die es der Machtelite erlauben, sich dem landwirtschaftlichen Fortschritt, den Bauernorganisationen und kollektiven Verhandlungen erfolgreich entgegenzustellen.

Welche Stellung die zur Unterstützung der campesinos eingerichteten öffentlichen Behörden in einer auf dem latifundismo basierenden Landwirtschaft einnehmen

Obwohl es nur verhältnismäßig wenige Daten über die soziopolitische Struktur der auf dem *latifundismo* beruhenden Landwirtschaften Lateinamerikas gibt, steht außer Zweifel, daß die Grundherren sowohl auf die Ernennung von öffentlichen Beamten, die sich direkt oder indirekt mit den *campesinos* befassen, als auch auf ihre Aktivitäten erheblichen Einfluß nehmen. Dieser politische Einfluß, unter dem die Beamten agieren, prägt die Arbeit der Behörden, denen die Beamten angehören. Struktur, Betätigungsfeld und Budget der Ämter, die speziell dazu errichtet wurden, die Probleme der *campesinos* wahrzunehmen, stehen ebenfalls unter dem Einfluß der Grundherren. Das hat zur Folge, daß die Bürokratien nicht offen für diejenigen Partei zu ergreifen wagen, denen zu dienen sie geschaffen worden sind. Zwar verkennt kaum ein Beobachter die politische Macht der Großgrundbesitzer, doch nur selten wird ihren Verzweigungen die gebührende Aufmerksamkeit gewidmet.[43]

Normalerweise erhält die ländliche Machtelite Unterstützung von den Militär- und Polizeibehörden. Bei diesen kann man davon ausgehen, daß sie nicht die Interessen der *campesinos*, sondern die der Machtelite verteidigen. Das ist sozusagen selbstverständlich. Vom Nordosten Brasiliens, wo mehrfach gewalttätige Auseinandersetzungen zwischen *campesinos* und Grundherren stattgefunden haben, wird beispielsweise berichtet, daß die Ernennung höherer Militärbeamter gegen den Willen des Grundherrn, den Besitzer immenser Ländereien im Zuckerrohrplantagengebiet, so gut wie unmöglich ist. Die gewitzigten Landarbeiter, die in Fragen der Politik einige Erfahrung haben, sind sich über die Gegnerschaft im klaren, auf die sie bei den höchsten Instanzen der öffentlichen Macht stoßen, und man kann sie scherzhaft sagen hören, daß die höheren Armeeangehörigen in diesem Gebiet den Wohnsitz der Grundbesitzer als ihr zweites Heim betrachten. Ein *campesino* erklärte, daß es den Arbeitern viel besser ginge, wenn die Armee ihnen anstatt den Grundbesitzern hülfe (CIDA, 1965-66b, S. 317). Die *campesinos* nehmen es also als gegeben hin, daß sich die Grundherren, um Schwierigkeiten mit den Arbeitern zu beheben, an die örtliche Polizei oder das Militär wenden. Gelegentlich allerdings rufen die Forderungen der Grundherren selbst bei der Polizei Kritik hervor. Der brasilianische Geograph M. Correia de Andrade schreibt:

»Der Polizeichef von Paraíba, Dr. Silvio Pôrto, äußerte sich über einen Konflikt wie folgt: ›Der Appell an die Polizei, Probleme wie z. B. das der *ligas camponesas* zu lösen, ist so primitiv, daß es peinlich ist. Diese Praxis wird nur von faschistischen Organisationen verteidigt, die alle Probleme mit bewaffneter Gewalt lösen wollen. Statt an die Polizei zu appellieren, sollte man sich an den Nationalkongreß, an die Behörden für wirtschaftliche Entwicklung wenden.‹ Und der Regierungspräsident im Landtag, der Abgeordnete Vital de Rêgo, stellte im Namen der Regierung fest, schuld an den Verbrechen in Miriri sei ›eine Struktur, welche die Regierung für veraltet hält und die endlich reformiert werden sollte‹.
Aus diesen Aussagen kann man schließen, daß sich die Regierung von Paraíba über den Ernst des Augenblicks, in dem wir leben, im klaren ist und begreift, daß dies kein Problem für die Polizei ist, daß das soziale Problem auf nationaler Ebene gelöst werden muß.« (CIDA, 1965-66b, S. 325)

Es muß für viele Großgrundbesitzer ein Schock gewesen sein, als – wie berichtet worden ist – 1962-63 die Polizeikräfte in den Konflikten zwischen Grundherren und *campesinos* sich neutral verhielten. Sie halfen weder den Grundherren noch den *campesinos*. Doch schon dadurch gaben sie den Forderungen der Arbeiter nach besseren Beschäftigungsbedingungen wirksame indirekte Unterstützung.

In der Regel jedoch ist die politische Machtstruktur eindeutig mit den Interessen der Großgrundbesitzer verwoben. Das bedeutet, daß die Behörden, die für das Wohl der *campesinos* sorgen sollen, unter die Kontrolle der Machtelite geraten. Beispielsweise werden die Rolle und die Bedeutung von Bodenreform-Ämtern, staatlichen Arbeitsämtern und Indio-Behörden erheblich dadurch geschmälert, daß sie dem weitreichenden Einfluß der Großgrundbesitzer ausgesetzt sind, der sich sowohl lokal als auch national geltend macht. Ein Regierungsangestellter, der für ein regionales oder lokales Programm verantwortlich ist, bekommt rasch zu spüren, ob die Großgrundbesitzer ihn unterstützen oder bekämpfen. So können die Grundherren beispielsweise dafür sorgen, daß kompetente Leiter von Bodenreformprogrammen entfernt werden, sollte sich zwischen ihnen und den *latifundistas* Entfremdung oder Vertrauensschwund einstellen. Nicht selten drohen Regierungsbeamten, die entschlossen sind, ihre Aufgabe ernst zu nehmen, reale Gefahren für ihre berufliche Karriere, ihren Ruf. Dann kann selbst die offene Unterstützung durch die *campesinos* nicht verhindern, daß sie ihre Stellung verlieren, ja, angesichts der bestehenden politischen Machtverhältnisse in der Agrargesellschaft kann diese Unterstützung ihre Position unter Umständen sogar verschlechtern. Mit anderen Worten, es kann passieren, daß eine nationale Bodenreformbehörde, anstatt ihr Programm auszuführen, ihr Personal opfern muß, um die *hacendados* zu besänftigen. Aus diesem Grund stehen friedliche Bodenreformen in Lateinamerika gegenwärtig vor nahezu unüberwindlichen Hindernissen.[44]

Der politische Einfluß der ländlichen Machtelite macht sich noch auf andere Weise bemerkbar. Wenn, wie es üblicherweise geschieht, die gesetzgebenden Körperschaften über die Budgets abstimmen, die für die Tätigkeit der Behörden, welche für die *campesinos* arbeiten, unerläßlich sind, ist die Macht der Grundherren und ihrer politischen Anhänger im Parlament häufig stark genug, um die zugewiesenen Mittel auf ein Mindestmaß zu reduzieren. Nicht selten kommt es vor, daß die Finanzmittel der Behörde kaum ausreichen, Gehälter und laufende Büroausgaben zu bestreiten.[45] Hinzu kommt, daß die leitenden Beamten selbst Angehörige der ländlichen Machtelite sind – entweder weil es an anderen kompetenten und geschulten Verwaltungskräften mangelt oder weil die Machtelite sich auf diese Weise die Kontrolle über die Programme zu sichern vermag – und ihre Sympathien vielleicht nicht uneingeschränkt auf seiten derjenigen sind, denen sie eigentlich dienen sollten.[46] Das scheint zur Struktur einer Landwirtschaft zu gehören, die von einer kleinen Elite beherrscht wird. Diese Herrschaft hat sich auch auf Kolonisierungsprogramme ausgewirkt, die jedenfalls theoretisch den Zweck hatten, landlosen *campesinos* zu Land zu verhelfen. In Ecuador waren bei einem Besiedlungsprojekt im Küstengebiet von Santo Domingo de los Colorados nur neun der dreiunddreißig ursprünglichen Siedler, die 1959 Land zugewiesen bekamen, *campesinos* oder ehemalige Verwalter landwirtschaftlicher Betriebe. Bei den übrigen handelte es sich um ehemalige Angestellte (7), Angehörige der Streitkräfte, darunter auch die Ehefrau eines Militärs (7), Geschäftsleute (2), Chauffeure (2), einen Elektriker, einen Mechaniker, einen Zirkusartisten, einen Zahnarzt, einen Juwelier und einen Fernmeldetechniker. Ebenso wurden 1963 dreiundzwanzig weitere Parzellen solchen Personen zugewiesen, die nicht aus der Landwirtschaft stammten.[47] Das ist nur eins von vielen Beispielen aus Lateinamerika dafür, daß Land nach politischen Opportunitätskriterien – vermutlich zum Zweck politischer Bestechung – verteilt worden ist, ohne die vielen *campesinos* zu berücksichtigen, die offenkundig keinen Einfluß auf die Projekte nehmen können.

Im Rahmen des bestehenden politischen Systems hat die ländliche Machtelite von Gesetzen, Programmen und Behörden, welche die Sache der *campesinos* fördern sollen, nur wenig zu befürchten, denn sie übt eine äußerst effiziente Kontrolle über deren Planungen bzw. Arbeitsweise aus.

Auch die Arbeitsgerichte, in deren Händen die Verteidigung der Rechte von Landarbeitern liegt, sind für die Interessen der *campesinos* nur ein schwaches institutionelles Glied. Die überaus schwache Verhandlungsposition der *campesinos* könnte durch ein Netz von starken und unabhängigen Arbeitsgerichten spürbar ausgeglichen werden. In einigen Gebieten ist dazu ein bescheidener Anfang gemacht worden, doch im großen und ganzen ist er für die Landarbeiterschaft Lateinamerikas bedeutungslos geblieben. Arbeitsgerichte gibt es vor allem dort, wo die Industriearbeiterschaft stark ist, und ihr Einfluß auf die Landwirtschaft beschränkt sich auf eine relativ kleine geographische Zone im Umkreis der Städte. Vereinzelt sind sie auch in ländlichen Gebieten eingerichtet worden, in denen Konflikte erheblichen politischen Druck erzeugt haben. Doch in den meisten Fällen fehlt es jenen Arbeitern, die an ihre Arbeitgeber rechtliche Forderungen stellen könnten, an Mut, Zeit oder Geld, ihre Klagen direkt oder durch einen Anwalt vor Gericht zu bringen. Eine wichtige Rolle spielt dabei auch, daß in vielen Gemeinden – wenn überhaupt – nur wenige Anwälte bereit sind, die Sache der Landarbeiter zu vertreten; ganz abgesehen davon, daß es nicht sehr einträglich ist, kann ein solches Engagement ihrem beruflichen Ansehen schaden. Sofern sie sich der Verteidigung von Landarbeitern mit Nachdruck widmen, werden sie beschuldigt, Umstürzler zu sein.[48]

In Industrieländern werden Ansprüche der Arbeiter auf Löhne und andere Vergütungen meist genau und relativ schnell befriedigt. Doch in Lateinamerika tendieren die Gerichte, wie es scheint, dazu, die Entscheidungen zu verschleppen und Vergleiche zwischen Forderungen von Arbeitern und niedrigen Gegenangeboten von Arbeitgebern gutzuheißen, die in keinem Verhältnis zu dem stehen, was die Arbeitgeber wirklich schulden.[49] In Brasilien z. B. haben die Grundherren offenbar überhaupt nur dann ein Angebot gemacht, wenn die Zeugenaussagen ergaben, daß die an sie gerichteten Forderungen wohlbegründet sind. Wie wir wissen, befinden sich die Arbeiter bei derlei Auseinandersetzungen gewöhnlich im Nachteil und können kaum beweisen, daß sie einen Anspruch haben, wie gerechtfertigt dieser auch sein mag. Obwohl es völlig legal ist, Forderungen freiwillig zu regeln, und dies das Verfahren abkürzen kann, ist es politisch nicht ratsam.[50] Das belegt, daß in Lateinamerika die Arbeitsgesetzgebung weder gerecht noch gründlich angewandt wird. Im Gegenteil, die gesetzlichen Bestimmungen, jedenfalls soweit sie die *campesinos* betreffen, werden systematisch verletzt und dem Gesetz wird so halbherzig Geltung verschafft, daß es noch Generationen dauern wird, bevor an die Stelle der weitverbreiteten Mißachtung des Rechts und der Herrschaft der Macht in der Landwirtschaft die Herrschaft des Rechts tritt.[51]

Kollektives Handeln von Großgrundbesitzern

Ein anderer fesselnder Aspekt des sozialen Mechanismus der traditionellen Landwirtschaft Lateinamerikas sind das kollektive Handeln der Grundherren zur Verteidigung ihrer Interessen und die Folgen dieses Handelns. Es geht hier nicht um Einzelfälle, sondern um das umfassende, gleichsam institutionalisierte politische Handeln der ländlichen Machtelite zur Erhaltung des politischen, sozialen und ökonomischen Status quo.

Gemeinsames Handeln der Grundherren ist kein hinreichend dokumentiertes, zumindest kein allgemein beachtetes Merkmal der lateinamerikanischen Landwirtschaft. Zwar geht es still und ohne Propaganda vor sich, doch schmälert das nicht seine Wirksamkeit. In krassem Gegensatz dazu steht die Publizität, die tatsächlichem oder versuchtem kollektiven Handeln der *campesinos* in Literatur, Presse und politischen Debatten zuteil wird. Diese Publizität wird teilweise von den *campesinos* selbst gesucht, denn sie brauchen das Wohlwollen der Öffentlichkeit; doch wird sie auch von den Grundherren inszeniert, um eben dieses Wohlwollen zu verhindern. Die übertriebene Bedeutung, die selbst bescheidenen Versuchen der *campesinos,* ihre Verhandlungsposition zu stärken, beigemessen wird, scheint ein Bestandteil der Politik der Grundherren, Gefahren auszumalen, die der Nation – d. h. ihnen – drohen, wenn den *campesinos* die geringsten Zugeständnisse gemacht werden. Diese Reaktion, die in keinem Verhältnis zu den realen Anlässen steht, führt häufig dazu (in den

Worten Carneiros), die Fragen, um die es geht, zu mystifizieren (CIDA 1965-66b, S. 233).[52]

Gemeinsames Handeln kann sich formell – über Organisationen, die von Großgrundbesitzern und für Großgrundbesitzer gegründet wurden – oder informell vollziehen, dann z. B., wenn ein gemeinschaftliches Interesse die Großgrundbesitzer dazu veranlaßt, gemeinsam Front gegen ihre Opponenten zu machen. In den letzten Jahren haben die Grundherren in der Vereitelung der Bodenreform ein Ventil für ihre Energien gefunden. In Peru z. B. gibt ein Teil der Presse, zu der die ländliche Machtelite leicht Zugang findet, einer pessimistischen, häufig einseitigen oder irreführenden Berichterstattung über Arbeitsweise und Leitung der nationalen Bodenreformbehörde breiten Raum. Scharf kritisiert wird z. B., wie die Regierung eine Hazienda (Algolán) führt, die Anfang der sechziger Jahre nach schweren Konflikten und nach Landbesetzungen durch Indio-Gemeinden enteignet worden war. Ein Teil dieses Landes ist inzwischen den Gemeinden übereignet worden, und soliden Informationen zufolge ist diese Enteignung ein Erfolg gewesen. Die Kritik, die geübt wird, trägt jedoch dazu bei, daß man von weiteren Ansiedlungsprojekten mittels Enteignung Abstand nimmt. Tatsächlich sind praktisch alle Bodenreformen in Lateinamerika von der Machtelite systematisch verleumdet worden. Das geschieht nicht nur, wie man erwarten könnte, weil es das Ziel der Bodenreform ist, auf Kosten der großen Grundherren Land an die *campesinos* zu verteilen, sondern auch, weil die Bodenreform die Organisierung der *campesinos* fördert und in traditionellen Agrargebieten ihre Verhandlungsposition zu stärken beginnt. Doch wird nur ein Stück der Gegenreform von Publizität begleitet; das andere (vermutlich nicht weniger effektive) Stück wird in aller Stille betrieben. Der Mechanismus der Gegenreform ist komplex. Sie reicht von Drohungen gegen Beamte oder der Weigerung von Grundherren, mit der Regierung zusammenzuarbeiten, wie es das Gesetz verlangt, bis hin zur Einschüchterung von *campesinos*, um sie davon abzuhalten, sich die gesetzlichen Bestimmungen zunutze zu machen, oder zur Vortäuschung von Zwischenfällen, durch welche die *campesinos* ihren Anspruch auf etwaige gesetzliche Leistungen verwirken.[53] Nicht diese Aktivitäten als solche sind bedeutsam – von Grundherren, denen der Verlust ihrer Besitztümer droht, ist kaum etwas anderes zu erwarten –, sondern die Tatsache, daß ihre Einheitlichkeit und ihre Systematik auf eine gemeinsame Bemühung schließen lassen.[54] Da diese Bemühung nicht auf ein Land beschränkt ist, steht zu vermuten, daß zwischen den Großgrundbesitzern der verschiedenen lateinamerikanischen Länder ein gewisses Maß an Einverständnis besteht, gegen die Bodenreform und andere Programme, welche die Verhandlungsposition der *campesinos* stärken sollen, Widerstand zu leisten.[55] Doch ist man hier, wie angedeutet, im großen und ganzen auf Vermutungen angewiesen.

Die Großgrundbesitzer sind auf verschiedene Weise organisiert. Formell scheinen die mächtigsten Verbände jene zu sein, die sich auf eine ökonomische Interessengleichheit stützen. Sie gruppieren sich um die Verarbeitung oder Vermarktung bestimmter Anbauerzeugnisse und bestehen aus Regionalverbänden, die in nationalen Dachorganisationen zusammengefaßt sind. Gewöhnlich nehmen die Verbände der Kaffee-, Baumwoll-, Reis-, Zucker-, Kakao- und Viehproduzenten als »pressure groups« auf nationaler oder internationaler Ebene deutlich Einfluß auf Preisgestaltung, Subventionen, Marktkontrollen oder Import- und Exportpolitik. Fast immer repräsentieren diese Gruppen nur die großen Produzenten. Ihre Macht reicht jedoch über rein ökonomische und finanzielle Belange hinaus, und es ist bekannt, daß sie sich im Vorfeld gesetzgeberischer Vorhaben ebenso einnistet wie in der Politik der Bodenreform. In Kolumbien z. B. leisten die Zuckerproduzenten und Viehzüchter seit langem gegen das Bodenreformprogramm des Landes Widerstand. Zwar vertreten die Warenverbände bisweilen einander widerstreitende ökonomische Interessen, doch ihre Politik gegenüber der Landarbeiterschaft und ihr Interesse, das Bodenbesitzsystem aufrechtzuerhalten, binden sie zusammen. Daneben gibt es rein politische Verbände der Großgrundbesitzer (entsprechend dem American Farm Bureau), die direkt und offen den Wünschen der ländlichen Machtelite folgen. Die Sociedad Nacional de Agricultura (Chile), die Sociedad Nacional Agraria (Peru) und die Sociedad de Agricultores de Colombia – um nur einige Beispiele zu nennen – haben es mit Erfolg verstanden, dem Gesetzgeber und der Öffentlichkeit ihre Auffassungen zur Bodenreform und anderen politischen Problemen schmackhaft zu machen (Delgado, 1965, S. 301 ff.). Diese Gruppen verfügen gewöhnlich über eigene Rechtsabteilungen oder engagieren Rechts- und Wirtschaftsexperten, um ihre Stellungnahme zu Gesetzesvorlagen zu formulieren. Mehr noch, es gibt inzwischen eine internationale Gruppe von Großgrundbesitzern mit dem Namen Asociaciones Agropecuarias Americanas Amigas, die in Chicago ein Büro unterhält und internationale Konferenzen veranstaltet, auf denen die Strategien der Großgrundbesitzer entwickelt werden (Delgado, 1965, S. 290 ff.). Es ist anzunehmen, daß sich ihr Einfluß selbst in jenen Kreisen bemerkbar macht, die sich mit internationaler technischer und finanzieller Hilfeleistung sowie der Agrarpolitik Lateinamerikas befassen, und in Anbetracht des enormen materiellen Reichtums und der politischen Macht, die hier im Spiele sind, darf dieser Einfluß nicht unterschätzt werden.

Andere Formen organisierten Handelns im lokalen oder regionalen Bereich zielen speziell gegen die *campesinos* selbst. Um ihre Organisationen zu bekämpfen – insbesondere dort, wo Konflikte ausgebrochen sind oder auszubrechen drohen –, setzt man bewaffnete Wachposten ein oder lagert Waffen auf den Landgütern. Häufig richtet sich organisiertes Handeln gegen die Organisierungsbemühungen der *campesinos*. Die meisten Organisatoren von Landarbeitergewerkschaften oder Pächterorganisationen sind sich über die Gefahren im klaren, die mit ihrer Tätigkeit verknüpft sind, doch viele haben diese Gefahren nicht überlebt. Über die Mitgliederwerbung einer Gewerkschaft im Kakaogebiet von Bahia (Brasilien) berichtet Semenzato:

>Anfangs wurde eine Gruppe oder, genauer, zwei Gruppen gebildet, die sich aus je zwei Männern zusammensetzten. Sie besuchten die Landgüter, hielten Zusammenkünfte ab und erklärten den Arbeitern Zweck und Ziele der Gewerkschaften. Im allgemeinen suchten diese Gruppen die landwirtschaftlichen Betriebe auf, nachdem sie zuvor Tag und Stunde der Zusammenkunft bekanntgegeben hatten. Dazu benutzten sie Kontakte, die sie vorher geknüpft hatten. *Später bekamen die Organisatoren der Bewegung die Macht der Polizei zu spüren. In einem Fall wurden sie mit Gewehrfeuer empfangen.* Sie beschlossen, künftig die landwirtschaftlichen Betriebe ohne vorherige Ankündigung zu besuchen. Sie erschienen unangemeldet [. . .] und gingen sogar in die Kakaofelder. *Die Reaktion der Großgrundbesitzer und der Polizei verschärfte sich;* dennoch gelang es der Gewerkschaft, anfangs 600 Mitglieder mit einem Monatsbeitrag von 5 Cruzeiros zu organisieren.«

Auch aus Ecuador wird berichtet, daß die Antwort der *hacendados* auf landwirtschaftliche Organisationen »von Anfang an negativ« sei. Es beginnt damit, daß die Existenz von Gewerkschaften überhaupt bekämpft wird, und führt fast immer zu Gewalttätigkeiten:

>Wenn sich das Aufeinandertreffen von Organisationen der Arbeiter und Grundherren in dieser anhaltenden Feindseligkeit manifestiert, ist es kein Wunder, daß es, abgesehen von Drohungen, Verfolgungen usw., Anschläge auf das Leben einiger Personen gegeben hat und daß sowohl die Führer der Gewerkschaften als auch jene Leute, die von den Grundherren und den örtlichen Behörden als gefährlich angesehen werden, ›verschwunden‹ sind. Es gibt eine Tradition der Gewalt, und gemäß dieser Tradition bedient man sich jedes Mittels, um der Arbeiter-Herr zu werden. Natürlich ist niemand bereit, dieser Tradition abzuschwören.« (CIDA 1965–66e, S. 96)[56]

Die gewaltsamen Behinderungs- und Unterdrückungsmaßnahmen sind der Hauptgrund dafür, daß nur eine kleine Minderheit von *campesinos* organisiert ist, häufig heimlich, obwohl die Gesetzgebung der einzelnen Länder die Gründung von Bauernorganisationen erlaubt. In den Fällen, in denen sich die Bildung von Gewerkschaften oder Pächtervereinigungen nicht verhindern ließ, haben die *hacendados* zu folgenden Methoden gegriffen, um die Hoffnungen der Arbeiter zu brechen oder dem Wachstum der Organisationen einen Riegel vorzuschieben: schwarze Listen, die gewerkschaftlich aktiven Arbeitern die Beschäftigungschancen in der Gemeinde verschließen; subtile

Versuche, sich die divergierenden Interessen oder den geringen Bildungsgrad der *campesinos* zunutze zu machen[57]; Bestechung von Gewerkschaftsvertretern, um Mißtrauen der *campesinos* gegenüber ihren eigenen Führern zu wecken; Versuche, den Gewerkschaften bei ihren Zusammenkünften Schwierigkeiten zu bereiten.[58]

So ist denn der Weg zu einem besseren Leben für die *campesinos* mit vielen Hindernissen verstellt. Das entscheidende Problem, das wir zu skizzieren suchten, besteht darin, daß die *campesinos* nicht nur einzelne Hürden zu überwinden haben; sie sind von einer Gesellschaft umgeben, die einer Verbesserung ihres Loses – einem Leben auf dem Subsistenzniveau – feindlich gegenübersteht. Es ist kaum zu erwarten, daß die *campesinos* in einer Gesellschaft, in der sie, abgesehen von Situationen, in denen die Aussichtslosigkeit ihrer Lage sie zur Revolte treibt, praktisch keine oder nur eine schwache Stimme haben, ihre Fesseln werden abstreifen können. In weiten Gebieten Lateinamerikas ist Hoffnungslosigkeit kennzeichnend für die *campesinos;* sie ahnen – instinktiv oder aus Erfahrung –, daß unter den gegenwärtigen Bedingungen selbst aufrichtige und großangelegte Versuche, ihr Schicksal zu wenden, zum Scheitern verurteilt sind.

Anmerkungen

1 Die Begriffe *»farm people«* und *»peasants«* bezeichnen alle Produzenten mit nicht-lebensfähigen landwirtschaftlichen Betrieben und geringem Einkommen sowie alle Arbeiter, die sich in der Landwirtschaft verdingen. In den sieben von dem CIDA untersuchten Ländern betrug ihre Zahl annähernd 13 Mio. bzw. 64% der Erwerbstätigen.
(*A. d. Ü.:* Da der Begriff »Bauer« in Europa eine unterschiedliche Bedeutung hat, wurden *»farm people«* und *»peasants«* – außer in gebräuchlichen Zusammensetzungen wie z. B. »Bauernbewegung« – in der Übersetzung durchgängig unter dem Begriff *»campesino«* zusammengefaßt.)
2 Häufig wirft man Bauernbewegungen oder -organisationen vor, sie würden von »Außenstehenden« geführt oder unterlägen einer »Einmischung von außen«. Zuweilen werden die Aktivitäten von Führern, die »keine Wurzeln in den Landgemeinden haben«, als Vorwand benutzt, Bauernbewegungen zu unterdrücken. Doch ist das Agrarproblem so beschaffen, daß Unterstützung von »außen« entscheidend ist, um die Kluft zwischen den *campesinos* und den übrigen Bevölkerungsgruppen zu schließen.
3 Die Unterscheidung zwischen anständigen und harten, guten und schlechten Grundherren hat politische Nebenbedeutungen. So erklärte beispielsweise ein chilenischer Delegierter der Arbeitgeber bei der International Labor Organization (ILO), daß man »eine klare Unterscheidung zwischen dem guten und dem schlechten landwirtschaftlichen Arbeitgeber treffen sollte, um den einen zu unterstützen

und gegen die anderen energische Maßnahmen zu ergreifen« (ILO, 1965, S. 421). Diese Unterscheidung würde zwar Arbeitsgesetzgebung und Bodenreform verbessern, doch ließen sich diese nur schwer in die Tat umsetzen. Sollte ihre Umsetzung von der Interpretation abhängen, was ein guter oder schlechter Grundherr ist – und hierüber könnte es viele Meinungsverschiedenheiten geben –, könnten sie kaum durchgeführt werden.

4 Das erklärt, warum die Grundherren insgesamt jedesmal, wenn ihre Autorität auch nur im geringsten in Frage gestellt wird, gewalttätig und in einer Weise, die in keinem Verhältnis zu der tatsächlichen Bedrohung ihrer Autorität steht, zu reagieren pflegen. In diesem Zusammenhang ist es interessant, daß in den amerikanischen Südstaaten vor dem Bürgerkrieg der Bruch mit der Tradition um so unvermeidlicher wurde, je weniger überzeugend und radikaler die ideologische Unterstützung der Sklaverei wurde. Die Ähnlichkeit zwischen der Sklavenfrage und dem Problem der *campesinos* in Lateinamerika ist unverkennbar.

5 Dieses und das folgende Gespräch fanden Anfang 1963 statt.

6 In Lateinamerika kontrollieren die großen Mehrfamilienbetriebe *(latifundios)* den Löwenanteil des Bodens und anderer Ressourcen. Vgl. CIDA (1966), S. 6 ff. Die verfügbaren Statistiken setzen die Konzentration des Bodenbesitzes und -reichtums zu niedrig an, weil sie nicht berücksichtigen, daß viele Großgrundbesitzer Eigentümer mehrerer Landgüter sind, und weil große Grundbesitzer die Größe ihrer Besitztümer und den Wert ihres Kapitals, insbesondere Land, zu niedrig angeben.

7 In Ecuador z. B. müssen die Indios, die in kleinen Dörfern leben, welche von großen Landgütern eingeschlossen sind, für das Recht, auf ihrem Weg zur Stadt ein Landgut zu passieren, Abgaben zahlen oder müssen als Gegenleistung für andere kleine Zugeständnisse für die Großgrundbesitzer arbeiten. Vgl. CIDA (1965–66e), S. 75, 238 ff. und 303 f.

8 Zu Beispielen für die Rolle und die Funktionen des Verwalters vgl. CIDA (1965–66b), S. 150 ff. Der Soziologe Geraldo Semenzato berichtet, daß in einem Fall der Verwalter eines reichen Kakaoproduzenten 1962 ein Weihnachtsgeschenk in Naturalform erhielt, das nicht einmal $ 3 wert war (die Arbeiter erhielten keine Geschenke). Das ist ein Indiz für seine untergeordnete, aber gleichwohl privilegierte Stellung (CIDA, 1965–66b, S. 152).

9 Semenzato schreibt dazu: »... der Verwalter ist das einzige Verbindungsglied zwischen dem Arbeiter und dem Besitzer ... Der Arbeiter findet nur schwer direkten Zugang zum Grundherren, und es ist wichtig, gute Beziehungen zum Verwalter zu unterhalten, der nach Auffassung der Arbeiter der starke Mann neben dem Besitzer ist (CIDA, 1965–66b, S. 155).« Es gibt Ausnahmen: In einem Fall hörte sich ein reicher Grundherr in regelmäßigen Abständen die »Beschwerden« seiner Arbeiter an. Dabei saß er an einem großen Tisch und hatte seine Verwalter bei sich, während die Arbeiter etwa sechs Meter voneinander entfernt standen, damit sie nicht miteinander sprechen konnten. Diese Umstände schüchterten die Arbeiter allerdings ziemlich ein (CIDA, 1965–66b, S. 153).

10 Das Interview fand statt, nachdem es zu einem gewaltsamen Zusammenstoß zwischen einer Gruppe von bewaffneten Mitgliedern der *liga* und einer Gruppe von bewaffneten *vigilantes* – Mitgliedern der Schutzorganisation der Großgrundbesitzer – gekommen war. (Der Ehemann wurde bei diesem Zwischenfall offenbar getötet.) Um die volle Bedeutung dieses Vorfalls zu verstehen, muß man wissen, daß es in diesem Gebiet die erklärte Politik der Grundherren war, den Bau neuer Unterkünfte nicht zu erlauben. Damit beabsichtigten sie, sich der ständigen, ansässigen Arbeiter

zu entledigen, um statt dessen auf Lohnarbeiter überzugehen, die nicht auf dem Gut leben. Diese Politik war ihrerseits eine »Verteidigung« gegen die berechtigten und von den Arbeitergewerkschaften unterstützten Forderungen der *campesinos* nach Durchsetzung gesetzlicher Bestimmungen, welche die Beziehungen zwischen Arbeitgebern und Pächtern regeln – z. B. Entschädigungen für »Verbesserungen«, welche die Pächter im Pachtzeitraum vorgenommen haben oder für Feldfrüchte, die sie angebaut haben, sofern die Grundherren den Vertrag brechen.

11 Über den Charakter der Konflikte in der Agrargesellschaft gibt es Kontroversen. Vgl. z. B. Galjart (1964) und Huizer (1965).

12 Unwissenheit bedeutet nicht notwendigerweise, daß es gänzlich an Kenntnissen fehlt. Beispielsweise »wissen« Grundherren unter Umständen, wie viele Kinder ihre Arbeiter haben, welche Einkommen sie haben usw., doch setzen sie diese Tatsachen nicht zu Standards ins Verhältnis, die sich auf ihre eigenen Lebensumstände anwenden lassen.

13 In diesem Zusammenhang sind folgende Bemerkungen von Holmberg (1966, S. 8) über die leibeigenen Vicos-Indios bedeutsam:
Wie andere unterworfene Gruppen haben sie Mittel der Verstellung ausgearbeitet, um Autoritätspersonen zu täuschen. Obwohl er einen ausgeprägten Sinn für Humor besaß und äußerst redegewandt war, vergaß der Vicos-Leibeigene seine schalkhafte gute Laune, seine Schlagfertigkeit und sein verbindliches Wesen, sobald er sich in Gegenwart seines *patrón* oder anderer Mestizen befand. Die Leibeigenen stellten sich, als ob sie die dümmsten und unfähigsten Wesen seien.
Diese Verstellung ist weitgehend Angst und Mißtrauen zuzuschreiben und ist ein Verteidigungsmechanismus, der im Laufe jahrhundertelanger harter Behandlung gegen die überlegene Macht der Grundherren aufgebaut wurde. Auch die Grundherren hegen gegenüber den *campesinos* Mißtrauen und sogar Furcht, obwohl sie jede Infragestellung der täglichen Routine vermutlich damit beantworten werden, daß sie ihre Stärke hervorkehren. In ihrem Fall besteht keine Notwendigkeit, sich zu verstellen.

14 Der vollkommen autarke landwirtschaftliche Betrieb gehört der Vergangenheit an. In diesem Zusammenhang ist von Interesse, daß in einigen Gebieten der Barlohn auch zum Maßstab der Verschuldung von *campesinos* geworden ist. d. h. eine Methode, die Bilanz aufzustellen zwischen dem, was ein Landarbeiter verdient und dem, was er seinem Arbeitgeber schuldet.

15 In Guatemala muß eine Indio-Familie, die in der Hochebene auf einer *microfinca* lebt, fast tausend Jahre arbeiten, um das durchschnittliche Jahreseinkommen zu verdienen, das ein *latifundista* schon aus einem seiner landwirtschaftlichen Betriebe bezieht (darin ist noch nicht sein Einkommen aus anderen landwirtschaftlichen Betrieben oder anderen Einnahmequellen eingeschlossen).

16 Die Grundherren behaupten oft, daß die *campesinos* sich nicht um ihre Parzellen kümmerten und lieber faulenzten, statt mehr Nahrungsmittel für den Eigenverbrauch anzubauen. Das mag in einzelnen Fällen zutreffen. Aber 1) erhalten die Arbeiter normalerweise Parzellen auf völlig erschöpften Böden, weil die Grundherren die besten Gebiete für sich behalten, 2) hat die Landarbeit des Grundherren stets Vorrang, und die Pflichten, welche die Arbeiter gegenüber den Arbeitgebern haben, kollidieren mit der notwendigen Versorgung ihrer eigenen Parzellen, und 3) erhalten die Arbeiter nicht die geringste technische und finanzielle Hilfe für ihren Subsistenzanbau.

17 Die für das Interview ausgewählten *sharecroppers* hätten größere Parzellen

und daher höhere Einkommen als andere *croppers* auf den untersuchten Landgütern. Neben den *sharecroppers* gab es auch Leibeigene, die weitaus weniger verdienten als diese und einige Tage in der Woche unentgeltlich oder zu erheblich verminderten Löhnen für den Grundherren arbeiteten.

18 Die Buchführung erledigt stets der Arbeitgeber, und die Arbeiter haben keine Möglichkeit, ihre Richtigkeit zu überprüfen.

19 Vgl. CIDA (1965–66b), S. 434 f.

20 Die Sklavenhalter in den Vereinigten Staaten hatten ebenfalls Lieblingssklaven.

21 Unterschiede in bezug auf Lohnsätze oder Jahreseinkommen beruhen im großen und ganzen nicht auf klimatischen Wechselfällen (guten oder schlechten Ernten) oder langfristigen Veränderungen in der Produktivität. Die Löhne sind immer niedrig, unabhängig von Ernten oder Ertragssteigerungen. Auf das Jahreseinkommen von Pächtern oder *sharecroppers* und seinem Verhältnis zur Ernte werden wir später eingehen.

22 Vgl. z. B. Manoel Correia de Andrade zu den *ligas camponesas*, zit. in: CIDA (1965–66b), S. 323 f.

23 Es gibt vereinzelte Fälle, in denen ein Großgrundbesitzer sein Land an seine Pächter verkauft. Vgl. CIDA (1965–66b), S. 95 f. In Peru soll in jüngster Zeit etwas Land an Pächter verkauft worden sein (sogar in augenscheinlichem Widerspruch zum Bodenreformgesetz). Obwohl in den meisten dieser Fälle der Verkaufspreis sehr hoch ist, brennen einige *campesinos* darauf, ein Stück Land ihr eigen zu nennen und zahlen lieber maßlose Verkaufspreise, als weiterhin in den unsicheren Besitzverhältnissen eines Pächters zu leben.

24 Vgl. z. B. Feder (1960).

25 Intensive Bodennutzung muß nicht unbedingt arbeitsintensiv sein. Große Kokosnußplantagen z. B. beschäftigen verhältnismäßig wenige Arbeiter, obwohl sie eine recht intensive Bodennutzung darstellen. Intensive Bodennutzung, die relativ wenig Arbeit erfordert, findet sich häufiger in großen als in kleinen landwirtschaftlichen Betrieben.

26 Die ungenügende Nutzung des Bodens ist offenkundig und läßt sich leicht beweisen. Deshalb überrascht es ein wenig, wenn man entdeckt, mit welcher Hartnäckigkeit manche Beobachter einige vereinzelte Fälle von »gut geführten landwirtschaftlichen Unternehmen« als Regel (derzufolge eine große Wirtschaftsfläche und Leistungsfähigkeit synonym sind) ansehen, die von den Ausnahmefällen, in denen schlecht bewirtschaftet wird, bestätigt wird. So wurde z. B. jüngst aus einer Untersuchung der Produktivität von 99 landwirtschaftlichen Betrieben in Brasilien der Schluß gezogen, daß Brasilien jenen Großgrundbesitzern zu erheblichem Dank verpflichtet sei, welche die Grundlage für Ansiedlungen schaffen und die landwirtschaftlichen Ressourcen des Landes entwickeln und verbessern; daß die Bodenreform diese Grundherren schützen solle; und daß die Agrarreform mit einer Reorganisation des Landwirtschaftsministeriums beginnen solle (Nicholls und Paiva, 1965, S. 347–61). Diese ungereimten Vorschläge besagen letztlich, daß das Heil der armen Bauernschaft Brasiliens in einer besseren Betriebsführung auf den Landgütern läge. Das entspricht dem Vorschlag, das Sklavenproblem hätte durch verbesserte Preise und Märkte für Sklaven gelöst werden sollen.

27 Das Verhältnis variiert allerdings von Land zu Land. In einigen Ländern haben die Latifundien weniger Land in intensiver Nutzung als die Familienbetriebe.

28 Die Annahme, daß Latifundien den gleichen Anteil ihres Landes für intensi-

ven Feldanbau nutzen können wie Familienbetriebe, läßt sich ohne eine sehr detaillierte Prüfung der Böden nicht verifizieren. Doch in Anbetracht der Tatsache, daß die großen Güter normalerweise das beste Land kontrollieren, ist sie zumindest nicht unrealistisch. Allgemein gesagt: es spricht nur wenig für die Hypothese, daß die Größe eines landwirtschaftlichen Betriebes in umgekehrtem Verhältnis zur Qualität des Bodens steht, und sehr viel dafür, daß ein Teil des besten Bodens auf den großen Landgütern extensiv oder gar nicht genutzt wird.

29 In Wirklichkeit vergrößert sich die landwirtschaftliche Nutzfläche, in erster Linie allerdings dadurch, daß zuvor unbesiedelte Gebiete einbezogen werden. Da diese neuen Gebiete wiederum von Großgrundbesitzern extensiv bewirtschaftet werden, vermehren sie nicht die Beschäftigungsmöglichkeiten entsprechend dem Bedarf. Mit anderen Worten: Die Erweiterung der Siedlungsgrenzen bringt nur einen unverhältnismäßig geringen Anstieg der Beschäftigungsmöglichkeiten mit sich.

30 Man muß jedoch feststellen, daß es auf den Minifundien Überbeschäftigung, d. h. etwa 3,7 Mio. Arbeiter zu viel gibt (geschätzt unter Verwendung desselben Verfahrens wie in Tabelle 4). Es liegt auf der Hand, daß die Latifundien alleine dieses Surplus leicht absorbieren könnten.

31 Wir benutzen hier den Begriff »Mechanismus«, um hervorzuheben, daß es sich um eine vorsätzliche Maßnahme der Großgrundbesitzer handelt.

32 Mindestlohnsätze werden theoretisch auf einem Niveau festgesetzt, welches den Lohnempfängern und ihren Familien ein Einkommen sichert, das gerade für genügend Nahrung, Kleidung und andere lebensnotwendige Güter ausreicht. Dies könnte man als »offizielles« Subsistenzniveau bezeichnen. Da die Einkommen der *campesinos* normalerweise erheblich unter diesem Niveau liegen, wäre es angemessen, sie als »Einkommen unter dem Subsistenzniveau« zu definieren. Für einen Ökonomen oder Soziologen wäre dieser Begriff nicht annehmbar, insofern Empfänger von Einkommen unter dem Subsistenzniveau nicht überleben könnten.

33 Vgl. z. B. CIDA (1965-66b), S. 261-97. Man muß hier beachten, daß sich die Mindestlohngesetzgebung zwar auf Landarbeiter anwenden läßt, doch für sie nicht sehr geeignet ist. Normalerweise konzentriert sie sich auf städtische Arbeiter und ist nützlich unter städtischen Bedingungen. In Brasilien z. B. wird der Tageslohn errechnet, indem der monatliche Mindestlohn (die Ausgangszahl) durch dreißig geteilt wird. Landarbeiter arbeiten in den meisten Fällen nicht dreißig Tage. Sie werden entsprechend der Anzahl geleisteter Arbeitstage (nehmen wir an, sechzehn pro Monat) bezahlt, während städtische Arbeiter in der Regel monatlich bezahlt werden. Zu den Mängeln der brasilianischen Arbeitsgesetzgebung vgl. CIDA (1965-66b), S. 302 ff.

34 Vgl. auch CIDA (1965-66b), S. 316 f. Es scheint sich hier um eine von mehreren Arten zu handeln, Kleinproduzenten um einen Teil des ihnen zustehenden Quantums zu betrügen. Selbstverständlich betrügen auch Pächter und *sharecroppers* manchmal ihre Grundherren. Doch wird das dadurch erschwert, daß der Verwalter sie ständig überwacht und der Besitzer und sein Verwalter während der eigentlichen Aufteilung des Ernteertrages anwesend sind. Auch wenn der Besitzer das ganze Jahr über von seinem Landgut abwesend ist, erscheint er normalerweise zur Ernte und Aufteilung des Ertrages. Unter den Bedingungen, wie sie in einer auf dem *latifundismo* basierenden Landwirtschaft herrschen, können *sharecroppers* oder Pächter – im Gegensatz zum Grundherren – dessen Aktivitäten nicht kontrollieren.

35 Wenn eine Ernte sehr schlecht ist, kommen die Grundherren ihren sharecrop-

pers oder Pächter häufig zu Hilfe, um nicht deren Arbeitskraft zu verlieren. Das ist Bestandteil der feudalen Tradition. Diese Hilfe bedeutet für die Arbeiter jedoch zusätzliche Abhängigkeit, denn die ihnen für Lebensmittel und andere lebensnotwendige Güter geleisteten Vorschüsse werden vom Einkommen des nächsten Jahres abgezogen oder müssen von ihnen abgearbeitet werden.

36 Aus Platzgründen ist es unmöglich, jede einzelne dieser Methoden ausführlich zu belegen. Zu näheren Einzelheiten vgl. CIDA (1965-66a, 1965-66b, 1965-66c, 1965-66d, 1965-66e, 1965-66f und 1965 -66g).

37 Vgl. auch CIDA (1965-66e), S. 97-105.

38 Die folgenden Beispiele stammen aus CIDA (1965-66e).

39 Es ist jedoch zu beachten, daß die Autoren dieser Untersuchung, deren Ziel es ist, die Verdienste der feudalen Agrikultur Brasiliens zu würdigen (vgl. Nicholls und Paiva, 1965, S. 347 ff., besonders S. 360 f.), diese einfache Berechnung nicht anstellen. Im Gegenteil, sie gelangen zu dem Schluß, daß die Abgabe, die für die Benutzung der Mühlen entrichtet werden muß, »unbedeutend« sei, weil sie nur 1,2% *aller* Anbauerzeugnisse der Pächter ausmacht (natürlich einschließlich derjenigen Anbauerzeugnisse, die diese nicht essen können). Dies und ihre statistischen Produktionsfunktionen überzeugen die Autoren, daß in der Landwirtschaft von Maranhão (wo, nebenbei gesagt, die ländliche Armut größer ist als in allen anderen Staaten Brasiliens) die *campesinos* nicht von den Großgrundbesitzern »ausgebeutet« werden. Diese Analyse ist ein Beispiel dafür, wie Ökonomen, für die ein Herumspielen mit statistischen Angaben zum Selbstzweck geworden ist, durch Benutzung einiger einfacher – aber falscher – Statistiken gegenüber den schlichten Tatsachen des Lebens blind werden und den Wald vor lauter Bäume nicht mehr sehen.

Die in dem Text angestellte Berechnung enthüllt, daß der Großgrundbesitzer nach etwa zwei Jahren aus seiner kleinen Investition einen Reingewinn von rund $ 300 zieht und daß dieser Gewinn annähernd dem Jahreseinkommen eines Pächters entspricht. Zu diesem Reingewinn muß man alle weiteren Gewinne hinzuzählen, die erzielt werden, wenn die Pächter die Yucca zum Marktpreis wieder zurückkaufen, weil – wie es gewöhnlich geschieht – der Vorrat an Yucca, der ihnen nach Abzug der Abgabe für die Benutzung der Mühle verbleibt, für ihren Jahresverbrauch nicht ausreicht. Hinzu kommen ferner die Profite aus dem Verkauf der Yucca auf dem offenen Markt sowie der Eigenverbrauch der Grundherren.

40 Vgl. CIDA (1965-66b), S. 186 ff. als Illustration der Vielfalt von Tätigkeiten, denen verschiedene Kategorien von Landarbeitern im Staat Espírito Santo (Brasilien) nachgehen.

41 Vgl. auch CIDA (1965-66a), S. 48 f.

42 Bei der hier beschriebenen Regelung handelt es sich nicht um einen Pachtvertrag im üblichen Sinn dieses Begriffes, sondern um einen verkappten *sharecropping*- oder gar Lohnarbeitsvertrag, bei dem der Arbeiter die Risiken des Wetters mittragen muß, ohne doch die Parzelle auf eigene Verantwortung führen zu dürfen.

43 Zu einem typischen Beispiel für die politische Struktur einer traditionellen Hazienda-Landwirtschaft vgl. jedoch CIDA (1965-66e), S. 98 ff. Vgl. auch CIDA (1965-66e), S. 107 f. zum Einfluß der *hacendados* auf die nationale Politik.

44 Vgl. Feder (1965a), S. 652 ff.

45 Vgl. Feder (1965b), S. 131 ff.

46 Im konservativen *London Economist* vom 14. Juni 1966 schrieb ein Korrespondent in einem Artikel mit dem Titel »More Law than Land for Latins«: »In Peru weigern sich Agronomen der ONRA *(Oficina Nacional de Reforma Agraria,*

die peruanische Bodenreformbehörde, A. d. Ü.) in Überlandbussen zu fahren, weil diese gewöhnlich mit Indios vollgepackt sind.«

Bei der Beurteilung von Entwicklungsprojekten für Eingeborenengemeinden ist hervorgehoben worden, daß das mangelnde Interesse und die innere Einstellung von Regierungsangestellten ein Hindernis darstellen. Vgl. z. B. Matos Mar (1963-64).

47 Vgl. CIDA (1965-66e), S. 355 ff. Dreizehn der dreiundreißig Siedler verließen ihre Parzelle, und bei der folgenden Neuzuweisung wurden nur zwei *campesinos* ausgewählt; bei den übrigen Siedlern handelte es sich wiederum hauptsächlich um ehemalige Angestellte und um Angehörige des Militärs. Nach der zweiten Zuweisung gaben sieben Siedler ihr Landstück auf; an ihrer Stelle traten ausnahmslos Personen, die nicht den *campesinos* zuzurechnen sind. Vgl. auch CIDA (1965-66b), S. 537 f. zum Itaguaí-Kolonisierungsprojekt in Rio de Janeiro.

48 Es gibt jedoch Fälle, in denen sich Rechtsanwälte – zuweilen aus politischen Gründen – der Verteidigung von Landarbeitern gewidmet haben. Francisco Julião, der bekannte brasilianische Politiker, begann seine Karriere auf diese Weise. Einen Bericht über seine Aktivitäten aus positiver Sicht gibt CIDA (1965-66b), S. 322 ff.

49 Vereinzelt kommt es vor, daß sich die Verschleppung von Fällen zugunsten der Arbeiter auswirkt. Das gilt z. B. für die ansässigen Arbeiter in Brasilien, die per Gesetz nicht von ihren Parzellen vertrieben werden können, bevor nicht eine gerichtliche Entscheidung über ihren Anspruch ergangen ist. Doch sind das vermutlich Ausnahmen, die zudem voraussetzen, daß die Arbeiter bereits organisiert sind.

50 Medina stellte in einem Fall (im Staat São Paulo) fest, daß bei dreißig Forderungen von Arbeitern die gerichtliche Regelung erheblich unter dem von den Arbeitern ursprünglich geforderten Betrag lag. Tatsächlich handelte es sich hierbei darum, daß die Arbeiter die Vorschläge des Arbeitgebers akzeptierten. Offensichtlich akzeptieren sie derartige Vorschläge nicht nur, weil sie die Prozeßkosten nicht erhöhen wollen, sondern auch, weil sie das Geld dringend benötigen. Das erklärt den großen Unterschied zwischen den Forderungen und der Regelung, wie ihn die Tabelle zeigt (CIDA, 1965-66b, S. 284):

Höhe der Forderung (in Cruzeiros)	Anzahl	Höhe der Regelung (in Cruzeiros)	Anzahl
Unter 100 000	6	Unter 50 000	22
100 000-200 000	8	50 000-100 000	6
200 000-300 000	8	Über 100 000	2
300 000-500 000	6		
Über 500 000			
Insgesamt	28	Insgesamt	30

Anmerkung: In zwei Fällen wurde der geforderte Betrag nicht genannt.

51 In einem anderen Fall, über den Medina berichtet, stellte ein Arbeitgeber mehr als sechzig Arbeiter über einen Arbeitsvermittler ein. Als die Arbeiter auf dem Landgut ankamen, sagte man ihnen, daß es keine Säcke für die Baumwolle gebe und befahl ihnen zu warten, was sie auch den ganzen Tag machten. Das wiederholte sich

an den beiden nächsten Tagen; schließlich wurden sie ohne Bezahlung entlassen (CIDA, 1965-66b, S. 294).

52 Vgl. auch CIDA (1965-66c), S. 35 f. Die Mystifikation ist um so vollständiger, als die *campesinos*, wenn überhaupt, nur wenig Zugang zu modernen Kommunikationsmitteln haben.

53 Dem peruanischen Bodenreformgesetz von 1964 (Disposiciones Especiales, Primera) zufolge können *campesinos* den Anspruch auf Leistungen im Rahmen dieses Gesetzes verwirken, wenn sich herausstellt, daß sie Landbesetzungen und andere Akte unterstützen, die sich gegen die Interessen der Grundherren richten. Solche Akte können allerdings vorgetäuscht werden.

54 Ein solches gemeinsames Vorgehen gab es auch in den dreißiger und vierziger Jahren in den Vereinigten Staaten, um zu verhindern, daß die Landarbeiter von der Arbeitsgesetzgebung des *New Deal* profitierten.

55 Bodenreformgesetze, die inzwischen von nahezu allen lateinamerikanischen Ländern übernommen worden sind, enthalten identische oder ähnliche Bestimmungen, welche die Verwirklichung der Bodenreform aufs äußerste erschweren.

56 Vgl. auch CIDA (1965-66e), S. 95.

57 In einigen Fällen redet man den *campesinos* ein, daß die Bodenreform »schlecht« für sie sei.

58 Vgl. z. B. ILO (1966), S. 164.

Literaturverzeichnis

CIDA (Comité Interamericano de Desarrollo Agrícola), *Land Tenure Conditions and Socio-Economic Development of the Agricultural Sector in Brazil – Summary*, Panamerican Union, Washington, DC., 1967.

–, *Land Tenure Conditions and Socio-Economic Development of the Agricultural Sector in Seven Latin American Countries (Preliminary Regional Report)*, CIDA UP-65/058 Rev. (Mai), Washington, DC., 1966.

–, *Land Tenure Conditions and Socio-Economic Development of the Agricalatural Sector in Argentina*, Panamerican Union, Washington, DC., 1965-66 (a).

–, *Land Tenure Conditions and Socio-Economic Development of the Agricultural Sector in Brazil*, Panamerican Union, Washington, DC., 1965-66 (b).

–, *Land Tenure Conditions and Socio-Economic Development of the Agricultural Sector in Chile*, Panamerican Union, Washington, DC., 1965-66 (c).

–, *Land Tenure Conditions and Socio-Economic Development of the Agricultural Sector in Colombia*, Panamerican Union, Washington, DC., 1965-66 (d).

–, *Land Tenure Conditions and Socio-Economic Development of the Agricultural Sector in Ecuador*, Panamerican Union, Washington, DC., 1965-66 (e).

–, *Land Tenure Conditions and Socio-Economic Development of the Agricultural Sector in Guatemala*, Panamerican Union, Washington, DC., 1965-66 (f).

–, *Land Tenure Conditions and Socio-Economic Development of the Agricultural Sector in Peru*, Panamerican Union, Washington, DC., 1965-66 (g).

Delgado, O. (Hrsg.), *Reformas agrarias en la América Latina*, Fondo de Cultura Económica, Mexiko 1965.

Feder, E., *Land Reform under the Alliance for Progress*, in: *Journal of Farm Economics*, August 1965 (a).

–, *When is Land Reform a Land Reform? The Colombian Case*, in: *American Journal of Economics and Sociology*, April 1965 (b).

–, *El crédito agrícola en Chile*, Santiago de Chile, Instituto de Económia, Universidad de Chile, Monographie Nr. 29, 1960.

Feder, E. und Posada, A. J., *Análisis socio-económico de recuperación de dos zonas de tierras en el valle del Cauca*, in: *Economía Colombiana*, Bogotá, November/Dezember 1964.

Galjart, B., *Class and ›Following‹ in Rural Brazil*, in: *América Latina*, Rio de Janeiro, Jg. 7, Nr. 3, 1964.

Holmberg, A., *Some Relationships between Psychobiological Deprivation and Culture Change in the Andes*, Cornell Latin American Year Conference, Cornell University, Ithaca 1966.

Huizer, G., *Some Notes on Community Development and Rural Social Research*, in: *América Latina*, Rio de Janeiro, Jg. 8, Nr. 3, 1965.

ILO *(International Labor Organization)*, *Plantation Workers*, Genf 1966.

–, International Labour Conference, 49th Session, *Provisional Record 49*, Nr. 43, Genf 1965.

Matos Mar, J., *Cambios sociales en el Altiplano Boliviano, el área cultural de Tiahuanaco-Taraco*, in: *Economía y Agricultura*, Jg. 1, Nr. 2, 1963-64.

Nichols, W. H. und Paiva, R. M., *Ninety-Nine Fazendas. The Structure and Productivity of Brazilian Agriculture, 1963*, Nashville, Tenn., 1966.

–, *The Structure and Productivity of Brazilian Agriculture*, in: *Journal of Farm Economics*, Mai, 1965.

Anhang

Tabelle 1
Geschätzte Anzahl der Jahre, die ein Erzeuger auf einem Minifundium zur Erlangung eines Einkommens benötigt, das dem Jahreseinkommen eines *latifundista* aus einem Landgut entspricht, in sechs Ländern[a]

Land	Anzahl der Jahre
Argentinien	66
Brasilien	61
Chile	72
Ecuador	165
Guatemala	399
Kolumbien	36

Quelle: CIDA.
a. Geschätzt auf der Grundlage des Bruttoproduktionswertes je landwirtschaftlichem Betrieb als annäherndem Maßstab für das Einkommen. Das Einkommen verdingter Arbeiter ist nicht eingeschlossen.

Tabelle 2
Zensusklassifizierung verdingter Landarbeiter mit Ausnahme von Verwaltern, Aufsehern und spezialisierten Arbeitern in sieben lateinamerikanischen Ländern[a] (in Tausend)

	sharecroppers und ähnliche Arbeiter mit Land	Arbeiter ohne Land
In allen landwirtschaftlichen Betrieben	2 034,0	6 464,0
Nur auf Latifundien	654,4	2 491,0

a. Argentinien, Brasilien, Chile, Ecuador, Guatemala, Kolumbien und Peru.

Tabelle 3
Beziehung zwischen intensiver Bodennutzung sowie Anzahl der Landarbeiter und Größe des landwirtschaftlichen Betriebes (Betriebsart) in sieben Ländern[a] (in Mio. Hektar bzw. Mio. Arbeiter)

Betriebsart	Kultiviertes Land[b]	Wirtschafts-fläche insgesamt	Landarbeiter (Familie u. gedingt)
Minifundien	6,3	11,4	5,3
Familienbetriebe	29,4	102,1	5,3
Mehrfamilienbetriebe mittelgroß	39,5	118,1	6,0
Latifundien	40,7	257,9	3,7
Insgesamt	115,9	489,5	20,3

Quelle: CIDA.
a. Argentinien, Brasilien, Chile, Ecuador, Guatemala, Kolumbien und Peru.
b. Bebautes Land, aufgebessertes oder künstliches Weideland und Brachland.
A. d. Ü.: Die Einteilung in Betriebsarten erfolgt anhand der Zahl der Personen, die in einem landwirtschaftlichen Betrieb beschäftigt werden können, wenn man Einkommen, Märkte, technologisches Niveau und Kapitalausstattung zugrunde legt, wie sie in der Region üblich sind. Es ergibt sich dann folgendes Verhältnis: Minifundien: Weniger als zwei Personen; Familienbetriebe: 2-3,9 Personen; Mehrfamilienbetriebe, mittelgroß: 4-12 Personen; Latifundium: mehr als 12 Personen. Vgl.: E. Feder (Hrsg.), *Gewalt und Ausbeutung. Lateinamerikas Landwirtschaft,* Hamburg 1973, S. 72.

Tabelle 4
Geschätzte Differenz zwischen tatsächlichen und potentiellen Arbeitsplätzen für Landarbeiter auf Latifundien in sechs lateinamerikanischen Ländern[a]

	Zahl der theoretisch zusätzlichen Arbeitsplätze auf Latifundien, sofern diese mit dem gleichen Intentitätsgrad wie Familienbetriebe bewirtschaftet würden[b] (in Tausend)
Argentienien	493
Brasilien	30 227
Chile	1 849
Ecuador	57
Guatemala	212
Kolumbien	1 669
Alle Länder	34 507

Quelle: CIDA.
a. Die gleichen Länder wie in Tabelle 3, ohne Peru.
b. Intensität wird gemessen anhand des Anteils, den kultivierter Boden in

Familienbetrieben ausmacht. Die Anzahl der zusätzlichen Arbeitsplätze wird geschätzt, indem man das zusätzliche kultivierte Land auf Latifundien durch die Anzahl der Hektar teilt, die in den einzelnen Ländern ein Arbeiter in einem Familienbetrieb bearbeitet. Dieses Schätzungsverfahren besagt nicht, daß diese Hektarzahl pro Arbeiter in Familienbetrieben empfohlen wird, denn hier handelt es sich um ein Verhältnis, wie es auf dem gegenwärtigen Stand der Technologie existiert.

Tabelle 5
Wohnsitz der Eigentümer von neun großen Haziendas, Ecuador, 1962-63

Größe der Hazienda (in Hektar)	Erläuterungen
1. 610	Eigentümer, ein Ausländer, lebt in Paris. In den letzten sieben Jahren drei verschiedene Verwalter. Augenblicklicher Verwalter ein entfernter Verwandter des Eigentümers, kommt aus Quito. Lebt elf Monate auf dem Landgut. Der *mayordomo* lebt in der nächsten Stadt.
2. 2 955	Eigentümer lebt dort acht Monate mit seiner Familie; ist ein wichtiger Politiker
3. 690	Eigentümerin lebt außerhalb von Ecuador; besitzt weitere Landgüter. Ihr Sohn ist der Verwalter, lebt acht Monate auf dem Gut und ist dort die einzige weiße Person.
4. 2 441	Eigentümer ist die Regierung (Asistencia Social). Verwalter hat wenig Kontakt mit der lokalen Gemeinde.
5. 1 298	Kircheneigentum, verpachtet an den Jesuitenorden. Verwalter ist der Eigentümer des benachbarten landwirtschaftlichen Betriebes.
6. 264	Viehzuchtunternehmen in der Nähe von Quito, von einem Pächter und dessen Bruder betrieben. Keine Angabe zum Wohnsitz.
7. 12 000	Eigentümer hält sich jeden Monat zwei Wochen dort auf und lebt in Quito.
8. 444	Eigentümer lebt in der 36 km entfernten Provinzhauptstadt.
9. 12 711	Eigentümer ist eine schwedische Gesellschaft mit Sitz in Stockholm.

Anmerkung: Die ersten acht Haziendas liegen in der Sierra, die neunte an der Küste.

Tabelle 6
Geschätztes Ausmaß der Verstöße gegen Lohngesetze in acht landwirtschaftlich wichtigen Staaten Ostbrasiliens, 1957 (in Prozent)

	Prozentualer Unterschied zwischen gesetzlichen und tatsächlichen Löhnen		Mietabzüge für den Arbeitern zur Verfügung gestellte Unterkünfte (Männliche Feldarbeiter [Hackenarbeiter])	
	Männliche Feldarbeiter (Hackenarbeiter)	Zuckerrohrschneider	Gesetzlich erlaubt	Tatsächlicher Abzug
Ceará	−31	−29	30	48
Paraíba	−31	−26	27	42
Pernambuco	−36	−27	27	43
Minas Gerais	−42	−41	28	51
Espírito Santo	−31	−26	31	44
São Paulo	−23	−18	33	37
Paraná	+ 6	+ 9	24	16
Rio Grande do Sul	− 8	− 5	24	36

Quelle: CIDA (1965-66b), S. 229.
Anmerkung: Die gesetzlichen Mindestlöhne variieren in jedem Staat von *município* zu *município*. Den Schätzungen liegt der niedrigste Lohnsatz in jedem Staat zugrunde. Daher sind die Schätzungen über Verstöße gegen das Lohngesetz zu niedrig und die Schätzungen über die den gesetzlichen Lohnsatz übersteigenden Bezahlungen (Paraná) zu hoch angesetzt. Zu den Löhnen in Rio Grande do Sul ist zu bemerken, daß die Kategorien von Arbeitern, deren Löhne in der Tabelle angegeben sind (Hackenarbeiter und Zuckerrohrschneider) in diesem Staat relativ selten sind.

Gegenreform

Bevor wir auf den Sinngehalt der epochemachenden Anti-Bodenreformbewegung der sechziger Jahre eingehen, die ganz Lateinamerika erfaßte, seine Länder lautlos erschütterte und dort allen Bodenreformen ein Ende setzte, müssen wir eine Bemerkung zu dem Begriff »Gegenreform« machen. Die Bodenreform schien Ende der fünfziger Jahre mit der Kubanischen Revolution zu beginnen. In allen Ländern wurden Bodenreformgesetze erlassen, nationale Bodenreformbehörden organisiert und Projekte in Angriff genommen oder zumindest geplant, die den *campesinos,* die keinen oder zu wenig Boden besaßen, zu Land verhelfen sollten. Doch während die Bodenreform die Struktur der lateinamerikanischen Agrikulturen grundlegend verändern soll, handelt es sich bei der Gegenreform nicht um eine Reformbewegung, und insofern ist dieser Begriff irreführend. Er bezeichnet vielmehr – mit der unten erörterten Einschränkung – vor allem das Bündel von Maßnahmen, Methoden, Traditionen und Tendenzen, die einzeln oder in ihrer Gesamtheit, absichtlich oder zufällig dazu dienen, eine Bodenreform entweder rückgängig zu machen oder – ob nun absichtlich oder nicht – sie zu verhindern. Ziel der Bodenreform ist es, die bestehende Machtstruktur in der Landwirtschaft und den angrenzenden Sektoren durch eine andere Struktur zu ersetzen, welche die Grundlage für ein dynamisches Wachstum der Nahrungsmittel- und Rohfaserproduktion und eine deutliche Verbesserung der bäuerlichen Lebensbedingungen zu bilden vermag. Daher ist sie zugleich destruktiv (für das alte Regime) und konstruktiv (für den neuen Agrarsektor). Die Gegenreform will vor allem den Status quo aufrechterhalten. Sie ist weder destruktiv noch konstruktiv. Doch da sie an den Stützpfeilern der traditionellen Agrikulturen mit ihren Mängeln und Blockierungen festhält, die einer Verbesserung der Lebensbedingungen der ländlichen Bevölkerung, einer Produktivitätssteigerung und einer Diversifizierung im Wege stehen, ist sie historisch gesehen rein negativ. Die Bodenreform ist eine Strategie, den Millionen armer Bauern in Lateinamerika zu helfen. Die Gegenreform ist ein Manöver, um Macht und Stellung der landbesitzenden Elite und damit das gesamte Gefüge der lateinamerikanischen Gesellschaft zu bewahren.

Hier muß jedoch eine wichtige Einschränkung gemacht werden, die zeigt, wie komplex das gesamte Problem ist. Es gibt Zeiten, in denen die Gegenreform mehr ist als nur ein Verteidigungsmechanismus, den die Machtelite einsetzt, wenn ihre Privilegien bedroht sind. Auch kann es geschehen, daß die Elite Versuche unternimmt, die Struktur der Landwirtschaft nach ihrem Bilde zu modifizieren und dabei die Bodenreform als Sprungbrett benutzt und in eine Gegenreform verkehrt.[1] In einem Fall wie diesem, in dem Verteidigung in Angriff umschlägt, sucht die Elite, ihre Kontrolle über Boden und Arbeit zu verstärken und die Ungleichheit in der Verteilung von Einkommen und Kapitalressourcen zu erhöhen. Wurde der Reformprozeß nicht abgeschlossen, kann sie ihn ignorieren oder für ihre eigenen Zwecke mißbrauchen.

Die Bodenreform und ihr Pendant, die Gegenreform, sind nicht auf den landwirtschaftlichen Sektor beschränkt. In Agrargesellschaften wie den Gesellschaften Lateinamerikas – und hierzu zählen selbst die Länder mit einem bescheidenen Industrialisierungsgrad – ist offensichtlich der landwirtschaftliche Sektor maßgebend, er bestimmt weitgehend die ökonomischen und politischen Aktivitäten, auch wenn es oft anders erscheinen mag. Das hängt damit zusammen, daß ein wichtiger Teil des Handels-, Bank-, Industrie- und Dienstleistungssektors seine nationalen und internationalen Operationen an dem Produktionsausstoß der Landwirtschaft orientieren muß. Noch bedeutsamer ist, daß das Prinzip der Spezialisierung, das für moderne Industriegesellschaften charakteristisch ist, für die Länder Lateinamerikas keine Gültigkeit besitzt, am allerwenigsten in den oberen Gesellschaftsschichten. Charakteristisch ist vielmehr die enge Verflechtung der Wirtschaftssektoren auf höchster Stufe. Sie wird durch Individuen oder Familien hergestellt, die mehrere Funktionen gleichzeitig wahrnehmen: als Großgrundbesitzer, Bankiers, Groß- und Einzelhändler, Exporteure, Importeure, Politiker oder Juristen. Das heißt, daß die ökonomischen und politischen Entscheidungen von einer kleinen Gruppe von Individuen oder Familien getroffen werden, die sowohl in der Landwirtschaft als auch in anderen Sektoren mächtig sind. So betreffen Bodenreform und Gegenreform offensichtlich nicht nur die Landwirtschaft, sondern die gesamte Gesellschaft.

Auch die Gegenreform läßt sich nur schwer fassen. Die Bodenreform in Lateinamerika hat in Programmen der nationalen Regierungen Gestalt gewonnen. Sie hat ihre Statuten, ihre Behörden, ihr Vollzugspersonal und ihre Errungenschaften. Diese lassen sich in gewissem Grade daran messen, wie viele Projekte verwirklicht und wie viele Bauernfamilien angesiedelt worden sind. Scheitert die Ansiedlung von Bauernfamilien, so lassen sich die ›Schuldigen‹ unschwer ermitteln. Die Gegenreform indes ist eine Politik, kein Programm. Sie hat ihre Vertreter, aber keine eigens für ihre Zwecke errichtete Behörden. Sie ist konturlos, bleibt in der Regel anonym und wird oft nicht als das erkannt, was sie ist. Daher ist es schwierig, sie in allen ihren Verzweigungen zu erkennen und zu beurteilen. Die Mittel derjenigen, die für eine Veränderung der bestehenden Gesellschaftsordnung kämpfen, sind von Grund auf andere als die ihrer Kontrahenten. Diese können sogar behaupten, für die »Bodenreform« einzutreten und damit manchen täuschen; in der Tat haben sie ja eine andere Vorstellung von der Bodenreform als die authentischen Reformer.[2]

Wie man mit der Bodenreformgesetzgebung die Gegenreform betreibt

Die Bodenreformbewegung der sechziger Jahre setzte, wie erwähnt, mit der Kubanischen Revolution ein und wurde 1961 mit der Charta von Punta del Este, die alle Staaten der amerikanischen Hemisphäre mit Ausnahme von Kuba unterzeichneten, unter die schützenden Fittiche der »Allianz für den Fortschritt« genommen. Es ist kein Geheimnis, daß sie inzwischen zum Erliegen gekommen ist. Will man systematisch die Gründe beschreiben, warum es in vier bis sechs Jahren kaum gelungen ist, »ungerechte Strukturen und Systeme des Grundbesitzes und der Bodennutzung wirksam umzugestalten, mit dem Ziel, Latifundien und landwirtschaftliche Zwergbetriebe durch ein gerechtes System des Eigentums an Grund und Boden zu ersetzen« (um die inzwischen toten Buchstaben von Punkt sechs im ersten Abschnitt der Charta zu zitieren), so beginnt man am besten damit, die Maßnahmen zu betrachten, welche die verschiedenen lateinamerikanischen Staaten ergriffen, um die Bodenreform ins Werk zu setzen.

Einer der ersten Schritte ist stets gewesen, daß die Parlamente Bodenreformgesetze verabschiedet haben. Diese Gesetze sind die wichtigsten Reformmaßnahmen. Sie bilden das Fundament des Reformprozesses, bestimmen seinen Umfang und legen seinen Verlauf fest. Ein neues Gesetz muß die Beziehungen der in der Landwirtschaft tätigen Personen zum Boden und seinen Produkten, ihre Beziehungen zueinander und die Beziehungen zwischen ihnen und ihrer Regierung neu regeln. Ein Reformgesetz kann kurz und prägnant sein. Um die alten »ungerechten Strukturen und Systeme« durch ein neues System des Eigentums an Grund und Boden zu ersetzen – z. B. durch neuen privaten Grundbesitz von einheitlicherer Größe; durch Betriebe, die genossenschaftlicher oder gemeinschaftlicher Besitz der *campesinos* sind; durch Kollektive oder Staatsfarmen –, kann das Gesetz mit einem Schlag alle privaten landwirtschaftlichen Betriebe beseitigen, die eine bestimmte Größe überschreiten (z. B. dreißig oder vierzig Morgen bei gutem Boden bzw. mehr, wenn die Qualität des Bodens schlechter ist), für die Errichtung eines neuen Systems oder neuer Systeme des Grundbesitzes sorgen, die Organisierung der Bauern und Landarbeiter regeln und die Funktionen festlegen, welche die Regierung bei der Kontrolle oder Aufsicht über die Herstellung und den Absatz der Produkte sowie bei der Organisierung der *campesinos* zu erfüllen hat. Wenn solche Bestimmungen in unmißverständliche Worte gekleidet und in einigen Artikeln festgeschrieben werden, können sie zur Grundlage der neuen Agrarstruktur werden. Überließe man die Ausführung dieses Gesetzes einer mit allen notwendigen Befugnissen ausgestatteten Regierungsbehörde, dann erwiese es sich alsbald als wirksames Instrument zur Verwirklichung einer tiefgreifenden Reform.

Genau das haben die lateinamerikanischen Parlamente nicht getan.[3] Ihre Gesetze sind ein Tummelplatz für Juristen und Politiker der unterschiedlichsten politischen Richtungen und Fähigkeiten gewesen. Der Zweck der Reform ist in den Hintergrund gedrängt worden, und im Gefolge unzähliger politischer Kompromisse sind die Gesetze mit einer Vielzahl widersprüchlicher Zielsetzungen gekoppelt worden. Man hat die Gesetze mit zahllosen und weitschweifigen Bestimmungen und Ausnahmeklauseln befrachtet, die verschiedene Interpretationen zulassen. Die Gesetzgebung befaßt sich sowohl (wie es ihre Aufgabe ist) mit Problemen des Bodenbesitzes als auch mit völlig sachfremden Fragen. Sie führt in den Reformprozeß zeitraubende Vorbedingungen ein. Um sicherzugehen, daß der Behörde, die mit der Reform beauftragt ist, bei der Ausführung kein Spielraum bleibt, hat man bewußt jeden einzelnen Abschnitt des Reformprozesses zu regeln versucht. Daher läßt sich die Gesetzgebung nur sehr schwer in die Praxis umsetzen. Es gelingt ihr nicht, das veraltete System des Eigentums an Grund und Boden »wirksam umzugestalten«.[4] In vielen Bodenreformbehörden ist man sich dessen bewußt geworden, nachdem man sich einige Jahre lang erfolglos bemüht hatte, eine »Bodenreform« durchzusetzen. *Die Schuld daran hat man den Gesetzen zugeschoben, und also hat man versucht, sie vom Gesetzgeber ändern zu lassen.* (Unter den Bedingungen, die gegenwärtig in Lateinamerika herrschen, ist das allerdings ein äußerst gewagtes Unterfangen. Heute ist es noch viel wahrscheinlicher, daß die gesetzgebenden Körperschaften die Reform behindern werden, als dies 1962 oder 1964 der Fall war.)

Wir werden später kurz erörtern, warum alle Mitgliedsstaaten der »Allianz für den Fortschritt« dieses Stadium erreicht haben. Auf den nächsten Seiten wollen wir einige typische Merkmale der bestehenden Gesetzgebung eingehender beschreiben. Vorab muß jedoch darauf hingewiesen werden, daß angesichts der politischen Bedingungen in den sechziger Jahren von den lateinamerikanischen Parlamenten kaum etwas anderes zu erwarten war als eben diese gegen die

Bodenreform gerichtete Bodenreformgesetzgebung, von der wir gesprochen haben. Diese Gesetzgebung ist ein unverfälschter Ausdruck der ökonomischen und politischen Machtstruktur, die sich in den Parlamenten widerspiegelt. Anders gesagt, man darf nicht glauben, daß die Gesetzgeber absichtlich ein Gesetzeswerk vorbereiteten, das den *campesinos* weniger Vorteile bringt als den Grundbesitzern. Dies ist vielmehr ein integraler Bestandteil der etablierten, seit Generationen herrschenden Tradition. Als die Charta von Punta del Este von der Möglichkeit sprach, ungerechte Gesellschaftsstrukturen und -systeme des Eigentums an Grund und Boden »wirksam umzugestalten«, artikulierte sie einen frommen Wunsch, nicht aber eine chancenreiche Politik. Gewiß, die Entwicklungen zu Beginn dieses Jahrzehnts erfüllten die Machthaber mit Sorge. In ganz Lateinamerika übte die kubanische Bodenreform eine elektrisierende Wirkung auf die *campesinos* aus. Sie markierte den Ausbruch von Bauernaufständen in Lateinamerika, von denen einige eine beispiellose Brisanz hatten. (Das volle Ausmaß dieser Aufstände wird noch lange Zeit unbekannt bleiben. Sie wurden vom Militär niedergeschlagen und von Nachrichtensperren begleitet. Allein in Peru sollen dreihunderttausend Indios an der Erhebung beteiligt gewesen sein.) In Wirklichkeit wurde die Gesetzgebung zur Bodenreform also dadurch ausgelöst, daß Bauernunruhen und -erhebungen entweder stattfanden oder befürchtet wurden.[5] Doch nichts davon modifizierte die grundlegende Machtstruktur innerhalb und außerhalb des Parlaments. Im Gegenteil: Waren die Aufstände erst einmal unterdrückt, so ging die Elite aus diesen Kämpfen gestärkt hervor. Es überrascht deshalb nicht, daß die Bodenreformgesetze auf ähnliche Weise entstanden wie die meisten Programme für die Landwirtschaft in Ländern, deren Agrikultur auf dem *latifundismo* beruht: ohne eine Zusammenarbeit mit den *campesinos* oder ihren Organisationen anzustreben. (Zu dieser Zeit waren die meisten starken Organisationen der Bauern und Landarbeiter bereits zerschlagen.) Der einzige – natürlich nicht unwichtige – Unterschied besteht darin, daß behauptet wurde, die Bodenreformgesetzgebung komme unmittelbar den *campesinos* zugute. Doch die *campesinos* sind im Parlament nicht vertreten. Da die Politiker, die vorgeben, für die *campesinos* zu sprechen, mit deren Lebensbedingungen nicht vertraut sind, wissen sie häufig nicht, was für die *campesinos* von Nutzen ist oder interpretieren es auf ihre Weise. So kommt der Nutzen für die *campesinos*, der in der Gesetzgebung vorgesehen ist, bestenfalls aus zweiter Hand. Die mächtigen Verbände der Großgrundbesitzer hingegen sind in den gesetzgebenden Gremien ausreichend vertreten, haben Zugang zur nationalen Presse und allen Nachrichtenmedien und können auf allen Ebenen und in vielen Sektoren politischen Druck einsetzen. Ungeachtet der

Differenzen, die sie in Einzelfragen haben mögen, bilden sie gegen die *campesinos* eine Einheitsfront. Und eben diese Verbände haben bei der Gestaltung der Gesetzgebung eine wichtige Rolle gespielt. Einige entscheidende Bestimmungen, die die Bodenreformgesetzgebung zu dem machen, was sie ist, lassen sich direkt auf ihre Intervention zurückführen.

Wir haben also folgende Situation vor uns: Nachdem tatsächliche oder drohende Erhebungen mit militärischen Mitteln unterdrückt worden sind, verabschieden viele lateinamerikanische Länder Reformgesetze. Ihr Beweggrund ist vor allem die Furcht vor Bauernaufständen. Die landbesitzende Elite geht aus den Unruhen weitgehend unangefochten und in vielen Fällen sogar mit gestärkten Machtpositionen und Privilegien hervor. Als Preis für den sozialen Frieden muß sie Bodenreformgesetze zulassen und eine Bodenreform versprechen. Doch die Gesetze werden von Parlamenten verabschiedet[6], in denen die landbesitzende Elite einen gravierenden Einfluß hat, während die *campesinos* Zuschauer bleiben.

Ein Wort zu den Gesetzen selbst. Wir erwähnten bereits ihre Ungenauigkeit, die unzweckmäßigen juristischen Techniken und die Verzögerungen, deren man sich bedient, um ihnen den Stachel zu nehmen. Ich will diesen Punkt nur kurz erläutern, und zwar an einem nicht untypischen Beispiel. Peru, wo es in jüngster Zeit zu Bauernerhebungen von beträchtlicher Intensität gekommen ist, hat ein Gesetz angenommen, das nicht weniger als 250 Artikel umfaßt (von denen einige sehr lang sind). In der offiziellen Ausgabe füllt es eine kleine Broschüre von rund achtzig Seiten. Eine der Gesetzesvorschriften verfügt, daß die Reformbehörde Ausführungsbestimmungen vorbereiten muß, die vom Präsidenten zu verkünden sind, bevor eine Bodenreform stattfinden kann. Diese einfache Vorschrift hat dazu gedient, einige wichtige Reformmaßnahmen jahrelang hinauszuschieben, und den letzten Informationen zufolge ist keinerlei Land an die *campesinos* verteilt worden, seit das Gesetz vor mehr als vier Jahren in Angriff genommen wurde. Allerdings kam es zu einer Lawine von Ausführungsbestimmungen (mindestens 500), von denen viele lediglich den Wortlaut des Bodenreformgesetzes selbst wiederholen und daher keine Ausführungsbestimmungen sind.

Das Gesetz, das wir als Beispiel herausgegriffen haben, ordnet an, daß die Bodenreform in »Prioritätszonen« stattfinden muß – eine Verfügung, die auch in den Gesetzen anderer Länder enthalten ist. Die Prioritätszonen werden bestimmt, nachdem man die dort herrschenden Grundbesitzverhältnisse geprüft hat, um die Auswahl zu rechtfertigen. (Es liegt auf der Hand, daß eine derartige Rechtfertigung kaum notwendig ist, da ganz Lateinamerika eine einzige Prioritätszone ist. In Wirklichkeit sind die Prioritätszonen, d. h. die Gebiete, in denen ein Reformversuch unternommen wird, immer Schauplatz langwährender schwerer Konflikte, und das Auswahlverfahren hat nur den Zweck, eine rein politische Entscheidung mit einer Aura von Objektivität zu umgeben und die Bodenreform zu verzögern.) Selbst in den günstigsten Fällen benötigt die Reformbehörde einige Monate, um einen Bericht für die Exekutive vorzubereiten, aufgrund dessen ein Gebiet zur Prioritätszone erklärt werden kann. Allerdings setzt das Gesetz weder für die Vorbereitung des Berichts noch für die Entscheidung der Exekutive eine zeitliche Begrenzung fest; auch ermächtigt es die Reformbehörde nicht (wie es der Fall sein sollte), nach eigenem Ermessen ein Gebiet zur Prioritätszone zu erklären oder in einer Bodenreformzone Verbesserungen vorzunehmen. Es liegt auf der Hand, daß Ländereien erst dann enteignet werden können, wenn die Exekutive mit der Behörde übereinstimmt und ein Erlaß verkündet worden ist.

In einem großen Land mit unterschiedlichen Agrarverhältnissen sind Zeitpläne oder Prioritäten in Anbetracht des Mangels an technischem Personal und finanziellen Ressourcen vielleicht notwendig (obwohl dieses Argument häufig weit über Gebühr beansprucht worden ist), doch in Wirklichkeit sind Wortlaut und Absicht der Bestimmung, von der hier die Rede ist, vom Standpunkt eines Bodenreformers aus absurd. Die Bodenreformbehörde muß in ihrem Bericht Kriterien wie den Grad der Bodenkonzentration, den Bevölkerungsdruck, die feudalen Arbeitsverhältnisse und anderes berücksichtigen. Diese Prozedur erschwert das Handeln – entscheidend an der Bodenreform ist, daß die großen privaten Ländereien aufgelöst werden und die *campesinos* Land erhalten. Die Prozedur der Katalogisierung der einzelnen Faktoren ist ein raffiniertes Mittel, wichtige Agrargebiete von der Reform *auszunehmen*. Ein Gebiet mit riesigen Zuckerrohr- oder Baumwollplantagen, wo es keine »feudalen Arbeitsverhältnisse«, sondern nur unter dem gesetzlichen Mindestsatz bezahlte »moderne« Lohnarbeit und ländliche Slums gibt, könnte beispielsweise von der Reform ›verschont‹ werden. Noch wichtiger ist, daß eine Prioritätszone erst dann mit Sicherheit ermittelt werden könnte, wenn die entsprechenden Kriterien für das ganze Land bekannt wären; denn andernfalls ließe sich logischerweise keine Priorität formulieren. Nimmt man die Rechtfertigung für das Auswahlverfahren ernst, dann dürfte sich die Reformbehörde mit den verfügbaren statistischen und qualitativen Angaben nicht zufriedengeben. Diese sind im Grunde in allen Ländern überholt, unzulänglich und stehen in keinem sinnvollen Verhältnis zu den Problemen der *campesinos*. Die Reformbehörde müßte als erstes Feldforschung betreiben und eine Volkszählung durchführen. (In Brasilien hat man das getan. Das Resultat ist, daß in den vier Jahren nach Verabschiedung

241

der Gesetze nicht mehr als dreihundert *campesinos* Land bekommen haben.)

Eine Alternative, die ein rascheres Tempo und konkretere Ergebnisse verspricht, bestünde darin, die Behörde zu ermächtigen, nach eigenem Ermessen von Gebiet zu Gebiet fortzuschreiten, bis das ganze Land reformiert worden ist. Um Zeitpläne aufzustellen, könnte sie hierbei sogar offen politische Kriterien zugrunde legen. Wie aus Gründen, die später erläutert werden sollen, und der historischen Erfahrung hervorgeht, *ist bei der Durchsetzung von Bodenreformen ein rasches Tempo von zentraler Bedeutung.* Nur so verringert man die Chance, daß die Großgrundbesitzer genügend Kraft sammeln, um sich der Reform entgegenzustellen und sie zugrunde zu richten, wie es so oft geschehen ist. Eine sorgfältige Berechnung führt zu dem Schluß, daß die Zeitspanne, die qua Gesetz erfordert wird, bevor die Behörde überhaupt beginnen kann, den *campesinos* Grundbesitz zu übereignen (d. h. nicht mitgerechnet die Zeit, die man braucht, um das Gebiet zur Prioritätszone zu erklären, sowie die Zeit, die für die Landverteilung und Ansiedlung benötigt wird), zumindest dreizehn Monate beträgt. Nicht absehbar ist, wie lange es dauert, wenn sich die Großgrundbesitzer die verschiedenen juristischen Einspruchsmöglichkeiten zunutze machen, zu denen das Gesetz berechtigt, um die Enteignung ihres Gutes, zu der das Gesetz ebenfalls berechtigt, zu verzögern oder zu verhindern.

Das Gesetzeswerk, das uns als Beispiel dient und für die Bodenreformgesetzgebung in Lateinamerika typisch ist, enthält noch einen anderen Komplex von Bestimmungen, die selbst unter den günstigsten Umständen eine durchgreifende Reform ungemein erschweren. Statt alle Latifundien in einem gegebenen größeren Gebiet oder einer Zone enteignen zu lassen, verlangt das Gesetz, daß die Latifundien »auf individueller Basis« enteignet werden müssen.[7] Mit anderen Worten, die Reformbehörde sieht bestimmte Landgüter für die Enteignung vor und behandelt jedes Gut und jeden Besitzer individuell. Man setzt den Großgrundbesitzer offiziell von der Entscheidung der Behörde in Kenntnis und räumt ihm eine beachtliche Zeitspanne ein, in der er Einwände vorbringen kann. Das erlaubt es ihm, sich der Entscheidung mit verschiedenen Mitteln, die wir unten beschreiben werden, zu widersetzen. Natürlich bietet der bruchstückhafte Vollzug der Bodenreform den Großgrundbesitzern mehr Vorteile als den *campesinos.* Zu seinen schwerwiegenden Folgen zählt, daß er selbst in einer relativ kleinen Agrarzone nicht zu einer wirksamen Umgestaltung ungerechter Strukturen und Systeme des Grundbesitzes führt. Wenn beispielsweise in einer Provinz oder einem Staat eine kleine Anzahl von Ländereien enteignet werden, so hinterläßt das in der Struktur des Bodenbesitzes in dieser Zone kaum eine Spur und komnt bloß weniger *campesinos* zugute. Im Grunde ähnelt der gesamte Mechanismus, der von dem hier betrachteten Gesetz und den Gesetzen anderer lateinamerikanischer Länder errichtet wird, den Versuchsprojekten *(pilot projects)*, zu denen die Verteidiger des Status quo mit Vorliebe ihre Zuflucht nehmen, wenn es um die Lösung sozialer Konflikte geht. Doch den ökonomischen, sozialen und politischen Verhältnissen der lateinamerikanischen Landwirtschaft kann man mit Versuchsprojekten offensichtlich nicht beikommen. In Kolumbien z. B. ist diese Methode höchst systematisch angewandt worden – mit katastrophalen Folgen für das gesamte Bodenreformprogramm und die *campesinos*. Dort lautete das Argument, daß jede Provinz ein Bodenreformprojekt in kleinem Maßstab haben müsse, bevor mit anderen Projekten begonnen werden könne. Dabei ging man von der lächerlichen Annahme aus, daß die politischen Führer einer Provinz, welche in die Projektierung nicht einbezogen werde, vor Neid umkommen, bei der Zentralregierung protestieren und das Programm boykottieren würden. Auch in diesem Land ist die Bodenreform gemessen an jedem Kriterium, ausgenommen dem, daß es gilt, den Status quo zu bewahren, ein Fehlschlag gewesen.

Daß die Bodenreform bei Versuchsprojekten stehenbleibt oder Flickwerk ist, entspringt dem tiefsitzenden Mißtrauen, das die landbesitzende Elite gegenüber den campesinos hegt. Sie glaubt, daß die Bauernschaft für die Bodenreform nicht »reif« sei (was insofern stimmt, als die *campesinos* nicht in die Vorstellung passen, die sich die Großgrundbesitzer von einer zufriedenstellenden Agrarstruktur gebildet haben und die besagt, daß man das bereits Bestehende lediglich erweitern müsse), und sie beharrt darauf, daß man den *campesinos* zuerst zeigen und beibringen müsse, wie man Landwirtschaft treibt. Das ist grotesk, da die *campesinos* – und nicht die landbesitzende Elite – seit Jahrhunderten die Landarbeit verrichtet haben. Wo immer derartige Vorstellungen in die Bodenreformgesetzgebung Eingang finden, dienen sie dazu, den Reformprozeß zu verzögern oder unbegrenzt aufzuschieben.

In die lateinamerikanischen Bodenreformgesetze gehen nicht nur Bilder von den *campesinos* ein, die der landbesitzenden Elite lieb und teuer sind, sondern auch unrealistische Vorstellungen von der Landwirtschaft und ihrer Ökonomie. Kurz gesagt, die Gesetzgeber haben ihre Augen vor der Tatsache verschlossen, daß die meisten Latifundien auf einem prähistorischen Niveau der Technologie und Betriebsführung bewirtschaftet werden; daß ihr Boden äußerst mangelhaft oder gar nicht genutzt wird; daß in die landwirtschaftlichen Betriebe nicht reinvestiert wird[8] und daß gerade diese Sachverhalte die Dringlichkeit einer Bodenreform begründen (das wichtigste Element ist natürlich die ungleiche Verteilung der Ressourcen). Die Gesetzgeber neigten vielmehr dazu, aus diesen Mängeln der auf dem *latifundismo* beruhenden Landwirtschaft eine Tugend zu machen. Statt die Genehmigung zu erteilen, die Reform auf den besten Böden, in den am dichtesten besiedelten Agrargebieten einzuleiten, haben sie zum Zweck der Enteignung eine Klassifizierung der landwirtschaftlichen Betriebe und des landwirtschaftlich nutzbaren Bodens eingeführt. Mit ihrer Hilfe wird die Reform in abgelegene Randgebiete verbannt, in denen die Landwirtschaft noch relativ unterentwickelt ist, und bestimmte Kategorien von Großgrundbesitz sind von der Enteignung ausgenommen. Die Gesetzgebung hat das Gebiet, das zur Verteilung an die *campesinos* zur Verfügung steht, auf kleine (in einigen Fällen kaum nennenswerte) Anteile des gesamten Bodens reduziert, der von der landbesitzenden Elite kontrolliert wird. Sie hat die Bodenreform in ein Kolonisierungsprojekt verwandelt. Mit anderen Worten: Statt (wie es der Fall sein sollte) alle Ländereien, die der landbesitzenden Elite gehören, als Gegenstand der Reform zu definieren, sieht das Gesetz einen Teil dafür vor und schließt den Rest aus. Sehen wir uns diese Bestimmungen näher an.

In der Gesetzgebung Kolumbiens beispielsweise wird privater Grund und Boden eigens auf den zweiten Rang verwiesen. Sie bestimmt, daß die Bodenreform vor allem auf öffentlichem Land durchgeführt werden soll (was man wohl kaum als Reform bezeichnen kann) und auf privatem Grund und Boden nur dann, »wenn es notwendig erscheint«.[9] Doch in den Fällen, in denen private landwirtschaftliche Betriebe tatsächlich enteignet werden sollen, hat das *landwirtschaftlich nutzbare Land*, das nicht kultiviert ist oder unzureichend bewirtschaftet wird, per Gesetz die Priorität. Es folgen *landwirtschaftliche Betriebe*, die mit Pächtern oder Halbpächtern *(sharecroppers)* arbeiten, und an letzter Stelle steht das *Land*, das angemessen bewirtschaftet wird – allerdings nur dann, wenn die Besitzer es freiwillig zur Verfügung stellen. Es leuchtet ein, daß diese Bestimmungen vom Standpunkt eines Reformers aus überaus mangelhaft sind. Erstens macht das Gesetz keine Unterscheidung zwischen Land, das »nicht kultiviert« ist, und »brachliegendem« Land – ein schwerwiegendes Versäumnis. Das meiste brachliegende Land in Lateinamerika – ein Zeugnis für veraltete landwirtschaftliche Techniken – befindet sich in den Händen der Großgrundbesitzer. Der Anteil des brachliegenden Landes nimmt mit der Größe des landwirtschaftlichen Betriebes zu. So betrug es in Brasilien auf den großen Landgütern das Dreifache des bestellten Bodens. Bei einer strengen Auslegung des Gesetzes wäre also all dieses brachliegende Land von der Enteignung ausgenommen, da es in der Sicht der lateinamerikanischen *latifundistas* nicht »unzureichend bewirtschaftet« wird. Vermutlich ist es auch kein Zufall, daß das Gesetz unvermittelt von dem

Begriff *landwirtschaftliche Betriebe* auf den Begriff *Land* überwechselt: Es spricht nicht von unzureichend bewirtschafteten Betrieben, sondern von unzureichend bewirtschaftetem Land. Das hat zur Folge, daß in den Fällen, in denen ein Großgrundbesitzer – wie üblich – nur seinen besten Boden kultiviert, so daß man auf der Grundlage des Gesetzes nur schwer behaupten kann, dieser Teil sei »unzureichend« bewirtschaftet, zur Enteignung und Verteilung an die *campesinos* lediglich minder rentable Gebiete des Gutes zur Verfügung stünden. Der Gesetzgeber beabsichtigte also, die Nutznießer der Bodenreform in die ärmsten und am wenigsten entwickelten Gebiete zu verbannen. *Das trägt dazu bei, die »Gefahr«, daß die Nutznießer auf ihren neuen Parzellen erfolgreich sein könnten, auf ein Minimum zu reduzieren, und dient dazu, die Bodenreform zu diskreditieren: Wenn die campesinos schlechte Ernten einbringen und nicht vorwärtskommen, dann muß die Bodenreform schlecht für die campesinos sein.*[10]

Es werden jedoch auch ganze Klassen von Landgütern vollständig ausgenommen. In der Regel läßt die Regierung per Gesetz (und zuweilen durch ein *gentlemen's agreement*) Zuckerrohr-, Baumwoll- und andere Plantagen oder sonstige »gut geführte« landwirtschaftliche Unternehmen unangetastet. Dabei geht sie von der These aus, daß große, leistungsfähige Betriebseinheiten nicht beeinträchtigt werden dürfen und daß die unwürdigen Arbeitsverhältnisse, die dort vielleicht herrschen, für den Bodenreformprozeß nicht von Belang sind. Ein Extrem ist die Gesetzgebung von Ecuador, das für feudale Arbeitsverhältnisse und Bauernunruhen bekannt ist: Dort werden in den Ebenen an der Küste, wo die Bewirtschaftungsbedingungen günstig sind, landwirtschaftliche Betriebe bis zu 3500 ha und in den Hochebenen, wo die Böden häufig erschöpft und erodiert sind, landwirtschaftliche Betriebe bis zu 1800 ha von der Reform ausgenommen. Falls ein Großgrundbesitzer Reue zeigt und seine Betriebsführung verbessert, kann er ebenfalls von der Reform verschont werden. So bleibt in Ecuador per Gesetz kaum etwas übrig, das den *campesinos* zugute kommen könnte. In Peru werden Aktiengesellschaften praktisch gesetzlich befreit – ein Schritt, dem überstürzte Neugründungen von landwirtschaftlichen Aktiengesellschaften vorausgegangen und gefolgt sein sollen, bis offenkundig wurde, daß keine ernsthafte Bodenreform geplant war.[11] Es ließen sich noch viele Beispiele anführen.

Man sieht, daß sich die Gesetzgeber von Bedeutung und Ausmaß einer guten landwirtschaftlichen Betriebsführung in Lateinamerika eine übertriebene Vorstellung machten und dazu neigten, eine große Betriebsfläche mit guter Betriebsführung gleichzusetzen. In Wirklichkeit ist die Zahl der großen, gut geführten landwirtschaftlichen

Unternehmungen sehr klein. Intensiv und wirtschaftlich bebautes Land macht nur einen winzigen Bruchteil des gesamten landwirtschaftlich nutzbaren Bodens aus, den die landbesitzende Elite kontrolliert. Selbst auf den Plantagen wird ein hoher Prozentsatz des Bodens gar nicht oder nur mangelhaft genutzt. Andererseits beanspruchen die Plantagenbesitzer häufig zusätzlich zu ihrem intensiv bewirtschafteten Land riesige Gebiete unter dem Vorwand, daß diese für den Anbau unabdingbar seien. Die Zuckerrohrpflanzer behaupten beispielsweise, daß sie Zehntausende Morgen Weideland (das oft bestellbar ist) benötigten, um für den Transport des Zuckerrohrs Ochsen zu halten – ein fadenscheiniges Argument, mit dem sie noch mehr wertvollen Boden monopolisieren wollen. In den Gesetzen wurde gute Betriebsführung zur Regel und schlechte Betriebsführung zur Ausnahme erklärt, und die Reform wurde auf die Ausnahme beschränkt.

Hinter der übertrieben guten Meinung der Gesetzgeber steht der Versuch der landbesitzenden Elite, die Bodenreform von ihrem eigentlichen Ziel, gesteigerter sozialer Gerechtigkeit, auf ein – ihrer Meinung nach – politisch neutrales Ziel, nämlich Produktivität und Wirtschaftlichkeit, umzulenken. Ihre Argumentation ist ebenso einfach wie verführerisch: Sie befürchtet angeblich, daß die Bodenreform die Erträge senken werde, falls »große und leistungsfähige« Betriebe enteignet werden sollten. (Hier finden sich abermals Spuren der arroganten Behauptung der Elite, daß die *campesinos* unfähig seien, Landwirtschaft zu treiben.) Folglich müssen diese Unternehmen erhalten bleiben und von der Reform ausgenommen werden, selbst um den Preis, daß soziale Ungerechtigkeit fortbesteht.[12] Es handelt sich hierbei um ein bevorzugtes Argument der Gegenreformer. Es ist raffiniert und selbstverständlich Ausdruck einer Politik, die für sie von Vorteil ist. Dazu wäre zu sagen, daß es keinen vernünftigen Grund für die Annahme gibt, daß die Bodenreform (a) den landwirtschaftlichen Ertrag senkt und (b) den Ertrag der »großen und leistungsfähigen« Betriebe mindert. Auf den großen Landgütern gibt es nachweislich so viel ungenutztes oder mangelhaft genutztes Land, daß die Nahrungsmittelproduktion automatisch gesteigert würde, wenn man es an die *campesinos* verteilte. Selbst wenn man unterstellt, daß der Ertrag der »großen und leistungsfähigen« Einheiten abnähme, würde dies durch die intensivere Nutzung der riesigen Gebiete vordem schlecht genutzten Lands mehr als wettgemacht. Aber warum sollte der Ertrag der enteigneten »großen und leistungsfähigen« Betriebe abnehmen? Ebensogut könnte das Gegenteil eintreten. Eine gute Betriebsführung ist nicht – wie es der Besitz an Boden ist – ein Monopol der landbesitzenden Elite. (Allerdings könnte es dazu kommen, daß der Ertrag bei bestimmten Produkten – Zucker,

Baumwolle, Kaffee – abnimmt. Diese werden im allgemeinen von den Mitgliedern der landbesitzenden Elite produziert, verarbeitet, vermarktet und exportiert. Doch wäre es in den meisten Fällen ein Segen, wenn man von den Monokulturen zu einer diversifizierten Landwirtschaft überginge.) Das Raffinierte an der Verwendung von Begriffen die »leistungsfähig« oder »angemessen bewirtschaftet« als Kriterium für die Enteignung ist, daß sie sich nicht objektiv definieren lassen. Es sind schlüpfrige Begriffe, insbesondere dann, wenn ihre Interpretation dem Grundbesitzer überlassen bleibt.

Schließlich enthalten die Reformgesetze Bestimmungen, die sich noch weitaus offener gegen die *campesinos* richten oder ihnen in hohem Maße schaden. Ein Typus von Bestimmungen dieser Art verdankt sich dem Wunsch der landbesitzenden Elite, sich eine Quelle billiger Arbeitskräfte zu erhalten, die, was Beschäftigung und Lebensunterhalt anlangt, in ständiger Abhängigkeit von ihr leben. Peru schaffte Mitte der sechziger Jahre die feudalen Besitzrechte ab (bei diesen gewährt man den *campesinos* beispielsweise winzige Parzellen, mit denen sie an den landwirtschaftlichen Betrieb gebunden werden, und für die sie als Gegenleistung auf dem Gut des Grundherren arbeiten müssen)[13] und machte die feudalen Parzellenpächter zu Eigentümern dieser Parzellen. Auf den ersten Blick schien es eine rühmenswerte Geste zu sein, mit der auf einen Schlag die ehemaligen Leibeigenen zu Tausenden in den Genuß der Bodenreform gebracht werden sollten. In Wirklichkeit handelte es sich jedoch um eine demagogische Leistung, einen für die meisten Gesetzgeber überraschenden Zusatz, der in letzter Minute dem Gesetz beigefügt wurde, um die unzufriedene Bauernschaft zu »besänftigen«. Er hatte und hat schädliche Auswirkungen.[14] Wäre das Gesetz in die Praxis umgesetzt worden, hätte es die *campesinos* dazu verdammt, Kleinbauern zu werden, die langfristig auf ihren winzigen Parzellen nicht den Lebensunterhalt hätten bestreiten können. Zwar ließen sich einige tausend *campesinos* in dem Glauben, daß eine winzige Parzelle in Privatbesitz mehr Sicherheit und Freiheit gewähre als jede andere Besitzform, die ihnen seit Generationen aufgezwungen worden war, von der Regierung registrieren, um das gesetzlich verbürgte Recht in Anspruch nehmen zu können; tatsächlich aber wurde nur eine Handvoll feudaler Pächter zu Eigentümern. Das hat seine Ursache darin, daß das Gesetz die *campesinos* nicht automatisch am Tag seiner Verkündung zu Eigentümern ihrer Parzellen erklärte, sondern verlangte, daß die Reformbehörde die Großgrundbesitzer für die Parzellen zu entschädigen habe, *bevor* die Leibeigenen Eigentümer würden. Sowohl der Mangel an finanziellen Mitteln als auch die hohen Summen, welche die Großgrundbesitzer forderten, machten es unmöglich, das Gesetz in die Praxis umzusetzen. Andererseits benutzten die

Großgrundbesitzer die Verzögerung, um Tausende ihrer feudalen Landarbeiter abzuschütteln und sich der Verpflichtung zu entziehen, ihnen die Parzellen zu übereignen (zuweilen dadurch), daß sie die Hütten verbrannten, in denen die Arbeiter lebten, oder andere Gewaltmaßnahmen ergriffen). Sie vertrieben die *campesinos* vom Land und zwangen sie zur Lohnarbeit oder zur Abwanderung in die Städte[15] – ein deutliches Beispiel dafür, wie eine Bodenreform, die von den Großgrundbesitzern in Gesetzesform gebracht und durchgeführt wird, in offene Gegenreform verkehrt werden kann. Die *campesinos* waren vorläufig anscheinend besänftigt, aber eine neue Quelle für Unzufriedenheit und Enttäuschungen war geschaffen.

Schließlich gibt es Bestimmungen, die den Eindruck erwecken, daß die *campesinos* Feinde sind, die es in Schach zu halten gilt. In der peruanischen Bodenreformgesetzgebung z. B. werden Handlungen, die von »Personen« (damit sind die *campesinos* und ihre Führer gemeint) gegen die landbesitzende Elite unternommen werden, damit bestraft, daß man diese Personen vom Genuß der Bodenreform ausschließt. Aber Grundherren, die die *campesinos* reizen und provozieren oder Unruhen fingieren, um die *campesinos* von der Bodenreform auszuschließen (und solche Fälle gibt es), gehen straffrei aus. Ganz selten findet sich eine Klausel, die eine Bestrafung für den Fall vorsieht, daß ein Grundherr Geist oder Wortlaut der Bodenreformgesetzgebung verletzt, und keine einzige, die eine Bestrafung für den Fall vorsieht, daß er gegen die Rechte der *campesinos* verstößt.

Der Leser denkt vielleicht, daß diese kurze Analyse der lateinamerikanischen Bodenreformgesetzgebung in den sechziger (und vermutlich auch den siebziger) Jahren nichts als Verschwendung von Druckerschwärze sei. Doch möglicherweise ist ihm ein wichtiger Punkt entgangen. Diese Gesetzgebung, die den greifbarsten Bestandteil der Gegenreform ausmacht, ist gleichzeitig ein entscheidendes Element der »Bodenreform«-Programme in Lateinamerika. Die Reformen der sechziger Jahre erheben den Anspruch, rationale Reformen zu sein, geplante und friedliche Veränderungen der Agrarstruktur. Um friedlich zu sein, müssen sie legal und im Rahmen der jeweiligen Verfassungen sowie der Statuten, welche die verschiedenen Phasen der Bodenreform regeln – hierzu zählen insbesondere die Reformgesetze selbst – vonstatten gehen. Die Legalität muß gewahrt bleiben. *In den sechziger Jahren besteht die Bodenreform einzig in den Reformgesetzen.*

In allen Gesellschaften kann das Gesetz dazu dienen, die bestehende Gesellschaftsstruktur einzufrieren und einschneidende soziale Ungerechtigkeiten mit einer Aura von Respektabilität und Legalität zu umgeben. Es kann aber auch (in begrenztem Umfang) dazu dienen, mehr Gerechtigkeit durchzusetzen, indem es anordnet, daß die Ressourcen umverteilt und Rechte und Pflichten gleichmäßiger verteilt werden sollen – sofern sich dies effektiv verwirklichen läßt. Das Gesetz kann jedoch nicht bewirken, daß sich die politische Machtstruktur ändert. Es ist selbst nur ein Spiegel der Machtstruktur. Man kann ja nicht erwarten, daß die landbesitzende Elite, die besser als jede andere Schicht der lateinamerikanischen Gesellschaft in den gesetzgebenden Körperschaften vertreten ist, ihre Macht und ihre Privilegien freiwillig durch ein radikales Bodenreformstatut aufhebt. Und selbst wenn sie das tun sollte, würde ein solches Gesetz nicht realisiert werden. Ihre Haltung ist verständlich. Ihre Gesetze müssen, so gut es geht, den Status quo bewahren und gleichzeitig den Anschein erwecken, als ob große Veränderungen bevorstünden. Unsere Aufgabe ist es, diesen Schwindel aufzudecken. Die komplizierte Struktur der Gesetze und die ausgefeilten Methoden, deren sich die Gesetzgeber bedienen, um ihre wirklichen Absichten zu verbergen, erschweren es, den wahren Charakter dieser Gesetzgebung zu enthüllen. Daher ist die kurze Analyse des Netzwerks aus Beschränkungen und Restriktionen, Widersprüchen, Unklarheiten und juristischen Kniffen, die wir hier versuchten, notwendig gewesen.

Wie die landbesitzende Elite das Netzwerk der Gegenreform knüpft

Im Anschluß an die Bauernrevolution, die im zweiten Jahrzehnt dieses Jahrhunderts stattfand, verteilte die mexikanische Regierung im Verlauf von fünfzig Jahren rund 61 Millionen Hektar landwirtschaftlich nutzbaren Bodens an zwei Millionen Bauernfamilien. Die mexikanische Bodenreform ging anfangs langsam vor sich; der größte Teil des Bodens wurde in den dreißiger Jahren verteilt. Immerhin wurden jährlich im Durchschnitt ungefähr 1,2 Millionen Hektar an etwa vierzigtausend Bauernfamilien verteilt.

Läßt man Mexiko und Kuba außer acht, dann haben alle lateinamerikanischen Länder zusammen über einen Zeitraum von sechs bis acht Jahren in den sechziger Jahren kaum das erreicht, was in Mexiko durchschnittlich in einem Jahr erreicht wurde, selbst wenn man mit den Statistiken großzügig verfährt.[16] Vielleicht stehen wir erst am Anfang einer durchgreifenden Umgestaltung der Agrarstruktur in diesen Ländern; doch gegenwärtig sieht es ganz danach aus, daß es – abgesehen von dem, was zwischen 1960 und 1968 erreicht wurde – in absehbarer Zukunft keine weitere Bodenreform in Lateinamerika geben wird.[17] Ich nenne kurz die Gründe:

In den günstigeren Fällen nahm die Bodenreform in Lateinamerika folgenden Verlauf: Die Gesetze werden verabschiedet, und gemäß der gesetzlichen Bestimmung wird eine Bodenreformbehörde eingerichtet. Diese wird möglicherweise mit fortschrittlichen jüngeren Männern besetzt, die voller Begeisterung versuchen, der Gesetzgebung Geltung zu verschaffen. Die Behörde wird mit ausreichenden (und zuweilen sogar mehr als ausreichenden) Geldmitteln ausgestattet, um die komplexe Bürokratie zu organisieren, die man für ein Bodenreformprogramm, das nach Meinung eines Teils des Personals ziemlich umfangreich werden wird, braucht. In verschiedenen Teilen des Landes werden Zweigstellen eröffnet. Enteignungs-, Umverteilungs- und Ansiedlungsprojekte werden bis in alle Einzelheiten vorbereitet. Aus den Listen der in Frage kommenden *campesinos* werden diejenigen ausgewählt, die von der Bodenreform profitieren sollen. Diese Periode des großen Aufschwungs dauert in der Regel zwei bis drei Jahre. Am Ende dieser Periode haben einige hundert Bauernfamilien eine Parzelle erhalten (in vereinzelten Fällen auch einige tausend. Eine Ausnahme macht Venezuela, wo die Fünfzigtausend überschritten worden sein sollen).[18] Doch selbst in den günstigen Fällen stellt die Zahl der Nutznießer nur einen äußerst geringen und in den meisten Fällen kaum nennenswerten Bruchteil derjenigen *campesinos* dar, die Anwärter auf die Bodenreform sind; sie macht nur einen Bruchteil des jährlichen Zuwachses der Landbevölkerung aus. Dann versanden die Aktivitäten. Die Behörde besteht immer noch, aber sie vegetiert dahin: ihre Projekte sind nicht abgeschlossen, ihre Geldmittel fast aufgebraucht. Ihr Personalbestand ist dezimiert, und an die Stelle von Begeisterung ist Ernüchterung getreten. In anderen Fällen hat man alles getan, um eine große Behörde zu errichten, doch war von Anfang an ersichtlich, daß sie sich mit vielen landwirtschaftlichen Angelegenheiten befassen werde, nur nicht mit der Bodenreform.

Es hat noch andere gegen die Reform gerichtete Aktivitäten gegeben. Diesmal müssen wir uns der Politik und ihren Funktionsmechanismen zuwenden. Wir wollen prüfen, wie sie auf Regierungsebene wirksam wird und wie Individuen oder Gruppen daran beteiligt sind.

Wie arbeitet eine Bodenreformbehörde? Die Gesetzgeber haben dafür gesorgt, daß alle Aktivitäten der Behörde und ihrer Direktoren von einer Körperschaft (einem Ausschuß oder Rat) kontrolliert werden, welche Richtlinien formuliert und Aufsichtsfunktionen ausübt und welche die ökonomische und politische Machtstruktur des Landes getreu widerspiegelt. Ihr gehören der Landwirtschaftsminister und andere hohe Funktionäre dieses Ministeriums, die Direktoren der mächtigen landwirtschaftlichen Kreditinstitute, die Gesellschaften für landwirtschaftliche Entwicklung und die wichtigsten Organisationen der Großgrundbesitzer (z. B. der Verband der Viehzüchter), Vertreter der Gesetzgebung und der städtischen Arbeiterschaft sowie ein Vertreter der Bauernschaft an. Dieser ist in der Regel der Führer einer staatlich geförderten Bauernorganisation. Die Bauernschaft ist in diesem Gremium absolut unterrepräsentiert und überstimmbar (sofern man überhaupt davon sprechen kann, daß sie vertreten ist) und hat auf die Tätigkeit der Behörde keinen Einfluß. Es ist mehr als kühn zu behaupten, daß dieser geschäftsführende Zweig der Behörde – der Ausschuß oder Rat – aufrichtig daran interessiert sei, eine Bodenreform einzuleiten. Tatsache ist, daß einige seiner Mitglieder eindeutige Gegner aller Zugeständnisse an die *campesinos* sind. Natürlich ist es juristisch, politisch und administrativ absurd, Vertreter der Großgrundbesitzer mit Entscheidungsbefugnissen in eine Regierungsbehörde aufzunehmen, deren Funktion darin besteht, den Willen des Gesetzgebers auszuführen (d. h. eine Bodenreform durchzuführen). Sie können die Politik der Regierung bremsen, ohne dafür jemand anderem als ihrer eigenen privaten Gruppe verantwortlich zu sein. *Es handelt sich hier um ein eingebautes Sabotagesystem.* Der Direktor der Behörde hat die Aufgabe, den Ausschuß zum Handeln anzutreiben. In vieler Hinsicht befindet er sich in der gleichen Lage wie der Verwalter eines großen Landguts. Er wird aufgrund seiner administrativen Fähigkeiten und seines politischen Scharfsinns gewählt und muß dafür sorgen, daß die Grundlagen der Gesellschaft und die ungleiche Verteilung von politischer und gesellschaftlicher Macht nicht angetastet werden und daß Gesetz und Tradition befolgt werden.[19] Für die Arbeit, die er und die Behörde leisten, ist der Direktor nicht den *campesinos*, sondern dem Ausschuß Rechenschaft schuldig. Um zu gewährleisten, daß auf den Direktor kein unzulässiger Druck ausgeübt wird, weitreichende Reformen einzuleiten, wird er juristisch und administrativ gegen die *campesinos* isoliert. Die *campesinos* und ihre Organisationen sind an keiner Phase des Programms beteiligt – weder an der Planung noch an der Auswahl der Projekte oder der Nutznießer, noch an der Ausführung –, und es gibt kaum eine Behörde, deren höheres Personal sich nicht gänzlich aus *white-collar workers* zusammensetzt, von denen viele die meiste Zeit in ihrem Stadtbüro verbringen. Die Behörde tritt einzig dann in Kontakt mit den *campesinos,* wenn diese Delegationen entsenden, um den Beamten der Reformbehörde ihre Auffassungen darzulegen.

Wie wir oben feststellten, hatten jüngere Fachleute mit fortschrittlichen Ideen ihre Arbeit in den Reformbehörden in dem Glauben angetreten, die Zeit für eine Veränderung der lateinamerikanischen Landwirtschaft sei gekommen. Das führte häufig zu politischen Auseinandersetzungen zwischen ihnen und der Administration. Diese Männer, die bei weitem den besten Kontakt zur Bauernschaft gehabt haben, verdienen den höchsten Respekt für die Hingabe, mit der sie ihre Arbeit in Angriff genommen haben, für die Mühe, die sie aufgewendet haben, und für die beruflichen und sonstigen Risiken, die sie eingegangen sind (wie wir noch zeigen werden). Die meisten ihrer Bemühungen gehören bereits der Vergangenheit an. Der Kampf, den sie geführt haben, ist praktisch immer zugunsten der Administration ausgegangen – d. h. zugunsten der landbesitzenden Elite. In der Regel brachten die Veränderungen, die Mitte der sechziger Jahre im politischen Klima eintraten (nachdem die Unzufriedenheit der *campesinos* eingedämmt worden war und die Grundbesitzeraristokratie wieder die Oberhand gewonnen hatte), sogar in den technischen Dienststellen mehr Vertreter der Großgrundbesitzer in hohe Positionen. In einem Land liegt die Planung der Bodenreform heute beispielsweise in den Händen eines Großgrundbesitzers, einem Wortführer der landbesitzenden Elite. Seine Ernennung in diese Schlüsselposition erfolgte auf politischen Druck der landbesitzenden Elite. Das hatte zur Folge, daß die Aktivitäten der Behörde den Großgrundbesitzern zahlreiche Vorteile einbrachten – z. B. ein Straßenbauprogramm, das den Grundstückswert der angrenzenden Ländereien erhöhte – und sie in der Frage der Enteignung von privatem Grundbesitz beruhigte.

In den Ländern, in denen sich das Personal der Behörde von Anfang an aus Vertretern der landbesitzenden Elite zusammensetzt, so daß diese alle Phasen des Reformprogramms unmittelbar selbst bestimmt, ist die Situation wesentlich einfacher. Ein derartiger Fall ist beispielsweise in einem Land mit einem Militärregime eingetreten. Hier wurden hohe Angehörige der Streitkräfte in die Behörde eingeschleust, um die Interessen der grundbesitzenden Klasse zu schützen, zu der sie enge Beziehungen unterhalten. Unter diesen Umständen kann man die Bodenreform vernachlässigen und statt dessen in ihrem Namen andere Projekte verfolgen, mit denen die bereits mächtige Stellung der landbesitzenden Elite zusätzlich gestärkt werden soll.

Die einfachste Methode, eine Reformbehörde und damit ein Reformprogramm zu unterhöhlen, ist es, ihr die Geldmittel zu entziehen. Land für Land, überall dort, wo auch nur eine geringfügige Bodenreform zu erhoffen war, wurden die vom Parlament zugewiesenen Mittel nach dem zweiten oder dritten Jahr drastisch gekürzt. In anderen Fällen wies die Staatskasse zu wenig Gelder an und verletzte damit zuweilen offen frühere Verpflichtungen oder gar das Gesetz. Gelegentlich wurden die Kürzungen auf Umwegen vorgenommen, so daß sich nur schwer beweisen ließ, daß das eigentliche Opfer die Bodenreform war.[20] In Presse, Radio und Fernsehen wurden in der Regel wohlorganisierte und zuweilen bösartige Polemiken gegen die Errungenschaften und Arbeitsmethoden der Reformbehörden lanciert und in der Folge dann als Argumente benutzt, die Budgetkürzungen zu verteidigen. Man beschuldigte die Reformbehörden, mit den Geldmitteln schlecht zu wirtschaften, Siedlungs- und andere

Projekte zu verpfuschen und Fehlentscheidungen zu treffen. In Peru wurde ein sehr erfolgreiches Projekt, das Hunderte von Bauernfamilien auf einem riesigen Landgut ansiedelte, unter dem Vorwand der Mißwirtschaft angegriffen. Das geschah, obwohl die von dem Projekt begünstigten *campesinos* über jeden Zweifel hinaus bewiesen hatten, daß sie bessere Landwirte waren als der ehemalige Besitzer des Latifundiums.[21] Eine andere Methode ist folgende: Da es die gesetzlichen Vorschriften mit sich bringen, daß die Planung und die Ausführung von Projekten sehr lange dauern, konnten einige Reformbehörden nicht sofort ihre gesamten Geldmittel ausgeben. Das wurde später als Beweis für schlechte Geschäftsführung und stümperhafte Administration zitiert, und dementsprechend wurden keine weiteren Mittel zur Verfügung gestellt. Gewöhnlich erlitten die Programme, die den besten Start gehabt hatten, die schwersten finanziellen Rückschläge. Es gibt heute mehrere Reformbehörden, denen gerade noch so viele Mittel bleiben, daß sie die Büromiete und die Gehälter für das (inzwischen drastisch reduzierte) Personal zahlen sowie Papier und Tinte kaufen können, um Entwürfe für künftige Projekte vorzubereiten und Public Relations zu betreiben, mit denen ein skeptisches Publikum davon überzeugt werden soll, daß die schwachen Aktivitäten der Reformbehörde in Wirklichkeit große Leistungen sind oder daß das Land der Notwendigkeit einer Bodenreform bereits entwachsen ist.[22]

Es wäre naiv anzunehmen, daß diesen Budgetkürzungen ein Mangel an öffentlichen Mitteln zugrunde liegt. In Peru beispielsweise veröffentlichte man gerade zu der Zeit, als die Reformbehörde mit ihren Mitteln kaum auskam, Pläne für gewaltige Bewässerungsprojekte in der Wüste. Diese erforderten Hunderte Millionen von Dollar – weit mehr als der Bodenreform jemals zugebilligt wurde. In Wirklichkeit hatte die landbesitzende Elite mittlerweile ihre schweren Geschütze auf die parlamentarischen Haushaltsausschüsse und die Exkutive gerichtet und das Wohlwollen vernichtet, das dort zugunsten einer Fortsetzung des zuvor gesetzlich ins Leben gerufenen kleinen Bodenreformprogramms bestanden haben mochte. Unverkennbar hängt der Bestand der Regierungen und ihrer Behörden von der landbesitzenden Elite ab.

Ein anderer geschickter Schachzug hat darin bestanden, das Verhältnis zwischen Bodenreformbehörden und anderen Regierungsstellen auf administrativer Ebene »geringfügig« zu verändern. So konnte es beispielsweise geschehen, daß sich der Direktor einer Reformbehörde, der bis dahin direkt dem Präsidenten seines Landes verantwortlich war, eines Morgens dem Landwirtschaftsminister unterstellt sah (dieser ist stets ein Vertreter der Großgrundbesitzer, der Produzenten von Exporterzeugnissen oder der mächtigen Viehzüchter) und daß seine Entscheidungsbefugnisse entsprechend beschnitten wurden. Ebenfalls häufig angewandt worden ist die Strategie, den Beamten der Reformbehörde das Leben schwer zu machen oder sie zu bedrohen. Die Angriffe gegen das administrative und technische Personal – insbesondere diejenigen, die als Befürworter der Reform bekannt sind – reichen von der Verbreitung von Gerüchten, daß die unehrlich, inkompetent oder subversiv seien, über Bestechungsversuche bis hin zu Drohungen gegen ihr Leben oder das ihrer Familien. Den Regierungen gebricht es an Macht oder Mut, ihre eigenen Beamten gegen diese offenen oder versteckten Attacken der landbesitzenden Elite zu schützen. In einem Land wurde ein hoher Beamter zu Unrecht angeklagt, Geldmittel schlecht verwaltet zu haben, und mußte seine Zeit darauf wenden, sich vor Gericht zu verteidigen, statt das Bodenreformprogramm zu betreiben. Ein anderer wurde beschuldigt, Kommunist zu sein, und einem dritten wurde Gefängnis angedroht, als er versuchte, dem Gesetz Geltung zu verschaffen. Auch hier gilt: Je energischer die Reformbehörde ihre Arbeit tut, desto heftiger ist gewöhnlich die Reaktion der Elite. Wegen der Gefahren, die ihrem Ruf, ihrer Gesundheit und ihrem Leben drohen, wagen es heute nur noch wenige fähige Techniker (diese sind normalerweise in allen lateinamerikanischen Ländern rar), als Agronomen oder Planer eine Stelle in einer Bodenreformbehörde anzutreten. *In gewisser Hinsicht trifft diese Fachleute (es handelt sich bei ihnen in der Regel um white-collar workers aus dem Mittelstand, die ein soziales Gewissen besitzen) heute eine Drohpolitik, welche die campesinos seit Generationen erlitten haben.*

In jüngster Zeit sind die Angriffe der Elite, die anfangs vorsichtig und gedämpft verliefen, offen und unverschämt geworden. Die Feindseligkeiten richten sich nicht nur gegen die Regierungsbehörde, sondern häufiger noch gegen die *campesinos* selbst. Täglich verfolgen und bestrafen die Großgrundbesitzer, von denen es heißt, sie hätten für den Fall einer Konfrontation mit der enttäuschten Bauernschaft auf ihren Haziendas Waffen gelagert, die *campesinos* oder ihre Führer, wenn diese die Rechte wahrnehmen, welche die Bodenreformgesetzgebung ihnen einräumt. Im Jahr 1968 peitschte ein Gutsverwalter *campesinos* aus, die in einem Land, das für seine feudalen Arbeitsverhältnisse berüchtigt ist, eine Kooperative zu organisieren versuchten. Das ist um so gravierender, als sich der Zwischenfall auf einem Landgut ereignete, auf dem die Regierung mit der Verwirklichung eines Bodenreformprojektes begonnen hatte. Jeder Versuch der *campesinos*, Genossenschaften oder Verbände zu gründen, wird systematisch und unbarmherzig zerschlagen; die Führer kommen ins Gefängnis oder werden ermordet, die Mitglieder werden eingeschüchtert oder bestraft. Gewährten die Großgrundbesitzern ihren *campesinos* bis dahin finanzielle »Unterstützung« (zu wucherischen Zinssätzen), so ziehen sie diese Hilfe jetzt gänzlich zurück. Als Vorwand dient ihnen die Behauptung, daß die Regierung den *campesinos* Hilfe leiste. Dabei wissen sie genau, daß die Regierung (d. h. die Reformbehörde) den *campesinos* nicht hilft, da sie selbst sie ja daran hindern. Auf diese Weise zwingt die landbesitzende Elite die Bauernschaft Lateinamerikas zu gewalttätigen Reaktionen. Nicht die Bauernschaft, sondern die landbesitzende Elite ist der Angreifer.

Wie stehen die *campesinos* zu ihrer Bodenreformbehörde? Wie wir oben darlegten, schließt deren organisatorischer Aufbau jegliche Zusammenarbeit mit den *campesinos* aus. Das Gesetz selbst hat die Behörde zu einer bevormundenden Institution gemacht. Zu dieser gesetzlich vorgegebenen Bevormundung tritt die Einstellung vieler Beamter – Freunden oder Bewunderern der Elite – hinzu, die wie durch Zufall eine Anstellung in der Reformbehörde finden und die *campesinos* in traditioneller herrschaftlicher Weise kujonieren.

Das Klassenbewußtsein, das die grundbesitzende Oligarchie innerhalb und außerhalb der Reformbehörde an den Tag legt, wird in vielen Gebieten Lateinamerikas durch die Rassenfrage verschärft, obwohl die Lateinamerikaner die Existenz rassischer Vorurteile häufig leugnen.[23] Den Indios der Andenregionen beispielsweise spricht man ab, den mächtigen Grundherren an Intelligenz, Fleiß und geschäftlichem Weitblick gleichzukommen, und natürlich ist ihre soziale Anerkennung geringer. Dabei wird außer acht gelassen, daß sie von Sonnenaufgang bis Sonnenuntergang die gesamte landwirtschaftliche Arbeit leisten und ihre Vorfahren eine ausgezeichnete Agrikultur besaßen, in der Bodenkonservierung, Bewässerung und intensive Bebauung – an deren Stelle man heute die äußerst verschwenderischen Bewirtschaftungsmethoden findet, die von den spanischen Eroberern eingeführt wurden – in hoher Blüte standen. Ähnliche Bedingungen herrschen in anderen Regionen.

Niemand hat schneller als die *campesinos* selbst begriffen, daß die Reformbehörden von Anfang an Instrumente der landbesitzenden Elite waren (oder es bald wurden), mittels derer Reformbestrebungen erstickt werden sollten. In Anbetracht der politischen Entwicklungen dieses Jahrzehnts war das eine unausweichliche Schlußfolgerung. Es ist daher kein Wunder, daß die lateinamerikanischen *campesinos* den Reformbemühungen der sechziger Jahre mit dem üblichen wohlbegründeten Mißtrauen begegneten. Falls sie die Reformbehörden offen unterstützten, würde das sofort als Subversion ausgelegt, die sich gegen die Reformbehörden und die Agrarstruktur richtet. Ein *campesino* in Brasilien faßte die Reaktion der Bauernschaft in wenigen Worten zusammen: Er könne keinen Unterschied zwischen dem feudalen Grundherren, für den er seit seiner Kindheit gearbeitet hat, und seinem neuen Herren, der Reformbehörde, welche die Besitzung übernommen hat, erkennen. Nicht alle *campesinos* wissen genau, was Bodenreform bedeutet; aber alle wissen, daß sie für ein besseres Leben steht als das, welches sie seit Generationen gewohnt sind. Für einige bedeutet Bodenreform die Abschaffung der großen Landgüter und eines verhaßten Systems der Zwangsarbeit; für andere das Versprechen auf ein Stück Land oder höhere Löhne und größere Sicherheit. Sobald die *campesinos* erkannten, welch tiefe Distanz zwischen den Versprechungen ihrer politischen Führer und den schönen Reden einerseits (heute spricht sich nämlich jedermann für die Bodenreform aus) und den konkreten Errungenschaften andererseits klaffte, nahmen sie eine abwartende Haltung ein. Es stimmt zwar, daß einige privilegierte Bauernfamilien Land bekommen haben und andere auf einer Warteliste stehen. Aber die *campesinos* wissen auch, daß auf jede Familie, die von der Tätigkeit der Regierung profitiert hat, 10 000, 100 000, ja 200 000 Familien kommen, für die das nicht gilt, *und daß sich diese Kluft erweitert.* Es nimmt nicht wunder, wenn sich gegenüber den Absichten der politischen Führer Mißtrauen entwickelt: von den fünf Millionen Bauernfamilien z. B., die in Brasilien Anwärter auf die Bodenreform sind, haben nur einige hundert eine Parzelle erhalten. (Die *campesinos* vergessen auch nicht, daß in Guatemala die Familien, die von der Regierung Arbenz Land zugewiesen bekamen, von ihren Parzellen verjagt und in einigen Fällen schwer bestraft wurden, als die Regierung stürzte.) Für die Bauernschaft Lateinamerikas hat sich in den sechziger Jahren – wenn überhaupt – nur wenig geändert.

Schließlich wären noch kurz die Beziehungen zwischen den Bodenreformbehörden und den anderen Regierungsstellen innerhalb und außerhalb der Landwirtschaft zu betrachten. Kann eine Bodenreformbehörde sinnvoll arbeiten, wenn der übrige öffentliche Sektor einer »wirksamen Umgestaltung« des Systems des Grundbesitzes feindlich oder bestenfalls gleichgültig gegenübersteht? Wie die Erfahrung in Lateinamerika zeigt, wurden die Bodenreformbehörden anfangs beneidet, weil sie viele fähige Techniker und einen Teil der öffentlichen Mittel absorbierten, die vordem anderen, älteren Behörden zugeflossen waren. Tatsächlich sind die verschiedenen Regierungsstellen, die es neben der Reformbehörde gibt, ebenfalls taugliche Werkzeuge der landbesitzenden Elite zur Durchsetzung der Gegenreform. Staats- und Provinzgouverneure, die nebenbei millionenschwere Grundherren mit bedeutenden finanziellen Interessen in der Landwirtschaft und den angrenzenden Industrien oder dem Exportgeschäft sind (und deren gibt es viele), Direktoren von öffentlichen (oder halböffentlichen) Kreditanstalten, Richter an den nationalen oder lokalen Gerichtshöfen, Vorsitzende von ländlichen Arbeitsgerichten oder Indio-Behörden, Polizeichefs, Stadt- und Dorfpräfekten – alle mit ähnlichen finanziellen Interessen wie die Gouverneure –, haben ihre Ämter benutzt, um der landbesitzenden Elite beizustehen, die Verwirklichung der Bodenreformgesetzgebung zu erschweren oder zu vereiteln. Entweder arbeiten sie nicht mit den Reformbehörden zusammen, obwohl sie per Gesetz dazu verpflichtet sind, oder sie sabotieren sie direkt.

Wir können die Frage, die wir am Beginn des vorangegangenen Abschnitts stellten, sogar erweitern: Kann ein Bodenreformprogramm in einem Wirtschaftssystem Erfolg haben, welches darauf zugeschnitten ist, den reibungslosen Ablauf einer Agrikultur zu sichern, die auf dem *latifundismo* beruht, in der die Bauern eine ausgebeutete und randständige Gruppe sind, in der die privaten Kreditinstitute und Märkte für Produktionsmittel und Produktionsausstoß so beschaffen sind, daß sie nur Großgrundbesitzer unterstützen, stärken oder subventionieren und ihnen bei Produktion und Absatz ihrer Produkte helfen? Nehmen wir folgenden Fall, der sich jüngst in Brasilien zutrug. Dort fördert und subventioniert die Reformbehörde eine kleine Kooperative, die von den Nutznießern eines neuen Siedlungsprojektes gebildet werden soll. (Die Bodenreformgesetze enthalten zumeist eine Bestimmung, der zufolge die Nutznießer der Bodenreform Kooperativen bilden *müssen*. Diese sind gewöhnlich zum Mißerfolg verurteilt, denn keine Kooperative mit nur einigen Dutzend Mitgliedern kann lange bestehen.) Einige Erzeuger wollen ihre erste Ernte über die Kooperative verkaufen, stellen jedoch alsbald fest, daß sie die Ernte nicht absetzen können, und so geht sie verloren. Da etablierte Händler dieser Region in der Kooperative eine Konkurrenz sehen, haben sie geschickt dafür gesorgt, daß die erste Erfahrung der Kooperative ein Mißerfolg wird. Die Reformbehörde ist nicht fähig oder willens, gegen die traditionellen Absatzstrategien vorzugehen. Das hat zur Folge, daß die Nutznießer der Bodenreform ihre Produkte auf individueller Basis an etablierte Händler verkaufen müssen und sich nicht gegen die niedrigeren Preise und ungünstigen Konditionen wehren können, die in dieser Region im geschäftlichen Umgang mit Kleinerzeugern üblich sind. Es steht zu erwarten, daß diese Nutznießer bald in der gleichen Lage sein werden wie andere Kleineigentümer – sie werden keine Ersparnisse machen können, sich an die Händler verschulden und ins wirtschaftliche Abseits geraten. Im größten Teil Lateinamerikas gelten Kooperativen immer noch für subversiv. Wenn mit einer Änderung der Bodenbesitzverhältnisse keine radikalen Veränderungen in anderen Wirtschaftssektoren einhergehen, werden Bodenreformprogramme wahrscheinlich niemals Erfolg haben.

Worauf die Macht der landbesitzenden Elite letztlich beruht

Mit Ausnahme einiger geduldeter Gewerkschaften oder konspirativer militanter Organisationen verfügen die Bauern und Landarbeiter Lateinamerikas über keine Organisationen. Ohne starke Organisationen können sie politisch und ökonomisch keinen Einfluß gewinnen. In dem Maße, wie sich die sozialen, politischen und ökonomischen Bedingungen im Agrarsektor verschlechtern, greifen die *campesinos* wieder zu erhöhter Gewalttätigkeit.[24] Es ist zu erwarten, daß die Auseinandersetzungen schon in den nächsten Jahren zunehmen und offene oder konspirative Bauernorganisationen zur Verteidigung gegen Angriffe der landbesitzenden Elite entstehen werden.

Die landbesitzende Elite hat bei der Bekämpfung und Unterdrückung existierender oder drohender Bauernbewegungen einen bedeutenden Vorsprung. Die Effektivität, mit der die Großgrundbesitzer für kollektives Handeln organisiert sind, steht in krassem Gegensatz zum Organisierungsgrad der *campesinos*. Das wird meist geflissentlich übersehen. Die Großgrundbesitzer haben ökonomische und politische »pressure groups« gebildet, die mächtiger sind als jeder andere Sektor in Lateinamerika, und sie können auf viele der Hilfsmittel zählen, die notwendig sind, um ihren ökonomischen, sozialen und politischen Lieblingsideen voll Ausdruck zu verleihen und sie zu fördern. Die Großgrundbesitzer stimmen zwar nicht in allen Fragen überein. Zuweilen konkurrieren sie erbittert um verfügbare Produktionsmittel wie Boden oder Kapital. Zum Schutz ihrer Produkte – Vieh, Kaffee, Weizen, Reis, Baumwolle – haben sie Warenverbände gegründet, und wechselnde Marktverhältnisse führen hier in bezug auf Preiskontrollen, Kredite oder Subventionen zu Konflikten. Wenn es aber um die Aufrechterhaltung der Gesellschaftsordnung und ihrer Stellung gegenüber der Bauernschaft geht, sind sich die Großgrundbesitzer immer einig. Die Verteidigung des Status quo liegt in den Händen der Warenverbände oder allgemeiner Vereinigungen, der *Sociedades de Agricultores*. Der Ausdruck *agricultores* (Landwirte) bezieht sich hierbei auf die großen, meist nicht auf ihrem Landgut lebenden Guts- oder Plantagenbesitzer. Viele dieser sogenannten *agricultores* sind Politiker, Geschäftsleute (handeln z. B. mit landwirtschaftlichen Geräten), Juristen oder Ärzte. Ihr Recht, eine arme, ohnmächtige, abhängige ländliche Arbeiterschaft, welche die Hauptstütze ihrer auf dem *latifundismo* beruhenden Landwirtschaft bildet, nach Gutdünken zu kontrollieren, verteidigen sie bis zum Äußersten. Bei der Gestaltung der Agrarpolitik haben die *sociedades* stets ihre Hand im Spiel. Sie haben sowohl in die Verabschiedung der Bodenreformgesetzgebung eingegriffen (insofern sie ihre eigene Version der »Bodenreform«-Statuten vorbereiteten und in den Parlamenten einbrachten, ihre Auffassungen in ihren Handelsjournalen verkündeten, auf die gesetzgebenden Körperschaften Druck ausübten usw.) als auch in ihre Ausführung.

Im Verlauf der sechziger Jahre tauchte ein neues Element am Horizont auf: Die Elite organisierte sich auf inter-amerikanischer Ebene. Sie operiert heute auf dem ganzen Kontinent, und ihre Verzweigungen reichen bis Washington und New York. Die Aktivitäten dieser Gruppe oder Gruppen, wie z. B. der A.A.A.A.[25], werden nicht veröffentlicht. Ihre Zusammenkünfte, ihre Diskussionen und ihre Beschlüsse über gemeinschaftliches Vorgehen gegen die Bauernschaft und die Vertreter der Bodenreform sind ein streng gewahrtes Geheimnis. Sie entsenden auch Beobachter oder Teilnehmer zu anderen Konferenzen oder Kongressen des Kontinents. Zwar ist ihr internationales kollektives Handeln geheim, doch läßt sich kaum übersehen, daß es konkrete Ergebnisse gezeitigt hat. Das gemeinschaftliche Vorgehen tritt in höchst auffälliger Weise zutage, so beispielsweise in der Ähnlichkeit der Bodenreformgesetze sowie der in sie eingebauten Gegenreformmechanismen sowie der Manöver, mit denen die Verwirklichung der Gesetze oder die Aktivitäten der Reformbehörden sabotiert werden sollen.

Die große Gegenreform der sechziger Jahre vollzog sich etwa zur gleichen Zeit, als das Militär in den meisten lateinamerikanischen Ländern anfing, wieder aktiv zu intervenieren. Mit den Worten eines Experten hat »zwischen 1962 und 1967 [dem Zeitraum, für den wir die Gegenreform beschreiben] eine neue Welle des Militarismus Lateinamerika überflutet. Von März 1962 bis Juni 1966 wurden neun ordentlich gewählte, verfassungsmäßige zivile Präsidenten durch einen Militärputsch gestürzt.« Von achtzehn lateinamerikanischen Ländern hatten acht im Jahr 1967 (und auch noch im Jahr 1968) ein »reines Militärregime«[26]; in fünf Ländern übte »das Militär einen massiven indirekten Einfluß auf die Politik aus«[27], und in fünf Ländern gab es ein »unpolitisches stehendes Heer«[28] – um die Terminologie desselben Beobachters zu gebrauchen. Natürlich kann man keine ausgeprägte statistische Korrelation zwischen 1. Bodenreform, 2. Gegenreform, 3. Demokratie und 4. Militärdiktatur herstellen. Die Tatsache, daß in dreizehn Ländern mit einem militärischen oder quasi-militärischen Regime, die etwa 90 Prozent des Gebietes zwischen Mexiko und dem Südpol kontrollieren, Bodenreformen entweder unterdrückt worden sind, niemals in Gang gekommen sind oder stagniert haben, ist wohl ein Zeichen dafür, daß sich Militärherrschaft und soziale Reformen im heutigen Lateinamerika – gelinde gesagt – nicht vereinbaren lassen. (Die Militärs setzen Reformen gern mit

Kommunismus gleich.) Daß es in den übrigen fünf Ländern ebenfalls keine Bodenreform gab, steht zu dieser Behauptung nicht in Widerspruch. Es zeigt lediglich, daß die landbesitzende Elite unter günstigen Umständen die Gegenreform betreiben kann, ohne direkt die Armee bemühen zu müssen. Fraglos gibt es vielfältige Möglichkeiten, eine Bodenreform zu verhindern. Sollten sich die Umstände zum Schlechten wenden, könnte ein Appell an das Militär auch in diesen Ländern das ungleiche Kräfteverhältnis rasch wiederherstellen.

Der oben zitierte Beobachter faßt die Auswirkungen des »wiederauflebenden konterrevolutionären Militarismus« der sechziger Jahre wie folgt zusammen:

»Auf sozialer Ebene hatten die Interventionen zur Folge, daß Reformprogramme, die von den Zivilregierungen, die das Militär stürzte oder deren Machtergreifung es verhinderte, befürwortet wurden, beendet oder langsamer abgewickelt wurden. [...] In der Frage der sozialen Reform nimmt das lateinamerikanische Militär heute eine konservative Haltung ein.«[29]

Die militärischen Interventionen, die unternommen werden, um Bodenreformen zu beenden oder zu verlangsamen, sind ein Zeichen für die extreme Instabilität, die in Lateinamerika herrscht. Auf das wachsende Verlangen der *campesinos* nach mehr Land und anderen Vergünstigungen – eine notwendige Folge irreversibler ökonomischer, sozialer und politischer Tendenzen – antwortet die landbesitzende Elite mit erneuter und verstärkter bewaffneter Repression und Gewalt, um keine Kompromisse mit den *campesinos* schließen zu müssen. Ist eine solche Politik Ausdruck einer Position der Stärke? Ist sie ein Zeichen für die gefährdete Position der landbesitzenden Elite? Wägt man das Für und Wider ab, so muß der Appell der landbesitzenden Elite an die Streitkräfte, ihre Form der Agrikultur zu stützen, als ein Signal dafür interpretiert werden, daß ihr System zerfällt. Wie die Geschichte zeigt, werden die Mittel, welche die Verteidiger eines Gesellschaftssystems gebrauchen, um es zu stärken, desto gewaltsamer, je fragwürdiger dieses System ist. (Das war in den amerikanischen Südstaaten vor dem Bürgerkrieg bei der Sklaverei der Fall.) Das Ende des Latifundiensystems ist noch nicht in Sicht. Ein Gesellschaftssystem kann sich über eine beträchtliche Zeit mittels physischer Gewaltanwendung aufrechterhalten. Die eigentliche Frage ist, ob die landbesitzende Elite in Anbetracht der Millionen hungriger, unzufriedener und rebellischer Gegner in der Lage ist, gegenwärtige oder drohende soziale Konflikte auf dem Lande mit oder ohne Hilfe des lateinamerikanischen Militärs allein zu bewältigen. Damit sind wir bei einigen internationalen Aspekten der Bodenreformprogramme und der Gegenreform angelangt.

Mit der Kubanischen Revolution, welche die scheinbar gemeinsame

Front der amerikanischen Staaten in zwei flächenmäßig höchst ungleiche Teile spaltete, kam es in den offiziellen Beziehungen zwischen den Vereinigten Staaten und Lateinamerika zum ersten Mal zu einer ernsthaften Überprüfung veralteter Systeme des Eigentums an Grund und Boden und der drückenden Armut auf dem Lande sowie der Auswirkungen beider auf die Wohlfahrt Lateinamerikas. Die Bodenreform wurde zu einem internationalen Vorsatz. Man schien gewarnt. Sollten ausgedehnte Bauernunruhen ausbrechen und die Reformen einen ähnlichen Verlauf nehmen wie in Kuba, könnte die bestehende Machtstruktur auf dem amerikanischen Kontinent erschüttert werden, könnten die Beziehungen zwischen den Vereinigten Staaten und Lateinamerika in eine neue, unerquickliche Phase eintreten. Angesichts dessen, daß in der Verteilung von ökonomischer und politischer Macht im Agrarsektor unzweifelhaft eine überaus konfliktgeladene Ungleichheit bestand, welche die politische Stabilität und den Fortbestand der Hegemonie der Vereinigten Staaten offenkundig bedrohte, ließ sich ein Aufstand am besten dadurch vermeiden, daß man die Bodenreform mittels geeigneter internationaler Abmachungen und Mechanismen in kontrollierbare Kanäle leitete. Das scheint das Ziel der Charta von Punta del Este (1961), dem Gründungsdokument der »Allianz für den Fortschritt«, gewesen zu sein. Die Charta ist ein bemerkenswertes, ja beinahe revolutionäres Dokument, das zum ersten Mal in der jüngsten Geschichte offen von der Bedeutung sozialer und institutioneller Reformen im Prozeß der Entwicklung sprach. Entwicklung war nicht länger eine lediglich ökonomische Angelegenheit – eine Frage von mehr Kapitalinvestitionen, einer geringfügig verbesserten Preis- und Kreditpolitik, von effizienteren Absatzkanälen oder einer besseren Führung der landwirtschaftlichen Betriebe –; man erkannte die Dringlichkeit radikaler Veränderungen in den grundlegenden Institutionen. Da soziale Reformen die neue Basis für den Beginn von Wirtschaftswachstum waren, mußten sie nicht nur mit ihm einher-, sondern ihm vorausgehen.

Natürlich ist dieses Konzept nicht neu. Es ist seit eh und je von Sozialwissenschaftlern und Politikern vertreten worden, sofern sie keine Apologeten eines gegebenen Gesellschaftssystems sind, sondern begriffen haben, daß Fortschritt darin besteht, die Vorteile, die eine Gesellschaft verteilen kann, der größtmöglichen Anzahl Menschen zukommen zu lassen und die institutionellen Barrieren, die ein gegebenes Gesellschaftssystem dagegen errichtet, zu beseitigen. Neu war jedoch, daß dieser Gedanke als leitender Grundsatz in ein internationales Abkommen aufgenommen wurde.[30]

An die oberste Stelle setzte die Charta Agrarreformen. Sie sprach sich für die »wirksame Umgestaltung ungerechter Strukturen und Systeme des Grundbesitzes und der Bodennutzung« mit friedlichen und gesetzlichen Mitteln aus. Damit sollte verhindert werden, daß diese Umgestaltung wie in Kuba und vielen anderen Ländern der Welt in eine Revolution umschlüge. Die Charta errichtete jedoch keine internationale Organisation, die ihre Politik in gleicher Weise durchgesetzt hätte, wie es beispielsweise bei internationalen Warenabkommen geschieht, insofern hier Sanktionen gegen Staaten vorgesehen sind, die sich nicht an das Abkommen halten. Die Bodenreform war zwar zu einem internationalen Vorsatz, aber gewissermaßen noch nicht zu einer internationalen Angelegenheit geworden, und bislang gibt es noch keinen »Weltmarkt« für Bodenreformen. Die Reformen bleiben im wesentlichen ein rein internes Programm; es ist Sache der nationalen Regierungen, sie zu verwirklichen oder sie abzulehnen. Daher können unter den gegenwärtigen Bedingungen keine Sanktionen verhängt werden, obwohl die Charta diese Trennung zwischen nationalen und inter-amerikanischen Angelegenheiten fraglos gemildert hat. Um lateinamerikanische Regierungen zur Annahme dieser Reformen zu bewegen, offerierte sie als Anreiz (oder Ansporn) internationale (sprich: vorrangig nordamerikanische) technische und finanzielle Hilfeleistungen.[31]

Das Verfahren war einfach: Jedes Land, das soziale Reformen durchführte, kam als Empfänger von Hilfeleistungen der »Allianz für den Fortschritt« (sprich: hauptsächlich der Vereinigten Staaten) in Betracht. Für die Vereinigten Staaten bestand für den Fall, daß sich eine *ihrer* Institutionen als Gegner der lateinamerikanischen Bodenreform erwies, keine entsprechende Verpflichtung, Veränderungen vorzunehmen, um die Bodenreform wirksam voranzutreiben. Ebensowenig konnten die lateinamerikanischen Länder derartige Veränderungen durchsetzen, sofern sie sich als notwendig erweisen sollten. Dabei wäre – wie wir noch sehen werden – diese Forderung nicht gerade vermessen gewesen. So hing der Erfolg der Charta davon ab, wie wirksam die »Allianz« ihre Politik von »Zuckerbrot und Peitsche« durchsetzen konnte und welche Bereitschaft die lateinamerikanischen Länder bekundeten, als Gegenleistung für finanzielle und technische Unterstützung eine Bodenreform zu verwirklichen.

Um nicht inkonsequent zu sein, mußten die Vereinigten Staaten, die zu den finanziellen Mitteln der »Allianz« das meiste beisteuerten (wodurch sie bei der Gestaltung des Programms eine entscheidende Stimme erhielten), systematisch an dem Prinzip festhalten: »Keine Reform, keine Unterstützung.« Es besteht jedoch kaum ein Zweifel, daß eine solche einfache und klare Politik gewisse Risiken für die Beziehungen zwischen den Vereinigten Staaten und Lateinamerika mit sich brachte, zumindest in den Augen derjenigen, die nicht wünschten, daß es zu einer grundlegenden Änderung dieser Beziehungen, wie sie damals bestanden und auch heute noch bestehen, komme. Mit anderen Worten, für sie ließ sich der Grundsatz der Charta, der auf dem Papier eine neue Ära der inter-amerikanischen Politik einzuleiten schien, in der die Vereinigten Staaten bei einem fortschrittlichen und liberalen Programm zur Überwindung von Armut und sozialer Ungerechtigkeit die Führungsrolle übernahmen, nicht mit der Realität vereinbaren, wie sie sie sahen. Das offenkundige Dilemma rührte daher, daß sich praktisch alle lateinamerikanischen Länder ständig in einer unsicheren ökonomischen und politischen Lage befinden. Sowohl um wirtschaftliches Wachstum und einen gewissen Anschein von politischer Stabilität aufrechtzuerhalten als auch um wiederkehrende katastrophale Devisenknappheiten zu meistern, sind sie auf direkte und dauernde finanzielle Unterstützung durch das Ausland angewiesen. Ein Entzug der Finanzhilfe für den Fall, daß diese Regierungen keine Reformen einleiteten, konnte – so schien es – gerade die Revolutionen auslösen, welche die Charta vermeiden wollte, oder Regierungen dazu treiben, in anderen Bereichen der Welt Hilfe zu suchen und anzunehmen. (Das könnte im Fall Brasiliens sogar geschehen sein, als Präsident Goulart anscheinend wirklich eine Bodenreform durchführen wollte, so wie die Charta verlangte. Doch bevor er dazu kam, wurde er 1964 durch einen Militärputsch gestürzt, und die finanzielle und militärische Hilfeleistung der Vereinigten Staaten wurde gewährt, ohne daß Reformen stattgefunden hätten.) Man durfte die dauernde Abhängigkeit der lateinamerikanischen Länder von den Vereinigten Staaten nicht dadurch gefährden, daß man auf unbesonnenen Bodenreformen bestand.

So schien es, als ob sich der einfache Mechanismus der »Allianz« politisch nicht durchsetzen ließ. Interpretierten die lateinamerikanischen Länder die Politik der Vereinigten Staaten richtig, so wußten sie, daß die Gefahr, bei Nichterfüllung der Charta, d. h. bei Unterlassung von Bodenreformen, mit dem Entzug von Hilfeleistungen »bestraft« zu werden, real niemals bestand. Die Vereinigten Staaten hatten ein Dokument unterzeichnet, an das sie offenbar nicht ernsthaft glauben konnten. (Als sie sich entschlossen, die Charta zu ignorieren und einer »realistischeren« Politik den Segen zu geben, machten sie sich eine bequeme kurzfristige Alternative zu eigen. Diese »realistische« Politik birgt langfristig unvorhersehbare Konsequenzen in sich, es sei denn, sie könnte den »Hinterhof« der Vereinigten Staaten, in dem die Menschen verhungern, »sanieren«. Ohne Reformen scheint das freilich unmöglich zu sein.)

Der Bruch mit der Charta vollzog sich allmählich und drückte sich auf zwei Ebenen aus: Theoretisch wurde immer weniger Gewicht auf Reformen als einer Vorbedingung für Wachstum gelegt, bis dieses Prinzip schließlich durch ein völlig neues ersetzt worden war. Damit hängt eng zusammen, daß in der Praxis nicht länger Reformen als Vorbedingung für den Empfang von Hilfeleistungen galten. Es kam fast augenblicklich zu einem Zusammenstoß zwischen dem Grundsatz der Charta und dem US-*Business*. Dieses betrachtete Bodenreformen, gleich welcher Art, als subversiv und als Bedrohung der Interessen und Investitionen der USA im Ausland. Auf die Führer der »Allianz« wurde massiv Druck ausgeübt, das Tempo der Reformen zu verringern. Schon bald besichtigten die führenden Persönlichkeiten der »Allianz« auf ihren häufigen Reisen in lateinamerikanische Länder Wohnungsbau- und Bewässerungsprojekte, Fortbildungs- und Wirtschaftsfachschulen sowie mit Mitteln der Allianz finanzierte Produktionsstätten, während sie Bodenreformprojekte und -behörden ignorierten. Die Niederlassungen der nordamerikanischen AID *(Agency for International Development)*, welche die in der Charta formulierten Vorhaben in die Tat umsetzen sollten, zogen sich energisch von Reformanstrengungen zurück, die in den Ländern unternommen wurden, in denen sie operierten. Als Vorwand fungierte die Behauptung, daß diese Länder bislang nur für ganz kleine Bodenreformprojekte *(»pilot projects«)* reif seien. US-Botschafter verkehrten unverblümt mit Großgrundbesitzern oder ihren Organisationen, zweifellos, um ihnen die Gewißheit zu geben, daß die Charta nicht ernst genommen werden sollte.[32]

Diese politische Kehrtwendung wurde in ganz Lateinamerika rasch begriffen, um so mehr, als die einzelnen Regierungen weiterhin von nordamerikanischen oder unter nordamerikanischer Schirmherrschaft stehenden Behörden Darlehen erhielten, ohne Reformen eingeleitet zu haben. Sie erfüllten lediglich gewisse Formalitäten, womit sie den Anschein erweckten, als befolgten sie das Prinzip der Charta. Wie wir gesehen haben, verabschiedeten Regierungen Bodenreformgesetze und organisierten Reformbehörden, um den Schein zu wahren. Die USA nahmen diese ›Bemühungen‹ für bare Münze, ohne ernsthaft zu prüfen, ob denn nun Reformen begonnen würden oder nicht. *Abermals reduzierten sich die Bodenreformen auf die Installierung von Bodenreformgesetzen und -behörden, diesmal aus Gründen, die mit der »Allianz für den Fortschritt« zusammenhängen.* (In bezug auf andere Reformen wurde die Charta genauso schwerwiegend verletzt, so z. B. bei Steuer- und Bildungsreformen, die in Lateinamerika zwar diskutiert, aber niemals wirklich erwogen wurden.)

Es war für die Regierung der Vereinigten Staaten nicht eben schwierig, für die Rechtfertigung ihres nicht erklärten Krieges gegen die Charta Unterstützung zu finden. Selbst in akademischen Kreisen traten Reformgegner zu der Beweisführung an, daß Reformen das Problem der Entwicklung nicht lösen könnten. Ihre Argumente wurden von Gegenreformern in den USA und in Lateinamerika, darunter auch von trägen Reformbehörden, begeistert aufgegriffen. Das populärste Anti-Reform-Konzept amerikanischer Provenienz ist dasjenige, das »aus der Bodenreform die Politik heraushalten« möchte und die Bodenreform als Programm begreift, die wirtschaftliche Leistungsfähigkeit der Landwirtschaft mit Hilfe technischer Experten zu steigern. »Technische Reformen« wurden zur Parole der sechziger Jahre.[33] Das Konzept von der »unpolitischen Reform« mag einigen Leuten plausibel erscheinen, doch ist es nicht minder absurd als die Vorschläge, das Farbigenproblem in den USA dadurch zu lösen, daß man Wohnungsbauprojekte plant (in deren Rahmen die Schwarzen ihre Wohnungen verlieren, statt neue zu erhalten) oder therapeutische Maßnahmen für Schwarze anbietet, die an die weiße Mittelstandsgesellschaft nicht angepaßt sind. Im Gegensatz zu dem, was die Befürworter dieses Konzepts glauben, ist es mit Politik durch und durch gesättigt – allerdings einer Politik des Status quo. In der Praxis sieht das folgendermaßen aus:

Soll die landwirtschaftliche Produktivität gesteigert werden, müssen Techniker eingesetzt werden, welche die Optimalbedingungen festlegen, unter denen Ansiedlungen Erfolg haben können. Diese Bedingungen können nur durch systematische Forschung und unter Verwendung modernster Methoden der statistischen und ökonomischen Analyse (einschließlich Input-Output Modellen) ermittelt werden. Um die zahlreichen Variablen zu erfassen, die in die Gleichung eingehen, und um präzise Antworten zu gewinnen, müßten Elektronenrechner benutzt werden. Ein wichtiger Teil der Analyse besteht darin, die »optimale Bewirtschaftungsfläche« der Parzellen zu bestimmen, die den Nutznießern der Bodenreform zugeteilt werden sollen. Bevor die Forschung beginnt, muß man sorgfältig Informationen über Böden, Wasservorräte, klimatische Verhältnisse, Angebots- und Nachfragebedingungen für die wichtigsten Anbauerzeugnisse des Landes und über die Auswirkungen von Bodenreformprojekten auf Deviseneinnahmen sammeln, ganz zu schweigen von dem Einfluß der Erzeugnisse, die im Rahmen des Projekts angebaut werden, auf Angebot und Nachfrage von Erzeugnissen, für die das nicht zutrifft. (Gerade der Faktor, der hinreichend erforscht ist, nämlich das unerträgliche Gesellschaftssystem und seine Konsequenzen für die *campesinos*, wird in die Berechnungen nicht einbezogen.) Da die meisten dieser Daten nicht verfügbar sind, dauert es einige Jahre, bevor die Techniker eine Antwort auf die gestellten Fragen finden können *und* bevor die *campesinos* vom Land Besitz ergreifen dürfen. Dieser Prozeß muß unzählige Male wiederholt werden, da die Bodenreformprojekte jeweils in Regionen mit anderen Agrarverhältnissen stattfinden. Die Bodenreform wird verzögert.

Selbst die Idealisten der Reform müssen erkennen, daß dieses

Konzept nicht so naiv ist, wie es auf den ersten Blick scheint: Losgelöst vom grundlegenden Problem der Landwirtschaft, dem Problem der sozialen Gerechtigkeit und der Umverteilung von Ressourcen und politischer Macht, benutzt man moderne Forschungsmethoden dazu, gesellschaftliche Veränderungen zu verschleppen. »Technische Reform« zielt darauf ab, den Prozeß der Bodenreform umzukehren. Statt zuerst vermittels umfangreicher Enteignungen und Ersetzung der Latifundien das politische Problem zu lösen (wie in der Charta vorgesehen), schiebt man es hinaus, bis alle Elemente bekannt sind, die für die Reform von Belang sein könnten – zuweilen ad infinitum.

Allerdings sind »technische Reformen« lediglich für die lateinamerikanischen *campesinos* nutzlos. Überaus profitabel hingegen sind sie für die Hersteller von Elektronenrechnern, Händler in Landwirtschaftsgeräten, private Beraterfirmen, Kartographen (es sei denn, die Karten werden von der *U.S. Air Force* erstellt) und vor allem für Agrarökonomen und Professoren der Betriebswirtschaft, die darauf brennen, den neuesten Stand der Ökonometrie und die Prinzipien moderner Buchführung auf die primitiven sozioökonomischen Konflikte der lateinamerikanischen Bauernschaft – die sie dabei freilich außer acht lassen – anzuwenden.

Das Konzept der »technischen Reform« ist mit Leidenschaft verfolgt worden. Die Folgen sind jedoch ausschließlich zu Lasten der *campesinos* gegangen, die seit Generationen die Landarbeit verrichten. In Brasilien beispielsweise gab die Reformbehörde viele hunderttausend Dollar für detaillierte Siedlungsprojekte aus, die von privaten Beraterfirmen jahrelang vorbereitet wurden. In einem Fall stimmte deren Vorschlag, Bauernfamilien auf Parzellen von 24 ha anzusiedeln, genau mit der Zuweisung überein, die zuvor ein (später inhaftierter) verständiger Bauernführer innerhalb weniger Stunden vorgenommen hatte. Die Bauernfamilien hatten von dem öffentlichen Land, auf dem das Projekt durchgeführt werden sollte, Besitz ergriffen und waren dann mit Waffengewalt wieder vertrieben worden. Hier bediente man sich der wissenschaftlichen Forschung, um die ausgezeichnete Kenntnis der Bewirtschaftungsbedingungen, welche die *campesinos* selbst besitzen, gründlich zu ignorieren. Bis heute ist im Rahmen dieses Projekts fast niemand angesiedelt worden.

Ein anderes Projekt hat darin bestanden, daß die Behörden der »Allianz für den Fortschritt« Experten für Bewässerung und landwirtschaftliche Betriebsführung einsetzten, die eigens aus Israel angereist kamen, um Lateinamerikas Agrarprobleme zu lösen. Sie wurden großzügig mit Finanzmitteln der »Allianz« ausgestattet; ihr unpolitischer Ansatz – sie lehnten es ausdrücklich ab, sich mit den sozioökonomischen und politischen Problemen des Bodenbesitzes in den

Gebieten, in denen sie arbeiteten, zu befassen, als ob technische Probleme von den Fragen des Bodenbesitzes getrennt werden könnten – ließ ihre Hilfe und ihr Fachwissen zu einem willkommenen Bestandteil der Gegenreform werden.

Ein löblicher Ansatz, der bei Akademikern in Mode und mit der Methode der »technischen Reform« eng verwandt ist, ist das vereinfachte Konzept, daß Entwicklung vom Bildungsgrad abhängig sei (»Je höher der Bildungsgrad, desto höher das Einkommen des einzelnen«). Diese Auffassung, die von Nationalökonomen der neoklassischen Schule an den amerikanischen Universitäten des Mittleren Westens energisch vertreten wird, übersieht freilich eine Kleinigkeit: Die landbesitzende Elite verhindert systematisch, daß die ländlichen Massen in den Genuß einer Schulbildung gelangen, um sie in Unwissenheit und Armut, Ohnmacht und Abhängigkeit zu halten. Im Gesellschaftssystem der landbesitzenden Elite gibt es für *campesinos* mit Schulbildung keinen Platz und keine Arbeitsstellen.

Die »technische Reform« hat glühende Anhänger unter denjenigen, die behaupten, *daß die Bodenreform den Ertrag und die Produktivität senke.* Wir gingen auf diesen Mythos bereits im Zusammenhang mit der Bodenreformgesetzgebung in Lateinamerika ein, erwähnen ihn aber hier noch einmal kurz, weil auch nordamerikanische Gegenreformer beharrlich diese These propagieren, obwohl es keinen stichhaltigen Beweis für sie gibt. Einige Gelehrte sind geradezu verliebt in sie. Bei den Wortführern dieser Vorstellung findet man folgende Argumentationsweise: Sie schmälern die Bedeutung von Armut, Hunger und ungleicher Verteilung von Ressourcen, Einkommen und politischer Macht in der Landwirtschaft (allerdings gehen sie nicht so weit, sie zu leugnen) und behaupten, daß diese Faktoren für die Lösung des »zentralen« Problems der Landwirtschaft – die Produktivität – relativ unerheblich seien. Gelegentlich legen sie ein gutes Wort für die feudale Agrikultur mit ihren veralteten Produktionsprozessen ein.[34] Sodann übertreiben und rühmen sie die Bedeutung der Handvoll gut geführter Latifundien und ignorieren im gleichen Augenblick, daß die meisten Landgüter unökonomisch und auf einem niedrigen technologischen und betriebswirtschaftlichen Niveau arbeiten.[35] Drittens lassen sie die Leistung der lateinamerikanischen Landwirtschaft insgesamt außer acht. Mit anderen Worten, sie tun so, als ob sie nicht wüßten, daß die lateinamerikanische Landwirtschaft nicht schlechter sein könnte, als sie heute ist. Beweise dafür, daß die Bodenreform zu einer Minderung der Erträge und der Leistungsfähigkeit führt, sind, gelinde gesagt, dünn gesät. In einigen Ländern wurden anfangs weniger Produkte auf den Markt gebracht, weil die *campesinos,* die vor der Bodenreform fast verhungert wären, jetzt einen größeren Anteil selbst konsumierten. Doch dabei handelt es sich nicht um eine Ertragssenkung. Die drei lateinamerikanischen Länder, die schon vor der Gründung der »Allianz für den Fortschritt« ihre traditionelle Bodenbesitzstruktur wirklich umwälzten, legen beredtes Zeugnis dafür ab, daß das landwirtschaftliche Wachstum durchaus aufsehenerregend sein kann, wenn das neue Besitzsystem erst einmal verankert ist. Mexiko ist ein klassisches Beispiel. Bolivien liefert den zuverlässigen Beweis, daß die Indios, die durch die Bodenreform befreit wurden und ehemalige Latifundien in Besitz nahmen, dort die Erträge rasch vervielfachten. Kubas Landwirtschaft ist schnell gewachsen und diversifiziert worden; sogar auf den Zukkerrohrplantagen hat sich die Produktivität erhöht. (In Chile hatte eine jüngst vorgenommene Enteignung und Neuverteilung von schlecht geführten Landgütern ähnliche Ergebnisse, obwohl es sich hier durchaus nicht um eine Bodenreform handelt.) Entsprechende Erfahrungen hat man in Ländern außerhalb Lateinamerikas mit Bodenreformen gemacht. Gleichgültig, wie oft die These, daß Bodenreform den Ertrag senke, wiederholt wird, sie ist eine historische Lüge und kann nicht als ein Argument gezählt werden, das ernsthaft gegen die Reform spricht.

Die »technische Reform« und andere Versuche, Scheinprobleme zu bevorzugen oder die Bodenreform zu verschleppen, hätten weniger Bedeutung erlangt, wenn man am Sinn der Bodenreform, der in der Charta als umfassende Ersetzung der Latifundien und ihre Neuverteilung an die *campesinos* definiert worden war, unbestechlich und mutig festgehalten hätte. Die Charta war unterschrieben und besiegelt; das hätte die Angelegenheit, soweit es die Entwicklungspolitik der Vereinigten Staaten betraf, vorläufig regeln sollen. Statt dessen verblasste der Sinn der Charta in den folgenden Jahren zunehmend, und zwar unter derselben Regierung, welche bei dem internationalen Abkommen ein Vertragspartner gewesen war. Rückblickend scheint es heute, daß es eine geplante, subtile Kampagne gab, die Bodenreform zu zerreden, den progressiven Grundsatz der Charta zu entschärfen, die Aufmerksamkeit von den zentralen Sachverhalten auf periphere Aspekte zu verschieben und die wirklichen Probleme zu bagatellisieren oder sie in ein falsches Licht zu stellen.[36] Es lief fast so ab, als habe sich Madison Avenue* der Sache angenommen und einen Reklamefeldzug gestartet, bei dem man ein Produkt feilbietet und nicht seine Vorzüge, sondern seine Verpackung anpreist, um die Öffentlichkeit zum Kauf zu animieren. Fakten wurden unterdrückt. Man wollte den Eindruck erwecken, daß unter Leitung der »Allianz« in Lateinamerika große Ereignisse stattfänden, obwohl sich die Lage

---

* Madison Avenue in New York ist das Zentrum der amerikanischen Werbeindustrie. *(A.d.Ü.)*

– zumindest in vielen wichtigen Regionen – verschlimmerte. Um die Bodenreform zu diskutieren, organisierten sogar Gruppen, die wegen ihrer engen Verbindungen mit der grundbesitzenden Oligarchie über jeden Verdacht erhaben sind, an einer wirksamen Umgestaltung der Agrarstruktur interessiert zu sein, nationale und internationale Konferenzen und Seminare. Jedermann sprach von Bodenreform und interpretierte sie auf seine Weise.

Eine verbreitete Gepflogenheit ist es, Bodenreform mit Kolonisierung zu verwechseln.[37] Wenn es in Lateinamerika so viel herrenloses Land gibt – so lautet das Argument –, warum siedelt man dann nicht die Millionen von *campesinos* dort an und läßt die wenigen Großgrundbesitzer, die seit Generationen an der Entwicklung ihrer landwirtschaftlichen Betriebe gearbeitet haben, in Ruhe? Auch hier klingt das Argument plausibel, ist aber falsch. (Niemals hat man den Gegenvorschlag gemacht, die Großgrundbesitzer in die unbewohnten Grenzgebiete umzusiedeln, obwohl mit Fug und Recht zu erwarten wäre, daß sie mit ihren akkumulierten Kapitalreserven die ungenutzten Ressourcen dort weitaus schneller und billiger entwickeln könnten als die *campesinos*.)

Die traditionelle Strategie bedeutet, daß man die *campesinos* aus den Gemeinden herausreißt, denen sie seit Generationen angehören und die im Grunde nur von ihnen selbst gebildet werden; daß man sie zwingt, jeglichen Anspruch auf das Land aufzugeben, auf dem oder nahe dem sie aufgewachsen sind; daß man sie in Gebieten mit ungesundem Klima ansiedelt, in denen es keine (oder nur vereinzelt) Straßen, Schulen, Krankenhäuser, Geschäfte und Ärzte gibt. Bei alledem werden sie von der Oligarchie nicht weniger ausgebeutet als zuvor. Und das alles zugunsten einer kleinen Schicht von Besitzern, die oft durch Gewalt oder Betrug in den Besitz des Landes dieser *campesinos* gekommen sind. Kolonisierungsprojekte fungieren im Sinne der Gegenreform, wenn sie als Alternative zur Bodenreform oder als wichtigste Entwicklungsmaßnahme für die Landwirtschaft vorgeschlagen werden.

Schon bald wurde versucht, dieses Konzept in die Praxis umzusetzen. Glücklicherweise lassen sich umfangreiche Kolonisierungsprojekte aus politischen und sozialen Gründen nur sehr schwer verwirklichen; zudem sind sie sehr teuer. Wollte man sie in großem Maßstab betreiben, würde die Oligarchie des wichtigsten Elements beraubt, das sie zum Überleben benötigt, nämlich billiger Arbeitskräfte. Allerdings wurde dadurch, daß man in Theorie und Praxis das Schwergewicht auf Kolonisierung legte, erreicht, was bezweckt worden war: die Aufmerksamkeit von der Bodenreform abzulenken und Bodenreform mit Kolonisierung zu vermengen. Gegenwärtig befassen sich Bodenreformbehörden und andere Regierungsstellen mit einer Handvoll derartiger Projekte, wobei sie in einigen Fällen ausländische Finanzhilfe erhalten, in anderen nicht. Da die meisten Kolonisierungsprojekte fehlschlagen, wird eine Menge öffentlicher Gelder verschwendet, ohne daß dies auf Kritik stieße. Kolonisierungsprojekte sind die Besänftigungsmittel der landbesitzenden Elite und der Gegenreformer in Mittel- und Südamerika. Enteignungen von Latifundien zum Zweck einer authentischen Bodenreform hingegen sind ebenso rar wie Skelette aus der Neandertalzeit. Nur intelligente Beobachter – und natürlich die *campesinos* selbst – bemerken, daß sich an der Agrarstruktur nichts geändert hat. Bei der Anwendung dieser Strategie übernahm Kolumbien die Führung, es gab einen erheblichen Anteil seiner Ressourcen für Publicity-Kampagnen aus. Gleiches geschieht bei der Vergabe von Eigentumstiteln. Es gibt in ganz Lateinamerika Hunderttausende von Kleineigentümern, die ein Stück Land bebauen, ohne darauf einen Rechtstitel zu besitzen. Nicht als ob sie es darauf anlegten, gefährlich zu leben! Das mangelnde Interesse oder die Unfähigkeit ihrer Regierungen, die Situation zu kontrollieren, und das Vorgehen der landbesitzenden Elite zwingen ihnen diesen unsicheren Status auf. Daß Eigentumstitel fehlen, ermöglicht es den Großgrundbesitzern, die Kleineigentümer ungestraft vom Land zu vertreiben. Der unsichere Status der *campesinos* ist ein integraler Bestandteil der auf dem *latifundismo* beruhenden Landwirtschaft, und das Fehlen von Eigentumstiteln ist davon lediglich ein Ausdruck. Selbst wenn alle *campesinos* ohne Rechtstitel eine Besitzurkunde erhielten, veränderte das schwerlich die Agrarstruktur. Eigentumstitel haben ihren Sinn, doch das Bodenmonopol oder die politische Macht der landbesitzenden Elite korrigieren sie keineswegs. Trotzdem wird die Vergabe von Titeln fälschlicherweise den Bodenreform-Errungenschaften zugeschlagen. Es beruhigt die Gegenreformer, wenn sie Millionen von *campesinos* als Nutznießer der Bodenreform aufzählen und die Öffentlichkeit so über die Veränderungen in der Landwirtschaft Lateinamerikas täuschen können. Man bedenke folgendes Zitat aus einer Publikation, die im Juli 1968 unter dem Titel *The Role of Agrarian Reform in Latin American Progress* von U.S. Department of State herausgegeben wurde. Hier behauptete der stellvertretende U.S.-Koordinator der »Allianz für den Fortschritt«:

»Seit Gründung der Allianz für den Fortschritt im Jahr 1961 sind in Lateinamerika rund 700 000 Familien auf eigenem Grund und Boden angesiedelt oder umgesiedelt [sic] worden. Etwa 450 000 Familien haben einen Rechtstitel auf ihr Land erhalten. Insgesamt haben 3,6 Millionen Menschen von Siedlungs- und Ansiedlungsprogrammen profitiert.«

Zum ersten offiziellen Bruch mit dem Grundsatz der Charta kam es durch einen neuen Gedanken, der von W. W. Rostow, dem damaligen Vertreter der USA im Inter-amerikanischen Komitee der »Allianz für den Fortschritt« (CIAP) vorgetragen wurde. Es handelt sich um einen Gedanken der Gegenreform par excellence. Rostow versuchte, die klare Sprache der Charta in bezug auf ungerechte Systeme des Grundbesitzes durch vage Verweise auf eine »Modernisierung des Landlebens« zu ersetzen. Begriffe wie »Bodenreform« oder »ungerechte soziale Verhältnisse« wurden fallengelassen. Statt dessen betonte man in einer Weise, die es erlaubt, von einer politischen Direktive zu sprechen, die Modernisierung von »Absatzvereinbarungen und -institutionen« – anstelle einer Modernisierung von Grundbesitzstrukturen. In einem neuen Dokument, das 1967 auf dem Treffen der amerikanischen Staatschefs in Punta del Este unter dem Namen *Erklärung der Präsidenten Amerikas* veröffentlicht wurde, gab man die Bodenreform mit einem Seufzer der Erleichterung auf (zwar nicht de jure, denn die Charta von 1961 ist nach wie vor in Kraft, aber de facto) und setzte an ihre Stelle eine neue Politik für die ökonomische und soziale Entwicklung der lateinamerikanischen Länder, den Lateinamerikanischen Gemeinsamen Markt. Das bezeichnete eine grundlegende Wende in der offiziellen Politik. Diese befaßt sich heute vorrangig mit dem Wachstum des industriellen und kommerziellen Sektors und der Verbesserung der Zölle und Zollabgaben, der Standardisierung von Produkten oder der Zuteilung von Märkten. Das ist für Lateinamerikas *campesinos* – wenn überhaupt – von geringem Interesse und bringt ihnen aller Wahrscheinlichkeit nach nicht den geringsten Nutzen. Nun, da der gemeinsame Markt den Segen der USA erhalten hat, die in ihm einen Mechanismus zur Befestigung der Kontrolle über die Wirtschaft Lateinamerikas erblicken, läßt sich das Konzept ohne größere politische Kontroversen verwirklichen. Praktisch hat sich die Frage der Bodenreform also erledigt – zumindest vorläufig.[38]

Worauf also beruht die Macht der landbesitzenden Elite? Was ermöglicht es ihr gegenwärtig, die *campesinos* brutal und wirksam zu unterdrücken? Könnte die landbesitzende Elite eine Gesellschaftsordnung aufrechterhalten, die nur ihren Interessen dient, wenn ihr lediglich die Ressourcen des eigenen Landes zur Verfügung stünden? Es ist deutlich geworden, daß die Reformen, die in ganz Lateinamerika bitter notwendig sind, mit Hilfe der Vereinigten Staaten abgewendet worden sind. Diese verfolgten eine Politik, die sich eindeutig gegen die Reform richtete und, wie wir gesehen haben, mit der Politik und den Wünschen der landbesitzenden Elite übereinstimmte, ja, ihnen Nachdruck verlieh. Zu den zivilen Anstrengungen, die unter der korrumpierten »Allianz für den Fortschritt« unternommen wurden, muß man die militärische und paramilitärische Unterstützung hinzuzählen. (Das meinte der Unterstaatssekretär für Inter-amerikanische Angelegenheiten vielleicht, als er erklärte: »Wir müssen die Allianz als eine Union für umfassende Entwicklung begreifen und dürfen uns nicht gestatten, sie nur im Zusammenhang mit wirtschaftlichen Zielen zu sehen.«[39]) Aus den detaillierten Aussagen, die 1967 und 1968 vor dem U.S. Senate Committee on Foreign Relations gemacht wurden, und aus anderen Quellen geht hervor, daß die lateinamerikanischen Länder genügend, ja vermutlich sogar mehr als genügend Waffen und andere Militärhilfe empfangen haben, um ihre Regierungen in die Lage zu versetzen, sämtliche Reformbestrebungen endgültig zu unterdrücken.[40] Der mexikanische Nationalökonom Edmundo Flores drückt den Sachverhalt wie folgt aus:

> »Es gab keine weiteren Kubas in Lateinamerika (allerdings gab es die böse Geschichte mit der Dominikanischen Republik). Doch anders als beim Marshall-Plan wurde dieser Erfolg nicht mittels Entwicklung, Erhöhung des Beschäftigungsgrades und des Lebensstandards oder durch Beeinflussung erzielt, welche bewirkte, daß sich die Menschen vom Kommunismus abkehrten und einer anderen Form der gesellschaftlichen Organisation zuwandten. Er wurde erzielt, weil der Durchsetzung der ökonomischen Ziele der Allianz mit militärischer Gewalt nachgeholfen wurde, Aufstände und Revolutionen wurden um jeden Preis unterdrückt. Wenn wir vom Erfolg oder Fehlschlag der Allianz sprechen wollen, müssen wir auch die Politik berücksichtigen, die vom Pentagon, der RAND Corporation, der CIA und anderen Stellen betrieben wurde, die in den letzten Jahren in Lateinamerika eine große Wirksamkeit entfaltet haben.«[41]

Die entscheidende Frage ist natürlich nicht, ob diese Hilfe vom Standpunkt der USA oder der lateinamerikanischen Regierungen aus groß oder klein gewesen ist. Hilfe wurde vorrangig geleistet, um die innere Sicherheit zu gewährleisten und den Einfluß der Kubanischen Revolution einzudämmen. Die entscheidende Frage ist, ob es mit dieser Hilfe gelungen ist, die Überlegenheit der landbesitzenden Elite und ihrer Verbündeten, die zur Aufrechterhaltung des Status quo notwendig ist, zu etablieren oder zu bewahren. Eine brauchbare Arbeitshypothese ist, daß die grundbesitzende Oligarchie ohne die Vereinigten Staaten nicht in der Lage gewesen wäre, sich den Forderungen der Bauernschaft nach mehr Land, einem größeren Anteil am Nationaleinkommen, mehr sozialer Gerechtigkeit und größerer politischer Macht zu widersetzen. Es hätte durchaus geschehen können, daß sie in einigen oder sogar in allen Ländern aus dem Agrarsektor verschwunden wäre. Mit dem gleichen Grad an Realismus können wir die Hypothese wagen, daß die Vereinigten Staaten durch ihre Politik und ihre Unterstützung das Kräfteverhältnis zugunsten der landbesitzenden Elite verschoben haben. Betrachten wir nur die Landwirtschaft, so ist offenkundig, daß die landbesitzende Elite angesichts der Massen von zumeist unorganisierten und unbewaffneten (oder bestenfalls schlecht bewaffneten) *campesinos* ihre überlegene Stellung einfach und billig halten kann. Mit Hilfe einiger moderner Waffen läßt sich das »Gleichgewicht des Ungleichgewichts«, das infolge der Unzufriedenheit der *campesinos* ins Wanken zu geraten droht, leicht wiederherstellen.

In Wirklichkeit haben die Vereinigten Staaten sowohl indirekte als auch direkte militärische und paramilitärische Hilfe geleistet: ersteres durch den Verkauf von Waffen, durch die Ausbildung von Polizei- und *Counterinsurgency*-Kadern und durch Geheimdienstberichte über Bauernbewegungen; letzteres durch direkte Teilnahme von US-Personal. Das erste Verfahren ist Teil eines stehenden Programms, das zweite wird sporadisch angewandt – ich erinnere an die Intervention in der Dominikanischen Republik oder den Einsatz amerikanischer Piloten und Waffen bei der Bekämpfung der großen Bauernaufstände Anfang der sechziger Jahre in Peru.

Die »Allianz für den Fortschritt« erweckte erhebliche Hoffnungen, daß die USA die Führung übernehmen und ihren bedeutenden Einfluß benutzen würden, um die ökonomischen und sozialen Verhältnisse in der Landwirtschaft ganz Lateinamerikas zu verbessern. Diese Hoffnungen sind nicht erfüllt worden. Manche Leute behaupten, die Amerikaner seien gegen Bodenreformen, weil von der Enteignung von Grundbesitz auch einige US-Investoren betroffen sein könnten.[42] Ein Experte drückte dies so aus:

> »Mir ist nicht klar, wie wir die lateinamerikanischen Regierungen überzeugen können, daß es uns ernst damit ist, ihre internen Reformen zu unterstützen, wenn wir uns hinstellen und sagen: ›Wenn Ihr aber in Euren Ländern US-Besitz anrührt, werden wir Euch nicht helfen. Wir werden unsere Hilfeleistungen augenblicklich einstellen.‹ Mir erscheint das völlig unsinnig. [...] Nahezu jedesmal, wenn wir auf eine Regierung treffen, die wirklich fortschrittlich ist, drohen wir mit der Parole ›Tastet das Privateigentum nicht an‹ und stehen kurz davor, die *Marines* zu entsenden, um die Interessen zu schützen, die wir für die Interessen der USA halten. Wir neigen dazu, einige private US-Interessen mit dem nationalen Gesamtinteresse in diesen Ländern gleichzusetzen.«[43]

(Dieses Argument erhält zusätzliches Gewicht durch die immer wiederkehrenden Berichte, daß US-Investoren in Brasilien und anderswo systematisch ganze Landstriche aufkaufen. Dabei handeln sie, vielleicht unbewußt, im Sinne der Gegenreform.) Möglicherweise ist die oben zitierte Erklärung zu eng gefaßt. An der großen Gegenreform in den Vereinigten Staaten sind auch nordamerikanische Industrie- und Handelsfirmen beteiligt (von denen einige landwirtschaftliche Exportgüter aufkaufen und verarbeiten), die wenig oder überhaupt nicht in landwirtschaftlichen Grundbesitz investiert haben, doch weitaus stärker als die reinen Grundbesitzer daran interessiert sind, daß der Status quo in der Landwirtschaft sowie die Absatz- und

Exportkanäle bewahrt bleiben. Auch sie »setzen ihre privaten Interessen mit dem nationalen Gesamtinteresse in diesen Ländern gleich«. Ebensowenig wie von den lateinamerikanischen Großgrundbesitzern kann man von nordamerikanischen Investoren und Geschäftsleuten mit Grundbesitz oder kommerziellen und industriellen Interessen in Lateinamerika erwarten, daß sie ihren Besitz im Stich lassen. Nur das kann erklären, warum die Gegenreform der sechziger Jahre Rückendeckung erhielt, warum man von einer nordamerikanischen Unterstützung der Bodenreform in Lateinamerika so wenig hörte und hört und warum man beschloß, die Probleme, die den Anstoß zur Reform gegeben hatten, auf militärische Weise zu lösen. Die nationale Politik der USA müßte gründlich revidiert werden, um in Lateinamerika Bodenreformen zu gestatten und gleichzeitig das U.S.-Business zu zwingen, die Folgen zu akzeptieren. In Wirklichkeit unterstellt man, daß eine Bodenreform in Lateinamerika die wirtschaftliche Vormacht der Vereinigten Staaten in Lateinamerika auf allen Ebenen bedrohe. Wir halten das für ein kurzsichtiges Konzept. Doch die Geschichte setzt sich zusammen aus den Maßnahmen, den Programmen und den Handlungen kurzsichtiger Menschen. Es gereicht nicht zuletzt den Vereinigten Staaten zur Schande, daß mit ihrer Hilfe den *campesinos* Lateinamerikas – so wie es heute aussieht – auch in der nächsten Generation Gewalt, Entbehrung, Hunger und Unterdrückung bevorstehen.

Anmerkungen

1 Das geschah z. B. in Rußland nach der Revolution von 1905. (Vgl. G. Tanquary Robinson, *Rural Russia under the Old Regime*, Berkeley 1967, Kap. X-XII.) Auch in Mexiko geschieht es seit 1940 auf mehr oder weniger offene Weise.

2 Für manche Grundherren bedeutet Reform die Elektrifizierung auf dem Lande oder mehr Finanzhilfe für sie selbst. Einige haben sich nach eigener Aussage sogar auf die Bodenreform gefreut, weil sie hoffen, daß diese mehr Industrie in ihren Landesteil bringen werde!

3 Die Bodenreformgesetze sind nicht deshalb so schlecht, weil es etwa an Erfahrung mangelte. In Brasiliens Geschichte gab es viele Dutzend Gesetzeswerke zur Bodenreform. In Chile bereitete die Christdemokratische Partei 1962 ein kurzes, prägnantes Gesetz vor; doch als sie einige Jahre später an der Macht war, stand sie Pate für ein kompliziertes, weitschweifiges Gesetzeswerk. Dieses wurde verabschiedet und ist heute (1968) in Kraft. Es läßt sich nur schwer anwenden.

4 Zuweilen hört man die Behauptung, daß Regierungen tatsächlich eine beachtliche Reform der bestehenden Agrarstrukturen bewirken könnten, sofern sie bereit wären, die Gesetze voll auszuschöpfen. Diese Behauptung läßt sich nicht einfach von der Hand weisen. Es gibt jedoch keine Erfahrungen, mit der sie bewiesen oder

widerlegt werden könnte. Bis jetzt hat es kaum einen Unterschied gegeben zwischen denjenigen Regierungen, die für die »Bodenreform«-Gesetzgebung mit ihrer eingebauten Gegenreform verantwortlich sind, und denjenigen Regierungen, denen die Durchführung der Gesetze zufällt. Mit anderen Worten: Bis jetzt hat noch keine Regierung die Bereitschaft gezeigt, bei der Anwendung der Gesetze und der Bodenreform bis zur äußersten Grenze zu gehen.

Die mangelhaften Gesetzestechniken und die Tatsache, daß sich die Gesetzesbestimmungen nicht eindeutig interpretieren lassen, bergen natürlich einen Vorteil in sich: Eine Regierung, die bereit wäre, bis zur äußersten Grenze zu gehen, könnte die Gesetzgebung, wo immer es möglich ist, zugunsten der *campesinos* und zum Nachteil der Grundherren auslegen – sofern sie mit der Unterstützung der Gerichte rechnen kann. Die einzige Alternative bestünde darin, die Unterstützung der Gerichte zu erzwingen – doch eine Regierung, die bereit wäre, so weit zu gehen, müßte sich von vornherein nicht an die Gesetzgebung gebunden fühlen.

5 Auf die Rolle der Allianz für den Fortschritt werden wir später eingehen.

6 In einigen Fällen wurde die Bodenreformgesetzgebung vom Präsidenten erlassen.

7 Natürlich besteht eine Verbindung zwischen diesem Charakteristikum und anderen, wie z. B. den komplizierten und zeitraubenden Prozeduren der Landverteilung und Ansiedlung der *campesinos*. Diese erfordern qua Gesetz und aufgrund der Maßnahmen, welche die Reformbehörden ergreifen, viel Zeit, Mühe und Personal. Wir können diese Einzelheiten hier nicht untersuchen, doch sind sie ein Beweis dafür, daß die Gesetzgeber nicht an eine durchgreifende Bodenreform dachten, sondern bestenfalls an allmähliche, bruchstückhafte Korrekturen der Grundbesitzstruktur, die erst nach Jahren abgeschlossen sein würden.

8 Wir sprechen hier vom Fehlen neuer Kapitalinvestitionen, nicht vom Wertzuwachs des Bodens, der aus der zunehmenden Bodenknappheit, dem Bevölkerungsdruck und der Inflation folgt.

9 Dieses Gesetz gibt der Bodenreformbehörde keine Richtlinien für die Interpretation dieser verschwommenen Klausel an die Hand. Vermutlich kann die Behörde es nach Gutdünken interpretieren. Zweifellos könnten die Grundherren jedoch mit guten juritischen Gründen gegen die Enteignung von privatem Grund und Boden Einspruch erheben. Sie müßten nur auf die ausgedehnten unbesiedelten Grenzgebiete verweisen, die für die »Bodenreform« und zur Verteilung an die *campesinos* zur Verfügung stehen.

10 Man darf keinesfalls übersehen, daß die Gegenreformer in letzter Zeit behaupten, der offenkundige Mißerfolg der Bodenreform in Mittel- und Südamerika liefere den Beweis, daß die Bodenreform ungeeignet sei, die Probleme der Landwirtschaft zu lösen. Dieses machiavellische Argument wird häufig in Dokumenten angeführt, die nachzuweisen versuchen, daß in Zukunft kein Anlaß zur Sorge bestünde, sofern nur mehr Großgrundbesitzer ihre Betriebsführung und ihr technologisches Niveau verbesserten und sofern ihnen nur mehr Produktionsmittel zur Verfügung gestellt würden. Mit keinem Wort wird hier erwähnt, daß die Bodenreform sabotiert worden ist.

In diesem Zusammenhang ist auch die Feststellung interessant, daß viele Gegenreformer behaupten, die »Bodenreform« schaffe lediglich noch mehr Minifundien. Das ist natürlich ein boshaftes Argument, doch spiegelt es genau die Realitäten des Landlebens in Lateinamerika wider, wo die »Bodenreform« von der landbesitzenden Elite selbst durchgeführt wird. Eine *echte* Bodenreform unternähme den

Versuch, die Minifundien zu beseitigen (obwohl es ihr vielleicht – zumindest in absehbarer Zukunft – nicht gelänge, das Minifundienproblem restlos zu lösen, denn es ist ein sehr großes Problem). Sie gäbe den Bauernfamilien nicht nur genügend Land und unterstützte sie mit Krediten, besseren Absatzmethoden usw., sondern organisierte auch große landwirtschaftliche Kooperativen oder Kollektive. Doch die lateinamerikanische Bodenreform könnte tatsächlich dazu führen, daß weitere Minifundien geschaffen werden: Da unter der gegenwärtigen Reformgesetzgebung für die Bodenreform nur wenig Land zur Verfügung steht, neigen die Reformbehörden dazu, im Rahmen ihrer »Bodenreform«-Projekte so viele Bauernfamilien wie möglich auf eigenen Parzellen zusammenzupferchen. Aus einer Reihe von Gründen sind viele dieser Projekte von Anfang an zum Fehlschlag verurteilt; dazu zählen unter anderem die hohe Anfangsverschuldung (da die Siedler für das Land zahlen müssen), schlechte Böden und eine Marktstruktur, die für Kleinproduzenten ungünstig ist.

11 Die Gesetzesbestimmung, von der die Rede ist, verfährt mit landwirtschaftlichen Aktiengesellschaften, als handle es sich hierbei um mehrere Betriebe, deren Zahl und Größe sich nach der jeweiligen Anzahl der Anteilhaber und ihrer Anteile richtet. Da laut Gesetz jeder »Besitzer eines landwirtschaftlichen Betriebes« einen Teil desselben für sich beanspruchen kann, verringert sich der Gesamtbetrag des Bodens, der enteignet werden kann, enorm und kann sogar gleich Null werden. Unter Umständen kann auch die Enteignungsprozedur so kompliziert werden, daß sie sich nicht in die Tat umsetzen läßt.

12 Man kann dieses Argument auch so ausdrücken (wir zitieren aus einer Rede, die ein hoher US-Beamter vor kurzem gehalten hat): »Ein intelligentes Agrarreformprogramm durchzuführen heißt nicht, die großen privaten landwirtschaftlichen Betriebe [in Lateinamerika] unterschiedslos zu enteignen, ohne ihre Leistungsfähigkeit zu berücksichtigen. Ganz im Gegenteil: es heißt, daß man nur die Ländereien enteignet und verteilt, die überhaupt nicht oder nur unrentabel bewirtschaftet werden.«

Genau dieses Argument spielt der landbesitzenden Elite in die Hände. Was z. B. hinderte einen Grundherren daran, sofern sein landwirtschaftlicher Betrieb »überhaupt nicht bewirtschaftet« wäre, ein paar Dollar zu investieren, etwas Vieh auf sein Land zu stellen und sich so aus dem Reformprogramm herauszuhalten?

13 Die Bedingungen, zu denen das Land den *campesinos* überlassen wird, ermöglicht es ihnen bestenfalls, für sich und ihre Familie Nahrungsmittel zu produzieren. In den meisten Fällen stellen die Parzellen eine Belastung für die *campesinos* dar. Die Böden sind ausgelaugt, und weder die Großgrundbesitzer noch sonst jemand stellen Zeit und Geräte für den Anbau zur Verfügung. Meistens ist die Parzelle nur ein Stück Land, auf dem *campesinos* leben können.

14 Kolumbien hat gegenwärtig »im Namen der Bodenreform« eine ähnliche unsoziale Maßnahme in großem Format aufgegriffen. Angesichts der Bedingungen, unter denen sie in die Tat umgesetzt werden kann, kann sie den *campesinos* nur in hohem Grade schaden. Ecuadors Bodenreformerlaß (1964) bestimmt, daß kleine Pächter, die Land, das Großgrundbesitzern gehört, mit eigenen Mitteln bestellt und verbessert haben, *vier Jahre nach* Verkündung des Erlasses die Enteignung dieses Stücks Land beantragen können. Das läßt den Besitzern reichlich Zeit, Gegenmaßnahmen zu ergreifen und das Land von den Pächtern zu säubern, so wie es in Peru geschah. Hätte man diese Gesetzgebung ernst gemeint, wären die Pächter mit Unterzeichnung des Erlasses zu Eigentümern erklärt worden.

15 Angesichts der hohen Arbeitslosigkeit in den ländlichen Gemeinden besteht

keine Gefahr, daß die Quelle des Angebotes an Arbeitskräften versiegen könnte.

16 Wir gehen hier nicht auf die großen Bodenreformen in Guatemala (wo in kaum mehr als einem Jahr 100 000 *campesinos* von der Bodenreform profitierten, doch nach dem Sturz der Regierung Arbenz ihre Parzellen wieder verloren) und Bolivien ein. Beide fanden in der Zeit vor Gründung der Allianz für den Fortschritt statt.

17 Statistiken über Errungenschaften der »Bodenreform« sind so gut wie nie erhältlich. Die meisten Bodenreformbehörden veröffentlichen Angaben, in denen Errungenschaften der Bodenreform im eigentlichen Sinne (nämlich die Neuverteilung enteigneter Landgüter), Kolonisierung, Legalisierung der Inbesitznahme von privatem oder öffentlichen Land durch die *campesinos*, Vergabe von Eigentumstiteln und andere Aktivitäten hoffnungslos durcheinandergewürfelt sind, um die Öffentlichkeit zu verwirren. In den meisten Ländern profitieren pro Jahr höchstens einige hundert *campesinos* von einer echten Bodenreform. In einigen Ländern ist ihre Zahl fast gleich Null; und in einigen Ausnahmefällen beträgt sie in den Anfangsjahren der Bodenreformgesetze und -behörden einige Tausend. In Brasilien erhielten seit 1964 nur etwa 330 Familien Land – und das nicht einmal unbedingt auf privaten Landgütern! In Kolumbien, wo eine kostspielige Propagandamaschine in Gang gesetzt wurde, um glauben zu machen, daß eine Bodenreform durchgeführt werde, erwarb die Reformbehörde 2,3 Mio Hektar Land. Davon wurden allerdings 2 Mio Hektar in Übereinstimmung mit einem älteren Gesetz (1936) erworben, das die Regierung dazu ermächtigt, ungenutztes Land in Privatbesitz zu konfiszieren, und nur etwa 44 000 Hektar von vermutlich privatem Großgrundbesitz wurden »enteignet«. Aus keiner der veröffentlichten Zahlen geht hervor, ob das gesamte »erworbene« Land tatsächlich an die *campesinos* überging und wieviele Bauernfamilien davon profitierten. Die »Reform« in Kolumbien ist offensichtlich sehr klein.

Die Statistiken alleine verraten noch nicht alles. Gewöhnlich erhalten die Nutznießer der »Bodenreform« zweit- oder drittrangige Böden im Hinterland. So hat außer Kuba, Bolivien und Mexiko kein lateinamerikanisches Land auch nur im entferntesten eine echte Bodenreform durchgeführt.

18 Auch in Venezuela begann man mit der Reform, bevor die Allianz für den Fortschritt ins Leben gerufen worden war. Den jüngsten Informationen zufolge scheint es allerdings, daß sich die Behauptung Venezuelas, im Rahmen seines Bodenreformprogramms über 100 000 *campesinos* angesiedelt zu haben, nicht aufrechterhalten läßt.

19 Wir übersehen hier nicht, daß die Direktoren der Reformbehörden von der regierenden Partei ernannt werden. Doch infolge der politischen Konstellation im Lateinamerika der sechziger Jahre repräsentiert die regierende Partei, wie sie auch heißen mag, in der Regel die landbesitzende Elite.

20 Hinzufügen muß man, daß die Gesetze, in denen die Quellen der Geldmittel, die den Reformbehörden zustehen, näher benannt werden, deren Ressourcen durchwegs auf ein ganz kleines Bodenreformprogramm und nicht auf eine »wirksame Umgestaltung ungerechter Strukturen und Systeme des Grundbesitzes und der Bodennutzung« zugeschnitten haben. Die Etatbestimmungen der Gesetze spiegeln am besten die unüberbrückbare Kluft wider, die sich zwischen den tatsächlichen Erfordernissen einer Bodenreform und der Vorstellung, welche sich die Gesetzgeber davon machen, auftut.

21 Nachdem dieses Landgut noch vor der Bodenreformgesetzgebung von Indio-Gemeinden in Besitz genommen worden war, wurde es enteignet, und die Reform-

behörde übernahm das Projekt in der Folge.

22 In Kolumbien beispielsweise behauptete die Reformbehörde in einem ihrer Jahresberichte, daß nicht die Latifundien, sondern der kleine Grundbesitz das Problem des Grundbesitzes ausmachten. Man muß kein überzeugter Reformer sein um zu wissen, daß das Problem der Kleinbauern in Lateinamerika aus der Tatsache folgt, daß die landbesitzende Elite eine hermetische Kontrolle über den Boden ausübt.

23 Der *London Economist* berichtete vor kurzem, daß sich in Peru die Agronomen der Reformbehörde weigern, mit Überlandbussen zu fahren, weil diese gewöhnlich mit Indios vollgepackt sind.

24 Daß die *campesinos* zur Gewalt greifen, ist keine Erfindung der sechziger Jahre; es geschah sporadisch in der gesamten jüngeren Geschichte Lateinamerikas. Grund dafür war zumeist die Art und Weise, in der Großgrundbesitzer zu einem Großteil ihres Bodens kamen: dadurch, daß sie Gemeinden und einzelne Bauern beraubten.

25 *Asociaciones Agropecuarias Americanas Amigas*. Wie eine Quelle berichtet, haben sie ihr Hauptquartier in Chicago.

26 Argentinien, Brasilien, Bolivien, Haiti, Paraguay, El Salvador, Nicaragua und Honduras. Seit obiges geschrieben wurde, sind noch zwei weitere Länder, nämlich Peru und Panama, hinzugekommen.

27 Peru, Venezuela, Ecuador, Guatemala und die Dominikanische Republik. Vgl. jedoch die vorhergehende Anmerkung.

28 Costa Rica, Uruguay, Panama, Kolumbien und Chile. Vgl. jedoch Anm. 26. Der Begriff »unpolitische stehende Heere« ist wohl falsch gewählt. 1968 spielte die Nationalgarde von Panama eine aktive Rolle, als es darum ging, einen vom Parlament angeklagten Präsidenten zu schützen, und einige Monate später stürzte sie einen gewählten Präsidenten. In Kolumbien bekämpft die Armee subversive Aktivitäten auf dem Land und ist zeitweise in Guerillakämpfe verwickelt. Es steht außer Frage, daß es sich in beiden Fällen um politische Aktivitäten handelt.

29 Edwin Lieuwen, *The Latin American Military (Survey of the Alliance for Progress, A Study prepared at the Request of the Sub-Committee of American Republics Affairs of the United States Senate Committee on Foreign Relations*, 90th Congress, 1st Session, Washington, D.C., 1967).

30 Wir haben die entsprechende Stelle in der Charta weiter oben im Wortlaut wiedergegeben.

31 In den folgenden Jahren erwies sich, daß es leichter war, die lateinamerkanischen Regierungen abzuschrecken, ja sogar effektiv davon abzuhalten, Reformen durchzuführen, als sie dazu anzuspornen. Unter den herrschenden Bedingungen bewirkten die von der Allianz festgesetzten Mechanismen gerade das Gegenteil von dem, was sie erreichen sollten, und die einzelnen Länder erhielten Auftrieb, keine Reformen durchzuführen.

32 W. Thiesenhusen und M. Brown: »Wenn wir [die Vereinigten Staaten] wirklich eine Reform wollen, kommen wir nicht umhin, Regierungen zu unterstützen, welche den US-Beamten gelegentlich unangenehm sind.« Thiesenhusen und Brown behaupten, daß sich viele Beamte nicht für die Bodenreform begeistern können, weil sie das Eigentumsrecht nicht angetastet sehen wollen. (In: *Problems of Agriculture, Survey of the Alliance for Progress*, a.a.O., 22. Dezember 1967, S. 17 f.)

33 Ein hervorragendes Beispiel ist *Latin American Agricultural Development and Policies (International Studies in Economics*, Monographie Nr. 8, Department of

Economics, Iowa State University, Ames, September 1968), eine Aufsatzsammlung, in welcher der Begriff »Bodenreform« sorgfältig vermieden wird. Die Autoren sind anscheinend der Auffassung, daß häßliche Gespenster wie ländliche Armut, soziales Unrecht, Gewalttätigkeit auf dem Lande sowie die Auswirkungen dieser Faktoren auf die Leistung der Landwirtschaft sich in Wohlgefallen auflösen werden, sofern man sich nur an Produktivität, Herausarbeitung von Prioritäten, Investitionen in die *campesinos* (Bildung), Verbesserung von Absatzkanälen und ähnliche nicht-kontroverse Begriffe hält. Unter neun Verbesserungsvorschlägen für die Landwirtschaft wird »Produktivitätssteigerung« an erster Stelle genannt, Bodenreform hingegen überhaupt nicht. In diesem Punkt scheinen die Ökonomen, die sich den Anschein von objektiven Wissenschaftlern zu geben versuchen, schlicht »Arglose im Ausland« zu sein (*A.d.Ü.:* Im Original »Innocents Abroad«, Anspielung auf das gleichnamige Werk von Mark Twain).

Selbstverständlich ist die Monographie Nr. 8 alles andere als arglos. Sie schließt Bodenreform deshalb von ihren Vorschlägen aus, weil sie diese in dem kurzen Abstecher, den sie diesem kontroversen und unangenehmen Thema widmet, als vollständigen Fehlschlag darstellt (»Bodenreform ist schlecht für die *campesinos*«) – ohne natürlich die Gründe für diesen Fehlschlag anzugeben. Diese Einstellung erinnert an die Geschichte von dem Mann, der seine Schwiegermutter die Treppe hinunterstößt und dann fragt: »Mutter, warum rennst du denn so?«

34 Ein Professor in den Vereinigten Staaten, dessen Meinung in seinem Fachgebiet (Agrarökonomie) einiges Gewicht besitzt, erklärte sinngemäß, daß, solange in Brasilien geeignete Arbeitsmöglichkeiten außerhalb der Landwirtschaft so rar seien, die feudalen Traditionen vermutlich ein sozialer Reingewinn seien, obschon dadurch wohl keine maximalen Einkommen für Arbeiterfamilien erzielt werden könnten [als ob es unter den gegebenen Umständen darum ginge!]. Ferner erklärte er, daß Brasilien jenen Grundbesitzern zu erheblichem Dank verpflichtet sei, welche die Grundlagen für Ansiedlungen schaffen und die landwirtschaftlichen Ressourcen des Landes entwickeln und verbessern; daß die Agrarreform dem Lande einen Bärendienst erweisen werde, sofern sie nicht jene großen Grundeigentümer schütze, die diese wesentliche Rolle übernehmen und daß die Agrarreform mit einer drastischen Reorganisation und weitaus besseren Finanzierung des Landwirtschaftsministeriums beginnen solle! (W. H. Nichols und R. Miller Paiva, *The Structure and Productivity of Brazilian Agriculture*, in: *Journal of Farm Economics*, Mai 1965). In Europa hielt man derartige Auffassungen bereits zur Zeit der Französischen Revolution für überholt.

35 Selbstverständlich ist die Landwirtschaft für die meisten Großgrundbesitzer kein unrentables Geschäft. Die Preise für Agrarprodukte sind im großen und ganzen günstig, die Kosten sind niedrig und der Grundstückswert steigt weiter, was den Besitzern unverhofft Gewinne bringt.

36 Man nehme die jüngst erschienene Veröffentlichung einer US-Behörde über Brasilien. Hier wird behauptet, daß seit 1940 »das Land auf kleinem Grundbesitz am raschesten zunahm«. Darin ist die Aussage enthalten, daß die Kleinproduzenten mehr Land gewannen als die Großproduzenten. Die Behauptung ist irreführend infolge der zugrundegelegten Zeitperiode und läßt sich nicht aufrechterhalten, da sie Fakten unberücksichtigt läßt, welche die Behörde gekannt und benutzt haben müßte. Dem vorläufigen Zensus von 1960 zufolge erhöhte sich seit 1950 zwar die Zahl der kleinen Anwesen sehr stark, doch nahm das Land darauf nur geringfügig zu. Den Löwenanteil des seit 1950 neu hinzugekommenen Landes kontrollierten die

279

großen Landgüter. Unleugbar verzeichnete der *latifundismo* eine rasche Zunahme. Dann kamen der Militärputsch und der endgültige Zensus. Alle Angaben waren derart »korrigiert« worden, daß die großen landwirtschaftlichen Betriebe je nach Betriebsgrößenklasse mit ebensoviel oder weniger Land als 1950 zu Buche schlugen! Jetzt hatte der *latifundismo* an Boden verloren! Zwar wird in allen lateinamerikanischen Ländern der Betrag des Landes auf großen Landgütern im Zensus zu niedrig angegeben, doch hier scheint es sich um einen schwerwiegenderen Fall von Datenmanipulation zu handeln. (Zitat aus: *Brazil's Position in World Agricultural Trade*, United States Department of Agriculture, E.R.S., Foreign 190, Washington, D.C., Oktober 1967, S. 23.)

37 Andere Methoden sind: 1. Empfehlung von Geburtenkontrolle, 2. Förderung der Abwanderung vom Land in die Städte als einer Lösung für das Agrarproblem, 3. Dezentralisierung von Regierungsbehörden und -programmen, 4. Empfehlung einer höheren Besteuerung. Der erstgenannten Empfehlung liegt die Annahme zugrunde, daß es in Lateinamerika zu viele Menschen gäbe, obwohl das durchschnittliche Verhältnis von Fläche pro Einwohner erstaunlich hoch ist. Die letztgenannte Empfehlung ist das Lieblingsthema von US-Bürokraten. Sie behaupten, daß Grundbesitzer, die ihren Betrieb nicht bewirtschaften, statt Steuern zu zahlen lieber verkaufen und so das Land den *campesinos* überlassen würden. Auf diese Weise werde sich die Agrarstruktur ändern. Das ist natürlich reines Wunschdenken. Die landbesitzende Elite, welche die Parlamente kontrolliert, wird sich nicht mittels Steuern selbst das Wasser abgraben. Einige Leute behaupten auch, daß mehr Steuern den Produktionsausstoß steigern würden, doch liefe das aller geschichtlichen Erfahrung zuwider.

38 Das neue Dokument nimmt mit folgenden Worten auf die Landwirtschaft Bezug: »Die Lebensbedingungen der Landarbeiter und Bauern werden umgestaltet werden, um ihre volle Teilhabe am ökonomischen und sozialen Fortschritt zu gewährleisten. Zu diesem Zweck werden entsprechend dem Bedarf der einzelnen Länder umfassende Modernisierungs-, ansiedlungs- und Agrarreformprogramme durchgeführt werden. Ebenso wird die Produktivität erhöht und die landwirtschaftliche Produktion diversifiziert werden. In Anbetracht der Tatsache, daß die Kapazität Lateinamerikas auf dem Gebiet der Nahrungsmittelproduktion eine doppelte Verantwortung [sic] mit sich bringt, wird darüberhinaus eine besondere Anstrengung unternommen werden, genügend Nahrungsmittel für die lateinamerikanischen Völker selbst zu produzieren und zur Ernährung der Völker anderer Regionen beizutragen.« Rostows neues Konzept der landwirtschaftlichen Entwicklung hatte den Sieg davongetragen, wie dieser – zweifellos in großer Eile geschriebene – Abschnitt beweist.

39 *Survey of the Alliance for Progress*, a.a.O., Hearings of February 27-29, March 1-6, 1968, Washington, D.C. 1968, S. 231.

40 Hier muß man die Angriffe auf die Autonomie lateinamerikanischer Universitäten hinzuzählen, welche seit langem institutionellen Reformen innerhalb und außerhalb der Landwirtschaft theoretische Unterstützung gegeben haben.

41 *The Alliance for Progress and the Mexican Revolution*, in: R. E. Zelder (Hrsg.), *Key Factors in Economic Growth*, Ann Arbor, (University of Michigan, Michigan Business Paper No. 48), S. 59.

42 Es überrascht, daß die nordamerikanische Opposition gegen Bodenreformen unabhängig davon besteht, ob der landwirtschaftliche Boden mit oder ohne Entschädigung enteignet wird. Die Allianz, die versuchte, die Bodenreform in friedliche

und legale Kanäle zu leiten, ging bei der »Ersetzung von Latifundien« natürlich davon aus, daß den Besitzern der Wert ihrer Landgüter bezahlt würde. Daher sollte man im ersten Moment annehmen, das *US-Business* werde eine Bodenreform dieser Art befürworten. Doch ist das Problem natürlich weitaus komplexer. Kein latein-amerikanisches Land könnte es sich leisten, den Großgrundbesitzern den vollen Wert ihres Landes zu bezahlen, und dennoch eine echte – ja, nicht einmal eine äußerst gemäßigte – Bodenreform durchzuführen. Auch können die lateinamerika-nischen Länder aus ethischen und politischen Gründen keinen Unterschied zwi-schen ausländischen und einheimischen Besitzern machen und den erstgenannten mehr bezahlen. Wie die lateinamerikanischen Großgrundbesitzer glauben auch die US-Investoren in Grundbesitz, daß sie einen Anspruch auf eine Entschädigung haben, die dem vollen Marktwert ihres Besitztums entspricht (d. h. einen Entschädi-gungspreis, der praktisch genommen von ihnen bestimmt würde, da es für Großgrund-besitz keinen echten Markt gibt). Jeder anderen Regelung würden sie sich widersetzen, obwohl sie vermutlich nicht so naiv sind anzunehmen, dies sei eine realistische Mög-lichkeit. Die kubanische Regierung machte das Angebot, ausländischen Grundbesit-zern Entschädigung zu zahlen, doch das lehnten die US-Investoren ab.

Es läßt sich natürlich darüber streiten, ob man Besitzer für Land, das sie in vielen Fällen illegal erworben haben, entschädigen soll oder nicht. Viele Bodenreformer würden dafür votieren, Landgüter ohne jede Entschädigung zu enteignen (sowohl aus Gründen der sozialen Gerechtigkeit als auch aus ökonomischen Gründen, da Entschädigung ökonomische Ungerechtigkeiten aufrechterhält), doch hätten sie vielleicht gegen eine Entschädigung in Höhe des angegebenen Besteuerungswertes nichts einzuwenden, denn dieser ist in allen Fällen lächerlich niedrig und hat es den Großgrundbesitzern seit Generationen erlaubt, der Steuerzahlung zu entgehen.

Infolge der Bedingungen, die in der lateinamerikanischen Landwirtschaft herr-schen, ist in eine friedliche, legale Bodenreform, die auf Entschädigung basiert, praktisch immer ein Element von Gegenreform eingebaut: Die lateinamerikanischen Länder können sich eine solche Bodenreform nicht leisten, und die Vereinigten Staaten oder von den Vereinigten Staaten finanzierte internationale Kreditgeber können ihnen (aus rechtlichen Gründen) das Geld nicht leihen und sie so finanziell unterstützen, Enteignungen mit Entschädigung vorzunehmen. Ausschlaggebender Faktor für die Opposition gegen die Bodenreform ist natürlich nicht das Element der Entschädigung, sondern vielmehr das politische Element, nämlich die Unter-wanderung des Status quo.

43 Marion Brown, in: *Survey of the Alliance for Progress*, Hearings; a.a.O., S. 53.

»Agro-Business«: Der neue Gegner der lateinamerikanischen Kleinbauern

Einleitung

In letzter Zeit ist immer wieder das zynische Argument zu hören, daß »das ganze Gerede« über die transnationalen oder multinationalen Konzerne und über deren Strategie in Wirklichkeit eine Kampagne der kleineren Unternehmen sei, die es nach der Ausweitung ihrer Überseegeschäfte gelüste – eine Kampagne der Selbstverteidigung der kleineren Firmen gegen die »unfaire Konkurrenz« der Konzerne und gegen die mangelnde Unterstützung durch die privaten und öffentlichen nationalen und internationalen Kreditanstalten. Es könnte durchaus etwas Wahres an diesem Argument sein. Analysiert man jedoch die rapide zunehmenden Aktivitäten und den wachsenden Einfluß der transnationalen Konzerne in entwickelten und unterentwickelten Landwirtschaften – also das, was ich hier unter der Sammelbezeichnung »Agro-Business« oder »Agro-Business-Firmen« stelle –, so wird deutlich, daß die jüngste Phase der kapitalistischen Expansion, d. h. der Expansion des internationalen Monopolkapitals, die unterentwickelten Länder heute mit vielfältigen Methoden in wenigstens dreierlei Hinsicht bedroht:

1. Sie droht, die Souveränität und Handlungsfreiheit der unterentwickelten Nationen im Hinblick auf nationale, autochthone Agrarprogramme und eine eigenständige Agrarpolitik zu beseitigen bzw. hat diese bereits beseitigt;

2. sie führt zur Aufzehrung der besten natürlichen Hilfsquellen der unterentwickelten Länder zum Nutzen der Industriestaaten und zugunsten steigender Profite und wachsender Macht gigantischer Konzerne, und dies in einer Geschwindigkeit, wie sie nie zuvor beobachtet wurde – ein Prozeß der Entkapitalisierung von unerhörtem Ausmaß. Dies bedeutet nicht nur insofern eine Bedrohung der unterentwickelten Landwirtschaften, als fraglich wird, ob sie jemals in der Lage sein werden, auf Dauer genügend Nahrungsmittel für den Inlandsverbrauch und zur Steigerung ihrer Exporte zu produzieren, sondern auch insofern, als es ihre Abhängigkeit von den Industrieländern in bezug auf Nahrungsmittellieferungen oder andere landwirtschaftliche Tätigkeiten erhöht. Die Fähigkeit der Industrieländer, ihre eigene Nahrungsmittel- und Rohfaserproduktion zu steigern, *wächst* in dem Maße, wie sie ihre eigenen Ressourcen für die Zukunft schonen, indem sie ihre Landwirtschaften in die unterentwickelten Länder hineintragen[1];

3. sie gefährdet die Existenz großer Teile des ländlichen Proletariats: der Kleinbauern und der Landlosen.

Ich will versuchen, diese Behauptungen im einzelnen zu belegen. Aber zunächst ist zu klären, was wir unter »Agro-Business« verstehen. Die Antwort hängt davon ab, wer sie gibt. Da sind erstens die Repräsentanten und Apostel des Agro-Business: die »Führer« der transnationalen Wirtschaftsunternehmen, die nicht nur für ihre eigenen Geschäfte sprechen, sondern auch für eine Vielzahl mächtiger Agenturen und Verbände, welche die Expansion der Überseeinvestitionen der Industrieländer in der ganzen Dritten Welt unterstützen und finanzieren; und der »akademische« Stand: Professoren der Unternehmensverwaltung und des Managements, unter denen die Mitglieder der Harvard Business School an der Harvard-Universität wohl die agilsten, jedoch nicht die einzigen sind. So meint der Guru des Agro-Business, Ray A. Goldberg, von Harvard:

»Seit der Begriff [Agro-Business] 1957 an der Harvard Business School entwickelt wurde, sind Agro-Business-Programme bzw. Kurse an über 80 Universitäten der Vereinigten Staaten und in mindestens 10 weiteren Ländern eingeführt worden.«[2]

Mit anderen Worten, die akademische Agro-Business-Gemeinde vertritt einen intellektuellen Sub-Imperialismus eigener Art, sie ist ein mächtiger Verbündeter der transnationalen Wirtschaftsunternehmen, die auf der Suche nach neuen Mitteln und Wegen sind, um ihre Überseegeschäfte und -profite zu mehren und ihr Image zu verbessern.

Zweitens sind da die Beobachter und Analytiker, die Wesen, Funktion und Einfluß der internationalen Agro-Business-Firmen objektiver und kritischer betrachten und von denen man ein völlig anderes Bild bekommt als das, das die erste Gruppe malt[3] – so anders in der Tat, daß man an Paul A. Barans bekanntes Argument erinnert wird, daß die Wirtschaftswissenschaftler der klassischen und neoklassischen Schule am wenigsten imstande seien, die Funktionsweise des kapitalistischen Systems zu beschreiben und zu analysieren: Die Apostel des Agro-Business, die in Harvard und an den anderen 90 Universitäten sitzen, scheinen ebenfalls außerstande, dem Leser einen Überblick darüber zu vermitteln, was »Agro-Business« wirklich bedeutet. Und eben dieser Frage will ich nun nachgehen. Wie wichtig es ist zu wissen, welches Bild das Agro-Business von sich selbst malt und was es in Wirklichkeit darstellt, braucht wohl kaum betont zu werden, jedenfalls dann nicht, wenn – was ich behaupte – es so ist, daß die in zahlreichen Stadien der Landwirtschaft engagierten multinationalen Konzerne schon dabei sind, die Nahrungsmittel- und Rohfaserproduktion weltweit unter ihre Kontrolle zu bringen, mit all den katastrophalen Folgen, die ich an anderer Stelle aufgezählt habe. Der Leser wird es dem Autor also hoffentlich nachsehen, wenn er auf einige Details eingeht. Anzumerken wäre, daß ich mich hier hauptsächlich mit dem Agro-Business in Lateinamerika beschäftige. Aber eine Fülle ähnlicher Agro-Business-Literatur, die überwiegend aus

Harvard kommt, beschäftigt sich auch mit Afrika und Asien. Insofern hat meine Analyse internationale Aspekte.

Was das Agro-Business und die Harvard Business School unter Agro-Business verstehen. Der Fetisch »Größe«

Seit dem Zweiten Weltkrieg liegt in den Industrieländern, insbesondere in den USA, die Kontrolle über Produktion und Distribution von Nahrungsmitteln und Rohfasern zunehmend in den Händen großer Konzerne, einschließlich sogenannter Genossenschaften, sowie großer Handelsfirmen. Sie haben heute sogar große Mengen Ackerland unter ihrer Kontrolle, sei es direkt oder indirekt. Der beste Beweis für dieses Phänomen, das es beispielsweise auch in Deutschland gibt, ist die Konzentration der Produktionsmittel auf Erzeugerebene oder, plastischer ausgedrückt, die allmähliche, aber rapide voranschreitende Ausschaltung kleinerer Erzeuger – und die zunehmende Monopolisierung der Kontrolle über Produktion, Vermarktung und Preisbildung durch riesige Nahrungsmittelkonzerne. Ein typischer Fall ist die US-Obst- und Gemüseindustrie.[4] Zwischen 1959 und 1969 sank die Zahl der landwirtschaftlichen Betriebe (farmers), die angaben, Gemüse für den Markt zu erzeugen, in fünf bedeutenden gemüseerzeugenden Staaten der USA[5] um 48%, und die Zahl der Betriebe, die Obstplantagen bewirtschafteten, ging in zwei US-Staaten[6] um 32% zurück; gleichzeitig verringerte sich die mit Gemüse bebaute Hektarfläche nur leicht um 6%, und die Anbaufläche für Obst nahm sogar um 19% zu.[7] Goldberg interpretiert diese Entwicklung mit folgendem Kommentar:

»Das fortwährende Schwinden von Obst- und Gemüsefarmen in den sechziger Jahren betraf in erster Linie kleinere Erzeuger, deren Finanzmittel nicht ausreichten, die Kapitalkosten für die Mechanisierung zu tragen oder die alljährlichen Schwankungen der Ernteerträge aufzufangen. [...] Kleinere Erzeuger sind vergleichsweise im Nachteil bei Verhandlungen über den Verkauf ihrer Erzeugnisse, und zwar sowohl gegenüber verarbeitenden Betrieben als auch gegenüber Direktabnehmern der frischen Produkte. Der Exodus der Obst- und Gemüsefarmer wurde verstärkt durch den drastischen Anstieg der direkten und indirekten Kosten für die Unterhaltung von Land zur landwirtschaftlichen Nutzung.«

Im gleichen Zeitraum nahm die US-amerikanische Gemüse- und Melonenproduktion bei etwa gleichbleibender Anbaufläche um rd. 18% zu, und die Obst- und Nußproduktion (Plantagenbau) verzeichnete bei einer Zunahme der Anbaufläche um ca. 14% einen Anstieg von 31% (die Vergleichszeiträume waren 1960-1972 bzw. 1960-1971). In beiden Bereichen stiegen die Erträge, und zwar im ersten um rd. 24% und im zweiten um 15%. Auf der anderen Seite gab es zwischen 1954 und 1970 einen Rückgang der US-Obst- und Gemüse-Konservenfabriken um 39%, und die Zahl der Gefrierfabriken sank zwischen 1963 und 1970 um 12%. Goldberg kommentiert diesen Trend so:

»In der Konserven- und Gefrierbranche gibt es bemerkenswerte Skalenerträge. Diese Tatsache ist Ausdruck sowohl des hohen Niveaus der Kapitalkosten für Werksanlagen und Ausrüstung als auch der Bedeutung der fixen Betriebskosten, vor allem für Reklame, Werbung und Produktentwicklung. [. . .] Die 20 größten Konservenfabriken (2% der gesamten Branche) stellen ebenso rd. 50% der Gesamtproduktion wie die 20 größten Gefrierfabriken (3% der Branche).«

Diesem Kommentar fügt Goldberg die folgenden Bemerkungen hinzu, die man aufmerksam lesen sollte:

»Die bemerkenswerteste Entwicklung der jüngsten Zeit im landwirtschaftlichen Teilbereich des Obst- und Gemüse-Warensystems (d. h. auf Erzeugerebene) war wohl der Einzug einer Reihe großer nicht-landwirtschaftlicher Konzerne (non-farm corporations) [. . .] wie United Brands, Purex und Tenneco [. . .] im Verlauf der sechziger Jahre. [. . .] Die Attraktivität der Obst- und Gemüseerzeugung bestand für sie in potentiell hohen Skalenerträgen, die durch extensive Mechanisierung erzielt werden sollten, in der Gelegenheit, durch Verbraucherwerbung, Etikett- und Qualitätskontrolle differenzierte Erzeugnisse einzuführen, und in der Möglichkeit, durch Direktverteilung die Vermarktungskosten zu senken. [. . .] *Das heute vorliegende Material legt den Schluß nahe, daß diese großen Gesellschaften sich schwer tun, ihre Zielvorstellungen in der Landwirtschaft zu verwirklichen.*[8] Ist eine bestimmte effiziente Betriebsgröße erreicht, dann steigen die Skalenerträge in der Landwirtschaft anscheinend nicht proportional zur Größe des Landwirtschaftsbetriebes. Für den arbeitsintensiven Obst- und Gemüseanbau ist diese Betriebsgröße tendenziell relativ klein. Hinzu kommt, daß die Größe und der öffentliche Charakter der konzerneigenen Landwirtschaftsbetriebe zu einigen erheblichen Unwirtschaftlichkeiten geführt haben. Dazu gehörten die Probleme der gemeinsamen Planung und Kontrolle, *die Anfälligkeit der Arbeiter auf dem Feld und in den Konservenfabriken für gewerkschaftliches Engagement und die starke Neigung zu Vergeltungsaktionen auf seiten unabhängiger Zwischenhändler, die um die Bewahrung ihrer Rolle im Warensystem besorgt sind.*[9] [. . .] *Sowohl das Justizministerium als auch die Bundeshandelskommission sind damit befaßt, die Aktivitäten der landwirtschaftlichen Verbände der großen Konzerne auf mögliche Verstöße gegen die Anti-Trust-Gesetze zu überprüfen.*
Trotz dieser Schwierigkeiten erscheint es aber doch wahrscheinlich, daß große nicht-landwirtschaftliche Konzerne im Obst- und Gemüse-Warensystem der Zukunft eine expandierende Rolle spielen werden. Einige von ihnen haben beschlossen, sich aus dem Geschäft zurückzuziehen, doch andere [. . .] sind schon dabei, den Schwerpunkt ihrer Aktivitäten vom Anbau auf die Verteilung und Vermarktung zu legen, Bereiche, in denen der Kapitalaufwand erheblich geringer ist und die Ineffizienz des gegenwärtigen Systems offenbar beachtliche Profitchancen eröffnet.«[10] (Hervorhebungen von mir; E. F.)

Da Goldbergs Buch in erster Linie das Ziel verfolgt herauszufinden, wie profitabel die Ausweitung von Obst- und Gemüseproduktion und -export von Mittelamerika auf die USA ist[11], geben die letzten Sätze des Zitats einige Hinweise auf die Gründe, warum Riesenkonzerne ihre Operationen, einschließlich landwirtschaftlicher Aktivitäten, nach Mittelamerika verlagern, wo ihnen weniger Gefahr drohe von aktiven Gewerkschaften, von Vergeltungsaktionen unabhängiger Zwischenhändler oder von staatlichen Stellen, die monopolistische Praktiken überprüfen. Wie in allen unterentwickelten Ländern, so sind auch in Mittelamerika Gewerkschaften entweder nicht vorhanden oder sie arbeiten mit den Grundbesitzern bzw. der Betriebsleitung zusammen; ausländische Kapitalisten haben – oder erwerben sehr rasch – den Rang nahezu unumschränkter Monopolisten in jedem Warensystem, an dem sie sich beteiligen; und schließlich sind die lokalen Regierungen ganz versessen darauf, die Ökonomie ihres Landes durch Unternehmen zu »verbessern«, die ihnen »wertvolle Deviseneinnahmen bringen«, weshalb sie selbst vor den schlimmsten Verstößen gegen die Landesgesetze oder gegen den Ehrenkodex der Wirtschaft ihre Augen verschließen.

Vor diesem Hintergrund des Fetischs »Größe« in Landwirtschaft und Industrie, eines Fetischs, der Größe gleichsetzt mit Effizienz und der Fähigkeit, die Menschheit zu beglücken, der aber in einer kapitalistischen Wirtschaft ein fadenscheiniger Vorwand dafür ist, die Konzentration der Produktionsmittel in der Hand von immer weniger Unternehmen zu beschleunigen, müssen die Überseeunternehmungen transnationaler Konzerne in unterentwickelten Landwirtschaften beurteilt werden. Es ist zu erwarten, genauer: es kann als sicher vorausgesetzt werden, daß die Übereseeinvestoren bei ihren Agrargeschäften dieselben Wertmaßstäbe und Kriterien anlegen, die sie im eigenen Land hochhalten und verteidigen.

Was das Agro-Business nicht ist

Die Führer und Apostel des »big business« der Nahrungsmittelbranche stellen das Agro-Business gern als ein gewaltiges Wohlfahrtsprogramm dar. So schrieb beispielsweise Henry J. Heinz II., Chef des riesigen Lebensmittelkonzerns Heinz Co. und Vorsitzender des US Agribusiness Council, einer gemeinnützigen Organisation, »die es sich zum Ziel gesetzt hat, die Mittel und Möglichkeiten der Agro-Business-Firmen für die wirtschaftliche Entwicklung nutzbar zu machen«, daß das Agro-Business

»versucht, die Bedürfnisse der Entwicklungsländer mit den Interessen und Fähigkeiten des Agro-Business zu verbinden«.[12]

Und Goldberg meint:

»Der letzte Zweck des Agro-Business-Systems ist der, die Bedürfnisse des Verbrauchers nach Nahrungsmitteln, Rohfasern und Zuchtblumen (floriculture) zu befriedigen, soweit es die politischen und ökonomischen Prioritäten der jeweiligen Regierung gestatten.«[13]

Derlei irreführende, ja, arrogante Äußerungen können in der Tat nur von Leuten kommen, die verschleiern wollen, daß ihr Interesse am allerwenigsten das Wohlergehen der Menschen in entwickelten oder unterentwickelten Ländern ist. Heinz deutet an, daß nur das Agro-Business imstande, qualifiziert und mit der nötigen Sachkenntnis ausgestattet sei, um die Landwirtschaften in der Dritten Welt zu entwickeln. Aber welches sind »die Bedürfnisse der Entwicklungsländer«? Die Theorie, daß die Wohlfahrt einer Gesellschaft mit den Profitchancen und der Macht von Wirtschaftsunternehmen gleichzusetzen sei oder daß die Vorteile wirtschaftlicher Tätigkeit, die den Unternehmen zufallen, bis zu den unterprivilegierten Massen der Dritten Welt durchsickern würden, ist durch die historischen Prozesse der kapitalistischen Expansion unglaubwürdig geworden. Selbst McNamara, der führende Bankier und Finanzier der Welt, räumte 1973 in Nairobi ein, daß Wachstum mit zunehmender Ungerechtigkeit in der Einkommensverteilung einhergehe, vor allem auf dem Lande; dabei versäumte er freilich zu erwähnen, was wir alle wissen, daß gerade in der Dekade, von der er sprach, d. h. in den sechziger Jahren, das Wachstum und die Gewinne der internationalen Agro-Business-Firmen sämtliche Rekorde schlugen. So wenig es stimmt, daß das Agro-Business ein Monopol an dem Wissen besitzt, wie unterentwickelte Landwirtschaften zu entwickeln sind – das beweisen die spektakulären Leistungen zahlreicher sozialistischer Landwirtschaften –, so wenig stichhaltig ist Goldbergs Definition des Agro-Business. Goldberg geht nämlich noch weiter als Heinz, indem er andeutet, daß der alleinige Zweck des Agro-Business der sei, »die Verbraucher zu befriedigen«. Wenn dies so wäre, wie erklärt sich dann beispielsweise das »hohe Niveau« der »fixen Betriebskosten, vor allem für Reklame, Werbung und Produktentwicklung« bei den Konzernen? Die Ausgaben für dieses »Niveau« füllen schließlich niemandes hungrigen Magen. Oder wie erklärt sich, daß den Lebensmitteln, die die verarbeitenden Firmen liefern, vorsätzlich viele der besten Nährstoffe entzogen werden? Oder wie kommt es, daß die überseeischen Agrarunternehmen außergewöhnlich rentabel sind und sogar Superprofite abwerfen?[14]

Das »big business« und die Harvard Business School betrachten die Landwirtschaft im eigenen Land und im Ausland als ein gewaltiges Gefüge aus aktuellen und potentiellen Wirtschaftsunternehmen, in dem Kapitalisten die wichtigste Funktion haben und in dem die Menschen – allen voran die Kleinbauern und die Landarbeiter – »Nicht-Ganzheiten«, anonyme Rädchen im riesigen Getriebe der Unternehmen sind:

> »Das ›Agro-Business‹ ist in sehr kurzer Zeit als wichtigstes Wirtschaftsunternehmen der Welt, das über 60% der ökonomisch aktiven Bevölkerung der Welt beschäftigt, zum Begriff geworden. Nach unserer Definition, der Definition der Harvard Business School, besteht es aus der Gesamtheit aller an einem vertikalen Nahrungsmittelsystem Beteiligten: vom Input-Lieferanten über den Erzeuger, den Verarbeiter, den Verteiler bis hin zum Endverbraucher.«[15]

In dem Buch, dem dieses Zitat entstammt und in dem die Begriffe »Kleinbauern« (peasants) oder »Landarbeiter« nicht ein einziges Mal auftauchen, heißt es dann weiter:

> »Das ›Agro-Business‹ umfaßt all jene Personen und Organisationen, die mit der Produktion und Verarbeitung, dem Transport, der Lagerung, Finanzierung, Regulierung und Vermarktung der Nahrungsmittel- und Rohfaserlieferungen der Welt zu tun haben. Tatsächlich ist das ›Agro-Business‹ ein System, das vom Samenkorn bis zum Verbraucher reicht (a seed-to-consumer system); es setzt sich zusammen aus einer Reihe eng miteinander verflochtener Tätigkeiten, die alle zusammen bewirken, daß Agrarprodukte vom bäuerlichen Erzeuger auf den Marktplatz fließen können. [...] Alles, was an einer Stelle des Systems getan und entschieden wird, hat Auswirkungen auf die übrigen Teilbereiche ... Der Interaktionscharakter des Systems und die Notwendigkeit der lückenlosen Koordination ist weitgehend Ergebnis der einzigartigen agronomischen Besonderheiten des ›Agro-Business‹.«

Derselbe Autor vertritt die Auffassung, daß Unternehmensvertreter (und nicht Regierungen) am besten geeignet seien, das System zu koordinieren:

> »Diesem Buch liegt die Prämisse zugrunde, daß, *geht man an das Agro-Business mit einem Warensystem-Ansatz heran* (commodity systems approach), öffentliche und private Manager eher in der Lage sind, bei der Bewältigung der miteinander verknüpften Aufgaben und Probleme zusammenzuarbeiten, und dies in jedem Bereich der ganzen vertikalen Struktur, vom landwirtschaftlichen Erzeuger bis hin zum Endverbraucher. Das Buch konzentriert sich auf die eine Funktion, die das gesamte System durchzieht und es zusammenhält: das Management. Ein fähiges Management ist ein entscheidender Faktor für den Aufbau eines lebensfähigen Nahrungsmittel- und Rohfasersystems, das seinerseits eine Hauptdeterminante des Wirtschaftswachstums von Entwicklungsländern ist.« (Hervorhebung von mir; E. F.)

Goldberg ist zwar deutlicher, aber nicht ganz offen:

> »Der [Agro-Business-] Ansatz schließt die wichtigsten Glieder der Kette ein, die das System zusammenhält: Transport, Koordination durch Verträge, vertikale Integration, Gemeinschaftsunternehmen [joint ventures], dreiseitige Absatzvereinbarungen zwischen Erzeugern in einem und Abnehmern in einem

anderen Land sowie *einem Partner,* der erstere zusammenbringt, wie z. B. die Latin American Agribusiness Development Corporation (LAAD)*, und eine große Zahl von Finanzabsprachen.«[16] (Hervorhebung von mir; E. F.)

Er versäumt zu erklären, daß die LAAD, die er wiederholt erwähnt, sich aus elf der größten US-Unternehmen plus ADELA (Atlantic Community Development Group for Latin America**) zusammensetzt:

»Darunter findet sich auch die Standart Fruit, der größte Bananen-›Konkurrent‹ der UFC [United Fruit Company] [. . .]. LAAD plant eine Reihe von Unternehmen in Mittelamerika. Ein wichtiges Tätigkeitsfeld der LAAD ist die Verteilung, Lagerung und Vermarktung von Nahrungsmitteln. LAAD beabsichtigt, diese Projekte mit Hilfe eines 6-Millionen-Dollar-Kredits von der US-Entwicklungsbehörde USAID zu 3 % Zinsen pro Jahr zu verwirklichen, ein Zinssatz, der weit unter den üblichen 7-12% liegt, die für Kredite in Mittelamerika gezahlt werden müssen. Überdies wurden LAAD fünf Jahre Kulanz und eine Rückzahlfrist von 20 Jahren eingeräumt. Hauptsächlich bekommt LAAD 6 Millionen Dollar von der US-Regierung, um mittelamerikanische Unternehmen aufzukaufen bzw. eine Beteiligung an denselben zu erwerben.«[17]

(Diese Passage wurde 1971 geschrieben, zu einer Zeit also, in der das Agro-Business seine gewaltigen weltweiten Aktivitäten gerade erst zu entfalten begann.)

Hier fallen ein paar interessante Punkte auf. Aus den zitierten Absätzen geht nicht klar hervor, was »Agro-Business« nun wirklich ist. Es erscheint eher als eine neue Definition von Landwirtschaft im Sprachgebrauch der Harvard Business School. Wichtig ist aber wohl der *Warensystem-Ansatz*[18], ein traditioneller Unternehmer-Ansatz in Reinform, der das genaue Gegenteil von Planung ist; denn Planung würde bedeuten: umfassende Zuweisung sämtlicher Ressourcen und Verteilung der Vorteile auf die verschiedenen Sektoren auf der Basis der gesamten Volkswirtschaft entsprechend den gesamtgesellschaftlichen und Gruppen-Bedürfnissen. Wenn von Planung im Agro-Business-System überhaupt die Rede sein kann, dann ist es Planung des »Managements« – des »Koordinators« – im Rahmen eines Warensystems für die Menschen, die an dem System beteiligt sind. Die Rolle der privaten Manager ist die allen anderen überlegene. Zu diesem Punkt macht Goldberg ganz präzise Aussagen. Er behauptet, daß ein Agro-Business-Warensystem-Ansatz in seiner Reichweite national und international zugleich sein müsse, was die Manager in die Lage versetze, eine Reihe von Vorteilen zu erlangen:

»1. Der Manager ist in einer besseren Position[19], um die entscheidenden Variablen und Trends, die das System berühren, zu erkennen. Zu diesen Variablen gehören soziale, ökonomische und politische Erwägungen ebenso wie technologische Veränderungen.[20]

* Gesellschaft zur Entwicklung des Agro-Business in Lateinamerika.
** Entwicklungsgruppe der atlantischen Gemeinschaft für Lateinamerika.

2. Der Manager ist in einer besseren Position, die Stärken und Schwächen seiner Firma in einer sich wandelnden Umwelt zu beurteilen.

3. In vielen Agro-Business-Warensystemen ist das einzelne Unternehmen groß genug, um seinen Manager in die Lage zu versetzen, wichtige Veränderungen im System selbst vorzunehmen, anstatt passiv auf das System zu reagieren. [...][21]

[...]

6. [...] Ein Manager kann rascher und leichter alle möglichen Notausstiege entdecken, wenn er in Schwierigkeiten ist und die Richtung seines Vorgehens drastisch ändern muß.«[22]

Welche Rolle spielt nun also der Politiker (public policy maker) im Agro-Business-System, wie das Agro-Business es sieht? In dieser Hinsicht ist Goldberg wiederum enthüllend. Ein paar Beispiele mögen genügen:

»1. Der Politiker ist in einer besseren Position, eine bestimmte Politik zu formulieren, die für das *Gesamtsystem* gelten soll, *wenn er sich dabei am Warensystem orientiert.* [...] (Hervorhebung von mir; E. F.)

[...]

5. Ein System-Ansatz befähigt die Regierungspolitiker, den nationalen und internationalen Vertretern des Agro-Business, die ständig auf ferne Orte zurückgreifen, um Bezugsquellen zu sichern, und ständig nach neuen nationalen und internationalen Märkten Ausschau halten, neue Dienstleistungen anzubieten.«[23]

Was bedeutet das anderes, als daß das Agro-Business und seine Apostel in den Regierungen unterentwickelter (oder entwickelter) Länder die Hauptlieferanten für infrastrukturelle Verbesserungen und Dienstleistungen erblicken, welche der Stärkung und Ausweitung der Aktivitäten der privaten Agro-Business-Firmen dienen? In seiner Darstellung der Vorteile für die mexikanischen Obst- und Gemüseexporte, die im US-Warensystem einen hohen Rang einnehmen, kann Goldberg zufrieden erklären:

»Die mexikanischen Frischobst- und Gemüseexporte haben in hohem Maße profitiert von tragfähigen Regierungsprogrammen zur Entwicklung der großen Landstraßen und des Bewässerungssystems. Überdies hat die Regierung es ermöglicht, daß die Erzeuger mittelfristige Kredite zu tragbaren Zinssätzen erhalten, und sie hat Gesetze zur Unterstützung starker Erzeugerverbände in Kraft gesetzt.«[24]

Daß dies eine Untertreibung ist, wird im *Erdbeer-Imperialismus* und in der vorzüglichen Studie von Cynthia Hewitt Alcantara über die Grüne Revolution in Mexiko[25] für einen großen Sektor der mexikanischen Landwirtschaft überzeugend nachgewiesen. Nicht die »Exporte« haben profitiert, sondern die US-Kapitalisten und ihre Handvoll mexikanischer Verbündeter, die Produktion und Distribution kontrollieren, und Goldbergs Bemerkung müßte so erweitert werden, daß sie sich auch auf die verarbeitende Industrie bezieht, die mittlerweile fast vollständig von US-Investoren und Agro-Business-Riesen beherrscht wird. Welches sind denn die »tragfähigen Regierungsprogramme«, die die Vertreter des Agro-Business von den ausländischen Regierungen, Nutznießern von US-Kapital- und Technologietransfers, erwarten? Die Liste ist lang. Neben den infrastrukturellen Verbesserungen wie Straßenbau, Bewässerungssysteme, Lagerhäuser und billige Transportmöglichkeiten müßten hier genannt werden: staatliche Unterstützung für Betriebe, die gegen das Mindestlohngesetz verstoßen und nicht gewerkschaftlich organisierte Arbeitskräfte beschäftigen, zollfreie Importe von landwirtschaftlichen Inputs, subventionierte Verkäufe von Maschinen und Ausrüstung, niedrige Zinssätze für große Erzeuger, Unterstützung für eine Strategie der Ausschaltung kleiner (d. h. »ineffizienter«) Landwirtschaftsbetriebe, unkontrollierte Gewinnrückführung und Superprofite[26], wirksame Hilfe bei der Verdrängung lokaler Konkurrenten – um nur einige wenige zu nennen. Mit anderen Worten, die größten Manager des Agro-Business sind die Manager der Agro-Business-Firmen, und zu ihren Management-Aktivitäten gehört die Beeinflussung der Regierungsarbeit im Sinne des Agro-Business.

Zweitens findet das Agro-Business für seine Unternehmen in Übersee eine Stütze in der Sozialstruktur, wie sie heute in den unterentwickelten Ländern existiert. Das ist offenkundig. Doch unter den Professoren der Harvard Business School und erst recht unter den Führern und Managern der transnationalen Konzerne gibt es nicht einen einzigen, der eine Ahnung zeigte von der Agrargesellschaft, in die ihre Warensysteme injiziert werden, und von der Machtverteilung – im Sinne von Zugang zu Boden, Wasser, Krediten, politischem Einfluß etc. – in unterentwickelten Landwirtschaften. Man hat den Verdacht, als hielten die Agro-Business-Vertreter und -Experten die Frage für irrelevant.[27] Was zählt, ist, daß das Management Kapital und Know-how monopolisiert und es den verschiedenen Akteuren geringeren Ranges in den unterentwickelten Ländern überträgt, und daß diese Übertragungen (Transfers) hauptsächlich zum Wohle des Agro-Business selbst geschehen. Das Agro-Business ist an der ländlichen Gesellschaft, in der es operiert, nur insofern interessiert, als es von einigen ihrer für es selbst nützlichen und notwendigen Komponenten Gebrauch macht. Wenn es »Entwicklung« als Folge von Agro-Business-Operationen gibt, dann ist sie eine Funktion der erfolgreichen Aktivitäten der Agro-Business-Firmen. Das Wohl der Firmen ist die Voraussetzung für das Wohl dieser Landwirtschaften – ein »trickle-down«-System weltweiten Ausmaßes. Ein Sprecher der United Brand hat dies in folgende markige Worte gefaßt:

»Wir haben die leistungsfähigste Produktion, unsere Erzeugnisse haben die höchste Qualität, wir haben das beste Transportsystem, und wir haben die erforderliche Marktkenntnis, *um für uns selbst zu sorgen.*«[28] (Hervorhebung von mir; E. F.)

Das System der Vertragsproduktion

Drittens sollte das Augenmerk auf ein weiteres Kennzeichen des Agro-Business gerichtet werden, das in den vorangegangenen Zitaten bereits am Rande erschien: die Vergabe von Krediten und anderen Inputs, wo immer möglich, an in ein Warensystem eingebundene Erzeuger auf der Grundlage der vertraglichen Verpflichtung, daß die Erzeuger ihre Ernte an die Geldgeber/Inputlieferanten unter (mehr oder minder) vorab festgelegten Verkaufsbedingungen abliefern; gleichzeitig steht es den Firmen aber durchaus frei, ihre Produktion durch *Direktkäufe* bei anderen Erzeugern, die ihre Finanzierung selbst sicherstellen, oder durch *eigene Erzeugertätigkeit* zu steigern. Dieses System nennt man das *System der Erzeugerverträge oder das System der Vertragsproduktion.* Nach Ansicht des Agro-Business sind Erzeugerverträge für die Sammelstellen bzw. die Verarbeitungsbetriebe unabdingbar, obwohl sie nur ein Teil des Agro-Business-Systems sind. Sie garantieren reichliche Lieferungen bei geringstmöglichem Risiko – das Risiko wird den Erzeugern oder lokalen Händlern aufgebürdet, denn deren Entscheidungsgewalt in bezug auf Produktion und Vermarktung ist auf ein absolutes Minimum reduziert, da die Agro-Business-Firmen jedenfalls lokal ein Monopol im Warensystem besitzen. Besonders wünschenswert sind Erzeugerverträge für Verbrauchsgüter, weil hier die Verhandlungsmacht der Erzeuger am schwächsten ist. Goldberg äußert sich zu diesem Thema so:

»Vertragskäufe haben sich als wirksames Mittel erwiesen, um den verarbeitenden Betrieben ausreichende, den gängigen Qualitätsanforderungen genügende Lieferungen zu sichern, ohne daß sie die Kapitalkosten und die höheren Risiken bei Investitionen in der landwirtschaftlichen Produktion tragen müssen.«[29]

Tatsächlich liegt der Vorteil nicht zuletzt darin, daß die Agro-Business-Firmen der Notwendigkeit enthoben werden, das Heer der ländlichen Arbeitskräfte zu »leiten« (»manage«), denn diese Aufgabe muß nun von den unter Vertrag stehenden Erzeugern wahrgenommen werden.

Die Praxis der Vertragsproduktion wird in den USA seit vielen Jahren mit bemerkenswertem Erfolg (für die Agro-Business-Firmen) geübt; sie ist auf eine Vielzahl von Warensystemen ausgedehnt worden, und es ist damit zu rechnen, daß dieses Lieferungssystem sich in dem Maße durchsetzt, wie die Zahl der Sammelstellen bzw. Verarbeitungsbetriebe kleiner und deren Monopolmacht größer wird. Meiner

Ansicht nach hat dies bereits einen erheblichen Statuswandel bei den US-amerikanischen Farmern, sogar den großen, bewirkt[30]: ehedem weitgehend unabhängige Unternehmer, sind sie zu einem neuen Typ hochrangiger »sharecroppers« oder Vertragsarbeiter gemacht worden. Betrachten wir beispielsweise die folgenden Bestimmungen eines typischen Erbsen-Erzeugervertrages zwischen einem großen (ungenannten) Verarbeitungsbetrieb und dessen Vertragserzeugern.[31] Er enthält eine detaillierte Liste der zu zahlenden Entschädigung (Preise) für die abgelieferte Erbsenernte und das Recht der Erzeuger auf Kontrolle bestimmter Aktivitäten des Verarbeitungsbetriebs; aber er enthält auch folgende Punkte:

»Während der Saison [...] obliegt dem Kontrahenten (Erzeuger) die ordnungsgemäße Vorbereitung des Bodens, die Aussaat sowie die Pflege des bestellten Feldes und der unten aufgeführten Erbsensorten, und zwar zu Zeiten, die von der Gesellschaft (Company) festgelegt, und auf Böden, die von der Gesellschaft gebilligt werden.«

»Die Gesellschaft beliefert den Kontrahenten kostenlos mit der empfohlenen Menge und Sorte der hiernach auszulegenden Saaterbsen; sie sorgt dafür, daß das gelieferte Saatgut die entsprechende Qualität besitzt, übernimmt jedoch weder explizit noch implizit die Garantie für das Keimen, die Reinheit oder irgendeine andere Eigenschaft.«

»Der Rechtsanspruch auf das Saatgut und die daraus erwachsenden Früchte liegt und bleibt zu allen Zeiten bei der Gesellschaft; die gesamte Ernte [...] ist der Gesellschaft abzuliefern. Der Kontrahent erwirbt keinerlei Recht oder Anspruch auf und keine Beteiligung an dem ihm zur Verfügung gestellten Saatgut und den daraus erwachsenden Früchten; sein Besitz an dem Saatgut und der Ernte ist lediglich der eines Verwahrers.«[32]

»Die Gesellschaft bestimmt den Zeitpunkt der Ernte und die Erntemethode.«

»Die Gesellschaft behält sich das Recht vor, sämtliche Felder oder Teile derselben gegen Insekten und Unkraut zu behandeln, sofern ihr dies notwendig erscheint. *Der Kontrahent darf eine solche Behandlung der Feldfrüchte in keinem Fall nach eigenem Ermessen durchführen.*« (Hervorhebung im Vertrag)

»Dem Kontrahenten obliegt hiermit die durch diesen Vertrag vereinbarte Produktion als unabhängiger Unternehmer und nicht als Angestellter der Gesellschaft. [...] Alle von ihm zu diesem Zweck beschäftigten Personen sind seine Angestellten und nicht die der Gesellschaft.«

»Zu allen angemessenen Zeiten hat der Kontrahent Zutritt zur Werksannahmestelle der Gesellschaft, und jeder Vertreter der Gesellschaft hat das Recht, das Land zu betreten, auf dem die hier vereinbarten Feldfrüchte ausgesät, gezogen oder geerntet werden, um sich zu vergewissern, ob die Vertragsbestimmungen eingehalten werden.«

Aus der Sicht der Agro-Business-Firma durchaus vernünftig, belegen derlei Bestimmungen jedoch zugleich, zu welchem Grade die US-amerikanischen Erzeuger ihre Entscheidungsgewalt verlieren, sobald sie sich auf einen Vertrag dieses Typs einlassen, und daß sie sich in bezug auf ihre Inputs und oftmals auch bei Krediten in die

Abhängigkeit jener Firmen begeben. Einer der Harvard-Professoren hat das System der Vertragsproduktion für Übersee-Unternehmen in einer naiven »Wolf-im-Schafspelz-Sprache« erläutert:

»[...] Agro-Business-Firmen können ein Koordinationsmodell [sic!] vorschlagen, aufgrund dessen sie [diese Firmen] für die lokale Regierung und die lokale Industrie weniger zum Stein des Anstoßes werden und möglicherweise mehr Nutzen bringen als lokale Firmen. Das *Koordinierungsmittel* [...] heißt Erzeugervertrag, demzufolge ein Erzeuger sein Einverständnis erklärt, bestimmte Feldfrüchte anzubauen, großzuziehen und zu ernten und hernach einem Vertragsverarbeiter abzuliefern. Bei *Wahrung der Autonomie des Erzeugers* erhält dieser durch den Vertrag Zugang zu Hilfe im Sinne von Technologie, Management und Marketing. [...] Die Koordination per Vertrag ist besonders *wirksam bei relativ kleinen Erzeugern und in kleinen Entwicklungsländern*, wo es sich empfiehlt, unimodalen Agrarstrategien den Vorzug zu geben vor der bimodalen Landbewirtschaftung (farming) durch Firmen und Subsistenzerzeuger. [...] Vertragliche Koordination ist ein bekanntes Beschaffungsverfahren der Verarbeitungsfirmen, die es seit langem vorziehen, sich auf Zulieferer zu stützen, anstatt sämtliche benötigten Inputs selbst zu erstellen. [...] Das Problem der Input-Lieferanten aus Entwicklungsländern wird vielschichtiger, sobald der nationale Rahmen gesprengt wird. Anfangs wählten internationale Firmen das vertraute, aber zunehmend auf Ablehnung stoßende Muster der Koordination durch vertikale Integration. In dem Maße, wie die Entwicklungsländer ihrerseits politische und ökonomische Macht aufbauten, beschleunigten sie die breitere Anwendung vertraglich abgesicherter Methoden der Koordination wie Vergabe von Lizenzen und Konzessionen und Abschluß von Management- und Erzeugerverträgen.«[33]

Versucht man, von der Redeweise abzusehen und den Kern dessen auszumachen, was der Autor sagen wollte, so wird folgendes deutlich: Vom Standpunkt einer Agro-Business-Firma, insbesondere eines international operierenden Mammutunternehmens, ist die Stabilität der Bezugsquellen von überragender Bedeutung. Eine stabile Versorgung ist nur dann möglich, wenn ein Höchstmaß an Kontrolle über die Erzeuger oder die landwirtschaftliche Produktion oder beide gewährleistet ist. Mit anderen Worten, es bedarf einer vertikalen Integration. Der sicherste Weg, die Produktion unter Kontrolle zu bekommen, ist der, Eigentümer oder Pächter von Grund und Boden zu sein, und sich als Firma selbst mit Landwirtschaft zu befassen. Bei ihren Überseeoperationen haben die transnationalen Agro-Business-Firmen in der Vergangenheit auf dieses Versorgungssystem rekurriert, das – wie Morrissy richtig betont – beträchtliche Ressentiments auslöste. Die Ursache dieser Ressentiments ist freilich nicht dieser Typ der vertikalen Integration, sondern es sind – wie zahlreiche Zeugen bestätigen – die arroganten und ausbeuterischen Methoden, die diese Firmen anwenden. Eine Zeitlang gaben viele der großen Firmen diese Form der vertikalen Integration, die Morrissy die »extreme vertikale Integration« nennt, auf und bedienten sich statt dessen des Mittels der Erzeugerverträge. *Aber die neuere Entwicklung geht wieder in die entgegengesetzte Richtung.* Das Agro-Business betreibt heute zunehmend eigene Agrarproduktion, bei gleichzeitiger Fortsetzung der Praxis der Erzeugerverträge. Darüber hinaus bedient es sich einer dritten Methode: der Sicherung der Versorgung durch Lieferungen von unabhängigen Erzeugern. Je größer das Unternehmen, desto größer ist in aller Regel auch die Zahl der Methoden, die angewandt werden. Es bleibt die Frage, ob das System der Vertragsproduktion eine weniger extreme Form der vertikalen Integration ist, wie Morrissy nahelegt. Wir wollen versuchen, diese Frage im nächsten Kapitel zu beantworten. An dieser Stelle ist jedoch der Hinweis angebracht, daß die Erzeugerverträge, ökonomisch und politisch gesehen, den Agro-Business-Firmen in Übersee andere wichtige Vorteile einbringen. Ökonomisch bieten sie ihm eine zusätzliche Einnahme- und Gewinnquelle. Sie wird gespeist aus der Vergabe von Krediten an die Erzeuger, aus Zinsen[34] oder aus der Bereitstellung verschiedener Inputs und Dienstleistungen, aus denen die Firma direkt oder indirekt Gewinn zieht. Zwar sind die Gewinne aus derlei Transaktionen möglicherweise nicht sehr erheblich. Aber ein weiterer ökonomischer Vorteil von hoher Bedeutung ergibt sich aus der Abhängigkeit der Erzeuger von den Agro-Business-Firmen. Diese Abhängigkeit wächst mit der Größe und Monopolstellung der Firma, besonders dann, wenn die Erzeuger sich an keinen anderen Kreditgeber oder Input-Lieferanten wenden können, wie es in unterentwickelten Ländern vor allem für kleine Erzeuger die Regel ist. Mit anderen Worten, die Agro-Business-Firma spielt bis zu einem gewissen Grade dieselbe Rolle wie »Gesellschaftsläden« (»company stores«) in Bergwerksgemeinden oder auf traditionellen Plantagen. Politisch gestatten die Erzeugerverträge den Agro-Business-Firmen, sich das Image derer zu geben, die der lokalen Landwirtschaft helfen, indem sie für Erzeuger und Landarbeiter Arbeitsplätze schaffen und dadurch deren Einkommen anheben, ohne als an den Produktionsprozessen direkt Beteiligte und als Eigentümer ausgedehnter Landflächen in Erscheinung zu treten.

In Industrieländern wird die Abhängigkeit der Vertragserzeuger von Agro-Business-Firmen offensichtlich dadurch gemildert, daß sie frei wählen können, ob sie sich dem System der Vertragsproduktion anschließen oder ob sie solche Feldfrüchte anbauen wollen, die diesem System nicht unterliegen. Aber selbst dort ist diese Wahl durch die ökologischen und ökonomischen Bedingungen der Gemeinde, in der die Erzeuger leben, häufig eingeschränkt. Wo eine Gegend beispielsweise besonders geeignet ist für den Gemüsebau, wo das Einkommen aus dem Gemüsebau höher zu sein verspricht als aus anderen Unternehmungen und wo die Absatzorganisationen für andere Feldfrüchte weniger gut entwickelt sind, da würde der Erzeuger sich wohl gezwungen sehen, sich dem System der Vertragsproduktion zu beugen. In unterentwickelten Ländern ist die Lage für die Erzeuger insofern schlechter, als die Monopolmacht der internationalen Agro-Business-Firmen dort beträchtlich größer ist. Tatsächlich kann die Firma die Erzeuger dort zur Teilnahme an dem System zwingen, und dies nicht nur, weil sie den Verkauf und die Verteilung der Inputs zu monopolisieren vermag, sondern auch, weil sie imstande ist, Absatzorganisationen für andere Agrarprodukte zu unterbinden oder einzuschränken. In solchen Fällen ähnelt die Freiheit eines Erzeugers, sich auf einen Vertrag einzulassen oder nicht, dem »Recht« (»liberty«) eines notleidenden Arbeiters, eine Arbeit anzunehmen oder abzulehnen. Die wirkliche Alternative lautet: annehmen oder verhungern.

Das Agro-Business-Panorama aus der Sicht der unterentwickelten Länder. Wer ist im Agro-Business?

Die Ambivalenz der Professoren des Agro-Business von der Harvard Business School wird noch augenfälliger, wenn man einige ihrer Verlautbarungen und die Aktivitäten des Agro-Business im Lichte der ökonomischen, sozialen und politischen Struktur der unterentwickelten Landwirtschaften untersucht.

Zunächst wollen wir jedoch noch einmal auf eine Frage zurückkommen, die wir am Anfang gestellt haben: Was ist unter »Agro-Business« zu verstehen? Offenkundig ist es mehr als die bloße »Koordination« einer Vielzahl von Tätigkeiten in einem »Vom-Samenkorn-zum-Verbraucher«-System. Damit ist nichts erklärt, solange man nicht weiß, wer diese Tätigkeiten verursacht, wer sie kontrolliert und wer an ihnen beteiligt ist. So wie ich es sehe, ist das Agro-Business die Gesamtheit der Aktivitäten verschiedener Gruppen von großen und mittelgroßen transnationalen Firmen[35] in verschiedenen, getrennten Operationsgebieten; die wichtigsten wollen wir im folgenden benennen (wobei zu bedenken ist, daß die Firmen der verschiedenen Gruppen gewöhnlich miteinander und füreinander kooperieren bzw. daß einzelne Firmen zu derselben oder zu mehreren Gruppen gleichzeitig gehören):

a) Multinationale Konzerne, die sich direkt in Produktion *oder* Distribution landwirtschaftlicher Erzeugnisse betätigen oder in Agrarproduktion *und* Distribution zugleich. Es gibt zwei klar erkennbare Tendenzen: 1. Je größer das Unternehmen, desto größer ist die Wahrscheinlichkeit, daß es sich in Produktion *und* Distribution engagiert, weil dies ein höheres Maß an Kontrolle über das gesamte Warensystem erfordert. 2. In dem Maße – und diese Tendenz ist heute statistisch gut dokumentiert –, wie das Unternehmen wächst, breitet es sich mit neuen Zweigen auf mehrere Warensysteme aus (branching-out).[36] Die einzelnen Bereiche, in denen es sich betätigt, können einander ergänzen, müssen es aber nicht, d. h. der gesamte Aktionsradius des Unternehmens kann sehr groß, die einzelnen Tätigkeitsfelder können aber untereinander völlig unverbunden sein. Manche Firmen dieser Gruppe mögen Nahrungsmittelfirmen im eigentlichen Sinne sein (oder als solche beginnen); andere haben ihre Aktivitäten auf die Nahrungsmittelbranche ausgedehnt, obwohl sie sich ursprünglich in Bereichen betätigten, die mit Landwirtschaft überhaupt nichts zu tun haben (Beispiel: eine Schuhindustrie, die in die Viehwirtschaft »einsteigt«, um sich eine feste Bezugsquelle für Leder zu sichern);

b) Unternehmen, die sich in der Produktion (oder Montage) und Distribution landwirtschaftlicher Inputs betätigen. Gegenwärtig kommen alle wichtigen Inputs für den modernen Landwirtschaftsbetrieb weltweit von multinationalen Konzernen, und die in der Gruppe a) beobachteten Trends finden sich auch in der Gruppe b). Zu den wichtigsten Entwicklungen der neueren Zeit auf diesem Gebiet zählt der Aufstieg von Unternehmen, die Saatgut, Futtermittel, Vieh (zum Versand in unterentwickelte Landwirtschaften) und Ausrüstung für Bewässerungssysteme führen.[37]

Die Firmen, die zu diesen beiden Gruppen gehören, können sein: mit Eigenkapital finanzierte Tochtergesellschaften, Firmen mit gemischtem (ausländischem und lokalem) Kapital oder lokale Firmen, die mit einer bestimmten Art Konzession (Lizenzen) arbeiten. Ihr Betriebskapital kann vom Stammhaus des Unternehmens bereitgestellt werden, oder es kann ergänzt (oder gar ausschließlich bereitgestellt) werden durch lokale Mittel, je nachdem, welchen Grad der Kontrolle die multinationalen Konzerne über *sämtliche* Unternehmenstätigkeiten behalten wollen – einschließlich der Notwendigkeit, die Konkurrenz auszuschalten bzw. »draußenzuhalten«.

c) Konzerne oder Firmen, die Dienstleistungen anbieten. Das Funktionieren multinationaler Konzerne in kapitalistischen und abhängig-kapitalistischen Volkswirtschaften erfordert eine große, ja absurd große Zahl von Dienstleistungen, die dazu da sind, die Macht und Kontrolle über die Märkte und die Rückführung von Gewinnen zu steigern, Verbraucher zu beeinflussen und Konkurrenten zu verdrängen. Die Kosten dieser Dienstleistungen werden im Falle der Übersee-Unternehmungen praktisch immer von den unterentwickelten Ländern getragen. Zu diesen Dienstleistungen gehören Unternehmensberatungsfirmen, Anwaltsbüros, PR- und Werbefirmen ebenso wie technische und Management-Berater auf der Ebene der Erzeuger und der industriellen Verarbeitung.

Die überaus schnelle Expansion und das Funktionieren dieser Firmen der Gruppen a)-c) wären unmöglich gewesen ohne die aktive Mitwirkung und Unterstützung anderer Gruppen, die ein wesentlicher Bestandteil des Agro-Business sind. Zu den wichtigsten gehören:

d) Private, von Agro-Business-Firmen gegründete (Super-)Agenturen wie die an früherer Stelle genannten[38], deren Funktion es ist, die Aktivitäten der transnationalen Konzerne zu koordinieren, Projekte für Übersee-Unternehmungen zu erarbeiten und diese zu finanzieren bzw. sich um finanzielle Unterstützung aus anderen Quellen zu bemühen;

e) private, international operierende Kreditanstalten wie die Bank of America, die Chase Manhattan u. a., die Agro-Business-Unternehmen in Übersee unterstützen;

f) bilaterale und internationale Institutionen für technische Hilfe oder Kreditanstalten wie die USAID, die US Export-Import Bank, die Weltbank, die Interamerikanische Entwicklungsbank und die Asiatische Entwicklungsbank, die Vereinten Nationen (z. B. das Kooperationsprogramm FAO/Industrie)[39]. Die Gesamtsumme der jährlichen finanziellen Zuwendungen und anderen Formen von Unterstützung für private Agro-Business-Unternehmungen aus diesen Quellen allein ist gewaltig[40];

g) sonstige Agenturen oder Organisationen, die Agro-Business-Unternehmungen in Übersee direkt oder indirekt unterstützen, wie die »philanthropischen« Stiftungen (Ford, Rockefeller, Volkswagen u. a.) und zahlreiche nationale Forschungsstätten mit oder ohne Drittmittelfinanzierung, deren Forschungsarbeit sich fast ausschließlich auf Waren konzentriert, die von großen Agro-Business-Firmen geführt werden, sowie religiöse Vereinigungen.

Es ist die Gesamtheit der Aktivitäten all dieser Firmen und Organisationen mit ihren gigantischen finanziellen und technologischen Möglichkeiten und ihrem Heer von Arbeitskräften, die erklärt, wie und warum das Agro-Business heute eine so bedeutende Rolle in den unterentwickelten Ländern spielt. In diesem Zusammenhang ist anzumerken, daß die überseeischen Agro-Business-Firmen hauptsächlich für den Export arbeiten. Obschon die Importsubstitution für die meisten unterentwickelten Nationen ein wichtiger Vorwand ist, den Agro-Business-Firmen das Operieren in ihren Landwirtschaften und in den mit der Landwirtschaft verbundenen Sektoren zu gestatten, bewirken die bloße Anwesenheit und die weltweiten Interessen dieser Firmen, daß die Befriedigung des Grundbedürfnisses der Bevölkerung in den unterentwickelten Ländern nach Nahrung zweitrangig wird.

Agro-Business in Mexiko. Ein Beispiel

Mexiko ist ein interessantes Beispiel für die Penetrationsstrategie transnationaler Konzerne und deren Beteiligung an der nationalen Ökonomie; genauer: dafür, in welchem Maße die US-Warensysteme – um einen Ausdruck aus der Sprache des Agro-Business zu gebrauchen – in diesem Land expandiert haben. Die Informationen zu diesem Thema sind trotz zweier detaillierter Studien neueren Datums[41] leider nach wie vor recht dürftig:

a) Sie basieren auf summarischen Daten, einschließlich derer, die bei den Volkszählungen gesammelt werden, und aus diesen lassen sich – selbst wenn sie richtig wären – die vielfältigen Verästelungen der Agro-Business-Aktivitäten nicht herauslesen. Nur detaillierte Analysen und Feldstudien können einen vollständigen Überblick über jedes einzelne Warensystem, dessen Funktionsweise und Wirkung vermitteln.

b) Ein Großteil der statistischen Angaben, etwa die Volkszählungen, stammt aus dem Jahre 1970 und berücksichtigt daher nicht die schnelle Expansion der multinationalen Konzerne in Mexiko (siehe Tabelle), die sich zwischen 1970 und 1975 vollzog.

c) Die Daten beziehen sich auf ganze Wirtschaftssektoren (z. B. Nahrungsmittel-, Getränke-, Tabak-, Papierindustrie, Maschinenbau usw.) und enthalten keinerlei spezifische Information über die Branchen, die Inputs für die Landwirtschaft liefern. Solche Informationen verstecken sich in den großen Kategorien, etwa in den Gesamtdaten zur chemischen Industrie, zum Maschinenbau u. a.

d) In den sogenannten nationalen (mexikanischen) Industrien steckt nicht selten ausländisches Kapital oder ausländische Technologie, was Abhängigkeit von den Industriestaaten bedeutet, und die gängige Praxis, »Strohmänner« vorzuschieben, verhindert genauere Erkenntnisse darüber, ob die mexikanischen Firmen wirklich den Mexikanern gehören.

e) Aus alledem folgt, daß an den Daten nicht abzulesen ist, wie weit die Penetration des Agro-Business auf Erzeugerebene – Penetration im Sinne von Kontrolle über Grund und Boden oder gemessen an der Menge der von den transnationalen Konzernen in die Landwirtschaft hineingepumpten Kredite und Inputs – in Wirklichkeit bereits fortgeschritten ist.

Aber selbst wenn man diese Einschränkungen in Rechnung stellt, ist die folgende Statistik noch aufschlußreich:

Einige allgemeine Indikatoren für die Bedeutung der transnationalen Konzerne in Mexikos Nahrungsmittelindustrie

I. *Beteiligung von Transnationalen am Kapital der 290 größten Unternehmen der*

Nahrungsmittelindustrie (1970)	43,8%
Tabakindustrie (1970)	100,0%
Getränkeindustrie (1970)	11,2%

II. *Beteiligung an der Gesamtproduktion der*

Nahrungsmittelindustrie (1970)	21,5%-22,6%
Tabakindustrie (1970)	96,8%
Getränkeindustrie (1970)	30,0%-31,0%

III. *Wachstumsrate der Industrieproduktion der Transnationalen, 1962-1970, in %*

Nahrungsmittelindustrie	17,6 (9,7)*
Tabakindustrie	11,4 (8,7)*
Getränkeindustrie	19,1 (8,7)*

* Die in Klammern angegebenen Zahlen entsprechen der Wachstumsrate des gesamten Industriesektors (transnationale Konzerne plus mexikanische Firmen).

IV. *Wert der Zahlungen für Technologietransfers in*
*einem Jahr, 1971, in Mio. Dollar**

Nahrungsmittelindustrie	8,8 (0,6)*
Tabakindustrie	0,5 (–)*
Getränkeindustrie	7,2 (0,8)*

* Die in Klammern angegebenen Zahlen weisen die Zahlungen aus, die allein von mexikanischen Firmen geleistet wurden.
** Die Gesamtsumme dieser Zahlungen (16,5 Mio. Dollar) entspricht rd. 13% aller Zahlungen der Transnationalen und rd. 12% der Zahlungen aller Industrieunternehmen in Mexiko (transnationale und mexikanische), d. h. 114,8 bzw. 142,8 Mio. Dollar. Berücksichtigt man, daß viele Zweige der Nahrungsmittelindustrie in Mexiko sehr arbeitsintensiv sind, so sind die 13 und 12% recht beträchtlich.
Quelle: F. Fajnzylber et al., a.a.O., S. 165, 169, 247, 345.

Ein genaueres Bild ergibt sich, wenn man die Nahrungsmittelindustrie in verschiedene Warensysteme und nach industriellen Untergruppen gliedert. Die folgende Tabelle zeigt die Bedeutung der transnationalen Konzerne entsprechend der traditionellen industriellen Klassifikation nach offiziellen statistischen Angaben aus dem Jahre 1970; ausgelassen wurden dabei die Subsektoren, in denen die Transnationalen nicht vertreten oder unbedeutend waren. Auch für diese Tabelle gilt, was zuvor über die begrenzte Aussagekraft der Daten gesagt wurde. Hinzu kommt jedoch eine weitere Einschränkung, nämlich die, daß eine bestimmte Agro-Business-Firma sich durchaus in mehreren Warensystemen bestätigen kann, was aus den verfügbaren Daten nicht hervorgeht.

Aus der Tabelle lassen sich folgende Schlüsse ziehen:

1. Transnationale Agro-Business-Firmen finden sich mit größter Wahrscheinlichkeit in Industriezweigen, in denen die Konzentration weit fortgeschritten ist (Marktbeherrschung durch wenige Firmen). *2.* Transnationale Agro-Business-Firmen operieren tendenziell in Sektoren, die differenzierte Artikel der Nahrungsmittelindustrie und in einigen Fällen Inputs wie Saatgut herstellen. Bei diesen Gütern geben die Firmen große Summen für Werbung, Verkaufsförderung und Verpackung aus, was dem zweifachen Zweck dient: den Absatz zu steigern und die nationale Konkurrenz zu verdrängen.[42] *3.* Viele der Güter, auf die sich das transnationale Agro-Business spezialisiert, sind solche der Nahrungs- und Genußmittelindustrie, die von der Mittelschicht konsumiert werden.[43]

Man darf davon ausgehen, daß, wo immer transnationale Nahrungsmittelkonzerne einen erheblichen Teil der agrarindustriellen Produktion beherrschen, sie in der Lage sind, zumindest einen ähnlichen Teil der Produktionsprozesse auf Erzeugerebene in den in der Tabelle aufgeführten Warensystemen zu kontrollieren. Seit 1970 hat

Beteiligung von Agro-Business-Firmen an verschiedenen Industrie-zweigen in Mexiko (1970)

Warensystem und Industrie-zweig (und Codenummer)	Konzentration der Produktion in %*	Beteiligung von Transnationalen an	
		Zahl der Betriebe in %	Produktion in %
Viehwirtschaft			
2011 – Schlachtung	54,3	0,1	8,7
2912 – Lederwaren	33,4	0,4	10,3
3161 – Seife und Waschmittel	70,9	2,6	50,6
2318 – Fasern	31,8	7,5	11,5
2346 – Fasern	40,0	0,8	14,1
2315 – Textilien	36,0	1,5	41,6
2316 – Fasern (Sweaters)	42,6	5,4	12,3
Milchwirtschaft			
2022 – Sahne, Butter, Käse	46,5	0,6	11,7
2023 – Dosenmilch, Milchpulver	61,3	83,3	98,3
2024 – Puddings, Gelees etc.	75,6	1,7	62,4
2025 – Sonstige Milchprodukte	68,0	1,3	23,8
2096 – Speiseeis etc.	19,5	–	7,6
Weizen			
2062 – Kekse und Teigwaren	54,4	3,5	19,1
Mais			
2091 – Stärke, Hefe etc.	84,4	9,5	48,6
Reis			
Keine			
Tiernahrung			
2098 – Tiernahrung	25,8	6,9	54,5
Öle			
2093 – Öle, Margarine etc.	27,2	6,3	21,6
Gerste			
2132 – Bier	68,8	15,8	51,3
Zucker			
2071 – Zucker und Zuckerprodukte	20,3	4,7	15,7
2082 – Kandis	33,2	3,4	27,4
2085 – Konzentrate etc.	74,6	13,5	80,2
2073 – Alkohol	98,6	16,7	21,9
2113 – Getränke (nicht-gärende Alkoholika)	61,8	6,7	53,9
2141 – Getränke (nicht-alkohol.)	11,7	2,3	15,1
Kaffee			
2055 – Kaffee und Tee (Pulver)	99,7	25,0	96,0
Honig			
Keine			

Warensystem und Industrie-zweig (und Codenummer)	Konzen-tration der Pro-duktion in %*	Beteiligung von Transnationalen an	
		Zahl der Betriebe in %	Produk-tion in %
Kaugummi			
2083 – Kaugummi	97,4	27,3	84,9
Kakao			
5058 – Spezialerzeugnisse	34,3	13,3	16,4
2081 – Schokoladen	73,9	1,4	48,4
Gewürze			
2094 – Senf, Essig etc.	80,6	5,3	64,0
2097 – Pommes frites, Erdnüsse etc.	73,4	1,4	53,5
Baumwolle			
2311 – Rohbaumwolle	28,1	15,6	18,4
2313 – Nähgarne	78,4	17,6	62,8
2321 – Strümpfe etc.	34,6	2,2	11,1
2422 – Hemden	34,2	0,6	10,4
2424 – Verbandmaterial	36,6	3,4	13,8
2434 – Baumwollprodukte	75,6	11,5	69,7
Fasern (Jute) Keine			
Forstwirtschaft			
2512 – Sperrholz etc.	40,3	8,8	24,2
2711 – Zellstoff und Papier	34,7	15,3	42,0
2712 – Pappe etc.	64,0	0,9	25,5
2722 – Kisten	40,3	5,0	30,2
2723 – Sonst. Zellstoff, Papier etc.	20,3	2,8	14,5
Verbessertes Saatgut Keine Angaben			
Obst und Gemüse (partielle Angaben)			
2032 – Konserven	29,7	11,2	47,9
2034 – Soßen, Suppen etc.	96,6	15,8	38,2
2121 – Weine etc.	62,7	3,1	32,9
Tabak			
2211 – Trocknen	74,9	85,2	82,9
2212 – Zigaretten	79,6	53,0	99,4

*: Die Zahlen in dieser Spalte geben die Konzentration der Produktion anhand der vier größten Firmen des jeweiligen Sektors an, ohne daß eine Unterscheidung in transnationale und mexikanische Firmen vorgenommen wurde.
Quelle: CIDE, a.a.O.; die Angaben stützen sich gewöhnlich auf Dirección General de Estadistica und Secretaría de Industria y Comercio, 1970

jedoch die Beteiligung transnationaler Firmen in Sektoren, in denen sie schon 1970 gut im Geschäft waren, zugenommen, und mittlerweile sind sie auch in andere Sektoren eingedrungen, in denen sie 1970 noch keine Beteiligungen besaßen. In diesem Zusammenhang sind die zusammengefaßten Schlußfolgerungen einer der Untersuchungen über Transnationale in Mexiko bemerkenswert. Obwohl sie sich auf Transnationale in der Industrie im allgemeinen konzentrieren, gelten diese Schlußfolgerungen zweifellos für das Agro-Business im besonderen[44]:

a) Die Transnationalen haben eine bedeutende und ausgedehnte Beteiligung an sämtlichen industriellen Aktivitäten in Mexiko erreicht.

b) Die verarbeitende Industrie Mexikos zeichnet sich durch einen hohen Grad der Konzentration aus.

c) Die Transnationalen etablieren sich vorzugweise in den Sektoren mit dem höchsten Konzentrationsgrad und erzeugen dort die große Masse der Produkte.

d) Die Konzentration in der mexikanischen Industrie ist weiter fortgeschritten als in den USA.

e) Die Größe der in Mexiko etablierten Tochtergesellschaften ist im Vergleich zum Gesamtumfang der jeweiligen Transnationalen unbedeutend, doch sind sie bedeutend größer als die mexikanischen Firmen, mit denen sie in dem jeweiligen Sektor konkurrieren.

f) Die Transnationalen expandieren rascher als die mexikanischen Firmen; ihr Wachstum ist in steigendem Maße auf den Erwerb lokaler Firmen zurückzuführen und wird zunehmend mit lokalen Ressourcen finanziert.

g) Die Sektoren, in denen die Transnationalen die Vorherrschaft haben und die Konzentration am weitesten fortgeschritten ist, wachsen rascher als die übrigen Sektoren.

h) [. . .] Die Aktivitäten der Transnationalen in der Industrie haben negative und quantitativ erhebliche Auswirkungen auf Mexikos Auslandssektor.[45]

Das System der Vertragsproduktion in der Dritten Welt

Wir wollen nun untersuchen, wie die Expansion des Kapitalismus unter Führung des »big agribusiness« und die wachsende Kontrolle über seine ständig steigende Zahl von landwirtschaftlichen Erzeugnissen, die sich hinter der wohlklingenden Formel »Modernisierung unterentwickelter Landwirtschaften« verbirgt, in Wirklichkeit auf Erzeugerebene funktionieren und warum sie unweigerlich katastrophale Folgen für die Kleinbauern und die natürlichen Hilfsquellen der unterentwickelten Länder haben müssen. »Modernisierung« bringt Kapital- und Technologietransfers mit sich, und es ist wichtig zu wissen, wie, wie viele und mit welcher Wirkung solche Transfers von den verschiedenen Typen transnationaler Agro-Business-Unternehmen getätigt werden, insbesondere auf der Ebene der landwirtschaftlichen Produktionsbetriebe.[46] Zunächst wollen wir über Nahrungsmittelunternehmen sprechen, d. h. über diejenigen Unternehmen, die in der Produktion und Verarbeitung von oder im Handel mit Nahrungsmitteln und Faserprodukten engagiert sind; anschließend wenden wir uns den Agro-Business-Firmen zu, die landwirtschaftliche Inputs herstellen und vertreiben.

Vertreter des Agro-Business, einschließlich der Professoren der Harvard Business School, verweisen stets voller Stolz auf die einzigartigen Fähigkeiten der transnationalen Agro-Business-Unternehmen, als »Innovatoren« zu wirken. Daß die Agro-Business-Firmen mit Stammsitz in den Industrieländern und Aktivitäten, die die ganze Welt umspannen, über die besten Methoden und Techniken zur Produktion und Vermarktung der Erzeugnisse, die sie führen, verfügen, ist nicht zu bestreiten. Jahrelange Erfahrungen über die Arbeit auf Feldern und in Fabriken, stetige Forschung und Zugang zum modernsten Know-how verschaffen ihnen einen bedeutenden Vorteil gegenüber vielen Unternehmen, die in ähnlichen Bereichen in den unterentwickelten Ländern tätig sind. Einer der Apostel des Agro-Business sagte dazu folgendes:

»Internationale Firmen, per definitionem Außenseiter, haben immter gute Chancen, Innovatoren zu sein. Der Ausbildungsstand ihres Managements entspricht dem Niveau hochentwickelter Länder, und sie haben die Möglichkeit, die nötigen finanziellen Mittel zu niedrigeren Zinsen zu beschaffen. Mit Hilfe der firmeneigenen Forschung bringen sie Innovationen hervor, die sie dann über ihre weltweiten Beziehungen verbreiten. Eine neuere Studie über multinationale Konzerne [in Mittelamerika] enthüllt, daß der Technologie-Strom fast ausschließlich in eine Richtung fließt: aus den entwickelten in die Entwicklungsländer.«[47]

Diese innovative Funktion wird sowohl auf Erzeugerebene als auch auf der Ebene der industriellen Verarbeitung ausgeübt. Über die Vorteile, mit denen die internationalen Firmen die Erzeuger überhäufen, beispielsweise durch das System der Erzeugerverträge, dessen Charakter wir oben beschrieben haben, äußert sich der Autor folgendermaßen:

»Die Klarheit des Vertragsinhalts macht die Erzeugerverträge zu einem Katalysator für Innovationen. Die in den Erzeugerverträgen einzeln aufgeführten Komponenten der Gartenbau-Technologie sind Saatgut, Düngemittel, Schädlingsbekämpfungs- und Pflanzenschutzmittel.«[48]

Und er fügt hinzu:

»*Unterschreibt ein Erzeuger einen Erzeugervertrag, dann hat er fortan einen Verbündeten bei seinen Bemühungen um den Einsatz der besten Landwirtschaftstechnologie.* Anders als die vertragslosen Erzeuger, kann der Vertragserzeuger bei der Erfüllung der Vertragsbedingungen *Hilfe* von dem Verarbeiter (processor) *erwarten.* Da er *am Erfolg seiner Erzeuger interessiert* ist, und da es ihm beim Umgang mit zahlreichen Erzeugern, die dieselben Probleme haben, um die Skalenerträge geht [sic!], hat der Verarbeiter mehr Möglichkeiten, Quellen für Inputs zu erschließen, als irgendein unabhängig auftretender Einzelerzeuger ... Die Verarbeitungsfirmen kommen in den Genuß von guten Skalenerträgen, indem sie Männer im Außendienst beschäftigen, mit deren Hilfe sie den Ring der Informationskontrolle [sic!] schließen. [. . .] Die *Überraschungsanstrengungen der Männer im Außendienst* nützen sowohl dem Verarbeiter als auch dessen Vertragserzeuger, insofern sie dem Erzeuger Zugang zu innovativer Technologie verschaffen, die ihm zu Ertrags- und Qualitätssteigerung verhelfen kann.«[49] »Der Einfluß der internationalen Firmen auf die Technologie der Erzeuger ist größer als der lokalen Firmen. [. . .] Die internationalen Konserven- und Gefrierfabrikanten benutzen die Verträge als ein Mittel, *die Erzeuger zum Einsatz von landwirtschaftlichen Techniken zu veranlassen, die sie für die besten halten.*«[50] (Hervorhebungen von mir; E. F.)

Derselbe Autor äußert sich auch zu dem Erzeugertyp, den die internationalen Agro-Business-Firmen gern unter Vertrag nehmen, doch ist seine Erklärung nicht aufrichtig. Zunächst bezieht er sich (in einer Passage, die wir an früherer Stelle zitiert haben und die naiv die Vorteile des Systems der Vertragsproduktion, einschließlich der Bewahrung der Erzeuger-Autonomie, beschreibt) auf die kleinen Erzeuger:

»Die Koordination per Vertrag ist besonders *wirksam bei relativ kleinen Erzeugern* und in kleinen Entwicklungsländern, wo es sich empfiehlt, unimodalen Agrarstrategien den Vorzug zu geben vor der bimodalen Landbewirtschaftung durch Firmen und Subsistenzerzeuger . . .«[51] (Hervorhebung von mir; E. F.)

Sodann ist von den großen Erzeugern die Rede:

»[. . .] erhebt sich die Frage, wieviel Technologie kleinen Erzeugern übertragen wird. *Die Verarbeiter, die ein großes Volumen von Rohstoffen durchgängig hoher Qualität brauchen, nehmen vermutlich am liebsten solche Erzeuger unter Vertrag, die willens und in der Lage sind, sich mit großen Landflächen auf Vertragsproduktion festzulegen. Je größer die unter Vertrag genommene Anbaufläche, desto größer ist der verwaltungsmäßige Nutzeffekt für die Verarbeitungsfirmen.* Nun haben größere Landwirtschaftsbetriebe jedoch in der Regel mehr technologisch kompetentes Management, und *daher ist aus Erzeugerverträgen mit ihnen für den Technologietransfer wenig gewonnen.* Erzeuger auf Kleingrundbesitz sind stärker auf die Vorteile angewiesen, die ihnen durch Vertragsproduktion transferiert werden. [. . .] *verantwortliche Verarbeiter beweisen, daß sie mit Kleingrundbesitzern Verträge schließen.* [. . .] *Wiewohl diese Paarung von Verarbeitungsfirmen mit hohem technologischen Niveau und Landwirtschaftsbetrieben mit hoher Kompetenz vernünftig und zweckdienlich ist, ist die Wahrscheinlichkeit, daß sie sich positiv auf die weitere Ausbreitung von Technologie auswirkt, doch geringer* als bei Vertragsabschlüssen zwischen technologisch fortgeschrittenen Verarbeitern und ungelernten Erzeugern. [. . .] Tabelle 4.4 zeigt, daß die Ausdehnung der unter Vertrag genommenen Anbaufläche in der Tat *bestätigt, daß die internationalen Verarbeiter sich mit großen Erzeugern verbinden.*«[52] (Hervorhebungen von mir; E. F.)

Diese Argumentation läßt den Leser ziemlich im Ungewissen darüber, ob »technologisch fortgeschrittene Verarbeiter« (high-standard processors) »relativ kleine Erzeuger« bevorzugen. Aber sie ist gewiß schlau, wenn man sich einmal die Tabelle ansieht, auf die der Autor sich bezieht und die einen Überblick über Agro-Business-Firmen gibt. Eigentlich präsentiert der Autor zwei Tabellen: eine, die »den niedrigsten Prozentsatz der Verträge nach Verarbeiter-Typ« ausweist – womit vermutlich die Verträge gemeint sind, die mit den 10% Erzeugern mit der kleinsten Anbaufläche geschlossen werden –, wobei die internationalen Verarbeitungsfirmen im Durchschnitt 14,5 ha pro Vertrag rechnen (eine für unterentwickelte Länder nicht unbedeutende Landmenge, wenn das Land – wie für den Anbau von Obst und Gemüse hoher Qualität in der Regel der Fall – künstlich bewässert ist), und eine andere, in der die höchsten 10% erfaßt sind, bei denen der durchschnittliche Erzeuger 133 ha bewirtschaftet. Nehmen wir nun einmal an, es sind 100 Erzeuger unter Vertrag; die niedrigsten 10% haben 14,5 ha pro Erzeuger; die höchsten 10% haben 133 ha pro Erzeuger. Die Gesamtfläche für die unterste Gruppe wäre demnach 145 ha, die für die höchste Gruppe 1330 ha.[53] Man würde demnach vermuten, daß es eine eindeutige Präferenz für große Erzeuger gibt und daß die »technologisch fortgeschrittenen Verarbeiter« unter Bedingungen, wie sie in unterentwickelten Landwirtschaften herrschen, kaum eine andere Wahl haben, als ebenfalls kleinere Erzeuger unter Vertrag zu nehmen, *zumindest am Anfang.* In Wirklichkeit ist die Lage wohl komplexer, und wie ich später darlegen werde, bieten Verträge mit kleineren Erzeugern den Verarbeitungsfirmen viele – wenigstens temporäre – Vorteile, selbst wenn ihre Präferenz der »Größe« gilt, eine Neigung, die sie aus den Industriestaaten in die unterentwickelten Länder mitbringen.

Greifen wir nun ein paar der wichtigsten Fragen auf, die der Harvard-Professor erörtert hat und die im übrigen alle miteinander verknüpft sind. Die erste Frage ist die nach dem Charakter des Systems der Erzeugerverträge und nach der Bewahrung der Erzeuger-Autonomie unter Bedingungen von Unterentwicklung. Die Apostel des Agro-Business vertreten die Ansicht, daß die Praxis der Erzeugerverträge eine weniger extreme Version der vertikalen Integration sei – unter der Annahme, daß die extremere Form dann vorliegt, wenn Verarbeitungs- oder Handelsfirmen das Geschäft des Erzeugens selbst übernehmen –, oder daß es sich dabei in Wirklichkeit überhaupt nicht um vertikale Integration handele. Morrissy, von dem die vorangegangenen Zitate stammen, unterscheidet sogar zwischen *vertikaler Integration* und *vertikaler Koordination,* wobei letztere für das System der Vertragsproduktion kennzeichnend sei. Dies stimmt offenbar mit der Auffassung des Agro-Business überein, daß ihre Haupttätigkeit in der »Koordination« auf den verschiedenen Ebenen des Agro-Business bestehe, wobei die Manager der Firmen als Koordinatoren agieren und die Ausgangssituation für alle Beteiligten diejenige gleichberechtigter Partner ist. Diese Darstellung verzerrt die Situation. Den Verarbeitungs- und Handelsfirmen der Nahrungsmittelbranche, insbesondere den Mammutkonzernen, die in Lateinamerika wirken, geht es in erster Linie um stabile, gesicherte Bezugsquellen, und dieses Ziel ist offensichtlich nicht allein durch »Koordination« zu erreichen.[54] Es kann nur dadurch erreicht werden, daß man *Kontrolle* über die Erzeuger und über die Waren, die sie produzieren, gewinnt. Je größer das Bedürfnis nach Stabilität der Bezugsquellen, desto stärker ist die Notwendigkeit einer strengen Kontrolle. Das System der Erzeugerverträge erlaubt beinahe eine ebenso strenge Kontrolle über Erzeuger und Lieferungen – es ist fast eine ebenso extreme Form der vertikalen Integration – wie das System der firmeneigenen Landwirtschaftsproduktion, obwohl es eine subtilere Weise der Kontrolle ist. Um zu begreifen, warum dies so ist, muß man das Wesen der Vertragsbeziehungen zwischen Firmen und Erzeugern und die soziopolitischen Verhältnisse kennen, die in unterentwickelten Agrargesellschaften herrschen.

Die Abhängigkeit der Landwirtschaftsbetriebe von Verarbeitungs- oder Handelsfirmen – die Kehrseite der Kontrolle – ist die Folge von zwei besonderen Bedingungskonstellationen, die das Agro-Business in unterentwickelten Landwirtschaften vorfindet. Die eine ist der dringende Bedarf an Krediten und landwirtschaftlichen Inputs bei allen Erzeugern außer Großgrundbesitzern; die andere ist die Monopolstellung der Agro-Business-Firmen sowohl beim Kauf der Agrarerzeugnisse als auch bei der Belieferung der Erzeuger mit den knappen Inputs. Aufgrund ihrer erheblichen Finanzmittel, ihres politischen Einflusses lokal und national und ihrer internationalen Verzweigungen, sind die Agro-Business-Firmen in der ungewöhnlichen Position, ihren Vertragserzeugern Zugang zu Inputs bieten zu können, die diese normalerweise nicht bekämen. Die Gewährung von Kredit und Inputs ist für die Erzeuger an die Verpflichtung gebunden, ihre Produktion den Firmen abzuliefern, zumindest den Teil, der von den Firmen finanziert wurde, und der ist bei der Mehrheit der Vertragserzeuger gewöhnlich identisch mit ihrer Gesamtproduktion. Doch die Art der Vertragsbestimmungen und die Tatsache, daß die Verhandlungsmacht der Firmen unendlich größer ist als die der Erzeuger, sorgen dafür, daß diese Austauschbeziehung alles andere als eine gleiche, *quid pro quo,* ist. Unser Harvard-Professor behauptet: »Die internationalen Firmen verwenden in Übersee denselben Vertrag wie in den USA.«[55] Auch wenn dies in einigen wenigen Fällen so sein mag, erscheint es als generelle Behauptung höchst suspekt. Es mag eine gewisse Variation in den Vertragsbedingungen geben, je nachdem, um welchen Warentyp es sich handelt – ein wichtiges Kriterium ist der Verderblichkeitsgrad der Ware –, und je nachdem, wie groß die unter Vertrag genommene Anbaufläche ist. Aber in der Regel sind die Verträge einseitig in dem Sinne, daß der Verarbeiter/Käufer sich nach Belieben über die Vertragsbedingungen hinwegsetzen kann. Ein einseitiger Vertrag ist ein Vertrag, bei dem die meisten Pflichten bei den Erzeugern und nur ganz wenige beim Käufer liegen; und es ist ein Vertrag, dessen Wortlaut vage oder dessen Inhalt unvollständig ist. Ein typischer Fall kann z. B. so aussehen, daß der Erzeuger verpflichtet ist, seine Ernte unter Bedingungen abzuliefern, die im nachhinein einseitig vom Käufer festgelegt werden (beispielsweise enthält der Vertrag keine Preisfestsetzung), oder so, daß eine Verpflichtung des Verarbeiters/Käufers, die Ernte zu vorab ausgemachten Bedingungen anzunehmen, nicht besteht. So bekommt letzterer die Möglichkeit, die Ernte des ersteren nach seinem Belieben anzunehmen oder abzulehnen, Strafabzüge beim Preis vorzunehmen oder Qualitätsminderung geltend zu machen.[56] In Lateinamerika werden solche Verträge *contratos leoninos* (heimtückische Verträge) genannt, eine allgemein übliche Bezeichnung, die immer dann gilt, wenn die Verhandlungsmacht der vertragschließenden Parteien ungleich ist. Die Ungleichheit ist das Ergebnis fehlender Erzeugerverbände, deren Aufbau die Verarbeiter systematisch zu verhindern suchen, völlig unzureichender staatlicher Unterstützung für die Erzeuger, insbesondere die kleinen, und der Unfähigkeit der Erzeuger, Gewichte, Qualität und Preise zu kontrollieren.[57] Mit anderen Worten, die Behauptung, das System der Erzeugerverträge bewahre die Autonomie der Erzeuger, ist eine Lüge. Der Erzeuger ist nur so lange autonom, wie er sich dem System nicht angeschlossen hat. Hat er sich einmal angeschlossen, so verliert er seine Autonomie. Wie groß die Landfläche ist, die er bewirtschaftet, wie er sie bewirtschaftet, welche Inputs er verwendet, wie er über »seine« Produktion verfügt – all das wird einseitig von der Agro-Business-Firma bestimmt. Und die Bedingungen, zu denen die Firma seine Ernte annimmt, entziehen sich seinem Einfluß.

Liest man zwischen den Zeilen, so gibt der Harvard-Professor dies auch tatsächlich zu:

»Der Verarbeiter als Kontrahent bestimmt die Bedingungen und beurteilt zur Erntezeit, bis zu welchem Grade der Erzeuger sie erfüllt hat; das verleiht dem Verarbeiter beträchtliche Autorität. *Das Verhältnis Verarbeiter-Erzeuger ist von vornherein gespannt,* weil die Verarbeiter um die niedrigsten Preise verhandeln, während die Erzeuger um die höchsten Preise feilschen. Diese Spannung wird jedoch dadurch ausgeglichen, daß die Verarbeiter als Anwälte auftreten [sic!], die den Erzeugern dabei helfen, verbesserte Technologie einzusetzen. Als Folge davon steigen die Ernteerträge von Feldfrüchten hoher Qualität, und entsprechend fallen die Preise.«[58]

Jeder, der weiß, welche Verhältnisse in unterentwickelten Landwirtschaften herrschen, erkennt, daß die »Spannungen« zwischen Firma und Vertragserzeugern, vor allem den kleineren, nicht zugunsten der ohnmächtigen Erzeuger gelöst werden können und daß das Auftreten der Firma als »Anwalt« überhaupt nichts damit zu tun hat, welche Preise der Monopolist/Käufer zu zahlen bereit ist. Man kann sogar behaupten, daß die Autonomie eines Erzeugers in gewissen Fällen, in denen ein Mammutunternehmen des Agro-Business in eine unterentwickelte Gemeinde eingedrungen ist, schon ernsthaft eingeschränkt oder überhaupt nicht gegeben ist, *bevor* er einen Erzeugervertrag unterschreibt. So verhält es sich in Gebieten mit Monokultur oder dort, wo es dem Agro-Business mit seiner gewaltigen lokalen Macht gelingt, alternative Anbausysteme zurück- oder ganz zu verdrängen, indem es eine lokale Monokultur durchsetzt. Die Autonomie eines Vertragserzeugers ist mithin eine Fiktion, erfunden vom Agro-Business mit dem Ziel, den Regierungen unterentwickelter Länder eine nicht nur potentiell, sondern aktuell nachteilige Vereinbarung für unterentwickelte Erzeuger sowie für die lokalen Verarbeitungs- und Handelsfirmen schmackhaft zu machen, damit diese die Anwesenheit gigantischer Nahrungsmittelkonzerne dulden.

Das Agro-Business als Innovator (Modernisator)

Nicht minder strittig sind die „innovative Funktion« der Nahrungsmittelkonzerne und die Behauptung, ein Vertragserzeuger habe »einen Verbündeten bei seinen Bemühungen um den Einsatz der besten Landwirtschaftstechnologie«.

»Erzeugerverträge [. . .] sind wegen der außerordentlichen koordinierenden Führungskompetenz der internationalen Nahrungsmittelfirmen ein besonders wirksames Mittel zur Förderung der landwirtschaftlichen Betriebsführung. [. . .] Die Verarbeiter werden für ihre Bemühungen belohnt, wenn reiche Ernten den Preis pro Einheit ihrer Käufe senken und Feldfrüchte vorzüglicher Qualität ihre Endprodukte verbessern. Die Hilfe, die ein Erzeuger von einem Verarbeiter erhält und für die er – in wie auch immer verkleideter Form – bezahlt, befähigt ihn, seine Produktivität und folglich seine gesamten Einkünfte zu steigern.«[59]

Allgemein gesprochen, ist die Rolle der Nahrungsmittelkonzerne – wie die der Transnationalen in anderen Sektoren – als diejenigen, die

Technologie transferieren, d. h. als Innovatoren, gelinde gesagt äußerst beschränkt, und zwar sowohl nach ihrem Inhalt als auch in ihrer Reichweite. Im Idealfall soll der überseeische Technologietransfer Erzeuger, Verarbeiter und Händler in die Lage versetzen, aus ihrem Zustand der Unterentwicklung herauszukommen und mit dem erworbenen Rüstzeug allmählich ihre eigenen Entscheidungen zu treffen. Doch dieser Fall ist weit von dem entfernt, was in Wirklichkeit geschieht. Die Agro-Business-Firmen betrachten ihre Innovatoren-Rolle als *Dauerfunktion*. Sie haben nicht die leiseste Absicht, auf diese Rolle zu verzichten – eine Einstellung, die offensichtlich unvereinbar ist mit ihrem erklärten Anspruch, »die Mittel und Möglichkeiten der Agro-Business-Firmen für die wirtschaftliche Entwicklung zum Zuge zu bringen« und den Entwicklungsländern zu helfen, aus ihrem unglücklichen Zustand herauszufinden. Da Technologietransfers kapitalistischen Stils, wie Kapitaltransfers auch, Teil eines Prozesses sind, der es den Nahrungsmittelkonzernen ermöglicht, Produktion und Distribution zu kontrollieren, bedeutete die Preisgabe der Innovatoren-Rolle zugleich den Verzicht auf einen der Mechanismen, die es Übersee-Investoren aus Industrieländern gestatten, diese Kontrolle auszuüben. Die Innovationsfunktion der Agro-Business-Firmen wird zur dauernden infolge mindestens dreier Praktiken bzw. Umstände:

a) der Praxis, die Transfers von Technologie (Know-how) auf bestimmte »Gebiete« zu beschränken und andere davon auszuschließen;

b) Technologietransfers zu einer kontinuierlichen Profitquelle zu machen;

c) Unterschiede hinsichtlich Quantität und Qualität der transferierten Technologie zu machen.

Als Beispiel für die erste Kategorie wäre zu nennen, daß es bisher versäumt wurde, den unterentwickelten Ländern »marketing know-how« zu vermitteln. Dies wird auch von Morrissy zugegeben, wenn er sagt:

»Manche der aufgeführten Merkmale [der Überlegenheit der Agro-Business-Firmen] hängen damit zusammen, daß das Management der Nahrungsmittel verarbeitenden Firmen in industrieller Fertigung und in Distribution hochqualifiziert ist. Solche industrielle und kommerzielle Qualifikationen werden den Erzeugern nicht per Erzeugervertrag vermittelt, aber die Nahrungsmittelfirmen mobilisieren, finanzieren und dirigieren die Aktivitäten unabhängiger Landwirte.«[60]

Dies ist eine Untertreibung, die nicht einmal subtil ist. Die Überlegenheit der internationalen Nahrungsmittelkonzerne liegt in hohem Maße darin begründet, daß sie ein Monopol der Kenntnis der Absatzlage im eigenen Land so wie in der übrigen Welt haben und daß sie die Handelskanäle und -einrichtungen monopolisieren. Würde das Agro-Business dieses Know-how den Erzeugern oder Verarbeitern vermitteln, dann würden diese befähigt, effektiv mit den internationalen Firmen zu konkurrieren. Mit anderen Worten, es liegt nicht daran, daß die unterentwickelten Erzeuger oder Verarbeiter aus Unfähigkeit am Zugang zu den Welt- und bisweilen sogar zu den Binnenmärkten gehindert wären, sondern daran, daß sie aus diesem Handlungsfeld systematisch ausgeschlossen werden. Was die zweite Kategorie angeht, so ist klar, daß die Art von technischer Beratung oder die Inputs, die von Agro-Business-Firmen bereitgestellt werden, in aller Regel so aussehen, daß sie der Firma Vorteile einbringen, sei es im Sinne der Stärkung ihrer Monopolstellung, sei es im Sinne von Profiten, was gewöhnlich dasselbe ist. Die Firma muß versuchen, drei Ziele zu erreichen, die meist nicht miteinander zu vereinen sind: Know-how und Inputs (in geringem Umfang) zu transferieren; aus diesem Transfer Gewinne zu ziehen oder für andere transnationale Firmen, mit denen sie kooperiert, Profite zu sichern; und die Abhängigkeit der Erzeuger zu gewährleisten. Schießt der Verarbeiter Inputs in Naturalien vor, die er zum Mengenrabattpreis eingekauft hat, kann er sie mit Gewinn an die Erzeuger wiederverkaufen. Der Profit pro Einheit mag gering sein, aber wann immer der Erzeuger auf den Verarbeiter als einzigen Lieferanten für solche Inputs angewiesen ist, ist der Gewinn insgesamt oft beträchtlich – die Abhängigkeit des Erzeugers bindet diesen an die Verarbeitungsfirma. Werden Vorschüsse in bar (als Kredit) gegeben, verdient der Verarbeiter an den Zinsen, und die Erzeuger sind immer noch an ihn gebunden. Damit ist die Situation jedoch noch nicht umfassend beschrieben. Die Struktur des Agro-Business als ganze ist noch erheblich komplexer. Die internationale Firma kann finanzielle Beteiligungen an Unternehmen haben, die landwirtschaftliche Inputs herstellen oder vertreiben. Je größer das Unternehmen, desto größer ist auch die Wahrscheinlichkeit, daß die Firma an einer ganzen Skala von Geschäften, einschließlich Input-Industrien und landwirtschaftsbezogenen Dienstleistungen, beteiligt ist. Die Firma kann an verschiedenen Warensystemen beteiligt sein. Sie kann Kapital angelegt haben in verschiedenen Nahrungsmittel verarbeitenden Betrieben; in Lagerhäusern; in Groß- und Einzelhandelsgeschäften. Die Wahrscheinlichkeit, daß ein Erzeuger unter diesen Umständen uneigennützige technische Beratung und Inputs bester Qualität bekommen kann, steht im umgekehrten Verhältnis zur Größe und zur Bedeutung der Firma.

Im Lichte dieser Sachverhalte müssen wir auch die »Überwachungsanstrengungen der Männer im Außendienst« betrachten, die nach Meinung des Harvard-Professors sowohl dem Verarbeiter als auch dem Erzeuger nützen. Die Tätigkeit dieser »Außendienstler« besteht darin, den Absatz der von ihrer Firma bevorzugten Inputs zu fördern, also nicht unbedingt die Inputs zu empfehlen, die für den

Erzeuger am besten geeignet sind. Der »Außendienstler« einer Verarbeitungsfirma ist kein technischer Berater. Er ist kein ausgebildeter Agronom, fähig, agronomische Probleme zu lösen, obwohl er durchaus jahrelange praktische Erfahrung haben kann. In unterentwickelten Landwirtschaften haben nicht alle Firmen genügend gute Männer im Außendienst, um allen Erzeugern zu helfen. Einzig die größeren Erzeuger erhalten Hilfe. Jeder Irrtum der Außendienst-Berater (d. h. der Agro-Business-Firma) geht zu Lasten der Erzeuger, und diese haben keinerlei Rückgriffsrecht wegen falscher Ratschläge oder mangelhafter Inputs.[61]

Schließlich ist es äußerst fraglich, ob ein Erzeuger in der Verarbeitungsfirma wirklich einen »Verbündeten bei seinen Bemühungen um den Einsatz der besten Landwirtschaftstechnologie« findet, oder ob man nicht mit mehr Berechtigung davon sprechen kann, daß der Verarbeitungsbetrieb sein Gegner ist. Unter den Umständen, unter denen Agrarinvestitionen in Übersee manipuliert werden, und angesichts der in unterentwickelten Ländern herrschenden Verhältnisse kann es unnötig und tatsächlich sogar *unrentabel* sein, den unterentwickelten Erzeugern alles verfügbare Know-how und die besten technischen Einrichtungen zu vermitteln. Zweifellos haben wir es hier mit einem überaus wichtigen Problem zu tun, dessen Tragweite noch nicht hinreichend untersucht worden ist. Auf der Suche nach gewinnträchtigen überseeischen Agrarinvestitionen finden ausländische Kapitalisten in der Dritten Welt eine besondere Mischung von Faktoren vor, welche sie – einzeln oder in ihrer Kombination – in die Lage versetzen, wesentlich höhere Gewinne zu erzielen und rückzuführen als bei ähnlichen Investitionen in den Industrieländern. Superprofite und deren Rücktransfer sind das Hauptargument dafür, Investitionen in Übersee zu tätigen. Wie wir am Beispiel Mexiko gesehen haben, nehmen ausländische Investoren eine beherrschende, wenn nicht eine Monopol-Stellung in der lokalen Volkswirtschaft ein. Sie profitieren von niedrigen Bodenaufkaufpreisen oder Pachten, billigem Wasser, niedrigen Baukosten, niedrigen und niedrigsten Löhnen der Feld- und Fabrikarbeiter und niedrigen Dienstleistungskosten, etwa für Transport und öffentliche Einrichtungen. Zu diesen Faktoren müssen noch zwei andere entscheidende Elemente hinzugezählt werden: die im Überfluß vorhandenen ungenutzten oder nicht ausgelasteten Ressourcen, vor allem Boden, Wasser und Arbeit, sowie die Möglichkeit, »die Zelte abzubrechen«, wann immer dies profitabel erscheint. Mit anderen Worten, die Mobilität von Auslandskapital und -technologie in unterentwickelten Landwirtschaften ist extrem hoch, auch wenn sie von Warensystem zu Warensystem variieren kann.[62] Diese Umstände bestimmen Qualität und Quantität der Technologietransfers und folglich den Einsatz von materiellen und menschlichen Ressourcen. Auch wenn es wie simple Schulbuch-Ökonomie klingen mag, ist es doch wert, betont zu werden, daß es das Hauptinteresse der ausländischen Investoren ist, die billigste Kombination von Inputs ausfindig zu machen und die Kosten so gering wie irgendmöglich zu halten. Daher muß unterstellt werden, daß Technologietransfers nur dann zustande kommen, wenn sie die Kosten nicht übermäßig steigern, und daß nur solche Technologie vermittelt wird, die kontinuierlich hohe Gewinneinnahmen und den ununterbrochenen Strom von Gewinnrückführungen garantiert. Wenn nun aber nicht die besten Technologien vermittelt werden, dann bedeutet das, daß die verfügbaren Ressourcen in den unterentwickelten Landwirtschaften maximal ausgebeutet und geplündert werden können, ohne daß mehr Know-how und Technologie investiert wird als unbedingt nötig und so, daß gerade genug transferiert wird, um Produktion und Verarbeitung ohne gravierende Kostensteigerungen in Gang zu halten. Anders ausgedrückt: Zur Aufrechterhaltung der Profite im System der Vertragsproduktion nach Art des Agro-Business genügt es im allgemeinen durchaus, die Agrarproduktion auf einem gegebenen (sogar relativ niedrigen) Investitions- und technologischen Niveau – oder gar mit rückläufigen Erträgen, da die Böden auslaugen, erodieren oder zunehmend chemisch verseucht werden – in Gang zu halten; denn die gewünschte Menge an Agrarprodukten kann ohne Schwierigkeiten durch Vergrößerung der Anbaufläche erzielt werden, ohne daß dadurch die Kosten für das Agro-Business steigen, oder durch Verlagerung auf neue, fruchtbare Gebiete, oder durch verstärkte Ausbeutung anderer Ressourcen (z. B. Wasser oder Arbeit). Die Folgen von bewußt beschränkten oder qualitativ minderwertigen Technologietransfers sind unweigerlich verheerend: extrem rasche Vergeudung und Aufzehrung der natürlichen Reichtümer und extreme Ausbeutung der Arbeitskräfte oder periodische und gar permanente Arbeitslosigkeit oder Unterbeschäftigung. Diese wachsen in geometrischen Proportionen mit der Expansion des Kapitalismus vom Schlage des Agro-Business – und dazu gehört auch das System der Erzeugerverträge – in die verschiedenen Warensysteme hinein, und zwar in dem Maße, wie die Kapitalisten nicht gehalten sind, die Kapitalbasis ihrer Operationen zu verteidigen (wie sie es in ihrem Heimatland tun müssen).

Dieses Argument ist wohl kaum ein Produkt meiner Phantasie. Nehmen wir zum Beispiel ein internationales Holzunternehmen aus einem Land mit einer langen Tradition hochentwickelter Forstbewirtschaftung, einschließlich systematischer Wiederaufforstung, das eine Konzession in einem Waldgebiet der Dritten Welt hat, von dessen Holz bzw. der Verwertung desselben viele Gemeinden leben – eine Situation, wie sie in zahlreichen lateinamerikanischen Ländern vorkommt. Es gibt Arbeitskräfte in Hülle und Fülle, und eine gesteigerte Waldnutzung könnte vielen Menschen neue Beschäftigung bieten. Aber was passiert? Das Unternehmen stellt einen gewaltigen Park der modernsten Maschinen hin, fällt Bäume in einem für das Gebiet nie zuvor erlebten Tempo und schafft sie mit modernen Transportmitteln weg. Dem Unternehmen geht es in erster Linie darum, die einheimischen Arbeitskräfte mit Rechten an und Einkommen aus dem Land bzw. dem Wald herauszuhalten – gewöhnlich gewaltsam und unbarmherzig. Das Unternehmen ruiniert den Wald und die Menschen, unternimmt jedoch nichts für die Wiederaufforstung, denn das würde seine Betriebskosten erhöhen, und außerdem ist es von niemandem dazu verpflichtet. Die Regierungen sind machtlos oder lassen sich von demselben kurzsichtigen Profitinteresse leiten wie die multinationalen Waldzerstörer, oder sie haben selbst keine Mittel, die Wiederaufforstung im gleichen Tempo zu betreiben wie die Zerstörung. Gibt es dieses eine Waldgebiet nicht mehr, dann zieht das Unternehmen in das nächste. Dieser Vorgang wiederholt sich heute in ganz Lateinamerika und andernorts in der Dritten Welt.

Man kommt nicht umhin festzustellen, daß das Vorgehen der internationalen Agro-Business-Firmen in bezug auf die Nutzung landwirtschaftlicher und menschlicher Ressourcen dem der traditionellen Großgrundbesitzer ähnelt: Da ist beispielsweise die traditionelle Praxis, den Anbau von Feldfrüchten in neue Gebiete zu verlegen, sobald die alten Böden erschöpft sind, anstatt die Produktivität des Bodens zu steigern. Der Unterschied liegt in der dramatischen Beschleunigung der nachteiligen Folgen für Ressourcen und Menschen. Nur noch wenige Jahrzehnte internationales Agro-Business mehr, und viele unterentwickelten Landwirtschaften werden für immer ihrer besten und wertvollsten Ressourcen beraubt sein. Wir haben es hier mit einem obszönen, aber nicht unerwarteten Widerspruch zu tun: Die dringend erforderliche Intensivierung und Diversifikation der Bodennutzung in unterentwickelten Landwirtschaften führt – unter kapitalistischen Formen von Ausbeutung, die sich hinter dem wohlwollenden Begriff »Modernisierung« verbirgt – zu deren Verarmung, Entkapitalisierung und zum Hunger und nicht zuletzt zu ständig wachsender Abhängigkeit von den Industrieländern, deren Agrarressourcen durch die Auslagerung ihrer Landwirtschaft in die unterentwickelten Länder für zukünftigen Bedarf »geschont« werden.

Das Agro-Business als Stabilisator der Volkswirtschaft

Wir wollen nun untersuchen, wie das internationale Agro-Business die Kleinbauern Lateinamerikas bedroht und zu ihrer allmählichen, aber endgültigen Verdrängung beiträgt. (Unter »Kleinbauern« [peasants] verstehe ich hier die kleinen landwirtschaftlichen Erzeuger, seien sie kleine Grundeigentümer, Pächter, »sharecroppers« oder sonstige Gruppen, die Zugang zu kleinen Parzellen haben.) Freilich kann dieses Thema nicht erörtert werden, ohne daß von einigen typischen ökonomischen Grundzügen, die mit Agro-Business-Aktivitäten in unterentwickelten Landwirtschaften verknüpft sind, die Rede ist. In diesem Zusammenhang ist bemerkenswert, daß die Apostel des Agro-Business dem Wirken der großen Nahrungsmittelkonzerne einen stabilisierenden Effekt für die Volkswirtschaft zuschreiben. Dies ist von einem der Harvard-Professoren so formuliert worden:

»Wenn Agro-Business-Warensysteme [...] *unterentwickelt und unausgewogen* sind, ist die Koordination der einzelnen Komponenten des Systems im allgemeinen *unberechenbar,* d. h., die Beteiligten müssen *große Schwankungen der Preise* und der Verfügbarkeit von Gütern und Dienstleistungen hinnehmen. Die Verarbeitungsfirmen brauchen eine Koordinationsalternative zu diesen *zufälligen Marktbewegungen,* ohne auf das Extrem der extensiven vertikalen Integration zurückzugreifen. Der Abschluß von Erzeugerverträgen ist eine Technik, mit deren Hilfe die Verarbeitungsfirmen den Strom einer Ware über mehrere Komponenten eines Warensystems koordinieren. Da die internationalen Obst und Gemüse verarbeitenden Firmen umfangreiche Erfahrungen mit solchen Verträgen haben, kann man davon ausgehen, daß sie diese effektiver und häufiger anwenden als lokale Verarbeiter, welche die Neuerung erst kürzlich aufgegriffen haben.«[63] (Hervorhebung von mir; E. F.)

Hier wird dem System der Vertragsproduktion, von dem die großen in Übersee operierenden Nahrungsmittelkonzerne extensiv Gebrauch machen, abermals eine Qualität zugeschrieben – nämlich die, marktstabilisierend zu wirken, unberechenbares Marktverhalten abzubauen und den Erzeugern dadurch Vorteile zu verschaffen –, die es in Wirklichkeit *nicht* hat. Damit will ich nicht sagen, daß die Einführung modernisierter, d. h. kapital- und technologieintensiverer Anbaumethoden oder die Produktion eines höherwertigen Erzeugnisses nicht das *Potential* höherer Einkommen für unterentwickelte Erzeuger mit sich bringt. Nein, ich will etwas anderes sagen. Die Ausbreitung eines modernisierten Warensystems in einer unterentwickelten Landwirtschaft oder, anders ausgedrückt, die Expansion des Kapitalismus unter Führung gigantischer Nahrungsmittelkonzerne – die es sich unter den Bedingungen von Unterentwicklung leisten können, bezogen auf das Lokalsystem rücksichtsloser zu entscheiden, als wenn sie in ihrem Heimatland operierten – wirkt sich auf die lokale Volkswirtschaft wesentlich destabilisierender aus als das ältere »unterentwickelte Warensystem«. Statt unberechenbares Marktverhalten und Instabilität (große Schwankungen der Preise und der

Verfügbarkeit von Gütern und Dienstleistungen«) zu verringern, verstärkt das Agro-Business-Warensystem sie auf allen Stufen. Die Kosten dieser erhöhten Instabilität, ja des Chaos, werden ungleich verteilt. Sie müssen hauptsächlich von den kleineren Erzeugern getragen werden, und chaotische Märkte sind einer von mehreren Faktoren, die dazu beitragen, daß die Kleinbauern allmählich ganz verdrängt werden. Mit anderen Worten, das Agro-Business erhöht das finanzielle Risiko von Verlusten für lokale Erzeuger, Verarbeitungs- und Handelsfirmen und beschwört brisante Konflikte herauf.

Erhöhte Instabilität ist das Ergebnis »externer« Faktoren und der »internen« Wirkungsweisen des modernen Warensystems, einschließlich des Systems der Erzeugerverträge, auf lokaler Ebene. Beide sind offensichtlich eng miteinander verknüpft.

Beginnen wir mit den »externen« Faktoren. Transfers von Kapital und Technologie aus Industriestaaten in unterentwickelte Länder haben da ihren Ausgangspunkt, wo die finanziellen Aussichten für ein modernisiertes Warensystem nach Art des Agro-Business gut sind. Das ist logisch. Industriekapital, das neue Anlagechancen in Übersee sucht, entscheidet sich im allgemeinen nicht für derlei Transfers, wenn sie nicht Profite und Superprofite abwerfen oder wenn die transferierte Technologie nicht bezahlt werden kann. Sind solche Transfers erst einmal initiiert, dann ist die Wahrscheinlichkeit weiterer (kombinierter) Transfers desselben oder eines anderen multinationalen Konzerns hoch. Einige lokale Firmen könnten ebenfalls an der Entwicklung teilhaben wollen. Mehr und mehr Erzeuger, Industrielle und Händler brennen auf Beteiligung an dem gewinnträchtigen Unternehmen. Die Initiative zu diesen Transfers kommt hauptsächlich von den transnationalen Konzernen, Firmen, die darauf aus sind, Inputs zu verkaufen, Innovationen zu vermitteln und einen immer größeren Teil der Warensysteme zu kontrollieren, sowie von lokalen Regierungen, denen es darauf ankommt, Importe zu substituieren und dringend benötigte Devisen einzunehmen.[64] Diese Initiative wird von allen möglichen Institutionen gestützt, und der Druck, der hierbei ausgeübt wird, ist sicherlich enorm. Die Transfers folgen keinem systematischen Entwicklungsplan, sondern sind Bestandteile der Logik der vom Profitmotiv geleiteten kapitalistischen Expansion. Infolgedessen sind die Wirtschaftsprozesse in aller Regel chaotisch. Es kann sein, daß die Expansion erfolgreich ist und einem Bedürfnis der lokalen Volkswirtschaft oder des Industrielandes, in das die jeweilige Ware exportiert werden kann, entspricht. Es kann sein, daß alles gut geht. Aber auf die Dauer kann nicht alles gut gehen. Die Transfers können zu überschüssigen Kapazitäten, zu Überproduktion und zu Absatzkrisen führen. Krisen bringen große Preis- und andere Schwankungen mit sich – also gerade die Entwicklung, die das

Agro-Business angeblich verhindern will.[65] Nicht alle Unternehmungen erweisen sich als gewinnträchtig, doch die Wahrscheinlichkeit, daß die Transnationalen von dem Chaos, das sie in unterentwickelten Ländern anrichten, nicht nachhaltig berührt werden, ist relativ hoch. Die Inputs sind bereits bezahlt, und die installierten Produktionskapazitäten sind in der Regel rasch amortisiert. Nach meinem Urteil ist dies der Grund für die Rücksichtslosigkeit, mit der die Nahrungsmittelkonzerne in unterentwickelten Landwirtschaften operieren können. Überproduktion, zum Beispiel, das sind Kosten, die in vollem Umfang von den lokalen Erzeugern getragen werden. War die Ernte für den Export bestimmt, so wird die Agro-Business-Firma davon kaufen, was ihr angemessen erscheint; den Überschuß wird sie dem lokalen Markt überlassen (wo er in den meisten Fällen praktisch nicht abzusetzen ist) oder anderen Exportmärkten (wo der Verkauf ebenso schwierig ist, da das Agro-Business die Exportkanäle monopolisiert), oder sie wird ihn vernichten lassen.

Für die unterentwickelten Länder kann das freilich eine eklatante Vergeudung knapper Ressourcen bedeuten. Die Vergeudung ist in vielen Fällen erheblich, etwa im Falle von Überproduktion oder dann, wenn ein Industriebetrieb nur ein extrem saisonabhängiges Erzeugnis verarbeitet und die meiste Zeit des Jahres außer Betrieb bleibt, was häufig vorkommt. Derlei Vorkommnisse taugen nicht dazu, den unterentwickelten Ländern eine gute Lehre über vernünftiges Wirtschaften mit knappen Ressourcen zu erteilen, und sie sind ebensowenig geeignet, ihnen die effektive »Koordination der System-Komponenten« zu vermitteln, durch welche unberechenbares Marktverhalten und krasse Preisschwankungen vermieden werden könnten. Im Grunde sind solche Zustände die zwangsläufige Folge davon, daß Produktions- und Absatzentscheidungen den unterentwickelten Erzeugern und Händlern und natürlich auch deren Regierungen von außen aufgezwungen werden. Deshalb muß man in allem Ernst fragen, ob die Manager der Agro-Business-Firmen nicht der Hauptgegner der unterentwickelten Landwirtschaften sind.

Nun gibt es noch andere Faktoren, die im Ergebnis darauf hinauslaufen, die Unternehmensrisiken auf die Dritte Welt abzuwälzen. Die Wahrscheinlichkeit, daß unberechenbare Märkte und größere Schwankungen aller Art eher häufiger als eltener vorkommen, ist eine Folge der Abhängigkeit des »Warensystems« von Auslandsmärkten. Es liegt auf der Hand, daß nicht jede Tätigkeit des Agro-Business auf Exporte gerichtet ist. Aber die Modernisierung der unterentwickelten Landwirtschaften ist stark exportorientiert, und zwar sowohl infolge der Tatsache, daß die Transnationalen die Herstellung und Verteilung der Waren kontrollieren – was ihnen das Recht gibt zu entscheiden, auf welchem Markt die Ware abgesetzt werden soll (eine Entscheidung, die von den relativen Gewinnchancen abhängt, die wiederum partiell abhängig sind von Umfang und Kaufkraft des Marktes) –, als auch deshalb, weil die Regierungen auf Deviseneinnahmen angewiesen sind. Sind die Preise auf dem Exportmarkt relativ stabil, dann kann das lokale Agro-Business-System sich gleichfalls einer relativen Stabilität erfreuen. Nun wissen wir jedoch aus jahrelanger Erfahrung, wie unberechenbar die Preise für die meisten Nahrungsmittel in den Industrieländern bzw. auf dem Weltmarkt sind. Wie jeder informierte Volkswirt wissen sollte, löst ein Preisverfall auf dem Exportmarkt (dem Markt der Industrieländer) unweigerlich einen erheblich schärferen Preisrückgang auf den Märkten der unterentwickelten Länder aus und mithin stärkere Gewinneinbußen der Erzeuger. Am schlimmsten ist die Lage da, wo ein in einem unterentwickelten Land erzeugtes Agrarprodukt mit der Produktion im Industrieland konkurriert – und die jüngste Entwicklung, die Entwicklung der letzten zehn Jahre, läuft genau darauf hinaus, daß die Landwirtschaften der Industriestaaten in die unterentwickelte Welt »verlagert« werden –, denn sobald und solange ein Überangebot herrscht, senkt das (importierende) Industrieland nicht nur die Preise, sondern es beschränkt oder sperrt die Importe. Andererseits bringt eine starke Nachfrage nach in Übersee hergestellten Produkten den unterentwickelten Ländern auch höhere Gewinne ein, doch ist der Preisanstieg in den unterentwickelten Ländern meist geringer als in den Industrieländern. Auf jeden Fall ist der Schaden, der in Krisenzeiten angerichtet wird, kaum wiedergutzumachen – vor allem dann nicht, wenn Erzeuger ganz aus dem Geschäft verdrängt werden.

Der Rückgang der Preise und Erzeugergewinne in den unterentwickelten Ländern ist nicht nur die – wie die Professoren der Harvard Business School wohl sagen würden – »natürliche« Folge der Marktkräfte, sondern beruht in Systemen der Vertragsproduktion auch darauf, daß die Nahrungsmittelkonzerne die Preise (nach unten) manipulieren oder den Erzeugern die Annahme ihrer Ernte verweigern können. Mit Preismanipulationen ist sogar unter relativ günstigen Marktbedingungen zu rechnen, so daß das Agro-Business die Agrarerzeugnisse zu Niedrigstpreisen einkaufen kann. Dies ist die Folge davon, daß das Agro-Business es unterlassen hat, sein »marketing know-how« zu vermitteln, was Verarbeiter und Händler und vor allem die Erzeuger von seinen Einschätzungen und Entscheidungen abhängig machte.

Kommen wir nun zu den »internen« Wirkungsweisen des Agro-Business-Systems und seinen Effekten auf die Kleinbauern. Die Bodenbesitzverhältnisse in unterentwickelten Landwirtschaften machen es dem Agro-Business schwer oder unmöglich, sich ausschließlich auf große Erzeuger zu stützen, da die Zahl der Kleingrundbesi-

zer die der Großgrundbesitzer um ein Vielfaches übersteigt. Normalerweise bleibt ihm nichts anderes übrig, als auch Kleingrundbesitzern Erzeugerverträge zu geben. Manche unterentwickelten Warensysteme arbeiten fast ausschließlich mit kleinen Landwirtschaftsbetrieben, bevor das Agro-Business die Bühne betritt. Doch die internationalen Nahrungsmittelkonzerne haben naturgemäß die Neigung,
die *Konzentration der Produktion* zu fördern, d. h., große Erzeuger
zu begünstigen, indem sie ihnen Vorrang und bessere Bedingungen
bei der Verteilung von Inputs und beim Kauf ihrer Ernte einräumen
– ein »natürliches« Verfahren, die Position der kleinen Erzeuger
auszuhöhlen.

In diesem Zusammenhang sind die oben zitierten Argumente eines
der Harvard-Professoren doch ziemlich belustigend. Obwohl er einerseits zugibt, daß »die Verarbeiter [. . .] *vermutlich* am liebsten
solche Erzeuger unter Vertrag [nehmen], die willens und in der Lage
sind, sich mit großen Landflächen auf Vertragsproduktion festzulegen«, behauptet er andererseits, kleine Erzeuger seien im allgemeinen
bessere Opfer für Technologietransfers (» ist aus Erzeugerverträgen
mit ihnen [den großen Erzeugern] für den Technologietransfer wenig
gewonnen«). Nach Ansicht des Professors haben die Agro-Business-
Firmen deshalb nur zwei Möglichkeiten: sich um größere Effizienz
der Verwaltung zu bemühen und damit die Kosten der Überwachung
zu senken oder mehr Inputs zu verkaufen und damit die Gewinne zu
steigern. Hier wird der Anschein erweckt, als verhielten sich die
Agro-Business-Firmen gegenüber kleinen und großen Erzeuger
grundsätzlich »fair«. Doch diese Darstellung gibt ein völlig falsches
Bild von der Wirklichkeit. In Wirklichkeit gehen die Nahrungsmittelkonzerne nämlich in aller Regel von der Annahme aus, daß die
kleinen Erzeuger weniger kompetent sind. Und dies entspricht der
Situation in unterentwickelten Landwirtschaften mitnichten. Zahlreiche Untersuchungen in sämtlichen Ländern Lateinamerikas haben
gezeigt[66], daß Kleingrundbesitzer ihre kleinen Parzellen mit den
wenigen Mitteln, die ihnen zur Verfügung stehen, effizienter bewirtschaften als Großgrundbesitzer. Man kann sogar behaupten, daß
kleine Erzeuger für die Einführung neuer Bewirtschaftungsmethoden
(Innovationen) aufgeschlossener sind als große Landmonopolisten.
Aber die Bodenbesitzstruktur und der institutionelle Rahmen in
unterentwickelten Ländern sind einseitig zugunsten der Landmonopolisten, die Zugang zu all den Inputs haben, angelegt, ein Zustand,
den zu ändern den Agro-Business-Firmen schwerfiele, selbst wenn
sie dazu willens und bereit wären. Doch da sie bereits mit ihrer
vorgefaßten Meinung von den Vorteilen von »Größe« ankommen, ist
solche Bereitwilligkeit kaum zu erwarten. Wenn sie überhaupt zu
etwas bereit sind, dann dazu, ein Spiel mitzuspielen, das die kleinen

Erzeuger jeglicher Chance, die Gleichwertigkeit ihrer Fähigkeiten zu beweisen, beraubt und zu deren allmählicher Ausschaltung beiträgt.

Unter den herrschenden Bedingungen wird das Agro-Business jedoch höchstwahrscheinlich nicht so weit gehen, die totale Beseitigung sämtlicher landwirtschaftlicher Kleinbetriebe zu betreiben. Seine kurzfristige Strategie ist vielschichtiger. Das Agro-Business braucht die Kleinbetriebe, um seine Transaktionen flexibler zu gestalten, und wird »mit kleinen Grundbesitzern Verträge schließen«, wie Morrissy vorsichtig bemerkt (wenngleich er es anders begründet), weil die kleinen Erzeuger leichter zu manipulieren sind als die großen. Ist die Nachfrage auf dem Markt befriedigend, dann nimmt die Agro-Business-Firma das Maximum an Lieferungen von den Erzeugern an, um ihre Gewinne und Gewinnrückführungen zu maximieren. Wird die Nachfrage schwächer und will die Firma einen Teil der Lieferungen zurückweisen oder zu stark gedrückten Preisen erwerben, dann kann sie das kleinen Erzeugern sehr viel eher zumuten: Die Kleinen sind die idealen Opfer unberechenbarer Märkte. Mit anderen Worten, das Agro-Business erhält den Sektor der landwirtschaftlichen Kleinbetriebe mit seinen diskriminierenden Vertragspraktiken immer noch aufrecht, obwohl der von ihm selbst ausgelöste Prozeß der Aushöhlung, dem dieser Sektor unterworfen ist, gleichzeitig ständig voranschreitet.

Doch dies ist nur die kurzfristige Strategie. Auf längere Sicht ist das Agro-Business daran interessiert, die Kleinbetriebe in den Gebieten, wo es operiert, zu verdrängen[67], und da es lokal wie international gewaltigen Einfluß besitzt, fördert es in den unterentwickelten Ländern effektiv und rapide einen langdauernden Prozeß, der so ausgeht, daß die kleinen Erzeuger den Großgrundbesitzern im Konkurrenzkampf um Agrarressourcen konsequent unterliegen.

Kurze Abschweifung zu den Industriebetrieben

Die Rolle des Agro-Business als Innovator im Hinblick auf die Nahrungsmittel verarbeitende Betriebe ist ebenfalls vielschichtiger, als man nach der Lektüre der Agro-Business-Literatur meinen könnte, und sie hat erhebliche Bedeutung für die Beschäftigungslage in unterentwickelten Ländern. Wann immer internationale Agro-Business-Firmen eine Monopolstellung im Warensystem haben – und die haben oder erwerben sie gewöhnlich –, können sie sich entweder für oder gegen den Einsatz der modernsten Technologien entscheiden. Professor Morrissy von der Harvard-Universität stellt hierzu wiederum Behauptungen auf, die nicht ernst zu nehmen sind:

> »Soweit die Nahrungsmittel verarbeitende Industrie ermutigt wird, Arbeitsplätze zu schaffen, ergibt sich das *Paradox des Einsatzes arbeitssparender*

Technologien. Obwohl verfügbar, *kann mit arbeitsintensiven Methoden törichtterweise Qualität gegen Wirtschaftlichkeit eingetauscht werden.* Erstens verlangen gesundheitliche Vorsichtsmaßnahmen die geringstmögliche direkte Berührung mit dem Produkt. [. . .] Schließlich wird mit den Techniken der Handarbeit kein Output von gleichbleibender Qualität erzielt; Maschinen können zwar keine spontane Urteile fällen, aber ihr Output ist ständig der gleiche. Eine UNO-Studie rät: ›[. . .] Arbeitsintensive Verarbeitungsmethoden in der Nahrungsmittelindustrie sind entschieden teurer als hochmechanisierte Verfahren, die Qualität der Produkte und die Hygiene leiden [. . .]‹. *Zwar schaffen Verarbeitungsfirmen, die arbeitssparenden Technologien den Vorzug geben, weniger Arbeitsplätze, doch sie vermeiden das Risiko, dem Ansehen eines Unternehmens oder eines Landes zu schaden.* Sie beleben auch die Beschäftigungslage der Landwirtschaftsbetriebe und geben Anreize für Arbeitsplätze in den Absatzkanälen bis hinab zur Mündung. Wovon Befürworter arbeitsintensiver Technologien manchmal keine Notiz nehmen, ist, daß weder die einzelnen Landwirte noch die Nationen insgesamt *die Früchte eines zweifelhaften komparativen Kostenvorteils ernten wollen, der sich aus der einseitigen Festlegung auf ungelernte Arbeit ergibt.* Mexiko, das am weitesten entwickelte der in dieser Studie untersuchten Länder, weist große Unterschiede in der Produktivität seiner Landwirtschaftsbetriebe auf. [. . .] Mexiko möchte die Kluft schließen, und zwar vermutlich durch Anhebung der Produktivität der Kleinbetriebe und nicht durch Herabdrücken der Produktivität der Großbetriebe.«[68] (Hervorhebungen von mir; E. F.)

Man kann diesen Text praktisch nur als Entschuldigung für die Automation in der Nahrungsmittelindustrie interpretieren.[69] Das Argument, es könne in Volkswirtschaften, in denen Arbeitskräfteüberschuß herrscht, ein »Paradox des Einsatzes arbeitsparender Technologien« geben, weil Handarbeit in Nahrungsmittel verarbeitenden Betrieben ein Gesundheitsrisiko sei, erscheint absurd, ja arglistig. Schließlich ist es erst wenige Jahre her, daß die meisten großen Nahrungsmittelfirmen in den Industrieländern Handarbeiter benutzten, einfach deshalb, weil es die einschlägigen arbeitsparenden Maschinen noch nicht gab. Die Automation wurde nicht wegen irgendeines Paradoxes eingeführt, sondern weil sie Lohnkosten sparen und Profite steigern hilft, und die Kosten der Arbeitslosigkeit werden nicht von den Nahrungsmittelkonzernen getragen, sondern von der Nation, ganz zu schweigen von den Arbeitslosen selbst. In unterentwickelten Ländern gibt es immer noch viele arbeitsintensive Nahrungsmittel verarbeitende Betriebe, die kein »Risiko, dem Ansehen eines Unternehmens oder eines Landes zu schaden«, verursachen. Es gibt eine ganze Skala von Mechanismen, die – durch entsprechende Überwachung und Leitung – sicherstellen, daß die notwendigen Auflagen beachtet werden. Das Argument, der Einsatz von Handarbeitern bringe Gesundheitsrisiken mit sich, ist bösartig, weil es die Verantwortung für jedwede Mängel der Ware den Arbeitern zuschiebt, wo sie doch in Wirklichkeit bei der Unternehmensleitung liegt. In vielen Fällen kommen mangelhafte Waren der Nahrungsmittelindustrie auf den Markt, weil die Unternehmensleitung in ihrem maßlosen Gewinnstreben oft Rohstoffe schlechter Qualität akzeptiert und tatsächlich das Risiko eingeht, Waren auf den Markt zu bringen, die minderer Qualität sind. Ich will nicht sagen, daß das Management der Industriebetriebe nicht fortwährend daran denkt, Arbeiter durch Maschinen zu ersetzen, denn das tut es. Aber das entscheidende Kriterium dafür ist doch wohl der Preis der Industriearbeiter oder, in bestimmten Fällen, die Gefahr von »Betriebsproblemen«, etwa gewerkschaftliche Betätigung der Arbeiter, und nicht die Hygiene. Solange es möglich ist, Arbeiter durch Zahlung niedriger und niedrigster Löhne und durch Verstöße gegen Arbeitsgesetze auszubeuten, so lange werden arbeitsparende Maschinen nicht eingeführt werden.

Wenn internationale Agro-Business-Firmen zu lokalen Firmen in Konkurrenz treten müssen, dann spielen sie in der Regel eine ambivalente Innovatoren-Rolle. Nähmen sie ihre Funktion als Innovatoren ernst, müßten sie unterschiedslos beiden die beste Technologie vermitteln: den internationalen Agro-Business-Firmen (Tochtergesellschaften, die ihnen zu 100% gehören, Gemeinschaftsunternehmen mit gemischtem Kapital [joint ventures] usw.) ebenso wie den lokalen Konkurrenzfirmen. Aber wenn sie in lokalen Firmen Konkurrenten haben, begünstigen die Überseeinvestoren zuerst ihre eigenen Unternehmungen, die ihnen zumindest einen temporären Marktvorteil verschaffen. Doch dies ist wieder einmal nichts als reine, simple Schulbuch-Ökonomie. Die lokalen Firmen wären dann genötigt, sich anderswo umzusehen, um effektiv konkurrieren und überleben zu können. Das bedeutet, daß die internationalen Firmen ihre Innovatoren-Rolle im Hinblick auf die lokalen Firmen aufgeben und letztere zwingen, ihre eigenen Innovatoren zu werden. Darin mögen sie erfolgreich sein, und man könnte dann argumentieren, daß die internationalen Firmen einen Innovationsprozeß in Gang gesetzt hätten, der den unterentwickelten Volkswirtschaften nützt, auch wenn er den Firmen nicht nützt oder gar schadet. Nun tritt dies in Wirklichkeit nicht zwangsläufig ein. Viel wahrscheinlicher ist, daß der lokalen Firma der Erfolg versagt bleibt, weil die internationalen Nahrungsmittelkonzerne sie daran hindern können, Innovationen überhaupt oder zu einem vertretbaren Preis zu erwerben, um ihre beherrschende Stellung auf dem lokalen Markt zu halten. Das Agro-Business ist nur so lange Innovator, wie es ihm nützt; die Innovator-Funktion, die das Agro-Business für sich in Anspruch nimmt, ist nichts als ein Mittel im Konkurrenzkampf, um eine beherrschende Position auf dem Markt aufzubauen und zu behaupten.

Technologietransfers der Firmen, die Inputs für die Landwirtschaft herstellen und verteilen

Die neue Expansion des Kapitalismus in unterentwickelten Landwirtschaften ist u. a. dadurch gekennzeichnet, daß die Transfers von Kapital und Technologie aus den Industriestaaten in unterentwickelte Länder eng miteinander verknüpft sind, besonders wenn man sie in ihrer Gesamtheit betrachtet.[70] Im Falle der Agro-Business-Firmen, die sich direkt in der Produktion und Distribution von Nahrungsmitteln und Rohfasern engagieren, ist diese Verknüpfung fester Bestandteil der Mechanismen eines Vorgangs, der im wesentlichen eine Übertragung (Transfer) oder Auslagerung der Landwirtschaft aus den Industrieländern ist. Es bedarf nur eines kurzen Kommentars zu den Technologietransfers, die von solchen internationalen Agro-Business-Firmen getätigt werden, die landwirtschaftliche Inputs unabhängig (bzw. scheinbar unabhängig) von den Aktionen der Nahrungsmittelfirmen herstellen und verteilen. Diese Transfers, die *hauptsächlich Transfers ausgewählter Technologien* sind, gelangen scheinbar direkt zu den lokalen Erzeugern, Verarbeitungsbetrieben und Handelsfirmen, und zwar durch Direktverkäufe und Importe über die weltweiten Absatzkanäle oder Agenturen, die von diesen Agro-Business-Firmen unterhalten werden. Beispiele wären der Verkauf moderner importierter oder lokal montierter Landwirtschaftsmaschinen an lokale Grundbesitzer, die ihren Betrieb modernisieren wollen, oder der Verkauf moderner Ausrüstung an lokale Verarbeitungsbetriebe, die mit inländischem Kapital aufgebaut wurden.

In solchen Fällen können die »Spielregeln« anders aussehen als jene, die uns früher begegnet sind, wenngleich die Auswirkungen für Ressourcen und Kleinbauern tendenziell dieselben sind. Der Unterschied liegt darin, daß sich die Frage, ob unvollkommene oder mittelmäßige Technologie transferiert werden soll, vielleicht gar nicht stellt, ja, daß die Input-Firmen im Gegenteil daran interessiert sind, die modernsten Geräte zu transferieren, die es überhaupt gibt – je nachdem, wie stark die Konkurrenz auf den Input-Märkten ist, und in manchen Fällen vielleicht sogar ohne Rücksicht auf die Konkurrenzlage. Nehmen wir zum Beispiel Mexikos Holzressourcen. Bislang werden sie noch nicht adäquat genutzt, doch wird dies in absehbarer Zukunft sicherlich geschehen. Zwei Länder, die USA und Finnland, rechnen damit, Mexiko Maschinen und Geräte verschiedenster Art zu verkaufen – zum Holzfällen, für Sperrholz- oder Papierfabriken, zum Transport usw. Solche Transfers würden für eine Reihe von Jahren viele Hunderte von Millionen oder vielleicht mehrere Milliarden Dollar kosten. Nehmen wir einmal an, ein mexikanisches Unternehmen würde die Holzressourcen verwerten, und nehmen wir weiter an, Mexikos Finanzmittel wären ausreichend, dann wäre zu erwarten, daß Mexiko die modernste Technologie bei demjenigen Lieferanten einkauft, der insgesamt die besten Bedingungen bietet. Oder nehmen wir an, Argentinien plante den Bau eines modernen Schlachthauses: Es würde zwischen verschiedenen Anbietern der entsprechenden Maschinen und Tiefkühlanlagen wählen.

Wie bei vielen Autoren zum Thema »Technologietransfers« nachzulesen ist, gibt es offensichtlich einige, häufig schwerwiegende Einschränkungen der Freiheit eines unterentwickelten Landes bzw. einer unterentwickelten Industrie, sich die beste Technologie auszusuchen: beispielsweise mangelnde Informationen; die Unfähigkeit, systematisch zu prüfen, welche Technologie für das Land am besten geeignet ist; der vorgängige Aufbau bestimmter Input-Firmen, welche die lokale Regierung oder lokale Industrien unter Druck setzen könnten, Konkurrenten zu ignorieren, oder sie daran hindern könnten, die Bedingungen auf den Input-Märkten systematisch zu erkunden. Doch diese Einschränkungen schlagen nicht notwendigerweise bei der Qualität des Know-how durch, das letztlich transferiert wird – obwohl es so sein könnte. Selbst eine Firma, die ein lokales Monopol genießt, ist im allgemeinen bereit, die beste und neueste Technologie zu verkaufen, *die ihr zur Verfügung steht.* Man kann also sehen, daß die Bedingungen für Technologietransfers in diesem Bereich andere sind als jene, die wir zuvor für Agro-Business-Firmen analysiert haben.[71]

Freilich darf mit dieser Feststellung nicht verschleiert werden, daß die Auswirkungen für die landwirtschaftlichen, menschlichen und natürlichen Ressourcen zwangsläufig jenen gleichen, die wir an früherer Stelle beschrieben haben, beispielsweise im Sinne von Ressourcen-Vergeudung, Arbeitslosigkeit und Unterbeschäftigung und erzwungenen Veränderungen der Bodenbesitzstruktur. Der Unterschied ist lediglich der, daß andere Agenturen die Technologie einsetzen. Tatsächlich kann der Einsatz der modernsten *ausgewählten* Technologien ebenso verhängnisvoll sein wie der Einsatz unvollkommener oder mittelmäßiger Technologie, in manchen Fällen vielleicht sogar noch schlimmer. Allein die Tatsache, daß die hier beschriebenen Sachverhalte im Einsatz von *ausgewähltem* Know-how bestehen, kann ihnen letzten Endes den gleichen Charakter verleihen wie den Transfers von unvollkommenem oder mittelmäßigem Know-how.

Wir kommen also zu folgendem Schluß: Der Modernitätsgrad und die Qualität der transferierten Technologie ändern nichts daran, daß der Prozeß der kapitalistischen Expansion für die »Entwicklung« der unterentwickelten Landwirtschaften letzten Endes dieselben Folgen hat.

Agro-Business – der Untergang der Kleinbauern?

Das gewaltige Wachstum gigantischer Agro-Business-Konzerne, ihre Macht und ihre Kontrolle über immer mehr Sektoren der Landwirtschaften Lateinamerikas sind nicht nur das Resultat davon, daß das Industriekapital neue gewinnträchtige Anlagemöglichkeiten sucht. Zweifellos sind sie auch Bestandteil einer konzertierten Strategie, die Regierungen der unterentwickelten Länder unfähig zu machen, eigene Agrarprogramme zu verwirklichen oder auch nur zu planen, um die zunehmend ungleiche Verteilung von Reichtum, Einkommen, Macht und Prestige in diesen unterentwickelten Landwirtschaften wenigstens geringfügig zu verbessern. Es ist kein Zufall, daß das Wachstum internationaler Agro-Business-Firmen seit Ende der sechziger Jahre begleitet war von dem Koma bzw. dem Tod der Agrarreform-Gesetze, -Institutionen und -Programme. Vom Rio Grande bis zum Südzipfel des Kontinents geben – und sind herzugeben gezwungen – lateinamerikanische Regierungen ihren politischen, Finanz- und Verwaltungs-Apparat zunehmend für Maßnahmen her, die eigens dazu erdacht sind, die Aktivitäten gigantischer transnationaler Nahrungsmittel- und Input-Konzerne zu unterstützen und zu begünstigen. So bleiben ihnen keine finanziellen und personellen Mittel und keine politische Macht, um den Kleinbauern und Landlosen zu helfen, deren Schicksal nun besiegelt ist.

Der Einfluß des gigantischen Agro-Business ist jedoch auf allen Ebenen spürbar und beeinträchtigt auch den sozialen, politischen und ökonomischen Status der einstmals mächtigen grundbesitzenden Elite. Erich Jacoby hat diesen Trend hervorragend beschrieben:

»Die Landeliten versuchen, sich an das wechselnde ökonomische Klima in ihren Ländern anzupassen. Diejenigen von ihnen, die diesen Prozeß vollkommen begriffen haben, werden als Juniorpartner im international organisierten Agro-Business akzeptiert, wo sie dann als Mittelsmänner der transnationalen Konzerne fungieren. [...] In ihrer Eigenschaft als Agenten für den Einsatz fortgeschrittener Technologie sind sie zu einer Handelselite geworden, die sich ziemlich stark von der Landelite ihrer Väter unterscheidet, welche noch als Patrone für ihre kleinbäuerlichen Klienten zu handeln pflegten. [...] In Wirklichkeit [...] ist die Beteiligung der neuen Elite im Grunde nur für das reibungslose Funktionieren des transnationalen Apparats von marginaler Bedeutung. Man kann sogar behaupten, daß die ehedem mächtige Elite politisch enteignet wurde und daß ihre früheren ökonomischen Funktionen den transnationalen Konzernen übertragen worden sind, die stark genug sind, eigenmächtig zu handeln, und die es nicht mehr nötig haben, sich auf kostspielige Arrangements einzulassen, um durch eine Art indirekter Herrschaft Kontrolle auszuüben. [...] Eine solche Entwicklung macht eine Landelite natürlich nachgerade überflüssig. [...] Daß die Überreste der Landelite gegen den Druck der transnationalen Konzerne rebellieren werden, ist sehr unwahrscheinlich. [...] Sie geraten immer mehr in die Isolation und leben im Grunde in einem politischen Vakuum, wo sie gezwungen sind, sich an Bedingungen zu halten, die im Ausland geschaffen wurden.«[72]

Für Lateinamerikas *campesinos* – die Landlosen und die Kleingrundbesitzer – ist das Agro-Business aber nicht nur der neue Gegner, sondern es konfrontiert sie auch mit einer völlig neuen Herausforderung. Die Aktivitäten des Agro-Business beschränken sich per definitionem nicht auf einzelne Länder, sondern reichen weit über deren nationale Grenzen hinaus: Sie betreffen den gesamten Kontinent. Daraus folgt, daß die »Agrarprobleme« Lateinamerikas nicht mehr das Problem einzelner Nationen sind: Sie sind das Problem des ganzen lateinamerikanischen Kontinents. Deshalb können sie auch nicht mehr Land für Land, sondern nur auf einer den ganzen Kontinent umschließenden Grundlage gelöst werden. Das bedeutet, daß jedwedes Programm zur Zerschlagung der bestehenden Agrarstruktur den gesamten lateinamerikanischen Kontinent einbeziehen muß und gemeinsames Handeln des ländlichen Proletariats voraussetzt. Eine Aktion, die sich auf ein einzelnes Land beschränkt, hat kaum Chancen auf einen dauerhaften Erfolg. Ich zweifele, ob die Kleinbauern Lateinamerikas dieser gewaltigen Aufgabe in absehbarer Zukunft gewachsen sein werden.

Anmerkungen

1 Mit diesem Argument wird die »Philosophie« des Club of Rome widerlegt, welche die zukünftigen Gefahren für das Überleben der Industrienationen in der (an der gegenwärtigen Verbrauchsgeschwindigkeit gemessenen) Knappheit der Rohstoffe und in der »Bevölkerungsexplosion« sieht. Ich frage hier nicht nach dem Überleben der Industrieländer, sondern nach dem Überleben der Länder der unterentwickelten nicht-sozialistischen Welt.

2 Ray A. Goldberg, *Agribusiness Management for Developing Countries – Latin America*, 1974, S. 5. Bemerkenswert ist, daß dieses und andere Bücher sich offenbar auf ein gemeinsames Projekt (einen Kooperationsvertrag) der Mitglieder der Harvard-Universität und der US-Entwicklungsbehörde (beim amerikanischen Außenministerium) stützen.

3 Zu den wichtigsten Autoren bzw. Gruppen gehören: Professor Erich Jacoby, Universität Stockholm, NACLA (Postfach 57, Cathedral Station, New York, 10025) und das Agribusiness Accountability Project (1000 Wisconsin Ave., NW, Washington DC 20007). Hier seien ein paar wichtige Publikationen zu diesem Thema genannt: 1. Erich Jacoby, *Structural Changes in Third World Agriculture as a Result of Neo-Capitalistic Developments*, in: *The Developing Economies*, Tokio,

September 1974; 2. ders., *Transnational Corporations and Third World Agriculture*, in: *Development and Change*, Den Haag, Juli 1975; 3. ders., *The Problem of Transnational Corporations Within the United Nations System* (s. *Festschrift für Professor Kapp*, i. E., Universität Basel); 4. NACLA Newsletter vom Oktober 1971 über *United Fruits Is Not Chiquita;* 5. *NACLA Newsletter* vom Oktober 1975 über *U. S. Grain Arsenal;* 6. *NACLA Newsletter,* Juli/August 1976: *Harvest of Anger. Agro-Imperialism in Mexico's Northwest;* 7. Agribusiness Accountability Project, *Corporate Giantism in the Food Economy,* Dezember 1973; 8. Agribusiness Accountability Project, *A Summary Report on Some Major U. S. Corporations Involved in Agribusiness,* Juli 1973; 9. Ernest Feder, *Die neue Penetration der Landwirtschaften der unterentwickelten Länder durch die Industrienationen und ihre multinationalen Konzerne,* in: D. Senghaas und U. Menzel (Hrsg.), *Multinationale Konzerne und Dritte Welt,* Opladen 1976; 10. ders., *Agribusiness in Underdeveloped Agricultures. Harvard Business School Myths and Reality,* in: *Economic and Political Weekly,* Bombay, 17. Juli 1976; 11. C. Lerza und M. Jacobson (Hrsg.), *Food for People, not for Profit,* 1975.

4 Die folgenden statistischen Angaben und Zitate sind aus Ray A. Goldberg, a.a.O., S. 50-56. Goldbergs Buch bezieht sich hauptsächlich auf die Obst- und Gemüseindustrie (sein Titel ist daher irreführend) und auf die Möglichkeiten, Produktion und Vermarktung in Mittelamerika auszuweiten.

5 Kalifornien, Florida, Texas, New York, Arizona.

6 Kalifornien, Florida.

7 Der Rückgang der Anbaufläche für Gemüse könnte z. T. auf klimatische Bedingungen zurückzuführen sein, da hier nur zwei Jahre verglichen werden.

8 Dieses Argument ist insofern irreführend, als versucht wird, die Schwierigkeiten der konzerneigenen Landwirtschaftsbetriebe (corporate farmers) auf rein wirtschaftliche Faktoren zu reduzieren. Das Problem sind nicht die Skalenerträge, sondern institutionelle Faktoren – wie Goldberg in den folgenden Sätzen auch eilfertig betont.

9 Ein belustigendes Argument, wenn man bedenkt, daß die unabhängigen Zwischenhändler eine relativ kleine Größe darstellen. Normalerweise verdrängen die Mammutunternehmen ihre kleineren Konkurrenten, und nicht umgekehrt.

10 Wie ich später ausführen werde, hat dieses Argument für Unternehmen in Übersee kaum Gültigkeit. Der Hinweis auf die gegenwärtige Ineffizienz des Systems ist amüsant, ist damit doch offensichtlich gemeint, daß es nur deshalb ineffizient ist, weil die großen Konzerne es noch nicht völlig unter ihrer Kontrolle haben.

11 Amüsanterweise begreift Goldberg US-Unternehmen in Übersee schlicht und einfach als Teil des *US-amerikanischen* Vermarktungssystems. So trägt beispielsweise das Schaubild 32 (S. 114) (und andere auch) die Überschrift »US-System für Obst- und Gemüseverarbeitung«, dabei enthält es neben US-amerikanischen Erzeugern auch ausländische Erzeuger und verarbeitende Unternehmen, so, als ob sie alle Teil ein und desselben Systems seien – was sie aus der Sicht des Agro-Business ja tatsächlich sind.

12 James E. Austin, *Agribusiness in Latin America,* 1972 (Vorbemerkung). Austin ist ein weiterer Apostel des Agro-Business von der Harvard Business School.

13 Goldberg, a.a.O., S. 3.

14 Vgl. Barnet und Miller, *Global Reach,* 1975, S. 17.

15 James E. Austin, *Agribusiness in Latin America,* 1974, Vorwort von Ray A. Goldberg. Die folgenden Zitate sind diesem Buch entnommen.

327

16 Goldberg, a.a.O., S. 4 und S. 19, Anm. 4.

17 NACLA, *United Fruit Is Not Chiquita*, a.a.O., S. 15.

18 Der Warensystem-Ansatz hat erhebliche Bedeutung für die Forschung über multinationale Konzerne, die in der Landwirtschaft engagiert sind. Schlußfolgerungen bezüglich Geschäftsmethoden und Einfluß des Agro-Business können nur dann aussagekräftig sein, wenn sie sich auf ein genaues Studium eines oder mehrerer Warensysteme stützen, so wie ich es in meinem »Erdbeerimperialismus« zu tun versucht habe. Dieser Ansatz sagt auch einiges über die Fähigkeit des Agro-Business aus, unterentwickelte Länder zu »entwickeln«. Sei es ein einzelnes Warensystem oder seien es mehrere solcher Systeme – das Agro-Business kann bestenfalls einen oder mehrere Subsektoren einer unterentwickelten Landwirtschaft »entwickeln«, nicht die gesamte Landwirtschaft, und dies auch nur, wenn wir einräumen, daß »Entwicklung« überhaupt stattfindet, was natürlich nicht der Fall ist.

19 Diese Formulierung ist unklar. Anscheinend ist damit gemeint, daß ein Manager wegen der Breite der Unternehmensaktivitäten für die aufgezählten Punkte »in einer besseren Position« ist. In Wirklichkeit soll damit glauben gemacht werden, daß er »fähiger« sei, diese verschiedenen Aktivitäten auszuführen, als »andere«, was man so interpretieren könnte: fähiger als lokale Unternehmer in unterentwickelten Ländern, oder fähiger als Politiker oder die Regierung selbst (z. B. eine sozialistische Planungsbehörde). Vgl. den folgenden Text zu Goldbergs Kommentar zur Rolle der Politiker im Agro-Business.

20 Dies sollte mit einiger Einschränkung aufgenommen werden. Siehe den nachfolgenden Text.

21 Hiermit wird indirekt gesagt, daß die Unternehmen, welche die Manager repräsentieren, ein Machtmonopol auf lokaler und internationaler Ebene besitzen.

22 Zu einigen dieser »Notausstiege« siehe den nachfolgenden Text.

23 Dieses und das vorige Zitat stammen aus Goldberg, a.a.O., S. 6-7. Bemerkenswert ist der Hinweis auf das »Gesamtsystem«. Wie ich ihn verstehe, bedeutet er, daß die Interessen des »Gesamtsystems« Vorrang haben vor den Interessen von Teilen des Systems. Praktisch heißt dies, daß die Interessen eines einzelnen Erzeugerlandes (beispielsweise Nicaragua) dem Wohle des Gesamtsystems untergeordnet werden müssen – und die Entscheidung darüber trifft das private Management. Wenn also die Nachfrage in den Vereinigten Staaten sinkt, müssen die Ausfuhren aus Nicaragua gedrosselt werden, und die Politiker (in Nicaragua) werden dabei assistieren müssen. Oder wenn Nicaragua und Mexiko um US-Märkte konkurrieren, müssen beiderseitige Anpassungen vorgenommen werden, damit die Profite des Gesamtsystems nicht Schaden nehmen.

24 A.a.O., S. 113. Der zweite Satz dieses Zitats ist irreführend. Wie der Leser meines *Erdbeer-Imperialismus* weiß, kommen die Kredite für die Obst- und Gemüseerzeuger und die Obst und Gemüse verarbeitenden Betriebe aus den USA und nicht aus mexikanischen Quellen; und die Erzeugerverbände sind alles andere als »stark«, es sei denn in ihrer Unterstützung der US-Investoren. Dies ist nur eines von vielen Beispielen für die fehlende Redlichkeit der Professoren von der Harvard Business School.

25 *The Social and Economic Implications of Large-Scale Introduction of New Varieties of Food Grains in Mexico*, UNRISD, Genf, November 1974. Die Veröffentlichung dieser Studie war wegen des Einspruchs der Ford und Rockefeller Foundation gegen die starke Kritik an den Auswirkungen der »Grünen Revolution« auf die mexikanische Landwirtschaft lange blockiert.

26 Vgl. z. B. meinen in Anm. 3 zitierten Aufsatz, insbesondere S. 112 ff.

27 In Fällen, in denen die Agrarstruktur dem Fetisch »Größe«, von dem ich früher gesprochen habe, nicht entspricht, ist die Frage natürlich nicht ganz irrelevant für sie. Wenn beispielsweise Agro-Business-Firmen in den unterentwickelten Landwirtschaften eine große Zahl von Kleingrundbesitzern und nur eine Handvoll Großgrundbesitzer vorfinden – was ihnen unweigerlich widerfährt –, dann werden sie versuchen, erstere allmählich zu verdrängen. Aber dies lohnt kaum der Erwähnung, weil es mit einem Minimum an Publizität und Mühe erreicht werden kann.

28 Zitiert in: J. David Morrissy, *Agricultural Modernisation Through Production Contracting: The Role of Fruit and Vegetable Processors in Mexico and Central America*, 1974, S. 2.

29 A.a.O., S. 52.

30 Siehe z. B. Jim Hightower, *The Case of the Family Farmer*, in: Lerza und Jacobson, a.a.O., S. 35 ff.

31 Zit. in Goldberg, a.a.O., S. 334 f.

32 Beachtenswert ist, daß dieser Punkt für den Verarbeitungsbetrieb so wichtig ist, daß er gleich zweimal wiederholt wird, um die Sachlage ganz eindeutig zu machen.

33 Morrissy, a.a.O., S. 4 ff.

34 Bisweilen behauptet das Agro-Business, es vermittele Erzeugern zinslose Kredite. Das klingt nicht gerade glaubwürdig, denn schließlich muß die Firma selbst Zinsen zahlen für das Geld, das sie bereitstellt, z. B., weil sie von Banken leiht oder ihr Eigenkapital angreift und dadurch Zinsen verliert. Tatsächlich ist es sehr schwer, genau zu sagen, wie hoch der Zinssatz ist, den die Erzeuger wirklich zahlen, weil er sich hinter einem Berg von Geldgeschäften – Strafabzügen für mangelnde Qualität, willkürlicher Preisfestsetzung usw. – verbirgt; im Endeffekt erweisen sich solche Kredite jedoch stets als ziemlich teuer für die Erzeuger.

35 Praktisch alle großen Nahrungsmittel- und sonstigen Agro-Business-Firmen in den Industrienationen operieren jenseits der Grenzen ihres Heimatlandes; bisweilen natürlich von Hauptquartieren in »Steuerparadiesen« wie Liechtenstein aus.

36 Ob ein Unternehmen, das in (beispielsweise) Erdbeeren, Melonen, Kokosnüssen und Viehzucht engagiert ist, sich in einem oder mehreren Warensystemen betätigt, ist eine ungelöste Frage. Man könnte annehmen, daß verschiedene Warensysteme, von ein und demselben Konzern geleitet, die Tendenz haben, in dem Maße zu einem einzigen System zu verschmelzen, wie die Monopolgewalt über all die verschiedenen Erzeugnisse, die es führt, wächst. In einem solchen Fall wird die Bedeutung der einzelnen Erzeugnisse *als Erzeugnis* tendenziell minimiert, und es wird nur in dem Maße wichtig, wie es die Gewinne vermehrt, welche das Unternehmen aus der Gesamtheit seiner Operationen zieht.

37 Offensichtlich findet die Verteilung landwirtschaftlicher Inputs über riesige Netze von Verkaufsstellen statt, die Teil des Agro-Business sind.

38 ADELA und LAAD. Ähnliche Mammutagenturen lassen sich auch in den unterentwickelten Ländern, etwa in Mexiko, finden. Vgl. z. B. S. Williams und J. A. Miller, *Credit Systems for Small-Scale Farmers*, in: *Studies in Latin American Business* No. 14, Bureau of Business Research, Graduate School of Business, University of Texas, 1973.

39 Vgl. Erich Jacoby, a.a.O. Jacoby kritisiert insbesondere die Tatsache, daß multinationale Konzerne zu aktiv Beteiligten an den UN-Aktivitäten geworden sind. Die FAO ist deshalb ein besonders interessanter Fall, weil sie von jeher die

»Modernisierung« unterentwickelter Landwirtschaften betont hat und daher von vornherein für volle Kooperation mit den Multis prädisponiert war.

40 Allein die Weltbank unterstützt das Agro-Business direkt oder indirekt auf mindestens vier Arten: durch ihre Landwirtschaftskredite, durch Industriekredite (z. B. für Düngemittelfabriken), durch Kredite zur Verbesserung der Infrastruktur und durch finanzielle Zuwendungen für Forschung (z. B. CIMMYT oder IRRI), deren Hauptnutznießer große Landwirtschaftsbetriebe sind, die das »Big Agro-Business« beliefern. In einem einzigen Rechnungsjahr (1974/75) gewährte die Bank allein für Landwirtschaft und Agrarindustrien 2,3 Milliarden Dollar.

41 Fernando Fajnzylber und Trinidad Martinez Tarrago, *Las Empresas Transnacionales*, Fondo de Cultura, Mexiko 1976; und Centro de Investigaciones y Docencia Economicas (CIDE), *Agroindustria en Mexico. Estructura de los Sistemas y Oportunidades para Empresas Campesinas*, 1976. Einige neue statistische Angaben allgemeiner Natur sind enthalten in: Mauricio de Maria y Campos, *Politica y resultados en materia de inversiones extranjeras*, in: *Comercio Exterior* (Mexiko), Juli 1976, Anhang, S. 29 ff. Diese Daten beziehen sich auf ausländische Investitionen in mexikanische Unternehmen verschiedener Branchen.

42 CIDE, a.a.O., widmet diesem Aspekt ein eigenes Kapitel.

43 Anhang B enthält Angaben über Frischobst und Gemüse für den Inlandsverbrauch und den Export, doch sind die Daten nicht alle mit den in der Tabelle erfaßten vergleichbar. In diesem Sektor findet man so riesige Nahrungsmittelkonzerne wie Heinz, Del Monte, McCormick, Bird's Eye (von General Foods) Campbell, C. P. C. International Inc. (Maisprodukte), Gerber u. a.

44 Fajnzylber et al., a.a.O., S. 353 ff. Wir zitieren im folgenden acht der zwölf Schlußfolgerungen.

45 Ibid., S. 311, Tabelle 17, bezieht sich auf das Defizit in der Handelsbilanz der Transnationalen (allein) das seit 1970 alljährlich steigt und 1973 runde 595 Millionen Dollar betrug.

46 Über Transfers in Verarbeitungsbetriebe werden ebenfalls einige Aussagen gemacht.

47 Morrissy, a.a.O., S. 53. Der Hinweis auf den Ausbildungsstand des Managements, das dem Niveau hochentwickelter Länder entspreche, ist natürlich irreführend; schließlich leiten und verwalten diese Firmen ihre Unternehmungen per definitionem von den entwickelten Ländern aus.

48 Ibid., S. 62. Interessanterweise sagt dieser Autor nichts von Maschinen und Ausrüstung. Wie einige der anderen Harvard-Professoren auch, beschränkt sich Morrissy hauptsächlich auf Obst und Gemüse.

49 Ibid., S. 68.

50 Ibid., S. 70 f.

51 Ibid., S. 4 ff. Der Hinweis auf unimodale und bimodale Strategien in diesem Zitat ist ausgesprochen schwer verständlich. Heißt das, daß das Agro-Business eine Agrarstrategie empfiehlt, welche »kleine Entwicklungsländer« mit Unternehmungen im Stil des Agro-Business überzieht?

52 Ibid., S. 72.

53 Ibid., S. 73. Natürlich stellt der Autor diese Berechnung nicht an.

54 Der Begriff »Koordination« ist in jedem Falle suspekt. Auf einer Plantage, die Sklaven arbeiten läßt, hat das Management auch eine Koordinationsfunktion.

55 Morrissy, a.a.O., S. 63. Auf den Seiten 64/65 druckt er einen »typischen Vertrag« ab, wie er in den USA verwendet wird. (Dies ist nicht derselbe wie der von

Goldberg gezeigte, dessen wichtigste Bestimmungen wir an früherer Stelle zitiert haben.)

56 Zu einem typischen Fall vgl. meinen *Erdbeer-Imperialismus*.

57 Dies gilt in unterentwickelten Landwirtschaften sogar für die größeren Erzeuger, wenngleich es weniger augenfällig ist, da die Agro-Business-Firmen diese in bezug auf Zugang zu Krediten und Inputs, die Preise etc. bevorzugen.

58 Die Selbstgefälligkeit, mit der dieser Autor behauptet, bessere Ernten hätten nun einmal *niedrige* Preise zur Folge, ist erschreckend. Selbst wenn man unterstellt, daß das Auftreten der Verarbeiter als »Anwälte« im Interesse der Sicherung besserer Technologien für die Erzeuger ernst zu nehmen ist, wäre dies durch die Anwendung eines pervertierten ökonomischen Schulbuchgesetzes von Angebot und Nachfrage (je größer das Angebot, desto niedriger die Preise bei gleichbleibender Nachfrage – was in einer Monopolsituation ohnehin nicht zutrifft) aufgehoben. Welchen Anreiz hätte ein Erzeuger, gute Arbeit zu leisten und sich als gehorsamer Erzeuger zu zeigen, wenn sein Lohn pro Einheit sinkt? Morrissy, a.a.O., S. 45.

59 Morrissy, a.a.O., S. 77 f., 85 und 86.

60 Ibid.

61 Wie wir im *Erdbeer-Imperialismus* dargelegt haben, können solche Irrtümer für die unterentwickelten Erzeuger fatal sein.

62 So ist es beispielsweise bei einer Zuckerplantage schwieriger, »die Zelte abzubrechen«, als im Obst- und Gemüsesektor. Die Mobilität des Auslandskapitals bringt es jedoch mit sich, daß die Drohung eines großen Nahrungsmittelkonzerns, er werde seine Aktivitäten in eine andere Region oder in ein anderes Land verlagern, unter den in unterentwickelten Ländern herrschenden Bedingungen (z. B. der Notwendigkeit von Devisenerlösen aus Exporten) gewöhnlich schon genügt, an Ort und Stelle Konzessionen zu erwirken, so daß die Kosten auf niedrigstem Niveau gehalten werden können.

63 Morrissy, a.a.O., S. 44. Der Autor irrt, wenn er von »unterentwickelten und unausgewogenen Agro-Business-Warensystemen« spricht, weil unterentwickelte Warensysteme per definitionem keine Agro-Business-Warensysteme sein können.

64 Elemente dieser chaotischen Expansion beschreibt – ohne Absicht – ein anderer Professor der Harvard Business School, James E. Austin, in seinem *Agribusiness in Latin America*, 1974, einer Sammlung von Fallstudien, die den Glücksspielcharakter (aus der Sicht der unterentwickelten Länder) von Agro-Business-Unternehmungen in Übersee enthüllen.

65 Ein besonders interessantes Beispiel findet sich in James E. Austin, a.a.O., S. 14 ff., das ich in *Agribusiness in Underdeveloped Agricultures*, a.a.O., S. 1067, zusammengefaßt habe.

66 Beispielsweise die Studien der Inter-amerikanischen Kommission für Agrarentwicklung, CIDA.

67 In Gebieten, in denen internationale Agro-Business-Firmen längere Zeit operiert haben, ist die Konzentration der Produktion und des Grundeigentums sehr hoch, d. h., es hat dort ein ähnlicher Prozeß stattgefunden wie jener, den wir an früherer Stelle am Beispiel der USA beschrieben haben.

68 Morrissy, a.a.O., S. 61 f. Die Darstellung des Autors ist insofern widersprüchlich, als sie von einer Erörterung der Verarbeitungsbetriebe plötzlich zum Thema Produktivität der Landwirtschaftsbetriebe springt. Aber schlimmer noch: Weder Landwirte noch Nationen wollen die Früchte eines zweifelhaften komparativen Kostenvorteils ernten, der sich aus der einseitigen Festlegung auf ungelernte Arbeit

ergibt. Was für ein obskurer Kommentar. Denn wer den Vorteil von ungelernten (und folglich billigen) Arbeitskräften hat, das ist doch wohl das Agro-Business.

69 In James E. Austin, a.a.O., findet sich die Beschreibung einer Reihe von Fallstudien, die eindeutig beweisen, daß die Schaffung neuer Arbeitsplätze ein Gedanke ist, der den Leuten vom internationalen Agro-Business am allerwenigsten in den Sinn kommt.

70 Vgl. meinen Aufsatz *Die neue Penetration . . .*, a.a.O.

71 Diese »unabhängigen« Technologietransfers können offensichtlich ein Auftakt zu Transfers von Auslandskapital und zur Errichtung von Agro-Business-Firmen in den Bereichen von Produktion und Distribution sein, besonders in den Fällen, wo die unterentwickelten Länder nicht die nötigen Mittel haben, um landwirtschaftliche Produktion und industrielle Verfahren zu modernisieren.

72 Erich Jacoby, *Structural Changes . . .*, a.a.O., S. 209 f.

McNamaras kleine Grüne Revolution
Der Weltbank-Plan zur Selbstzerstörung der
Kleinbauern in der Dritten Welt*

Einleitung

Selbst unverbesserliche Konservative unter Ökonomen und Politikern haben es mittlerweile erkannt: Der Prozeß der kapitalistischen Expansion in den Landwirtschaften der Dritten Welt, von dem ein Teil heute unter dem schönen Namen der »Grünen Revolution« bekannt ist und der in massiven Kapital- und Technologietransfers aus den Industriestaaten (vor allem den USA) bestand, die zuerst der landbesitzenden Oligarchie und danach den landwirtschaftsbezogenen Industrien und Dienstleistungen zuflossen – dieser Prozeß hat für das ländliche Proletariat, die Kleingrundbesitzer und die Landlosen, welche die überwältigende Mehrheit der ländlichen Arbeitskräfte in den unterentwickelten Ländern ausmachen, katastrophale Konsequenzen gehabt. Seine unmittelbaren Auswirkungen waren: drastisch erhöhte Konzentration des Grundeigentums, massive Enteignung und Verdrängung der Kleinbauern, gewaltiges Anwachsen der Zahl der landlosen Arbeiter, ländliche Arbeitslosigkeit, Armut, Hunger und zunehmende Herrschaft der multinationalen Konzerne über Produktion und Distribution von agrarischen Erzeugnissen und Inputs. Die Weltbank hat mit ihrer Kreditpolitik einen erheblichen Anteil an dieser Entwicklung: Sie finanzierte Landwirtschaftsprojekte, die praktisch ausschließlich der landbesitzenden und städtischen Oligarchie zugute kamen.[1] So beginnt beispielsweise ein Buch, das 1974 von H. Chenery, dem Vizepräsidenten der Weltbank, einem engen Freund und Ratgeber des Weltbank-Präsidenten Robert McNamara, herausgegeben wurde, mit dem Satz:

»Es steht nunmehr fest, daß mehr als ein Jahrzehnt rapiden Wachstums in unterentwickelten Ländern für schätzungsweise ein Drittel der Bevölkerung wenig oder gar keinen Nutzen gebracht hat.«[2]

Da dieses Buch sich in der Hauptsache mit dem Problem der Entwicklung auf dem Lande (rural problem) und damit beschäftigt, daß die Landwirtschaft in fast allen unterentwickelten Ländern die überragende Rolle spielt, ist es nicht weit hergeholt anzunehmen, daß

* Für wertvolle Anregungen zu diesem Aufsatz danke ich Erich Jacoby, Ken Post und V. Bennholdt-Thomsen.

Chenery auch die Grüne Revolution im Sinn hatte, als er die zitierte Feststellung machte. McNamara selbst, einer der führenden Sprecher des »big business« und der großen Banken und zur Zeit der Eskalation des Vietnamkrieges Verteidigungsminister der Vereinigten Staaten, drückte sich in einem vorsichtig formulierten Satz so aus:

> »Die verfügbaren Daten lassen darauf schließen, daß das schnelle Wachstum im vergangenen Jahrzehnt in vielen Entwicklungsländern von einer größeren Ungleichheit der Einkommensverteilung begleitet war und *daß dieses Problem in ländlichen Gebieten am kritischsten ist.*«[3] (Hervorhebung von mir; E. F.)

Die wachsenden Einkommens- und Wohlstandsunterschiede rütteln an den Grundfesten des weltweiten Kapitalismus und gefährden die Fortdauer der Abhängigkeit der unterentwickelten Länder von den Industriestaaten (McNamara: »Eine ständig zunehmende Ungleichheit stellt eine steigende Gefahr für die politische Stabilität dar«). Es muß etwas geschehen, um dieser Entwicklung entgegenzuwirken (McNamara: »Die Einkommensunterschiede werden sich vergrößern, sofern nicht Maßnahmen ergriffen werden, die unmittelbar den Ärmsten zugute kommen«). Deshalb trug die Weltbank 1973 einen Vorschlag vor, wie den Armen auf dem Lande geholfen werden könne. McNamaras Antwort auf die Herausforderung des katastrophalen Scheiterns der vielgepriesenen großen Grünen Revolution war der Vorschlag, eine kleine Grüne Revolution zu machen.

Bevor wir uns eingehender mit diesem neuen Plan befassen, ist es wichtig zu berichten, was die Weltbank – aus nur allzu offenkundigen Gründen – *nicht* vorschlug: umfassende Agrarreformen. Wie heute fast jeder weiß, ist der schnellste und direkteste Weg, den Armen zu helfen, dieser: Man schaffe die himmelschreienden Ungleichheiten in der Landverteilung ab, und zwar durch entschädigungslose Enteignung der gesamten grundbesitzenden Oligarchie, man übergebe das Land den Kleinbauern auf der Grundlage eines völlig neuen und gerechteren Bodenbesitzsystems und schaffe so die Voraussetzungen für rasche Steigerungen von Produktion, Produktivität und Einkommen, und man unternehme alle erforderlichen Schritte (z. B. Verstaatlichung des Vermarktungssystems), damit die Vorteile, die den Kleinbauern zugute kommen, nicht von den Gegnern der Reform und der Kleinbauern wieder zerstört werden. Aber die Weltbank ist nicht für solche drastischen, ja nicht einmal für sehr viel weniger drastische Reformen. Das beweisen die ausweichenden Bemerkungen McNamaras in seiner Nairobi-Rede, in der er seinen grandiosen Plan in den Grundzügen darstellte, diesem Thema aber nur ein paar Zeilen widmete. Wörtlich sprach er von Land- und Pachtreformprogrammen, »die vernünftige Obergrenzen zu Grundeigentum, gerechte Kompensationen, fühlbare Verbesserungen der Sicherheit der Pächter und angemessene Anreize für Landzusammenlegungen vorsehen«.[4] Was die Weltbank meint, wird in dem bereits zitierten Buch von Chenery deutlicher. Hier finden wir zunächst einen kurzen Absatz über Landreform, der folgendermaßen beginnt:

> »In den Kapiteln V und VI wird *mit großem Nachdruck* die Notwendigkeit eines *energischen Vorstoßes* in Richtung auf eine gerechte Verteilung des Grundbesitzes betont.«[5] (Hervorhebung von mir; E. F.)

Aber wenn es darum geht, den »energischen Vorstoß« (»sharp move«) zu konkretisieren, dann kommen die Autoren ins Stammeln:

> »Vor allem da, wo viel potentiell produktives Land in den Händen großer Grundbesitzer *unkultiviert* liegenbleibt, mag es *breite Unterstützung* für Maßnahmen geben, dieses Land Kleinbauern zu übertragen, *ohne* einen Angriff auf Eigentumsrechte *anzudeuten*.«[6] (Hervorhebung von mir; E. F.)

Nun ist der Leser natürlich enttäuscht. Einen derartigen »energischen Vorstoß«, wie ihn die Autoren in Chenerys Buch empfehlen, erwartet man im allgemeinen nur von einer in Zeitlupe gefilmten Schnecke. Das Argument, daß nur der unkultivierte Teil eines Großgrundbesitzes enteignet werden sollte, ist ein typisches Gegenreform-Argument. Die Erfahrung lehrt, daß angesichts einer solchen »Maßnahme« die Großgrundbesitzer flugs ein paar Stück Vieh auf ihr unbebautes Land stellen oder ein paar Hektar mit Weizen oder Reis besäen, um ihre sämtlichen Ländereien von der »Maßnahme« zu verschonen. Die Kleinbauern haben ein Anrecht gerade auf das beste kultivierte Land, andernfalls wird sich die Landreform bald gegen sie kehren. Der Hinweis auf »breite Unterstützung« für eine Landreform à la Chenery ist ausweichend und unredlich; er kann lediglich bedeuten: Unterstützung von der landbesitzenden Elite. Die Kleinbauern selbst würden wohl nur eine authentische, eingreifende Reform »breit« unterstützen, eine Reform, die die grundbesitzende Oligarchie in der Tat entmachtet. Zu meinen, eine Reform sei möglich, »ohne einen Angriff auf Eigentumsrechte anzudeuten«, ist absurd, denn Reform ist ein Prozeß der Enteignung der Großgrundbesitzer im großen Maßstab.[7] Diese Autoren denken nicht an Agrarreform, wenn sie darüber schreiben.[8]

Wenn die Weltbank also nicht für Agrarreformen ist, dann folgt daraus, daß jedes Programm, das sie vorschlägt, ein Gegenreform-Programm ist.

Der McNamara-Plan, den Armen auf dem Land zu helfen, und seine innere Logik

Die »Zielsetzung« der neuorientierten Entwicklungspolitik der Weltbank

Um den anti-sozialen Charakter von McNamaras Kreditplan für die Armen auf dem Lande zu erkennen, muß man sich zunächst die Hauptzüge dieses Plans verdeutlichen. McNamara scheint seinen Kreditplan mit nahezu militärischer Präzision auf eine spezifische »Zielgruppe« – so heißt das in der Terminologie der Weltbank – eingestellt zu haben: über 100 kleinbäuerliche Familien – mehr als 700 Millionen Menschen.[9] Offensichtlich ist die *Gesamtzahl* der Armen auf dem Lande erheblich größer. Warum also nur 700 Millionen? Weil eine Neuorientierung der Entwicklungspolitik der Weltbank sowohl quantitativ als auch qualitativ eine, so McNamara, »wesentlich genauere Messung der Konzentration der ärmsten Schichten einer bestimmten Gesellschaft« verlangte, wobei unter den Ärmsten diejenigen zu verstehen sind, die in »absoluter Armut« leben, so absolut, »daß ihre Opfer nicht einmal die elementarsten menschlichen Existenzbedürfnisse befriedigen können«[10]. Er kommt also zu seiner »Zielgruppe«, die er mit einem Strom von Dollar-Hilfe zudecken will, durch sukzessive Ausschließung anderer Gruppen: In einem ersten Schritt streicht er die nicht-konzentrierten Armen und die in den Städten lebenden Armen aus seinem Plan. Ein zweiter Schritt folgt. Nach einem erstaunlichen geistigen *salto mortale*, mit dem er die Hunderte von Millionen landloser Arbeiter einfach übersprungen hat[11], stellt er dann fest:

»Das Problem der Armut auf dem Lande selbst hängt im wesentlichen mit der niedrigen Produktivität der Millionen Kleinbauern zusammen, die am Rande des Existenzminimums leben (small subsistence farms).«

Und weiter: Mehr als 100 Millionen Familien lebten von »landwirtschaftlichen Betrieben« (farms) mit einer Anbaufläche von weniger als 5 Hektar, und von diesen wiederum verfügten 50 Millionen über weniger als einen Hektar.[12]

McNamaras Produktivitätsziel

Angesichts der geringen Produktivität der landwirtschaftlichen Kleinbetriebe steckt die Weltbank sich – wie McNamara das nennt – »ein ehrgeiziges Ziel«. Um welches Ziel handelt es sich? Offensichtlich hat McNamara nicht die Absicht, die Kleinbetriebe ganz abzuschaffen, denn sie sind eine reiche Quelle billiger Arbeitskräfte für

Großgrundbesitzer und Industrie. Er will sie ein klein wenig abstützen. Und das geht so: Zuerst behauptet er, die Produktion der Kleinbetriebe wachse derzeit nur um 2,5 Prozent jährlich. Das Ziel der Weltbank ist, die kleinbäuerliche Produktion durch Kredite so zu intensivieren, daß ihr jährliches Wachstum bis 1985, 12 Jahre nach Nairobi, 5 Prozent beträgt und voraussichtlich auf diesem Stand gehalten werden kann. Sofern dieses Ziel erreicht wird, können die Kleinbauern »ihre [derzeitige] jährliche Produktion zwischen 1985 und dem Ende dieses Jahrhunderts verdoppeln«. Die Rechnung erscheint sehr einfach: Angenommen, das Programm setzt unmittelbar nach Nairobi ein und hat den gewünschten Effekt, dann könnte die gegenwärtige Jahresproduktion der Kleinbauern in genau 17 Jahren doppelt so hoch sein, das heißt, wenn alles gut geht, anno 1991.

Wie realistisch ist diese Zielsetzung? Offensichtlich ist es kaum möglich, ein derart ehrgeiziges Programm kurzfristig zum Zuge zu bringen. Projekte müssen vorbereitet, Regierungen überzeugt, Details ausgearbeitet werden. Es müssen Agenturen aufgebaut werden, die den Kleinbauern Kredite zuleiten. Vor 1975 wird es schwierig sein, überhaupt ein Projekt wirklich in Gang zu setzen. Aber der Zeitplan der Weltbank steht aus einem anderen, gewichtigeren Grund auf überaus tönernen Füßen. Wie kam die Bank eigentlich zu den 2,5 Prozent Wachstum der kleinbäuerlichen Produktion? Nach meiner Erfahrung – und diese wird von anderen namhaften Ökonomen geteilt – wächst die Produktion der Kleinbauern insgesamt mit einer Rate, die nahe bei 0 liegt, wenn sie nicht sogar abnimmt.[13] Wenn dem so ist, dann würde es bis weit ins 21. Jahrhundert dauern, bis die Kleinbauern – McNamaras Logik folgend – ihre Produktion von 1973 oder 1974 verdoppelt hätten. Ich ziehe daraus den Schluß, daß der Plan der Weltbank, gemessen an seiner eigenen Logik und seinen fragwürdigen Hypothesen, der »Zielgruppe« der 100 Millionen armen Familien auf dem Lande gar keinen oder nur wenig Nutzen brächte, jedenfalls nicht vor dem Ende dieses Jahrhunderts und vermutlich nicht einmal vor dem Jahr 2050 oder 2100. Schlimmer noch: Wie viele der 100 Millionen armen Familien können ihre Produktion nach 1985 mit einer festen Wachstumsrate von 5 Prozent jährlich steigern und den Pfad zu der Straße finden, die aus der absoluten Armut herausführt? Wie McNamara selbst sagt, verfügen 50 Millionen über weniger als 1 Hektar Land. Ihre Produktion, ein grober Maßstab für ihr Einkommen und folglich für ihre Armut, ist mehr als proportional niedriger als diejenige, welche auf Flächen von 1 bis 5 Hektar erwirtschaftet wird. Das bedeutet, selbst wenn sie ihre Produktion bis 1991 verdoppelten, befänden sie sich noch auf dem Stand verheerender Armut. Gelingt es ihnen nicht, ihre Produktion bis 1985 auf eine jährliche Wachstumsrate von 5 Prozent zu steigern und danach auf diesem Niveau zu halten, was angesichts ihrer kleinen Parzellen wahrscheinlich ist, dann wären sie praktisch in alle Ewigkeit zur absoluten Armut verdammt. Meine Hypothese ist, daß eine gesicherte Wachstumsrate von 5 Prozent in einer großen Zahl – vielleicht bis zu 75 Millionen – landwirtschaftlicher Kleinbetriebe (smallholdings) nicht erzielt werden kann, vermutlich nicht einmal um einen ungeheuer hohen Preis. Wenn diese Hypothese stimmt, dann muß die neuorientierte Entwicklungspolitik der Weltbank zwangsläufig Unterschiede zugunsten derer machen, die die größeren Landflächen besitzen und daher bessere Ausgangsbedingungen haben.

Dieses Ergebnis könnte bis zu einem gewissen Grade vermieden werden durch ein aggressives Programm für Landzusammenlegungen, die McNamara selbst zu denjenigen Maßnahmen rechnet, welche seinen Kreditplan wirksamer machen könnten. Welches Minimum an Zusammenlegungen wäre nötig, um die 100 Millionen kleinbäuerlicher Familien zu retten, und was wären die Folgen? Nehmen wir einmal an, 75 Prozent der kleinbäuerlichen Familien lebten auf Landeinheiten, die kleiner als 2,5 Hektar sind; nehmen wir ferner an, 2,5 Hektar sei die Mindestgröße für einen Landwirtschaftsbetrieb, der wirklich ein gesichertes Wachstum von jährlich 5 Prozent über einen Zeitraum von (sagen wir) 25 Jahren halten kann, und unterstellen wir schließlich, die Durchschnittsgröße der Einheiten mit weniger als 2,5 Hektar Land entspräche ungefähr einem Hektar. Ich meine, daß dies großzügige Annahmen sind. Von 75 Millionen Kleinbetrieben, die unter der Mindestgröße von 2,5 Hektar liegen, werden also 45 Millionen durch Landzusammenlegungen aufgelöst werden müssen, damit der verbleibende Rest von den ursprünglich 100 Millionen (55 Millionen) zu wenigstens 2,5 Hektar Land kommt, wobei die Verteilung so aussähe: 25 Millionen Kleinbetriebe (bzw. kleinbäuerliche Familien) mit Landflächen zwischen 2,5 und 5 Hektar und 30 Millionen Betriebe mit genau 2,5 Hektar. Nun gibt es aber 45 Millionen Arbeits- und Landlose, es sei denn, sie fänden eine andere Beschäftigung, was in einer Volkswirtschaft mit Arbeitskräfteüberschuß schwierig ist, oder man gäbe ihnen andernorts Land. Andernfalls triebe das Programm die 45 Millionen absolut armen Familien noch tiefer in die Armut. Ergo: Landzusammenlegungen wären nicht das Ei des Kolumbus. Was als Lösung bleibt, ist entweder Bodenreform oder Kolonisierung. Die ausgestoßenen Kleinbauern brauchten mindestens 112,5 Millionen Hektar Land, d. h. je 2,5 Hektar, entweder in unberührten Gebieten oder auf bestehendem Großgrundbesitz. Sofern Neuland verfügbar ist, wäre Kolonisierung zwar möglich, aber extrem teuer. Die unterentwickelten Länder könnten sich diesen Versuch finanziell nicht leisten, und die Weltbank könnte (bzw.

würde) mit ihrem »sozial orientierten« Kreditplan und ihrem gegenwärtigen Etat nicht beides tun: ein Kolonisierungsprogramm finanzieren *und* den Kleinbauern helfen. Die andere Lösung erforderte eine Bodenreform und die Enteignung der landbesitzenden Oligarchie – einen breiten Angriff auf Eigentumsrechte. Angesichts der Vielzahl von Ausgestoßenen müßte die Bodenreform immense Ausmaße haben – was die Weltbank ja gerade vermeiden möchte –, aber sie ist die einzige Lösung, da McNamara davon ausgeht, daß die Neuland-Ressourcen der Dritten Welt für den geplanten Neubeginn zu knapp sind. Hätte McNamara sich über die Tragweite seines Vorschlags Gedanken gemacht – er und die Gouverneure oder Gläubiger der Weltbank sähen die Notwendigkeit einer solchen Reform, die implizit im McNamara-Plan enthalten ist, mit Bestürzung. Denn sie würde die Volkswirtschaften der Dritten Welt bis in ihre Grundmauern erschüttern. Die Millionen Landloser, die McNamara aus seinen Überlegungen ausgeklammert hat, könnten nämlich ebenfalls den Wunsch äußern, ein Stück Land zu bekommen, und das Ende wäre nicht abzusehen. Mit anderen Worten, im McNamaraschen Gedankengebäude ist Kolonisierung praktisch unmöglich und Bodenreform undenkbar, und dasselbe gilt für Landzusammenlegungen.

Ich vermag also nicht zu sehen, wie McNamara sinnvoll behaupten konnte, sein Plan, den absolut Armen auf dem Lande zu helfen, sei »sehr ehrgeizig«. Dabei hege ich selber keine Illusionen, daß das Wohlergehen der 100 Millionen kleinbäuerlicher Familien über Nacht gesichert werden könnte. Die Untauglichkeit des McNamara-Plans offenbart sich nicht nur in seiner offen anti-sozialen Zielsetzung, die Kleinbauern *qua* Kleinbauern zu erhalten, auf einem leicht gemilderten Armutsstand; auch nicht bloß darin, daß der Plan seiner inneren Logik nach allenfalls einen kleinen Teil der Zielgruppe von 100 Millionen Familien innerhalb des vorgesehenen Zeitraums aus dem Zustand tiefster Armut herausführen kann. Nein, der Plan ist noch in anderer Hinsicht unattraktiv und politisch unrealistisch. Offensichtlich verlangt McNamara von den Armen auf dem Lande, erheblich mehr Geduld zu haben, als jeder Geschäftsmann, der seine fünf Sinne beisammen hat, sich erlauben würde. Hätte McNamara einer Gruppe von Industriellen einen Plan vorgetragen, in dem stünde, daß sie irgendwann gegen Ende dieses Jahrhunderts damit rechnen könnten, Vorteile zu ernten, er hätte sich bei ihnen lächerlich gemacht, denn schließlich sind sie es gewohnt, rasch und mit hohen Gewinnen belohnt zu werden. Politisch bietet bmcNamara den Kleinbauern so gut wie nichts an. In einer Agrarstruktur, die von einer Handvoll Großgrundbesitzer beherrscht wird, einer Struktur, die die Weltbank mit ihrer allgemeinen Kreditpolitik nach wie vor stärkt – denn den Armen zu helfen bedeutet keineswegs, daß die

Bank nun die Reichen im Stich ließe –, bleiben sie auch künftig machtlos und hoffnungslos. Die Kleinbauern, deren Grundbesitz *immer* ungesichert ist, wären wahrscheinlich durchaus bereit, auf einen Teil des ihnen von McNamara versprochenen Einkommenszuwachses zu verzichten, wenn sie dafür die Sicherheit eintauschen könnte, daß die Gesellschaft ihnen ein akzeptables Einkommen und ein Zuhause zu ihren Lebzeiten und eine Zukunft für ihre Kinder gewährleistet. Die Kleinbauern wissen, daß unter den Bodenbesitzverhältnissen, die heute in der Dritten Welt herrschen, jeder Einkommenszuwachs, den sie erzielen, von den Großgrundbesitzern wieder »abgesaugt« werden würde, und wenn nicht von diesen, dann von den Händlern, den Verwaltern oder anderen Ausbeutern. Die Absurdität, das Problem der Armen auf dem Lande lösen zu wollen, ohne den Versuch zu machen, das Problem der Reichen zu lösen, ist offenkundig.

Produktivität und Armutseinkommen

Doch was meint McNamara nun, wenn er von der »Produktivität« der landwirtschaftlichen Kleinbetriebe spricht? Er drückt sich hierzu sehr klar aus:

> »Selbstverständlich ist in einer Volkswirtschaft mit Bodenknappheit und Arbeitskräfteüberschuß der Ertrag pro Hektar und nicht pro Arbeiter der entscheidende Maßstab für landwirtschaftliche Produktivität.«

Diese Bemerkung ist in einer Hinsicht falsch und in einer anderen irreführend. Sie ist falsch, weil die unterentwickelten Länder nicht durchweg Volkswirtschaften mit Bodenknappheit *und* Arbeitskräfteüberschuß sind. Tatsächlich gibt es kein Land, in dem für die großen Grundeigentümer, die den Hauptteil des bewirtschafteten Landes ebenso wie den Zugang zu Neuland unter ihrer Kontrolle haben, gegenwärtig in irgendeiner Weise Bodenknappheit bestünde. Boden ist allein für die armen Kleinbauern knapp. McNamaras Bemerkung ist also nichts anderes als ein weiteres Glied in der Kette seiner Gegenreform-Argumentation. Richtig ist, daß alle unterentwickelten Länder heute Arbeitskräfteüberschuß haben. McNamara freilich legt den Schluß nahe, daß dieser Überschuß eine Funktion der Bodenknappheit sei. Das ist nun offensichtlich falsch, denn der Arbeitskräfteüberschuß ist die Folge der asymmetrischen Bodenbesitzstruktur und des Systems der Nutzung von Boden und Arbeit, das seinerseits wiederum von der Bodenbesitzstruktur bestimmt wird.[14]

Nun zum irreführenden Element in der Bemerkung McNamaras. Wenn er sagt, daß Bodenproduktivität (Ertrag pro Hektar) und nicht Arbeitsproduktivität (Ertrag pro Arbeiter) »der entscheidende Maßstab für landwirtschaftliche Produktivität« sei, dann provoziert das die Frage: entscheidend wofür? Da die Steigerung der Arbeitsproduktivität höhere Bedeutung hat als die Steigerung der Bodenproduktivität, wenn es darum geht, das *Einkommen* der Kleinbauern anzuheben, wie ist dann ihr Armutsproblem jemals zu lösen? Es scheint, daß McNamara mehr daran interessiert ist, die Gesamtproduktion zu steigern, als die Einkommen anzuheben. Die Produktivität der landwirtschaftlichen Kleinbetriebe ist nicht zwangsläufig niedrig, wie das Beispiel Japan beweist:

»Unter den richtigen Voraussetzungen können landwirtschaftliche Kleinbetriebe ebenso produktiv arbeiten wie Großbetriebe.«

Darüber hinaus haben, so sagt McNamara, neuere Studien in vielen Ländern nachgewiesen, daß kleinere Betriebe höhere Hektarerträge erzielten als größere Betriebe.

Die Frage ist nun, ob die unterentwickelten Länder die »richtigen Voraussetzungen« bieten, um die landwirtschaftlichen Kleinbetriebe ebenso produktiv zu machen wie die Großbetriebe, und was die verschiedenen Produktivitäten, von denen McNamara spricht, bedeuten. Ich zitiere Erich Jacoby:

»Es ist eine verhängnisvolle Annahme, daß eine Ertragssteigerung pro Bodeneinheit unabhängig von der Produktivität pro Arbeitseinheit notwendigerweise identisch sei mit Entwicklung. Ein derart einseitiges Kriterium kann nur in den seltenen Fällen von statischer Technologie und statischem Lebensstandard angelegt werden und ist daher als Maßstab für Fortschritt in der Landwirtschaft ungeeignet. Nichtsdestoweniger hat die Tatsache, daß Ertragssteigerungen sowohl in der theoretischen Diskussion als auch in der praktischen Politik immer wieder mit landwirtschaftlicher Entwicklung gleichgesetzt werden, zu der gefährlichen Fehlinterpretation grundlegender Entwicklungsfragen beigetragen, die den wenigen Privilegierten nützt, ohne das Los der Masse der kleinbäuerlichen Bevölkerung zu bessern.«[15]

Die Ursachen für die Verwirrung, in der auch McNamara befangen ist, liegen in dem mangelnden Verständnis dafür, welche Bedeutung das umgekehrte Verhältnis zwischen Bodenproduktivität und Betriebsgröße und der direkte Zusammenhang zwischen Arbeitsproduktivität und Betriebsgröße haben, in der Unkenntnis der Bedingungen, unter denen unterentwickelte Landwirtschaften funktionieren, sowie in der Tatsache, daß die Agrarstruktur die Art und Weise der Nutzung der landwirtschaftlichen Ressourcen, einschließlich der Arbeit, bestimmt.

In unterentwickelten Ländern gibt es eine völlig umgekehrte Relation zwischen der Größe des Landwirtschaftsbetriebs und dem Ertrag pro Hektar und eine direkte Relation zwischen Betriebsgröße und Ertrag pro Arbeiter, wenn diese Relationen *auf nationaler oder regionaler Ebene* betrachtet werden. Aber damit ist nur das Selbstverständliche gesagt. Es kann nicht anders sein. Die zwei Relationen sind zwei Seiten ein und derselben Medaille. Kleinbauern und deren Familie sind gezwungen, aus ihren Parzellen das Maximum herauszuholen, und sie haben praktisch nur ihre Arbeitskraft als zusätzlichen Input, um sich den Lebensunterhalt zu verdienen. Ihre Arbeitskraftanstrengungen sind praktisch nichts wert, weil es zu wenig Land (und zu wenig Ertrag) im Verhältnis zur angewandten Arbeit gibt. Sie nutzen ihr Land »intensiv«, d. h. sie nutzen ihr gesamtes Land auf einem niedrigen technologischen Niveau. Was die meisten Leute übersehen, ist, daß der »Vorteil«, den sie gegenüber Großbetrieben im Sinne von höherer Bodenproduktivität haben, systematisch und unerbittlich weggefressen wird, weil ihre Böden mit der Zeit immer schlechter werden. Um McNamaras Terminologie zu gebrauchen: Die absolute Armut wird zunehmend absoluter. Unter den gegenwärtigen Bedingungen symbolisiert die höhere Bodenproduktivität der landwirtschaftlichen Kleinbetriebe lediglich die Armut auf dem Lande; sie ist ein Synonym für geringere Arbeitsproduktivität. Nun zur anderen Seite der Medaille. Die Arbeitsproduktivität landwirtschaftlicher Großbetriebe ist höher. Dies ist das Ergebnis der weitverbreiteten mangelhaften Ausnutzung oder Nicht-Nutzung des Bodens sowie der Mechanisierung. Beispielsweise setzen extensive Viehunternehmen wenig Arbeitskraft ein und erzielen wenig Einkommen pro Hektar; aber ihre Arbeitsproduktivität ist im Verhältnis zu den Kleinbetrieben hoch. Mit anderen Worten, die großen Relationen sind schlicht Ausfluß der Bodenbesitzstruktur, der Verteilung von Reichtum und Einkommen und des Systems der Ressourcennutzung.[16]

Die Frage, die McNamaras Produktivitätsziel aufwirft, lautet also: Was geschieht mit dem Einkommen der Kleinbauern, wenn der Ertrag pro Hektar innerhalb der bestehenden Agrarstruktur gesteigert wird? Ich behaupte, daß das Pro-Kopf-Einkommen der 100 Millionen Familien als gesellschaftlicher Gruppe[17] mit seinem Plan nicht erhöht werden kann. Ein Grund dafür ist, wie schon gesagt, daß die repressive Agrarstruktur Großgrundbesitzern, Händlern, Verwaltern und anderen Ausbeutern gestattet, jeden Einkommenszuwachs der Kleinbauern mit einer Vielzahl von Methoden, die ich hier nicht aufzuzählen brauche, ganz oder teilweise »abzusaugen«. Ein anderer Grund ist, daß es unmöglich sein wird, das numerische Wachstum der bäuerlichen Kleinbetriebe zu begrenzen, einmal deshalb, weil die landlosen Bauern auf der Suche nach einem Einkommen, mit dem sie ihr Leben fristen können, Land besetzen, das die reichen Grundeigentümer nicht haben wollen, zum andern wegen der Aufsplitterung des Kleingrundbesitzes durch Vererbung, die zur stetigen Verkleinerung der durchschnittlichen kleinbäuerlichen Betriebsgröße führt.

Die »Zielgruppe« der 100 Millionen kleinbäuerlicher Familien wird auf 110, 120 oder 130 Millionen mit genau derselben Landmenge angewachsen sein, bevor der Weltbank-Plan voll verwirklicht ist, und es werden noch viel mehr Parzellen für eine tragfähige Wachstumsrate der Produktion zu klein geworden sein. Ferner steht zu erwarten, daß die auf Kleingrundbesitz lebenden Familien genauso rasch wachsen wie die Gesamtbevölkerung, vielleicht noch rascher, da die besseren Produktionseinheiten, die Nutznießer von Weltbank-Krediten, nicht nur dazu dienen würden, einen Teil der Familienmitglieder auf dem Lande festzuhalten, der sonst in die Stadt hätte abwandern müssen, sondern noch weitere, entfernte Verwandte und manch einen aus den Reihen der nicht-konzentrierten Armen und der Landlosen anziehen werden, also jene, die McNamara völlig aus seinem Plan ausgeschlossen hat. Mit anderen Worten, die Gesamtproduktion würde zwar steigen, aber die Arbeitsproduktivität (Einkommen) bliebe gleich, und könnte sogar schwinden, je nachdem, wie viele Arbeiter zu den landwirtschaftlichen Kleinbetrieben hinzukommen.

Ein weiterer wichtiger Grund ist, daß das Mehr an Geldeinkommen höchstwahrscheinlich von galoppierender Inflation, die die kleinen Erzeuger am schwersten trifft, vernichtet würde, so daß das Realeinkommen der Kleinbauern bestenfalls konstant bliebe, selbst wenn die anderen Faktoren nicht funktionierten. Einen letzten Grund – die zunehmende Verschuldung und die abnehmenden Nettoeinkommen in einem expandierenden kapitalistischen Kleinbauern-Sektor, ein Faktum, für das es bereits zahlreiche Beweise aus verschiedenen Teilen der Welt gibt – werden wir kurz im letzten Abschnitt erörtern.

Das »Risiko« der Weltbank

Der kurioseste Teil des McNamara-Plans ist sein Risiko-Element:

> »Weder wir in der Weltbank noch irgend jemand sonst [sic!] hat eine klare Antwort auf die Frage, wie eine verbesserte Technologie und andere Inputs den über 100 Millionen, besonders in wasserarmen Gebieten, zur Verfügung gestellt werden können. Auch die Frage nach den Kosten können wir nicht exakt beantworten. Wir wissen jedoch genug, um zu beginnen. Zugegeben, wir werden dabei einige Risiken auf uns nehmen und improvisieren und experimentieren müssen. Und *falls einige der Versuche mißlingen, werden wir daraus lernen und von neuem beginnen müssen.«* (Hervorhebung von mir; E. F.)

Nun, wenn McNamara ein Seiltänzer wäre, der sein Metier nicht kennt, dann fiele er nach ein paar Versuchsschritten vom Seil und bräche sich den Hals. Wie sagt der Volksmund? »Wer den Schaden hat, braucht für den Spott nicht zu sorgen.« Aber als Präsident der Weltbank, der keine Antwort auf die Frage hat, wie man es anstellen soll, das Weltproblem Nummer Eins, das Problem der Armut, zu

343

lösen, obwohl er genug darüber weiß, wie zu beginnen sei – und all das bei einem Programm seiner eigenen Wahl[18] –, braucht weder er noch die Weltbank Schaden oder Spott zu fürchten. Falls die Versuche mißlingen, können die Armen für etliche weitere Jahre absolut arm bleiben, mindestens so lange, wie es dauert, ihre Produktion zu verdoppeln, und vielleicht noch sehr viel länger, weil nachfolgende Experimente ebenfalls scheitern könnten. Das Schlimmste, was der Bank passieren kann, ist, daß die absolute Armut in der Dritten Welt nicht gelindert wird. Die Bank hat den Armen oder deren Regierungen nicht wirklich Rechenschaft abzulegen. Die Kredite werden von den Ländern der Dritten Welt zurückgezahlt werden, und die Gläubiger der Bank werden ihren Anteil an den Bankgewinnen einstreichen. Sie geht also – entgegen McNamaras Aussage – keinerlei Risiko ein, und den Schaden haben einzig die armen Kleinbauern.

Finanzielle Parameter des neuen Weltbank-Plans, Kredite und Nutznießer

In welchem Maße ist die Weltbank nun bereit und in der Lage, sich finanziell für ihren anscheinend gigantischen Plan, 100 Millionen kleinbäuerlicher Familien aus der absoluten Armut zu erretten, zu engagieren? In Nairobi verlieh McNamara seinem Programm einen quantitativen Ausdruck: In den fünf Jahren von 1973 bis 1978, so sagte er, werden

»70 Prozent unserer Landwirtschaftskredite [in Höhe von 4,4 Milliarden Dollar, d. h. etwa 3,1 Milliarden Dollar] *eine Komponente* für Kleinbetriebe enthalten.« (Hervorhebung von mir; E. F.)

Dies ist natürlich nicht gerade eine präzise Angabe. »Komponente« kann alles heißen, von 1 bis 99 Prozent. In seiner Rede vor den Gouverneuren der Weltbank 1974 war McNamara gleichermaßen vage:

»Im vergangenen Jahr halfen wir bei der Finanzierung von 51 Landwirtschaftsprojekten in 42 Ländern mit einer *Gesamtinvestition* von fast 2 Milliarden Dollar. Diese Projekte dürften wenigstens 12 Millionen Menschen direkt zugute kommen. [...] In den nächsten fünf Jahren sollen unsere Kredite an die Landwirtschaft verdoppelt werden, und es sollen damit Projekte gefördert werden, deren *Gesamtkosten* annähernd 15 Milliarden Dollar betragen werden und deren Vorteile 100 Millionen Armen auf dem Lande zufließen sollen.« (Hervorhebung von mir; E. F.)

Da ist von »Gesamtinvestitionen« oder »Gesamtkosten« die Rede[19], aber nicht von dem Dollarbetrag, den die Weltbank jährlich oder über einen bestimmten Zeitraum hin auszuleihen bereit ist. Greifen wir, um dieses Geheimnis zu lüften, zum Jahresbericht der Weltbank von

Tabelle I
Einteilung von 57 Landwirtschaftsprojekten der Weltbank im Berichtsjahr 1973/74 nach Zweck (a)

Zweck	Zahl der Projekte	Kredite (in Mio.)	Gesamtkosten (in Mio.)	Verhältnis Kredit: Kosten	Durchschnitt pro Projekt	
					Kredite (in Mio.)	Gesamtkosten (in Mio.)
Bewässerung	16	457,0	1023,2	2,2	28,6	64,0
Kredite	6	118,0	224,7	1,9	19,7	37,5
Landw. Entwicklung (b)	9 (c)	102,1	182,4	1,8	11,3	20,3
Viehwirtschaft	8	100,8	215,5	2,1	12,6	26,9
Spez. Feldfrüchte	5	68,1	127,7	1,9	13,6	25,5
Siedlungen	2	46,0	101,3	2,2	23,0	50,6
Zwischensumme	46	892,0	1874,8	2,1	19,4	40,8
Verarbeitung	3	36,4	62,5	1,7	12,1	10,8
Zwischensumme	3	36,4	62,5	1,7	12,1	10,8
Dürre-Hilfe (c)	6	14,0	14,0	1,0	2,3	2,3
Fischerei	2	13,5	24,2	1,8	6,8	12,1
Zwischensumme	8	27,5	38,2	1,4	3,4	4,8
Endsumme	57	955,9	1975,5	2,1	16,8	34,7

(a) Grundlage: *Jahresbericht der Weltbank von 1974*, S. 10 und 46-49; alle als Landwirtschaftsprojekte verzeichnet. Nicht eingeschlossen sind Projekte zur Verbesserung der Infrastruktur etc., die ebenfalls der Landwirtschaft dienen könnten. 6 Dürre-Hilfe-Projekte auf S. 49 als ein Projekt verzeichnet.
(b) Auch »Gebietsentwicklung«, »ländliche Entwicklung«, »allgemeine Entwicklung« genannt.
(c) Ein Projekt nur auf S. 10 des *Jahresberichts* verzeichnet.
Anmerkung: 1. Manche Projekte sind hier wegen ihres Inhalts einer anderen Kategorie zugeordnet als im *Jahresbericht der Weltbank* auf S. 10. 2. Die in dieser Tabelle aufgezählten Projekte sind *sämtliche* Landwirtschaftsprojekte der Weltbank, nicht Projekte nur für die Armen auf dem Lande (vgl. den Text).

1974. Die Bank genehmigte 1973/74 in der Tat insgesamt 51 (57)[20] Landwirtschaftsprojekte und Kredite in Höhe von 956 Millionen Dollar (Tabelle I). Da McNamara diese Projekte in einem Abschnitt seiner Rede erwähnte, das er mit der Überschrift »Soziale Gerechtigkeit und Wirtschaftswachstum« versehen hatte, bekommt man den – vielleicht beabsichtigten – Eindruck, daß diese Hilfe ausschließlich für die armen Kleinbauern bestimmt und Bestandteil (»Komponente«) eines umfassenderen Katalogs von Aktivitäten für die Landwirtschaft sei. Dieser Eindruck erweist sich leider als falsch. Tatsache ist, daß die erwähnten Projekte *sämtliche* direkten Kreditvergaben an die Landwirtschaft umfassen.

Aber sind die Projekte alle für die Armen auf dem Lande gedacht? McNamara sagte, die Projekte sollten 1,7 Millionen Familien (»12 Millionen Menschen«) zugute kommen. Wer sind sie? In der Tabelle II habe ich eine Einteilung von 49 Projekten (weggelassen sind die Projekte für Dürre-Hilfe und Fischerei) nach den Nutznießern und entsprechend den im Weltbank-Jahresbericht angegebenen (oder nicht angegebenen) Einzelheiten vorgenommen. In einer ersten Annäherung, bei der ich der Bank den größtmöglichen Zweifelsvorteil eingeräumt habe, klassifizierte ich so viele Projekte wie irgend möglich als Projekte für die Armen auf dem Lande, d. h. immer dann, wenn die Bank die Projekte explizit oder implizit als solche beschrieb, die den Kleinbauern, den Landlosen oder den Armen Nutzen bringen. Diesem Kriterium zufolge widmete die Bank etwa 35 Prozent ihrer Landwirtschaftskredite (326 von 928 Millionen Dollar) den Armen (Kategorie A). Hinzuzählen könnte man – wiederum in dem Bemühen, großzügig zu sein – eine nicht spezifizierte Kreditmenge aus Projekten, bei denen die Nutznießer unklar bleiben oder behauptet wurde, sie brächten sowohl kleinen als auch größeren Erzeugern Nutzen (Kategorien B und C).[21] Demnach könnte man annehmen, daß die Kredite der Weltbank für die Armen auf dem Lande sich auf 480-557 Millionen Dollar in einem Jahr bzw. auf 2,4-2,8 Milliarden Dollar für den Fünfjahreszeitraum von 1973 bis 1978 beliefen. Falls dies zutrifft, wäre das gut über die Hälfte aller für diese Periode vorgesehenen Landwirtschaftskredite (4,4 Milliarden Dollar), und die »Komponente« der von McNamara erwähnten 3,1 Milliarden Dollar betrüge etwa 77-90 Prozent. Also nimmt die Weltbank das Kleinbauernproblem allem Anschein nach doch massiv in Angriff. Merkwürdig, daß McNamara bei einer solchen Bilanz, wie wir sie in einer ersten Annäherung errechnen, diese massive Kapitalübertragung auf die Armen nicht deutlicher herausstellt. Ich will versuchen, diese interessante Diskrepanz zu erklären. Doch zuvor wollen wir einen Blick auf die Nutznießer werfen.

Wie bereits oben zitiert, sagte McNamara, daß 51 Projekte wenig-

Tabelle II Einteilung von 49 Landwirtschaftsprojekten der Weltbank nach Nutznießern

Projekte, aufgeschlüsselt nach Schätzung der Nutznießerzahl	Zahl der Projekte	Kredite (in Mio.)	Gesamtkosten (in Mio.)	Zahl der Nutznießer (Familien)	Verhältnis Kredit: Nutznießer	Verhältnis Kosten: Nutznießer
A. Explizit od. implizit für Kleinbauern, Landlose, Arme						
– Mit Schätzung der Nutznießer	9	153,2	311,6	601 368	188	382
– Vage, unvollst. od. keine Schätzung	6	172,5	391,4	–	–	–
B. Nutznießer unklar (können Arme sein oder nicht)						
– Mit Schätzung der Nutznießer	5	96,0	202,2	421 500	228	480
– Vage, unvollst. od. keine Schätzung	6	107,9	215,4	–	–	–
C. Vermutlich für kleine und größere landwirtschaftliche Erzeuger						
– Mit Schätzung der Nutznießer	6	141,9	265,8	626 429	227	424
– Vage, unvollst. od. keine Schätzung	6	116,1	244,2	–	–	–
D. Ausschließlich für mittlere und große landwirtschaftliche Erzeuger						
– Mit Schätzung der Nutznießer	2	16,1	52,2	9 050	1779	5768
– Vage, unvollst. od. keine Schätzung	3	63,6	145,4	–	–	–
E. Ohne direkten Nutzen für landwirtschaftliche Erzeuger						
– Mit Schätzung der Nutznießer	2	17,0	32,7	14 700	1156	2177
– Vage, unvollst. od. keine Schätzung	4	44,1	76,4	–	–	–
Alle Projekte mit Schätzung der Nutznießer	24	424,2	864,5	1 673 047	253 (a)	516 (a)
Alle Projekte ohne Schätzung d. Nutznießer	25	504,2	1072,8	–	–	–
Alle Projekte zusammen	49	928,4	1937,3	– ?-	–	–

(a) Der Durchschnitt beim Verhältnis Kredit: Nutznießer und Kosten: Nutznießer liegt in den Gruppen A, B und C bei 213 Dollar bzw. 423 Dollar. *Anmerkung:* Vgl. die Anm. bei Tabelle I. Nicht eingeschlossen in diese Tabelle sind Projekte (8) für Dürre-Hilfe und Fischerei. Zu Einzelheiten siehe Tabelle I.

347

stens 12 Millionen Menschen direkt zugute kämen, wobei wir unterstellen, daß er ja wohl 12 Millionen arme Menschen meinte. Meine eigenen Berechnungen (Tabelle II) führen hier zu einem ganz anderen Schluß. Von den 49 verzeichneten Projekten ist bei 24 die Zahl der Nutznießer angegeben, bei 25 fehlt diese Angabe. Erstere ergeben insgesamt 1 673 00 Familien als Nutznießer, eine Zahl, die der von McNamara genannten sehr nahekommt. Meine Rechnung sieht aber so aus, daß a) nicht alle dieser Familien wirklich arm waren und b) viele Familien, denen Weltbank-Kredite zugute kamen, aus dem Bild ausgespart wurden. Für die 24 Projekte, bei denen die Zahl der Nutznießer angegeben wurde, schätze ich[22], daß zwischen 1,0 und 1,1 Millionen Familien arm und zwischen 0,5 und 0,7 Millionen Familien nicht arm waren. Aber was ist mit den anderen 25 Projekten, deren Nutznießer nicht bezeichnet wurden? Ihre Kredite übersteigen die 24 Projekte um rd. 80 Millionen Dollar, und man muß annehmen, daß sie wohl mindestens die gleiche Anzahl von Nutznießern haben. Um abermals großzügig zu kalkulieren, gehe ich von der Annahme aus, daß sie wiederum rd. 1,7 Millionen Familien zugute kamen, von denen etwa ein Drittel arm war. So kämen wir dann zu dem Schluß, daß die 49 Projekte folgende Nutznießer hatten:

Projekte	Arme Familien	Andere Familien	Zusammen
	(in Mio.)		
24, Nutznießer angegeben	1,0–1,1	0,5–0,7	1,7
25, Nutznießer nicht angegeben	0,6	1,1	1,7
Zusammen 49 Projekte	1,5–1,7	1,7–1,8	3,3

(Kleine Abweichungen sind auf Auf- bzw. Abrundung zurückzuführen.)

Folglich hätte die Weltbank ebensovielen armen wie nicht-armen Familien Nutzen gebracht.

Wie sollen wir diese Schätzungen bewerten? Natürlich weiß man nie, ob meine großzügige Auslegung der unvollständigen Weltbank-Angaben berechtigt ist. Zu einer genauen Bestimmung, wie und zu wessen Nutzen die Weltbank ihr Geld ausgibt, käme man nur dann, wenn man den Charakter und die Wirkung der Projekte im großen Maßstab und weltweit erforschte[23] und die Unterlagen der Bank prüfte. Ich will für den Augenblick in meinen großzügigen Schätzungen fortfahren. Falls sie stimmen, läge es auf der Hand, daß die Bemühungen der Weltbank, den Armen auf dem Lande zu helfen, sich als viel kostspieliger erwiesen, als McNamara vorhergesehen haben könnte, und daß ihre Wirkung für die Armen erheblich langsamer spürbar und geringer ist als erwartet. Hier wird allerdings unterstellt, daß McNamara sich selbst glaubte (und seinen Zuhörern plausibel machte), daß seine 1,7 Millionen Nutznießer-Familien wirklich alle arm waren. Die Vagheit seiner Ausführungen könnte dann vielleicht gerade dazu gedient haben, diese Wahrheit zu verheimlichen: Wenn die Bank 1,7 Millionen armer Familien in einem Jahr zu Kosten von 480 bis 557 Millionen Dollar jährlich unterstützte, dann *würde es 58 bis 59 Jahre dauern, 100 Millionen Kleinbauern zu Gesamtkosten von 51 Milliarden Dollar zu helfen.* Vielleicht ist dies auch der Grund, warum McNamara in seiner Washingtoner Rede 1974 vorschlug, das Programm zu beschleunigen: Er empfahl eine Verdoppelung »unserer Kreditvergaben an die Landwirtschaft, die 100 Millionen Armen auf dem Lande [d. h. 14,3 Millionen Familien] zugute kommen sollen«. Aber selbst mit diesem Betrag würde die Weltbank immer noch 35 Jahre brauchen, den 100 Millionen zu helfen, und das Gesamtvolumen der Kredite könnte die 51 Milliarden Dollar durchaus übersteigen.[24]

Aber damit können wir uns kaum zufriedengeben. Es bleibt die Tatsache, daß die Lückenhaftigkeit der Informationen viele Fragen offenläßt. Die als Landwirtschaftsprojekte beschriebenen Vorhaben der Weltbank erstrecken sich auf *Gebiete,* die von Armen ebenso wie Reichen bevölkert sind, und über die dort herrschenden Bodenbesitzverhältnisse ist nichts ausgesagt. Es kann, ja, es muß angenommen werden, daß sämtliche Kredite der Weltbank, ob für die Armen bestimmt oder nicht, sich in eine Agrarstruktur einfügen, in der die Armen von den Reichen beherrscht und ausgebeutet werden und in der die Kreditanstalten, wie alle anderen Institutionen auch, auf die großen Produzenten, nicht auf die kleinen ausgerichtet sind. Wie hätte die Weltbank innerhalb eines Jahres Krediteinrichtungen für die Armen aufbauen oder die Regierung des jeweiligen Landes zu deren Aufbau veranlassen können, wo wir doch wissen, daß es in den unterentwickelten Ländern weder die Neigung noch die Institutionen, noch das Personal gibt, den Armen auf dem Lande zu helfen? Wie kann die Bank sicher sein, daß Geldmittel, die den Armen zufließen sollen, diese wirklich erreichen und nicht den reichen Großgrundbesitzern, Händlern, Input-Herstellern und anderen Ausbeutern zugeschanzt werden? Weder McNamara noch der Jahresbericht der Bank geben in dieser Hinsicht irgendeine Auskunft. Wenn es einen realen »Durchbruch« in der neuorientierten Entwicklungsstrategie der Weltbank gegeben hätte, wäre dann McNamara nicht der erste gewesen, der sich dessen gerühmt hätte, so wie er sich der Gewichtigkeit seines Plans rühmte? Statt dessen stellt die Bank vage oder übertriebene Behauptungen auf und wirft mit Milliarden-Dollar-Zahlen nur so um sich, wie bei den folgenden Projekten (die ich großzügigerweise der Kategorie A in der Tabelle II zugeordnet habe):

– Philippinen (19 Millionen Dollar Kredit, 40 Millionen Dollar Investitionskosten): »Das aus dem Aurora-Flußgebiet abgeleitete Wasser wird das ganze Jahr hindurch rd. 63 500 Morgen (25 000 Hektar) Reisland bewässern, auf dem zweimal jährlich geerntet werden kann. Die Reisproduktion dürfte sich in dem Gebiet mehr als verdoppeln und von 82 000 Tonnen auf 202 000 Tonnen anwachsen; und das Jahreseinkommen von rd. 10 000 Bauernfamilien dürfte von 270 und 530 Dollar auf mehr als 1000 Dollar steigen.«

– Mali (8 Millionen Dollar Kredit, 18,9 Millionen Dollar Kosten): »Dieses integrierte Landentwicklungsprojekt wird rd. 1 Million Menschen erfassen. Der Kredit wird zur Finanzierung von Inputs und Ausrüstung für Landwirtschaftsbetriebe beitragen, zur Verbesserung von 900 Meilen Straße, zur Aufstellung eines funktionalen Bildungsprogramms und zur Verbesserung der ärztlichen und tierärztlichen Versorgung. Es wird erwartet, daß die Einkommen der bäuerlichen Familien sich verdreifachen.«

– Äthiopien (12 Millionen Dollar Kredit, 16 Millionen Dollar Kosten): »Mit Hilfe dieses Projekts wird die Produktion von Lebensmitteln, Getreide, Gemüse, Handelsgewächsen sowie Vieh und Milchprodukten steigen. [. . .] Das Geldeinkommen von rd. 100 000 beteiligten Bauern (farmers) dürfte steigen. Der Schwerpunkt liegt auf der Bereitstellung von landwirtschaftlichen Inputs und damit notwendiger Kredite. Des weiteren fördert das Projekt Maßnahmen zur Bodenmelioration, zum Bau und Ausbau von Landstraßen, zur Erweiterung der Wasserversorgungseinrichtungen und zur Unterstützung genossenschaftlicher Absatzzentren für Vieh.«

Einige dieser Behauptungen erscheinen im Zusammenhang mit unterentwickelten, an Kapitalknappheit leidenden Landwirtschaften gelinde gesagt als übertrieben. Der behauptete Nutzen und die Punkte, von denen man sich Nutzen verspricht, stehen offenbar in keiner Weise im Verhältnis zu den Investitionen. (Wie, zum Beispiel, kann ein 8-Millionen-Dollar-Kredit für eine Million Menschen [1 000 000 = 143 000 Familien] Nutzen bringen und das Einkommen der bäuerlichen Familien verdreifachen? Welche Familien? Die 143 000?)

Ich ziehe daraus die folgenden Schlüsse: a) Nur ein kleiner Bruchteil der geschätzten 1,7 Millionen Familien waren wirklich arme Kleinbauern, denen etwas zugute kam; b) die den Armen zugewiesenen Kreditmittel sind nur ein Bruchteil der von mir geschätzten 480 bis 557 Millionen Dollar; c) der größere Teil der Agrarkredite geht nach wie vor an die Nicht-Armen in der Landwirtschaft, womit eine alte Tradition der Weltbank fortgesetzt wird[25]; d) unter diesen Umständen ist nicht zu sagen, wie viele Generationen es dauern wird, bis die Weltbank ihre »Zielgruppe« von 100 Millionen kleinbäuerlicher Familien erreicht. Wenn diese Folgerungen richtig sind, dann ist es – ungeachtet des großen Apparats, den sie scheinbar im Namen der Armen auf dem Lande aufbaut – nicht das wahre Ziel der Weltbank, 100 Millionen armer Familien zu Lebzeiten zu helfen, auch dann nicht, wenn sie ihre Kredite noch einmal verdoppeln sollte. Tatsächlich könnte das Programm höchstens auf eine privilegierte Schicht von Kleinbauern ausgerichtet sein, wie ich bereits früher aus anderen Gründen angedeutet habe. Dieser Frage wollen wir ein paar Zeilen widmen.

Das neue Entwicklungsmodell: Die kapitalistische Expansion im Sektor der grundbesitzenden Elite und im kleinbäuerlichen Sektor und ihre Tragweite

Ich muß nun versuchen, McNamaras Plan seiner falschen Vorspiegelungen zu entkleiden und sein wirkliches Ziel herauszufinden. In Nairobi behauptete McNamara: »Meiner Ansicht nach ist die Begründung für Entwicklungshilfe vor allem eine moralische.« Was er dann freilich als Frage der Moral präsentiert, ist in Wirklichkeit ein knallharter Geschäftsplan: die Expansion der kapitalistischen Landwirtschaft im kleinbäuerlichen Sektor zum Nutzen der multinationalen Konzerne, die landwirtschaftliche Inputs herstellen. McNamara hat dieses Ziel auch durchaus unverhüllt formuliert. In Nairobi sagte er:

»Ohne Kredit kann er [der Kleinbauer] weder verbessertes Saatgut kaufen, noch notwendigen Kunstdünger und Pflanzenschutzmittel einsetzen, noch *Geräte mieten* oder seine Wasserversorgung ausbauen.« (Hervorhebung von mir; E. F.)

Und er fuhr fort:

»Kleinbauern setzen im allgemeinen weniger als 20 Prozent der normalerweise erforderlichen Inputs ein, da sie einfach nicht über die nötigen Finanzmittel verfügen. In Asien beispielsweise bewegen sich die Kosten für Kunstdünger und Pflanzenschutzmittel, die zum optimalen Einsatz von neuen, ertragsreichen Weizen- und Reissorten erforderlich sind, zwischen 20 und 80 Dollar pro Hektar. Der asiatische Kleinbauer gibt jedoch nur sechs Dollar je Hektar aus, weil er nicht mehr finanzieren kann. Und der Hauptteil dieser sechs Dollar stammt nicht aus öffentlichen oder institutionellen Quellen, sondern wird von Großgrundbesitzern oder Geldverleihern in den Dörfern zu Wucherzinsen ausgeliehen.«

Dies sind fast dieselben Gedankengänge, wie sie von den Protagonisten der großen Grünen Revolution vorgetragen wurden, um den massiven Transfer von Kapital und fortgeschrittener Technologie in den grundbesitzenden Elite-Sektor der unterentwickelten Landwirtschaften zu rechtfertigen, als sie erkannten, daß die Großgrundbesitzer den Einsatz moderner Inputs ablehnten bzw. sich ihm widersetzten.[26] McNamara wedelt nun vor den wachsamen Augen der Weltbank-Gouverneure mit der Verheißung umfangreicher Verkäufe landwirtschaftlicher Inputs in Höhe vieler Milliarden Dollar, um ihnen einen Plan schmackhaft zu machen, der für sie sonst ebensowenig Reiz hätte wie für einen eingefleischten Junggesellen die Vorstellung zu heiraten.[27] Um die Sache ganz deutlich zu machen, sagte McNamara in Nairobi:

>Nach einer Schätzung würden sich für landwirtschaftliche Kleinbetriebe ab 1985 die jährlichen Gesamtkosten für Betriebsinvestitionen, Landverbesserung und Bewässerungsanlagen, zusätzliche Ausbildungsmöglichkeiten und Mindestumlaufkapital auf etwa 20 bis 25 Milliarden Dollar belaufen.<

Wenn wir uns einmal ausschließlich mit Input-Arten befassen, die von multinationalen Konzernen geliefert werden, dann würden die Gesamtausgaben der Kleinbauern für einfache Geräte und moderne Ausrüstung, die von großen landwirtschaftlichen Erzeugern gekauft und dann (wie McNamara vorschlug) an Kleinbauern vermietet wird, sich in zehn Jahren auf netto 7,5 bis 10,5 Milliarden Dollar belaufen.[28] (Bedenkt man überdies, daß viele multinationale Konzerne heute Kleinbauern in der ganzen Welt Kreditmittel verfügbar machen, wenn vielleicht auch nicht in dem Maße, wie von der Weltbank empfohlen, dann wird einem klar, warum für diese Konzerne der von der Weltbank vorgeschlagene Plan von solch hohem Interesse ist.) Wie schon gesagt, halte ich es für unwahrscheinlich, daß die 100 Millionen armer Familien auf dem Lande alle von McNamaras Plan etwas haben werden. Die Kreditvergabe-Praxis der Weltbank sorgt schon dafür, daß die Gelder ausgewählten Nutznießern zugeleitet werden, von denen mit hoher Wahrscheinlichkeit erwartet werden kann, daß sie besser als andere auf die Anreize reagieren, die die neuen Inputs bieten, d. h. es kann sich nur um die Kleinbauern handeln, die von vornherein bessergestellt sind. Die Gründe dafür sind vielfältig. Die Weltbank ist kein Wohlfahrtsinstitut. Sie leiht Geld an Regierungen unterentwickelter Länder für Projekte, die dafür gut sind, daß die Kredite zurückgezahlt werden, und die Begrenztheit der Mittel zwingt die Bank, ihre Kredite sowohl zeitlich als auch räumlich zu verteilen, was Auswahl zwingend gebietet. Der Effekt ist schlicht der, daß die Input-Verkäufe an Kleinbauern erheblich weniger riskant werden. Tatsächlich geht weder die Weltbank noch gehen die multinationalen Konzerne irgendein Risiko ein, und selbst >falls einige der Versuche mißlingen<, wie McNamara vermutete – die Kleinbauern hätten das Geld ausgegeben, und die Weltbank und die Konzerne hätten ihre Gewinne eingestrichen.

Der Prozeß der Modernisierung auf unterer Stufe im Kleinbauernsektor, McNamaras kleine Grüne Revolution, die der großen Grünen Revolution darin gleicht, daß sie in massiven Transfers von Auslandskapital und -technologie besteht, ist kaum dazu angetan, diesen Sektor in seiner gegenwärtigen Gestalt zu erhalten.[29] Mein Prognose ist, daß er eine rasche und tiefgreifende Umgestaltung auslösen wird.

Mehrere Faktoren werden (ja, müssen) zu einem ziemlich raschen Fortschreiten der kapitalistischen Expansion im kleinbäuerlichen Sektor beitragen, durch Diskriminierung und Konkurrenz dergestalt, daß die bessergestellten Kleinbauern – jene, die von der neuen Entwicklungshilfe und den neuen Inputs profitieren – in die Lage versetzt werden, um die Agrarressourcen konkurrieren zu müssen, die den minder glücklichen Familien gehören bzw. von diesen kontrolliert werden – einschließlich vielleicht sogar ihrer Arbeitskraft. Seit Generationen an einen Prozeß der Akkumulation von Reichtum durch Ausbeutung anderer gewöhnt, werden sie – sie werden es müssen – beginnen, im kleinbäuerlichen Sektor einen Prozeß der Monopolisierung landwirtschaftlicher Ressourcen auf Kosten der Nicht-Nutznießer in Gang zu setzen. Das ist ein Überlebensproblem und es bedeutet, daß sie ihre kleinen Betriebe vergrößern und zusätzlich zu ihrer eigenen Arbeitskraft familienfremde Arbeitskräfte einstellen müssen. Die Folgen dieser außergewöhnlichen kapitalistischen Expansion im Kleinbauernsektor werden insofern noch verheerender sein als die Ergebnisse der großen Grünen Revolution, als die Zahl der Landlosen, der Arbeitslosen und Unterbeschäftigten weiter steigen wird. Und genau das ist der Beginn einer Periode wachsender Armut von katastrophalen Ausmaßen. Meine Prognose ist, daß die Verdrängung von Kleinbauern, die Mehrung der Landlosen und die Weiterverbreitung von Armut, also die kleine Grüne Revolution die große Grüne Revolution vergleichsweise wie ein Kinderspiel wird erscheinen lassen. Wenn es so weit ist – und das kann schon in wenigen Jahren der Fall sein –, dann wird die Weltbank verspätet erkennen, daß ihre »Versuche« ein Fehler waren, und sie wird gezwungen sein, sich ein anderes Krisenmanagement-Programm einfallen zu lassen, das größere Dimensionen hat und jährliche Aufwendungen in Milliardenhöhe verlangt, um das System vor dem totalen Zusammenbruch zu retten.

Aber das ist noch nicht alles. Wir dürfen nicht vergessen, daß dieser neue Prozeß der kapitalistischen Expansion im Kleinbauernsektor gleichzeitig konfrontiert sein wird mit der Expansion und Machtsteigerung der grundbesitzenden Elite, welche die Weltbank mit ihrer Kreditpolitik, ungeachtet der Neuorientierung ihrer »Entwicklungs«-Strategie, effektiv fördert. Wie wird es den Kleinbauern unter den heftigen Angriffen, die aus dieser Richtung zu erwarten sind, ergehen? Ich behaupte, daß sie in diesem neuen, verschärften Kampf alle früher oder später zum Untergang verdammt sein werden, ausgenommen einige wenige, denen es vielleicht gelingt, ihrerseits reiche Großgrundbesitzer zu werden.

Erstens: Es ist bezeichnend, daß McNamara lediglich für einfache landwirtschaftliche Geräte Kredite zu gewähren beabsichtigt, so daß die Kleinbauern weiterhin in der Notlage blieben, modernere und aufwendigere Ausrüstung von den reichen Grundbesitzern oder anderen Kontrahenten mieten zu müssen. Sollte diese Absicht systematisch in die Tat umgesetzt werden, dann werden die Kleinbauern unweigerlich in eine Situation der Abhängigkeit von und der Verschuldung gegenüber den reichen Grundbesitzern und anderen Kontrahenten getrieben, ihr finanzieller Status wird geschwächt und ihre Entscheidungsmöglichkeiten werden erheblich eingeschränkt. Sofern es einigen der Kleinbauern gelingt, im Konkurrenzkampf reicher zu werden, werden sie zu Ausbeutern der weniger vom Glück begünstigten werden.

Zweitens: Je mehr die Kleinbauern in die kapitalistische Wirtschaft hineingezogen werden, um so größer wird die Macht der Reichen, ihnen Gewinne abzunehmen, so daß ihr Nettoeinkommen im Endeffekt um nichts höher ist als ehedem. Dies geschah beispielsweise bei einem von der Rockefeller und Ford Foundation geförderten »Versuchsprojekt« mit dem Namen »Plan Puebla« in Mexiko, einem Projekt, das diese »philanthropischen« Stiftungen 1967 initiierten, weil es ihnen Skrupel machte, die grundbesitzende Elite Mexikos während einer ganzen Generation mit ihren Wundersorten von Weizen, Mais und Sorghum auf Kosten der kleinbäuerlichen Massen reich und reicher gemacht zu haben. Im Rahmen dieses Projekts wurden, keine aufwendigen Inputs bereitgestellt, sondern Kredite, hauptsächlich »verbessertes« Saatgut (keine ertragreichen Sorten) und technische Hilfe, in der Hoffnung, die landwirtschaftlichen Einkommen und die Kaufkraft auf dem Lande zu steigern. Die Soziologin Cynthia Hewitt Alcantara gab zu diesem Experiment den folgenden bedachtsamen, aber treffenden Kommentar:

»[. . .] dann wird die Ausdehnung der ›grünen Revolution‹ auf den traditionellen Sektor der Landwirtschaft wahrscheinlich dazu führen, daß die Kleinbetriebe, die gerade das Existenzminimum erwirtschaften, noch weiter verarmen und daß gleichzeitig die Verhältnisse des ›internen Kolonialismus‹, durch den die *campesinos* dieses Sektors bereits mit der übrigen Wirtschaft verbunden sind, noch vertieft werden. Die natürlichen Ressourcen dieses Sektors sind normalerweise so begrenzt, daß, wenn nicht über einen langen Zeitraum andauernde Anstrengungen unternommen werden, um die Bodennutzung völlig umzugestalten, *die Bereitstellung von Krediten für den Kauf der wichtigsten Produktionsmittel nur in Schulden enden kann.* Gleichzeitig ist die öffentliche institutionelle Struktur, durch die die Übertragung der neuen Produktionsmittel (inputs) auf die *campesinos* geregelt wird, mindestens ebenso fest in der regionalen Machtstruktur verankert, wie das in den kommerziellen Bewässerungsdistrikten der Fall war. *Es läßt sich daher voraussehen, daß sich die Geschäftsleute dieser Gegenden bereichern werden und daß die Ressourcen an die private Landwirtschaft* [die grundbesitzende Elite] *übergehen werden.* [. . .] ist es nicht auszuschließen, daß die campesinos, die gerade ihr Existenzmi-

nimum erwirtschaften, damit ihren einzigen Besitz verlieren werden.«[30] (Hervorhebungen von mir; E. F.)

Drittens: Infolge ihrer fortdauernden Unfähigkeit, effektiv gegen die großen kommerziellen Landwirtschaftsbetriebe zu konkurrieren, werden Kleinbauern wirtschaftlich benachteiligt und geschwächt; denn die Großbetriebe produzieren hauptsächlich für einträgliche, garantierte und subventionierte Export- oder Binnenmärkte, und zusammen mit dem multinationalen Konzernen, die ihre Erzeugnisse verarbeiten und handeln, kontrollieren sie die Preise, die Input-Lieferungen und die Absatzkanäle. Die Kleinbauern müssen sich mit weniger einträglichen Märkten begnügen oder, wenn nicht, Opfer der auf den anderen Märkten herrschenden monopolitischen Praktiken werden.

Viertens – und dieser Punkt ist der wichtigste: Es ist unwahrscheinlich, daß die vom Glück begünstigten Kleinbauern, die Nutznießer von Weltbank-Hilfe, in der Lage sein werden, etwaige Vorteile, die sie aus dem McNamara-Plan ziehen mögen, für lange Zeit zu behalten. Wenn Projekte in oder in der Nähe von Gebieten mit Großgrundbesitz eingeleitet werden (und welche anderen Gebiete gäbe es?), werden die Großgrundbesitzer alles daransetzen, das Land, in das Gelder für langfristige Verbesserungen investiert wurden und dessen Bodenproduktivität und Handelswert im Steigen begriffen sind, unter ihre Kontrolle zu bringen.

Die Bemühungen ausländischer und einheimischer Kapitalisten, die immer höhere Summen mit oder ohne Weltbank-Hilfe in den Kleinbauernsektor hineinpumpen wollen, müssen unweigerlich dazu führen, daß dieser Sektor in kurzer Zeit und in wachsendem Maße vom Großgrundbesitzersektor und vom »Agro-Business« (den multinationalen Konzernen, Kreditanstalten, Export- oder Import-Firmen etc.) abhängig wird und zu seiner endgültigen Übernahme durch eben jene Kapitalisten beiträgt.

Um zum Schluß zu kommen: Entkleidet man McNamaras Plan seiner falschen Vorspiegelungen – einschließlich der Behauptung, Entwicklungshilfe sei eine Frage der Moral, es komme ihm darauf an, den Armen auf dem Lande zu helfen, und was dergleichen falsche Argumente mehr sind, die sich hinter der »Logik« seiner neuorientierten »Entwicklungs«-Strategie verbergen –, dann entdeckt man, daß sein wahres Ziel ist, den privaten Großgrundbesitzersektor und das Agro-Business zu vergrößern und zu stärken, und daß sein »sozial orientiertes« (d. h. auf die Armen ausgerichtetes) Programm nichts als Fassade ist. McNamaras Plan hat eine durchaus machiavellistische Komponente.

Noch ein Wort über die Menschen, die in McNamaras bombastischem »Entwicklungs«-Plan vergessen wurden – einem Plan, dessen behauptetes Ziel es ist, der wachsenden Ungerechtigkeit in der Einkommensverteilung ab 1975 einen Riegel vorzuschieben und damit zu beginnen, die krassen Einkommensunterschiede in der zweiten Hälfte dieses Jahrzehnts abzubauen, das aber im Ergebnis die Polarisierung der Klassen auf dem Lande vor unser aller Augen verschärft –: die nicht-konzentrierten Armen und die Landlosen. Ihre Zahl ist groß und wird immer größer. Es wird nichts zu ihren Gunsten getan werden, weil man sie im Prozeß der kapitalistischen Expansion nicht gebrauchen kann. Sie haben kein Land, um zu dem von den multinationalen Konzernen und ihrer Weltbank kontrollierten Wachstumsprozeß beizutragen. McNamaras Strategie schließt also implizit das kalkulierte Risiko ein, daß Hunderte von Millionen dieser vergessenen absolut Ärmsten in absoluter Armut und tiefstem Elend sterben werden. Könnte es sein, daß das die Rache der Weltbank dafür ist, daß die Armen ihr Probleme aufgeben, von denen sie zugegebenermaßen nicht genau weiß, wie sie zu lösen sind?

Anmerkungen

1 Zu einer Einschätzung der Weltbank-Geschäfte siehe Teresa Hayter, *Aid and Imperialism*, 1971; Rainer Tetzlaff, *Die Entwicklungspolitik der Weltbank*, in: *Leviathan*, 4/1973, und *Multinationale Konzerne und die Entwicklungspolitik der internationalen Organisationen am Beispiel der Weltbank*, in: B. Tibi und V. Brandes (Hrsg.), *Handbuch 2, Unterentwicklung*, 1975.

2 *Redistribution With Growth*, 1974.

3 Ansprache an die Gouverneure der Weltbank, Nairobi, 24. September 1973. Sofern nicht anders angegeben, stammen die folgenden McNamara-Zitate aus derselben Quelle.

4 Wir können hier nicht in allen Einzelheiten ausführen, warum diese Worte enthüllen, daß McNamara nicht an umfassende Reformen denkt. Vgl. Ernest Feder, *Counterreform*, in: R. Stavenhagen (Hrsg.), *Agrarian Problems and Peasant Movements in Latin America*, 1970; deutsch im vorliegenden Band. Nur eine Anmerkung zum Stichwort »Landzusammenlegungen« (land consolidation): In Landwirtschaften, die vom Großgrundbesitz beherrscht werden, bedeutet diese Vokabel die massive Vertreibung der Kleingrundbesitzer. Sie müssen anderswo wieder eingegliedert werden. Es ist klar, daß die Kleinbauern sich einem solchen Programm energisch widersetzen würden, und zwar so lange, bis Land für sie gefunden ist. Bis heute hat kein einziges Land es gewagt, ein solches Programm zu verwirklichen.

5 A.a.O., S. 59 f.

6 Ibid.

7 Diese Aussage ist typisch für das Denken der besitzenden Klassen. So sagte der Präsident der Vereinigung der türkischen Handelskammern am 12. März 1965: »Die Privatwirtschaft ist nicht gegen eine Landreform, aber eine solche Reform darf nicht die Eigentumsrechte von Individuen antasten und die bestehende Wirtschaftsord-

nung umstürzen.« Zitiert in: Z. Y. Hershlag, *Turkey. The Challenge of Growth*, Leiden 1968, S. 209.

8 Die Kapitel V und VI, auf die sich die letzten beiden Zitate beziehen, machen das Dilemma nur noch größer.

9 Von jetzt an werde ich diese 100 und 700 Millionen-Statistik und McNamaras Familiengröße – 7 Köpfe – benutzen.

10 McNamara unterscheidet zwischen »absoluter Armut« (wie oben definiert) und »relativer Armut«, und er will damit offenbar folgendes sagen: In den reichen Ländern mag es (relative) Armut geben; diese dient dort als Argument, nicht mehr von dem Zuwachs des Volkseinkommens für die finanzielle Unterstützung der unterentwickelten Länder aufzuwenden. Aber absolute Armut verlangt, daß die reichen Länder in Zukunft mehr von ihrem gestiegenen Sozialprodukt für Entwicklungshilfe abzweigen *sollten*, weil absolute Armut so viel schlimmer ist als relative Armut. Ein anderes Dokument der Weltbank definiert absolute Armut als das, was einem Pro-Kopf-Einkommen von 50 US-Dollar oder weniger entspricht (zugegebenermaßen ein willkürliches Kriterium), und relative Armut als das, was über 50 Dollar liegt, aber weniger ist als ein Drittel des durchschnittlichen nationalen Pro-Kopf-Einkommens.

11 In seiner Washingtoner Rede vor den Gouverneuren der Weltbank im Jahre 1974 (also ein Jahr später) unterschied McNamara »sinnvollerweise« zwischen sich selbst tragenden landwirtschaftlichen Kleinbetrieben, Kleinbauern, die ihr Einkommen aus Landwirtschaft durch andere Mittel ergänzen müssen, und den Landlosen. Anscheinend hatte ihn jemand auf diese Lücke in seinen Ausführungen vom Vorjahr aufmerksam gemacht. *»Zusammengenommen umfassen diese Kategorien rd. 700 Millionen Menschen.«* Welch fragwürdige Arithmetik! Wenn in Nairobi 100 Millionen kleinbäuerlicher Familien 700 Millionen Menschen zählen, wie können Kleinbauern und Landlose zusammen ebenfalls 700 Millionen ergeben? Wie dem auch sei, nun sind die Landlosen ›irgendwie‹ einbezogen, nur weiß niemand so recht, wie, denn das Ziel des Weltbankprogramms ist die Steigerung der auf Kleingrundbesitz erwirtschafteten Produktion, und die Landlosen haben per definitionem kein Land, auf dem die Produktion zu steigern wäre. Daß McNamara die Landlosen nur rein rhetorisch einbezieht, ist – wie ich später erläutern werde – kein Zufall.

12 Daß die Begriffe »farm« oder »farmers« im Zusammenhang mit kleinbäuerlicher Landwirtschaft gebraucht werden, ist belustigend. »Farmers« sind landwirtschaftliche Erzeuger, Landwirte, mit einem relativ hohen Grad von Unabhängigkeit in der Führung ihres Betriebs. Die große Mehrheit der Kleinbauern in unterentwickelten Landwirtschaften gehört nicht in diese Kategorie. Sie sind hauptsächlich kleine Pächter, »sharecroppers« u. dgl. und deshalb eher Landarbeiter als »Landwirte«. Sofern sie Eigentümer oder Halter (ohne Rechtstitel) von kleinen Parzellen sind, wird ihr Besitz häufig von landgierigen Großgrundbesitzern bedroht.

13 Dafür gibt es vielfältige Gründe. Die Wachstumsrate der Landwirtschaften der Dritten Welt insgesamt liegt im Durchschnitt zwischen 2,5 und 4 Prozent. Ein großer Teil davon ist der Plantagenwirtschaft, der kommerziellen Landwirtschaft und der Ausweitung des Agrargebiets zuzuschreiben. Die Kleinbauern haben an keinem dieser drei Dinge Anteil, und deshalb *muß* die Wachstumsrate ihrer Produktion weit unter dem Durchschnitt liegen. Hinzu kommt, daß die Großgrundbesitzer immer das beste Land, einschließlich sämtlicher künstlich bewässerten Gebiete, und nahezu exklusiven Zugang zu produktionssteigernden Inputs haben. Die Kleinbauern haben das schlechteste Land. Wegen der Notwendigkeit, dieses Land sehr

intensiv zu nutzen, sinkt die Qualität ihrer Parzellen im Laufe der Zeit immer mehr. Aus alledem folgt, daß der Beitrag der Kleinbauern zum Wachstum der landwirtschaftlichen Produktion unbedeutend ist und zurückgeht.

14 Ich beziehe mich hier auf die allgemein bekannte Tatsache, daß die Landwirtschaftsbetriebe, insbesondere die großen, den Boden extensiv oder gar nicht nutzen und daß nur ein kleiner Teil intensiv genutzt wird. Diese Tatsache und die Mechanisierung sind die Hauptursache für Arbeitslosigkeit.

15 *Man and Land*, 1971, S. 73–83.

16 Jacoby weist richtig darauf hin, daß eingehendere Untersuchungen des Verhältnisses Betriebsgröße: Produktivität häufig Ergebnisse aufweisen, die dem obengenannten Phänomen widersprechen. So sind etwa Bodenproduktivität und Arbeitsproduktivität bei bestimmten Feldfrüchten, die auf Großgrundbesitz angebaut werden, in der Regel erheblich höher, besonders in Landwirtschaften mit einem entwickelten Sektor der Produktion von Handelsgewächsen. Die Modernisierung des Sektors der landbesitzenden Elite kehrt die allgemeinen Relationen, die wir oben erörtert haben, tendenziell um, genauso wie bei den Kleinbetrieben die Verschlechterung der Böden. Dies ist natürlich nicht das, was McNamara im Sinn hatte.

17 Ich lasse den diskriminierenden Effekt des McNamara-Plans für den Augenblick außer acht.

18 Es bedarf wohl kaum der Erwähnung, daß das neue Weltbank-Programm offensichtlich kein Entwicklungsplan für die Armen auf dem Lande ist. Ein Plan, die Masse der Kleinbauern als gesellschaftliche Gruppe aus dem Sumpf der Armut herauszuziehen, könnte nur von den Regierungen der unterentwickelten Länder kommen. Schon der Projekt-Ansatz, den die Weltbank-Hilfe beinhaltet (siehe den folgenden Abschnitt), steht dem entgegen. Wenn das Land X 5, 6 oder 25 Weltbank-Projekte und -Kredite hätte, so käme dabei noch lange nicht ein nationaler Entwicklungsplan für die Armen auf dem Lande heraus. Der Ansatz der Weltbank ist allenfalls ein Krisenmanagement-Ansatz.

19 Gesamtinvestitionen oder -kosten schließen Weltbank-Kredite und lokale Gegenwertmittel ein. Das Verhältnis Kredit : Investition ist je nach Projekt verschieden, lag im Durchschnitt jedoch für die Projekte des Berichtsjahres 1973/74 bei 1 : 2,1. Daß es der Weltbank möglich ist, über die lokalen Mittel nach Belieben zu verfügen, bedeutet, daß die Regierungen der unterentwickelten Länder zu Mitschuldigen an der Expansion des Kapitalismus in ihrem kleinbäuerlichen Sektor (siehe den vorangegangenen Abschnitt) und damit auch an der Selbstzerstörung ihrer Kleinbauern werden. Sie machen mit, weil sie in einer verzweifelten Finanzlage sind (hohe Auslandsverschuldung und Devisenknappheit) und sich von Weltbankkrediten eine gewisse Entlastung erhoffen. Natürlich geraten sie dadurch nur immer tiefer in die Klemme.

20 Vgl. *Annual Report 1974*, S. 10 und 46-49. Sechs Projekte, die auf S. 10 verzeichnet sind, sind in Wirklichkeit ein einziges Projekt, ein Dürre-Hilfe-Projekt für Westafrika in Höhe von 14 Millionen Dollar (S. 46), das auf sechs Länder aufgeteilt ist. Ein anderes Projekt in Höhe von 6 Millionen Dollar, das auf S. 10 verzeichnet ist (Dahomey), taucht auf den Seiten 46-49 nicht auf. Tatsächlich brachten von den 51 (57) Projekten nur 49 den Menschen in der Landwirtschaft längerfristige Vorteile. Dabei kann man von 46 Projekten sagen, daß sie einen direkten Einfluß haben (892 Millionen Dollar), während die restlichen 3 sich nur indirekt auswirken (36 Millionen Dollar), da sie landwirtschaftsbezogene Industrien (z. B. Verarbeitung) oder Dienstleistungen betreffen (insgesamt 928 Millionen Dol-

lar). Ich stütze meine Schätzungen auf die kurze Erklärung, die jedem Projekt in dem Jahresbericht beigegeben ist. Von den den 46 Projekten zugewiesenen Kreditmitteln sind 51 Prozent für Bewässerungsprojekte, die traditionsgemäß immer die grundbesitzende Elite stärken.

21 Ich kalkulierte, daß zwischen einem Drittel und der Hälfte der Kredite in den Kategorien B und C Kleinbauern zugute kam. Dasselbe Verfahren wandte ich bei der Schätzung der Nutznießer an.

22 Vgl. Anm. 21.

23 Eine derartige Forschung ist schon lange überfällig.

24 Der Hinweis auf die »Verdoppelung unserer Kreditvergaben« ist unklar. Heißt dies Verdoppelung der Kreditmenge pro Nutznießer oder Verdoppelung des gesamten Kreditvolumens?

25 In diesem Zusammenhang ist es bemerkenswert, daß nach Tabelle II der Durchschnittskredit pro Nutznießer bei Projekten, die mittleren und großen landwirtschaftlichen Erzeugern (Nutznießern) zugute kamen, etwa 14mal höher ist als bei anderen Projekten.

26 Vgl. z. B. Lester Brown, *Seeds of Change*, S. 59, 61, 173.

27 In diesem Zusammenhang ist es bedeutsam, daß McNamara vor den Weltbank-Gouverneuren in Nairobi ausdrücklich betonte, daß die Schwerpunktverlagerung auf stärker »sozial orientierte Sektoren« das Nettoeinkommen der Bank nicht ungünstig beeinflußt habe. Im Gegenteil, das gesamte Nettoeinkommen der Fünfjahresperiode 1969-1973 habe gegenüber der Vorperiode 28 Prozent mehr betragen, und dies obwohl der Ausleihzinssatz so niedrig gehalten worden sei, daß er im Vergleich zu früheren Jahren eine wesentlich höhere Subventionierung der Entwicklungsländer ermöglicht habe.

28 Auf der Basis einer »Zielgruppe« von 28,6 Millionen kleinbäuerlichen Familien sieht die Schätzung für eine Zehnjahresperiode im einzelnen so aus: einfache landwirtschaftliche Geräte zum Preis von 105-210 Dollar pro Familie = 3-6 Milliarden Dollar; Ausrüstung für künstliche Bewässerung, wobei angenommen wird, daß ein Zehntel der Kleinbauern künstlich bewässertes Land hat, pro Ausrüstungsteil für je 20 Kleinbauern zum Stückpreis von 1000-2500 Dollar (so berechnet von Lester Brown, a.a.O., S. 25; heute wäre der Preis höher) = 0,1-0,4 Milliarden Dollar; Traktoren zum Vermieten, wobei von einem Traktor für je 100 Hektar und einer Fläche von 2 Hektar pro Kleinbauer ausgegangen wird, zum Stückpreis von 5000 Dollar = 2,9 Milliarden Dollar; traktorgezogene Geräte, pro Gerät 2500 Dollar, aber unter derselben Nutzungsannahme wie bei Traktoren = 1,4 Milliarden Dollar.

29 Selbstverständlich besteht ein krasser Widerspruch zwischen McNamaras zuvor erwähntem erklärten Ziel, die Kleinbauern *qua* Kleinbauern zu erhalten, und der seinem Plan inhärenten Unmöglichkeit, dieses Ziel zu erreichen. Hat McNamara das übersehen? Wenn nein, ist die Fehlerhaftigkeit des Plans erwiesen; wenn ja, ist seine Naivität gefährlich.

30 *Die Geschichte der Grünen Revolution: Die Erfahrungen in Mexiko*, in: Ernest Feder (Hrsg.), *Gewalt und Ausbeutung*, a.a.O., S. 473-495, hier: S. 494 f.

Bibliothek Suhrkamp

edition suhrkamp

Alphabetisches Verzeichnis der edition suhrkamp